Brigitte Seebacher
Willy Brandt

PIPER

Zu diesem Buch

Brigitte Seebacher hat ein besonderes Buch über Willy Brandt geschrieben: Sie weiß vieles zu berichten, was der oft verschlossene Mann nur ihr anvertraut hat. Einfühlsam, wie es nur jemand kann, der jahrelang mit Willy Brandt gelebt und geredet hat, zeichnet sie sein Porträt. Und zugleich wertet sie mit der Kompetenz der ausgewiesenen Historikerin Quellenmaterial aus, zu dem ausschließlich sie Zugang hatte. Viele der immer noch diskutierten Legenden über den Rücktritt vom Amt des Bundeskanzlers 1974 werden widerlegt und auf ihren politischen Kern zurückgeführt. Unbekannte Zusammenhänge kommen ans Tageslicht. Deutlich wird: Mit der deutschen Einheit hat sich der Lebenskreis Willy Brandts geschlossen.

Brigitte Seebacher ist promovierte Historikerin und hat Biografien über August Bebel und Erich Ollenhauer veröffentlicht. Von 1979 an lebte sie mit Willy Brandt zusammen, sie heirateten 1983. Nach dem Tod Willy Brandts arbeitete sie als Journalistin und leitete von 1995 bis 2000 die Abteilung Kultur und Gesellschaft der Deutschen Bank. Sie ist Honorarprofessorin am Seminar für Politische Wissenschaft der Rheinischen Friedrich-Wilhelms-Universität Bonn.

Brigitte Seebacher

WILLY BRANDT

Piper München Zürich

Mehr über unsere Autoren und Bücher:
www.piper.de

MIX
Papier aus verantwor-
tungsvollen Quellen
FSC® C014496

Ungekürzte Taschenbuchausgabe
Februar 2006 (TB 24608)
Dezember 2013
© 2004 Piper Verlag GmbH, München
Umschlaggestaltung: semper smile, München
Umschlagabbildung: Konrad R. Müller/Agentur Focus
Satz: Kösel, Krugzell
Gesetzt aus der Plantin
Papier: Pamo Super von Arctic Paper Mochenwangen GmbH,
Deutschland
Druck und Bindung: GGP Media GmbH, Pößneck
Printed in Germany   ISBN 978-3-492-30430-6

Inhalt

Vorwort 7

Frankreich. Un amour 9

Verlorene Jahre. Geschenkte Zeit ... 45

»... ein Fremdling überall« 89

Die Vermessung des Himmels 153

Nach Moskau. Exkurs 237

Deutschland. Eine Leidenschaft 283

Unvollendet. Vollendet 347

Anmerkungen 377

Archivalische Quellen 415

Bibliographie 417

Personenverzeichnis 427

Bildnachweis 456

Vorwort

Wenn der Nächste sehr krank ist und im Begriff, diese Welt zu verlassen, kann es geschehen, dass sich die eigene Verzweiflung in einem Vorwurf entlädt: Und was soll aus mir werden? Als die unbedachte Frage heraus war, drehte er den Kopf von mir weg und in die Kissen. Die Stimme aber war klar und bestimmt: Dann schreibst Du ein Buch über mich.

Es hat lange gedauert, bis ich zu schreiben begann. Nicht nur äußere Umstände waren dem Vorhaben hinderlich. Auch innere Hemmnisse galt es zu überwinden. Verlangen nicht Zeitgenossenschaft und Lebensgemeinschaft jeweils eigene Herangehensweisen? Im Inhalt wie in der Form? Ich habe vierzehn Jahre an der Seite Willy Brandts gelebt, seinem letzten Lebensabschnitt. In der Erinnerung an diese gemeinsame Zeit mischen sich untrennbar Privates und Politisches. Der eigene und der öffentliche Mann gehen ineinander über, nicht nur im Blick auf die gemeinsame Zeit. Willy Brandt dachte in großen Zusammenhängen, auch in großen zeitlichen Einheiten. Wo Vergangenes in Zukünftiges mündete, wusste er selten zu sagen. Die Geschichte lebte in ihm und konnte unverhofft zur Gegenwart werden. Wir waren dem Hier und Heute verhaftet und blickten zurück, wenn es sich ergab, nie gezielt, immer gegenwartsbezogen und immer ohne Notizen. Wie er wurde, was er war, habe ich über Jahre hinweg im Gespräch erfahren. Warum also in der Literatur trennen, was im Leben zusammengehörte? Die subjektive Erfahrung wird unterlegt mit objektiver Erkenntnis. Die zeitlichen Ebenen verschränken sich.

Wer auf vertrautem Terrain wandelt, spart vieles aus. Vollständigkeit ist nicht gewollt, weder die biographische noch die sachliche. Gewollt ist die Ausrichtung auf das Wesentliche: Was hat Willy Brandt bewegt und erfüllt?

Kluge Köpfe haben mitgedacht. Ich danke Maxim Kantor, dem bedeutenden Maler der russischen Gegenwart, dem Freund Hilmar Koppers, der auch mein Freund wurde. Die Welt des Geheimdienstes in Moskau ist ihm so fremd, wie sie einem großen Künstler nur sein kann. Dennoch hat er die Kontakte geknüpft und gepflegt. Die Neubewertung des Rücktritts vom Amt des Bundeskanzlers – einem wichtigen Abschnitt im Leben Willy Brandts und in der Geschichte der Bundesrepublik Deutschland – vollzieht sich auch im Wissen um die sowjetischen Archive; eines Tages werden sie zugänglich sein. Ich danke Manfred Diederichs für Hilfe bei der Recherche und Klaus Rainer Röhl für den mühe- und liebevollen Schliff, den er dem Manuskript gegeben hat. Ich danke der Friedrich-Ebert-Stiftung, die das Willy-Brandt-Archiv hütet, für großzügige Unterstützung. Besonders verbunden bin ich dem Referenten des Archivs, Harry Scholz. Er hat nicht nur alle Archivalien besorgt, sondern auch deren ordnungsgemäße Benennung veranlasst. Der wissenschaftliche Apparat ist sein Werk. Zur Seite gestanden haben ihm die Mitarbeiter des Willy-Brandt-Archivs, Sonja Profittlich und Sven Haarmann. Beide haben auch das Register erstellt. Ich danke meinem Mann, Hilmar Kopper. Mit der Neugier und Unbefangenheit eines politikfernen Beobachters hat er Fragen und Antworten zu erwägen gegeben, die einem selbst nicht einfallen. Ohne ihn wäre der Mut zu dem Buch nie gefasst worden.

Brigitte Seebacher

Frankreich. Un amour

Wenn wir bei Montélimar die Autoroute du Soleil verlassen und die Rhone überquert haben, liegen die Cévennen vor uns. Das Ziel der Reise und der Sehnsucht. Er beginnt sich heimisch zu fühlen und zieht Zettel und Stift aus der Tasche, sagt, was vielleicht gekocht werden könne, und will wissen, was einzukaufen sei. Er notiert und steckt den Zettel, sorgsam gefaltet, wieder weg. Die Berge und die Wälder rücken näher. Er lächelt und fragt: Was, glaubst Du, hat Monsieur Richard alles geschafft? Um eine Antwort ist es ihm nicht zu tun. Er allein weiß, welche Aufträge erteilt worden sind. Vor jeder Abfahrt bittet er den Rentner, der zehn Fußminuten entfernt wohnt und in Haus und Hof so ziemlich alles zu verrichten weiß, auf einen Rundgang. Angeregt durch einen oder auch zwei Pastis, mit verwechselbaren Franzosenmützen auf dem Kopf, lachend und mehr gestikulierend als redend, wird beratschlagt, was in den nächsten acht bis zehn Wochen – länger blieben wir nie fort – zu tun sein würde. Auf diese Weise nahm Le Mezy alt-neue Gestalt an. Das Haus war zweihundert Jahre zuvor aus dickem Stein gehauen und geschichtet worden, wie aus der Erde gewachsen, verwunschen, verwinkelt, Mensch und Tier Herberge gebend. Als wir es 1983 kauften, war es dabei zu verfallen und im Grün zu versinken.

Es liegt im Nordzipfel des Départements Gard, an der Grenze zum Ardèche und zum Lozère, mitten im Wald, allein. Umgeben von Zedern, die älter sind als das Haus,

Frankreich. Un amour

Pinien, den kleinen Eichen des Südens und jenen Kastanien, die Jahrhunderte lang den Menschen Nahrung gegeben haben. Fernab jedes städtischen und touristischen Lebens. In armer Leute Land. Zwei Stunden vom Meer entfernt, eine Stunde westlich von Avignon und eine Stunde nördlich von Nîmes und Montpellier. Ungefähr dort, wo Robert Louis Stevensons »Reise mit dem Esel durch die Cévennen« endet. Die Berge sind unvergleichlich. Abweisend. Unwirtlich. Die Sommer warm mit austrocknenden Flussbetten. Die Winter kalt. Im Herbst, wenn das Meer noch warm ist und der Wind auf die schon kalten Berge trifft, entladen sich schwere Gewitter. Hier haben die Religionskriege getobt und die Protestanten ihre letzte Schlacht geschlagen. Noch heute kündet in jedem kleinen Dorf eine Kirche von einer ebenso heroischen wie leidvollen Vergangenheit. Lebendigen Leibes waren Protestanten in die Höhlen gesperrt worden. Ihre nationale Versammlung halten sie noch heute in Anduze ab.

*Das französische Haus
in den Cévennen*

Frankreich. Un amour

Fünf Jahre lang waren wir sommers wie winters in Frankreich herumgefahren. Wir hatten die Auvergne und die Bretagne, Burgund und Savoyen, die Provence und die Côte d'Azur durchstreift und dank Mitterrand auch die Gascogne und die Atlantikküste kennengelernt. Wir hatten die Wunder von Lourdes bestaunt und waren durch Pau flaniert; hier erzählte W. von Henri Quatre und Heinrich Mann, seinem Lübecker Landsmann, der ein so wundervolles Französisch schreiben konnte. Wir waren auf der Route Napoléon ans Meer hinuntergezogen und hatten jenen Weg über die Pyrenäen genommen, auf dem sich einst deutsche Flüchtlinge zu retten suchten, auch der Flüchtling Ollenhauer, sein Vorgänger im Amt des Parteivorsitzenden. Unten, auf dem Friedhof in Port Bou, gedachten wir jenes Mannes, dem die Flucht nicht hatte glücken sollen – Walter Benjamin. Beizeiten waren wir nach Moudeyres geschickt worden, einem Hundert-Seelen-Nest auf 1100 Meter Höhe Einsamkeit im Velay, nahe Le Puy. Oskar, unser Freund, hatte uns geschickt und Carlos und Marleen empfohlen. Die beiden Flamen betrieben ein gewöhnliches Hotel und eine ungewöhnliche Küche. Hierher kehrten wir immer wieder zurück, auch später, als wir das Haus hatten, und knüpften, was Carlos und Marleen eine »amitié discrète« nannten. W. B., so fanden sie, mache von nichts und schon gar nicht von sich selbst ein Aufheben. Er mochte tüchtige, arbeitsame Menschen und genoss die stille Aufmerksamkeit der Wirtsleute. Er erwiderte sie durch unbeschwerte Fröhlichkeit zumal in kleiner Runde, wenn sich das Restaurant geleert und er selbst noch Gläser in die Küche gebracht hatte. Dabei war sein Bestreben nicht, Anonymität zu wahren. Nach ein oder zwei Spaziergängen im Dorf kam der Bürgermeister, als solcher durchaus nicht erkennbar, ins Hotel und fragte aufgeregt, wie das sein könne, da gehe jemand herum, der sehe aus wie Willy Brandt. Marleen zuckte die Schultern, das wisse sie nicht. Beim nächsten Mal dann die Anrede: Ob er nicht vielleicht... W. bejahte lachend, jovial. Er wäre nicht zufrieden gewesen, hätte die Begrüßung nicht stattgefunden und niemand nach ihm gefragt.

Kein Franzose hat je Ansprüche aus einer Begegnung abgeleitet. Es wurden keine Schultern geklopft, keine Treffen arrangiert, keine Photos geschossen, kurzum keine Vertrautheit und erst recht keine Kumpelhaftigkeit aufgenötigt. Dafür konnte es geschehen, dass er in einem beliebigen Lokal, am Ende eines Essens, ein Gläschen vorgesetzt bekam mit dem einzigen Zusatz: Offert par la maison. Daran mag er gedacht haben, als Mitterrand ihn fragte, warum er seine Ferien nicht in Deutschland verbringe, und er spontan antwortete: Zu viele Deutsche.

Frankreich, eine Flucht? Eher eine zwischenzeitliche Zuflucht. Ein Refuge, aus dem nach Deutschland und in die rheinische Wahlheimat zurückzukehren, er sich immer wieder freute. Wir lernten das französische Wesen lieben, doch leugneten die deutsche Zugehörigkeit darüber nicht. W. ver-

Frühstück im Dorf
(1984)

achtete die Landsleute, die solche Neigungen kultivierten. Sprachliche Grundlagen hatte ich mir am Institut Français in Berlin angeeignet und sie im Laufe der Jahre nicht vergessen. W. spottete über meine Art, Sprachen zu lernen, von Grund auf, bewaffnet mit Grammatik und Wörterbuch. In ihm steckte ein Papagei, Papier lehnte er ab, das Ohr reichte. Er verstand und las alle romanischen Sprachen. Wenn er wollte, sprach er ein einfaches Französisch mit nördlichem Akzent. Sein Stolz blieb, dass de Gaulle im Gespräch mit ihm, dem Bürgermeister und Außenminister, keinen Dolmetscher gerufen und ihm, wenn er es denn wolle, die Anrede der Résistance erlaubt hatte: »Mon Général«. Der Blick fächerte sich auf, hier wie dort, und schärfte sich im deutsch-französischen Vergleich. Steht dazu in Widerspruch, dass er die Lebensfreude auf französischem Boden wiederfand?

Man hatte den Herzinfarkt erst nicht erkannt und ihn dann unsinnig lange im Krankenhaus liegen lassen. Schließlich stellte sich die Frage nach der Erholung. Entgegen den Regeln seines fremdbestimmten Lebens, mit der Unbekümmertheit der jungen Jahre, ohne Furcht vor welchem Funktionär auch immer, erbat ich Rat bei einem Freund. Hans-Georg Wolters, nun Staatssekretär im Gesundheitsministerium, fand auch, ein deutsches Sanatorium nicht suchen zu sollen, und versprach, seine Kontakte zu Simone Veil, Ministerin in Paris, zu nutzen. Binnen kurzem empfahl er einen Arzt in Hyères. Mittelmeer.

Am 29. Dezember 1978 standen auf dem Bahnhof in Toulon Messieurs les Docteurs, Maurice Roux und sein junger Kollege, Jean-Luc Garrec. Sie waren erschrocken über den Zustand des Patienten. Auf der Fahrt nach Hyères erfragten sie mit autoritärem Charme alles, was sie vorab wissen wollten. Eine erste Untersuchung ergab, dass er zwei Infarkte und extremes Glück gehabt hatte. W. fasste Zutrauen und fühlte sich aufgehoben. Auf dem Areal des Krankenhauses Léon Bérard war das altertümliche Haus eines Verwalters geräumt worden, es diente sechs Wochen lang als Residenz. Von Sanatorium keine Spur, es wurde individuell gekurt, unter ebenso strengem wie liebevollem Regiment. W. las viel, zum ersten Mal auch ein Manuskript aus meiner Feder; es handelte von der Geschichte der Sozialistischen Internationale. Fortan publizierte ich nichts, was er nicht zuvor redigiert und kommentiert hatte. Unser beider Art zu denken und zu schreiben war gegensätzlich. Er glättete und rundete, wo ich überspitzt hatte.

Mit der Zeit konnten wir Spaziergänge machen, entlang den Salinen von Giens oder auf Porquerolles, der vorgelagerten Insel. Schließlich waren Ausflüge in die Umgebung erlaubt, besonders gern nach La Croix-Valmer; dort wohnten die treuen Freunde, Renate und Klaus Harpprecht. Mit den Garrecs freundeten wir uns an. Sie zeigten uns Aix und Avignon, später luden sie in ihr Bergsteigerhaus nach Chamonix. Gegen Ende der Zeit bat Maurice Roux, der gern politisierte, zum Mittagessen in sein Haus, oberhalb von Toulon. W. maulte, das werde ja was geben, nach all den Anweisungen, die er täglich eingebleut bekam. Kein Weißwein mehr, kein Champagner, kein Ei, kein Fett, kein Nichts. Doch als er an einem Vorfrühlingssonntag Mandelbäume und Mimosen bewundert und durch die Tür geht, umhüllen ihn alle Düfte der mediterranen Küche, die Madame bereitet, und unter seinen Augen perlt der Champagner. Mais, Monsieur le Docteur..., fängt W. an und wird sogleich unterbrochen: Si, si, le régime n'est pas pour toujours! W. ist überwältigt von der Gastlichkeit. Wir kehrten noch manches Jahr hier ein und waren glücklich, als wir uns in den Cévennen revanchieren konnten.

Vor der Rückkehr in den deutschen Alltag verbrachten wir, wie der Doktor geraten hatte, fünf Tage auf Cap Ferrat. Wir eroberten die Altstadt von Nizza und die Riviera und genossen die krankenhausfreie Luft. Am letzten Abend kommt ein Bediensteter an den Tisch und sagt: Monsieur le Chancelier, das Bundeskanzleramt verlangt nach Ihnen. Als er zurückkommt, blitzt ein spöttischer Blick hervor, und ein kleines, feines Lächeln umspielt den Mund: Es war Helmut, wegen Wehner, der mit ihm nicht mache, was er mit mir gemacht hat; ich solle es wissen, für alle Fälle.

W. B. mochte das Leben in Frankreich nicht nur wegen der Lebensart. Er war dem Land zugewandt. Er kannte seine Geschichte und wusste um seine Empfindlichkeiten. Übertriebene Rücksicht wollte er allerdings nicht nehmen. Gerade weil er das Land verstand, kannte er keine Ehrfurcht und ließ sich auch nicht vereinnahmen. Wer introvertiert ist, verschlossen, jederzeit zum Rückzug bereit, lässt sich ohnehin nicht vereinnahmen, von nichts und niemandem. W. B. bewunderte Frankreich für das, was Deutschland fehlte und was es doch auch haben sollte. Damit meinte er nicht nationale Eigenschaften, die waren, wie sie waren. Französischen Individualismus gegen deutsches Gemeinschaftsgefühl aufzuwägen wäre ihm nicht eingefallen. Er meinte die freiheitliche nationale Tradition, die das Land hochhielt und als ungebrochen hinstellte – aller Brüche zum Trotz und mit der Fähigkeit zum Selbstbetrug. W. B. war kein Fanatiker der Wahrheit und auch insoweit kein Moralist. Zwischen Notwendigkeit und Legitimität unterschied er nicht unbedingt. Er wusste um die Bedingtheit alles Menschlichen und um die Fragwürdigkeit alles Großen. Den General aber bewunderte er sehr.

Er bewunderte ihn für den Mut, den Willen, die Kraft, allein gegen alle zu stehen und das Schicksal zu zwingen. Hätte er nicht diese gewisse Idee von der Ehre und der Größe Frankreichs in sich getragen und am 18. Juni 1940 die Flamme des Widerstands entzündet, wo wäre Frankreich geblieben? Wäre es je in die Reihe der Siegermächte aufgerückt, hätte dieser Mann nicht die Kühnheit, auch die Frechheit besessen, die Résistance zur allgemeinen Verhaltensweise zu erklären? Und darüber die Befreiung durch die Amerikaner vergessen zu machen? W. B. nannte Frankreich eine Siegermacht honoris causa und ulkte, dass der General in ein Achtzig-Millionen-Volk zurückgekehrt sei, vierzig Millionen Anhänger des Vichy-Regimes und vierzig Millionen Anhänger der Résistance. Aber er fand es richtig, auch legitim, die Staatsräson auf den Widerstand zu gründen. Auf den Widerstand und seine Heroen, Charles de Gaulle und Jean Moulin, der im Innern gewirkt hatte. Als in den achtziger Jahren Klaus Barbie, der Schlächter von Lyon, in Bolivien aufgespürt und in Frankreich angeklagt wurde, verlebendigten sich Name, Schicksal und nationaler Nachruhm. Jean Moulin war 1943, verraten aus den eigenen Reihen, Barbie in die Hände gefallen; er fügte sich selbst schwerste Kopfverletzungen zu und ließ sich unter Augenzeugen zu Tode foltern, ohne einen einzigen Namen preiszugeben. Am 19. Dezember 1964 wurde seine Asche ins Pantheon überführt, und in Gegenwart des Präsidenten der Republik hielt André Malraux eine ungeheuerliche Rede. Eine Oraison funèbre, eine Totenrede, die einem einzigen Zweck diente – der Verherrlichung der nationalen Zukunft. Der Barbie-Prozess zog sich hin, und W. kam immer wieder auf ihn zurück, Jean Moulin, den Helden, wie eine Nation ihn brauche. Ihn beschwerte der deutsche Scherge mit seinen französischen Helfern. Ihn beschäftigte die Standhaftigkeit eines Märtyrers wie Moulin. Ihn beschwingte das Pathos eines Ministers wie Malraux. Er erinnerte sich an die Rede, bat, sie zu beschaffen, und las die Anrede an die Jugend: »Heute sollst Du dieses Mannes gedenken. Als ob Du mit Deinen Händen seine Lippen, die nicht gesprochen haben, und sein am letzten Tag formloses Gesicht berührt hättest; es war an diesem nämlichen Tag das Antlitz Frankreichs.« Auf diese Weise habe ich manches über Moulin und Malraux gelernt und manches auch über W. B. Er denkt an Deutschland, wenn er liest, wie das Schicksal Frankreichs in die äußerste Willenskraft des einzelnen Widerständlers hineinprojiziert wird.

Der Mythos, den de Gaulle verkörperte und dem Volk einpflanzte, war hilfreich für das Selbstverständnis. Heilsam. In seinen Erinnerungen widmete W. ihm ein schönes Kapitel: »Der große Charles und das kleine Europa«. Respektvoll, staunend und schmunzelnd, gelegentlich spottend schildert er die Treffen, die er in den sechziger Jahren mit ihm hatte. Das 19. Jahrhundert wurde unverhohlen zur Schau gestellt. Es ging nahtlos über in das Undenkbare und die Vision eines ungeteilten Europa im 21. Jahrhundert. W. B. war fasziniert von der Art, den Bogen zu schlagen; wer von weither kommt, darf weit voraus wollen. Weniger fasziniert war er von einem Anspruch auf Weltgeltung, der die deutsche Teilung voraussetzte, und der Ruchlosigkeit, mit der dieser Anspruch bisweilen durchgesetzt wurde. Das unverhüllte Streben, die Amerikaner aus Europa herauszuhalten, aber nicht aus Deutschland, ärgerte ihn. Es lag in der Logik eines Landes, das mehr sein wollte, als es nach dem Verlust des Kolonialreiches noch sein konnte. Europa war für Frankreich die Ausweitung seiner selbst und das Mittel, Gloire und Gewicht zu retten: L'Europe, c'est moi.

W. B. nahm den Anspruch ernst und auch wieder nicht. Er widersprach laut, wenn er hörte, Westdeutschland solle in Europa aufgehen. Aber er wusste auch, was de Gaulle nicht mehr wissen konnte oder einfach nicht mehr wahrhaben wollte: Die Völker Europas waren zu klein und zu schwach geworden, um sich allein zu behaupten. Ihre Kräfte mussten zusammengeführt werden, auch unter Verzicht auf Elemente der Souveränität. Der Bundeskanzler nannte Europa eine Konstruktion »sui generis«, die nicht »unter die bekannten Vorstellungen« zu rechnen sei.[1] Er setzte auf praktische Schritte und eine europäische Eigendynamik. Das Bemühen, das deutsch-französische Verhältnis in einen hehren, gar heiligen Glanz zu tauchen, fand er übertrieben. Anlässlich des zehnten Jahrestages des Elysée-Vertrages sagte er zu Pompidou: Er vermute, »dass General de Gaulle und Konrad Adenauer sich wohl etwas mehr versprochen hätten«.[2] Deren Erwartungen fand er sympathisch, aber auch wirklichkeitsfern und nicht auf einen Nenner zu bringen. De Gaulles Verständnis von der atomar untermauerten französischen Weltmacht vertrug sich nicht mit europäischen Erfordernissen. Schon gar nicht vertrug es sich mit dem existentiellen Interesse der Bundesrepublik Deutschland. Deutlich sprach er sich gegenüber Kissinger aus. Dem amerikanischen Außenminister sagte er unter vier Augen: Die Bundesregierung werde das Bemühen um eine Abstimmung mit Frankreich in allen Fragen fortsetzen, »da die deutsch-französische Einheit Grundvoraussetzung der europäischen Einigung« bleibe. Gegenüber Frankreich aber stelle die Bundesregierung klar, dass sie Schritte, die sie »aus Sicherheitsgründen oder aus anderen politischen Gründen für notwendig« halte, auch dann tun werde, wenn Frankreich widerspricht.[3] Das Verhältnis zu Amerika aber konnte nicht auf Deutschland beschränkt, es musste unter europäischem Vorzeichen bestimmt werden. Pompidous Forderung, dass Europa sich vom Rest der Welt abhebe und zu beiden Supermächten auf gleiche Distanz gehe, wies der Bundeskanzler zurück. Er plädierte für den Dialog zwischen Europa und Amerika: Man sei »noch lange auf die Abstimmung unserer Positionen mit den Vereinigten Staaten angewiesen« und müsse alles tun, sie in Europa zu halten.[4] Er sagte immer: Die Amerikaner müssen in Europa »gehalten« werden. Eine deutsche Sonderrolle, die in Krieg und Teilung wurzelte, suchte er zu verhindern.

Dabei war ihm bewusst, dass die deutsche Frage, die den Franzosen soviel Unbehagen bereitete, nur in europäischem Rahmen einer Lösung zugeführt werden konnte. Europäische, bis auf weiteres: westeuropäische, Politik zu treiben geboten W. B. die Tradition, in der er groß geworden war, geschichtliche Lehren, ökonomische Zwänge und nationale Interessen. Damit hatte er schon im Gegensatz zur Schumacher-SPD der Nachkriegszeit gestanden, und damit stand er dauerhaft in Gegensatz zu Egon Bahr, dem Weggefährten, der bis zuletzt meinte, deutsche Einheit und westeuropäische Integration schlössen sich aus. Bahr dachte in Gegensätzen und Ausschließlichkeiten, W. B. gerade nicht. Ein Entweder-Oder – Deutschland oder Europa – ließ er nicht gelten. Hinter dem besonderen Willen, deutsche und europäische Politik aufeinander zu beziehen, stand W. B.s allgemeine Überzeugung, dass sich nur wenig ausschließt und immer alles in Fluss ist, ob sichtbar oder nicht. Nichts blieb, wie es war. Er setzte auf Bewegung. So hing er auch nie Personen oder Parteien an, die nur von einer Idee getragen waren. Jean Monnet hielt er für bedeutend, aber sein Jünger mochte er nicht sein.

Jean Monnet suchte den Bundeskanzler auf, kaum dass der ins Amt gewählt war. Er sagte ihm, was dieser sich auch schon selbst zurechtgelegt hatte: Die Nachfolger des Generals hingen anderen Ideen an und glaubten nicht mehr, dass Frankreich »eine eigenständige Rolle« zwischen Amerika und der Sowjetunion spielen könne.[5] Am 30. Januar 1970 trafen sich Georges Pompidou, Präsident der Republik seit de Gaulles Abgang im Jahr zuvor, und Willy Brandt, Bundeskanzler seit gut drei Monaten, zu ihrer ersten Konsultation im Elysée. Auf gleicher Augenhöhe, wie der Bundeskanzler zu verstehen gab. Er eröffnete das Gespräch mit dem Hinweis, dass man »das Jahr 1970« schreibe und damit »25 Jahre von 1945 weg« sei; sogar Erinnerungen an andere Kriege würden noch wachgerufen. Er halte es für gut, wenn die Verantwortlichen in beiden Ländern »bei aller Liebe zur Wahrheit« Reminiszenzen auch dazu nutzen würden, »den Wandel deutlich zu machen, der in den Beziehungen zwischen beiden Ländern eingetreten sei«.[6] Diesen Wandel wollte er bekräftigt wissen, nicht die Erinnerung an Zeiten, die eine Seite ins Recht und damit auch ins Vorrecht setzte. Ihm missfiel, wenn Gesten der Versöhnung wiederholt und banalisiert wurden. Die Hand, die Mitterrand 1984, über den Gräbern von Verdun, Kohl entgegenstreckte, mochte er umso weniger, als sie, sehr von oben herab, der Besänftigung diente. Zum vierzigsten Jahrestag der alliierten Landung in der Normandie hatte Frankreich darauf bestanden, dass Deutschland nicht vertreten war. Kein Einwand. Aber wozu überhaupt solche Feierlichkeiten nach vierzig Jahren? Als trage die Kategorie von Siegern und Besiegtem noch.

Nachdem er sich hinreichend deutlich über den Wandel in den Beziehungen ausgelassen hatte, erläuterte der Bundeskanzler seinem Gastgeber, dass es »keine von der Außenpolitik getrennte Ostpolitik« gebe. »Die Bundesrepublik gehöre zum Westen und wolle sich als zum Westen gehöriges Land bemühen, Spannungen gegenüber dem Osten abzubauen. Man habe niemals versucht, an anderen vorbei ein neues Verhältnis zum Osten zu suchen. Das deutsche Bemühen gelte dem Versuch, ähnlich normale Beziehungen wie andere westeuropäische Länder zum Osten anzustreben.«[7]

Pompidou wusste von Deutschland nicht viel mehr, als ihm seine Diplomaten zur Kenntnis brachten. Die Ostpolitik billigte er, soweit sie der Anerkennung der Realitäten und damit der Entspannung dienlich war. Er glaubte allerdings nicht, dass sich die Ostpolitik darin erschöpfte, und vermutete Hintergedanken, auch wenn er sich hütete, sie auszusprechen. Mitterrands späteres »Si j'étais Allemand...« klang auch bei Pompidou schon an. Die Franzosen, zumal wenn sie in gaullistischer Tradition standen, hatten einen Sinn für den nationalen Impuls auch des Nachbarn. Aber muss immer angenehm sein und den eigenen Interessen nützen, was legitim ist? In der Unterstellung, die Deutschen dächten an Einheit, wenn sie Ostpolitik sagten, schwang beides mit – Verständnis und Verweis. Die französische Haltung war doppeldeutig. Pompidous Einlassungen im Gespräch passten nicht immer zu den Mitteilungen an die Presse. Der Bundeskanzler berichtete dem amerikanischen Präsidenten über ein Treffen mit Pompidou: Der »sehr gute« Verlauf komme »leider« in der öffentlichen Darstellung »nicht genügend zum Ausdruck«. In den ostpolitischen Bemühungen habe er »erneut die volle Unterstützung der französischen Regierung gefunden«.[8]

Deutlich wurde Pompidou, wo er die französischen Rechte berührt wähnte – in Berlin. Lange glaubte die Sieger- und Besatzungsmacht Frankreich, in Berlin den Hebel in der Hand zu haben, der nötig war, um die deutschen Dinge auch künftig unter Kontrolle zu halten. Das Berlin-Abkommen versuchten die Franzosen und ihr Präsident zu hintertreiben. Es war ärgerlich, aber nicht wichtig. Die Franzosen hatten sich 1948 an der Luftbrücke nicht beteiligt und sie zu einer angloamerikanischen Angelegenheit erklärt. Im Kalten Krieg waren sie durch ein übermäßiges Engagement für die Stadt nicht aufgefallen. In Berlin hatte W. B. erfahren, dass es letztlich auf die Franzosen nicht ankam.

W. B. war kein Meister der Wiederholung oder gar der Nachhaltigkeit. Schon gar nicht, wenn es sich um Selbstverständliches handelte, Grundlagen der Politik, die er verinnerlicht hatte und nicht immer noch einmal von sich geben mochte. Die Vorhaltungen, zumal französischer Zeitungen, die Bundesrepublik steuere auf die Neutralität zu, bewaffnet oder nicht, quälten ihn mehr, als er zugab. Wie sich dagegen wehren? Je fremder ihn die Unterstellung anmutete, desto weniger wehrte er sich. Mit deutschen Verbeugungen vor französischer Siegermacht konnte und wollte er aber erst recht nicht dienen. Später beschwerte ihn, dass er allein aus der ostpolitischen Perspektive gesehen wurde. Als ob die nicht nur vom Westen aus und auf den Westen hin hätte geöffnet werden können! Er freute sich spitzbübisch, als Mitterrand anlässlich seines 75. Geburtstages gerade den westeuropäischen Einsatz hervorhob: Es scheine ihm notwendig, W. B.s Bemühungen um eine Stärkung der damals noch schwachen Bande zwischen den Ländern der Gemeinschaft zu unterstreichen. »Ich erinnere mich der Unterredungen, die wir hatten, bei denen Ihre Sorge die war: Wie kann man das Schicksal Europas dahin ändern, dass man der Gemeinschaft einen Inhalt, eine Substanz, eine von nun an unzerstörbare geschichtliche Wirklichkeit gibt?«[9] Am Ende seines Lebens registrierte er, den Karls-Preis nicht erhalten zu haben.

Noch vor dem ersten bilateralen Treffen in Paris, zu Beginn des Jahres 1970, hatten Pompidou und W. B. das europäische Schiff, von de Gaulle auf Grund gesetzt, wieder flottgemacht. Der General hatte nicht nur die französische Souveränität für sakrosankt erklärt, sondern sich auch gegen jede Erweiterung der Sechsergemeinschaft gewandt. Der Hinweis von Jean Monnet, dass der Nachfolger die Fronten auflockern werde, erwies sich als richtig. Pompidou war zwar kein Homo politicus, und der Bankier aus dem Hause Rothschild entbehrte des großen gaullistischen Atems, den die engere Gefolgschaft des Generals durchaus verströmte, Chaban-Delmas, Couve de Murville, Debré, Messmer. Aber vielleicht war es gerade seine unaufgeregte, sachliche Art, die der Bundeskanzler schätzte und die von Nutzen war, als es galt, Großbritannien und anderen Nordländern den Weg in die Gemeinschaft zu ebnen. W. B. hatte die Engländer immer dabei haben wollen und die Aufnahme schon als Außenminister vorzubereiten gesucht. Auf dem Gipfel im Haag, November 1969, hatte der Bundeskanzler auch verlangt, den Zeitraum für eine Wirtschafts- und Währungsunion zu bestimmen.[10] Damit war das Projekt in der Welt und zog sich fortan durch alle Gespräche, ein Schwur folgte auf den nächsten. Es trug noch nicht, weil vor allem der Franc in heftigen Turbulenzen steckte und der Präsident sie durch immer neue Aufwertungen der Mark kaschiert wissen wollte. Überhaupt wurden Geld und Geschäfte wichtiger. Mehr und mehr setzte sich der Eindruck fest, dass mit wiederkehrenden Attacken, die Deutschen unterlägen neutralistischen Versuchungen, vom ökonomischen Rückstand abgelenkt werden sollte.

Als sich Präsident und Kanzler im Januar 1973 wiedertrafen, lagen drei Jahre regen Austausches hinter ihnen. Die Gewichte hatten sich verschoben. Am zehnten Jahrestag des Elysée-Vertrages, mit großem Pomp in Paris zelebriert, fühlte sich der Bundeskanzler stark genug, eine neue Runde einzuläuten. Dem Präsidenten gegenüber verwies er auf seine Regierungserklärung und betonte, dass »nach Regelung der west-ostpolitischen Fragen« nun »die Einigung Westeuropas an erster Stelle« stehe; er hoffe, diese Prioritätensetzung werde von den Partnern richtig verstanden.[11] Pompidou freute sich und bemerkte respektvoll, vor dem Bundeskanzler lägen nun vier Jahre des Regierens. Das Verhältnis zu dem Franzosen, das W. B. auch im Rückblick immer als gut, angenehm bezeichnete, hatte nach steifem Beginn einen fast harmonischen Charakter angenommen. Ein halbes Jahr später stellte der Präsident, der nun wusste, dass er nicht mehr lange zu leben haben würde, eine Frage, von der er selbst hoffte, sie sei nicht indiskret: »Wie sehen Sie, Herr Bundeskanzler, im Lichte dessen, was vor sich geht, die deutsche Zukunft?« Diese Frage sei für das Nachbarland Frankreich wichtig.

W. B. mochte diese Art des Gesprächs und holte weit aus. Er bekräftigte, dass es eine isolierte deutsche Lösung nie geben werde, und schlug den Bogen: Man wolle auf eine europäische Entwicklung warten, die auch Chancen für die nationale Einheit biete. Ob der Ärger über das imperiale Gebaren der Amerikaner, zumal im Yom-Kippur-Krieg, oder der Zorn über die Franzosen, die Europa die dringend notwendige militär-strategische Ausrichtung verweigerten, der Bundeskanzler legte zum ersten Mal den Finger in die Wunde französischen Selbstverständnisses. Es komme nun die Zeit, »da man praktisch reden müsse«. Er bezog sich auf die 1972 in Dienst gestellten atomaren Kurzstreckenwaffen und verlangte Antworten: Wie habe man die französische Einsatzplanung zu verstehen? Auf welche Teile Deutschlands seien französische Atomwaffen gerichtet? Vielleicht auch auf den Teil Deutschlands, der eng mit Frankreich verbunden ist? Er erlaubte sich eine Anspielung auf den Status der französischen Armee in Deutschland und nahm sein Grundthema, das er im ersten

Treffen im Januar 1970 angeschlagen hatte, wieder auf: Europa sei nicht zu bauen, wenn sich der Geist von 1945 immer neuer Pflege erfreute. Er wolle keine Atomwaffen für Deutschland und habe sie auch nie gewollt. Aber wenn sich Deutschland in eine Verteidigungsgemeinschaft begebe, zusätzlich oder an Stelle der Nato, könne es nicht die Rolle der Infanterie spielen.[12]

Antworten erhielt er nicht, und W. B. fand schon damals, dass es einem Freund Frankreichs manchmal schwer gemacht werde. Er verstand den Ehrgeiz, der das Land antrieb, zu gut, um sich beeindrucken zu lassen. Vielleicht wurde er auch deshalb als Freund wahrgenommen. Zu seinem Tode kondolierte auch Jacques Chirac. In feiner gaullistischer Tradition würdigte der Bürgermeister von Paris W. B.s Mut und Entschlossenheit. Für die Europäer und für die Franzosen habe er den Geist des Widerstands gegen die Diktatur und gegen die Knechtschaft verkörpert. »Durch seine historische Vision von Deutschland und seinem Platz in einem großen vereinten Europa hat dieser Staatsmann die Wege hin zur Wiedervereinigung zu bereiten gewusst.«[13]

In jenem Januar 1973, da nach Abschluss der deutschland- und ostpolitischen Verträge die westeuropäische Zukunft erörtert wurde, empfing der Bundeskanzler noch in Paris einen Franzosen, der während der Kolonialkriege Innen- und Justizminister gewesen war, der 1965 de Gaulle in die Stichwahl gezwungen hatte und sich nun erneut anschickte, Präsident zu werden – François Mitterrand. W. B. hatte sich lange Zeit gelassen, die Einladung auszusprechen. Und das nicht nur weil er Rücksicht auf Pompidou nehmen wollte. Ihm hatten die Gaullisten oft näher gestanden als die kompromittierten Sozialisten. Deren Windungen und Wendungen im Nachkriegsfrankreich waren schwer nachvollziehbar, die Verstrickungen in die Kolonialherrschaft mindestens bedenklich. Der Niedergang in den algerischen Wirren hatte ihm wenig Mitleid entlockt. Indes, der Wiederaufstieg unter einem Mann, der Sozialist nie gewesen war, dessen Schlüsse aus der Verfassung der Fünften Republik er umso kühner fand, beflügelten W. B.s Phantasie. 1971 hatte Mitterrand die Reste der alten Partei und mehrere Klubs und Kleinparteien zu einer neuen sozialistischen Kraft geformt und, um dieser das nötige Gewicht zu geben, ein gemeinsames Programm mit der mächtigen Kommunistischen Partei verkündet. Ein solcher Bund war in Deutschland nicht zu vermitteln und Gift für die SPD, die sich gerade ostpolitischer Missverständnisse erwehrte; der Unvereinbarkeitsbeschluss gegenüber kommunistischen Organisationen galt unvermindert. Dennoch musste der Vorsitzende der SPD am Schicksal gerade der französischen Schwesterpartei Anteil nehmen. Die Neugier auf den neuen Mann und dessen neue Partei überwogen die Bedenken. Sie überwogen umso mehr, als der französische Sozialismus immer einen gewissen Reiz auf ihn ausgeübt hatte.

Erinnerungen wurden wach. Erinnerungen, die über die ruhmlosen Nachkriegsjahre hinweg und weit in die Geschichte der ersten Jahrhunderthälfte zurückreichten. Mitterrand suchte sich mit einer sozialistischen Aura, die er von Haus aus nicht haben konnte, zu umhüllen und setzte sich einen Schlapphut auf, wie er zu Blum gehört hatte. Léon Blum war Ministerpräsident und Chef der Volksfront 1936/37, als sich in Paris der Emigrant W. B. fragte, wie einem so skrupulösen Humanisten in einer solchen Zeit eine solche Verantwortung zuwachsen konnte, von den Faschisten bedroht, von den Kommunisten bedrängt. W. B. hatte sich Mitte der dreißiger Jahre jeweils mehrere Wochen in Paris aufgehalten und war Zeuge des Niedergangs der Dritten Republik geworden. Der Aufschwung durch Blums Volksfront – die Kommunisten beteiligten sich nur zuschauend – währte kurz. Der Zerfall beschleunigte sich während des spanischen Bürgerkriegs. Auf dem Hinweg nach Barcelona 1937 und auf dem Rückweg machte W. B.

wieder Station an der Seine. Im Sommer und Herbst 1938 verbrachte er hier mehrere Monate.

Blum widersetzte sich 1940 der Errichtung des Etat Français in Vichy. Die französische Diskussion vor und nach Kriegsausbruch verfolgte W. B. genau. Schon im Stockholmer Exil nannte er Léon Blum eine herausragende Persönlichkeit: Der Glaube, »dass im deutschen Volk andere und bessere Kräfte lebten als die, die das nazistische Regime zum Ausdruck brachte«,[14] sei nie aufgegeben worden. Die Vichy-Franzosen machten Blum den Prozess, und er landete in Buchenwald. Dort schrieb er, der französische Jude, inmitten des deutschen Elends »A l'échelle humaine« und notierte 1945, den jederzeit möglichen Lagertod vor Augen: Er glaube nicht an die Vorbestimmtheit und die ewige Verdammnis eines Volkes. Daran glaube er auch nicht im Hinblick auf die Deutschen und die Juden. »Was heute über das deutsche Volk und seine kollektive Verantwortung geschrieben wird, hat man in Deutschland und England über das französische Volk gesagt und geschrieben, als die Schlacht von Waterloo geschlagen war. Es genügt, die Umstände auch nur ein wenig zu verändern, und schon wird das Tier im Menschen hervorgelockt.«[15] Der Satz hätte von W. B. stammen können. Auch er fand, dass es nur eines Zufalls bedürfe, um jenes Tier im Menschen hervorzulocken. Jean Lacouture, der einfühlsame Biograph fast aller großen französischen Politiker des Jahrhunderts, muss geahnt haben, dass W. B. ein Mann mit dieser Großherzigkeit nahegeht. 1978 überreichte er ihm sein Buch über Léon Blum. Er widmete es dem Mann, »den das französische Volk verehrt« und »der Léon Blum gemocht hätte.« Jahre nach W.s Tod ließ ich Lacouture wissen, er sei der Biograph, den ich mir vorstellen könne. Er fühlte sich berührt. Schweren Herzens verwies er auf fehlende Kenntnis des Deutschen.

Von Blum führte der Weg zurück zu Jean Jaurès, dem Ahnen. Dessen Porträt hing in W. B.s Parteibüro neben dem des Zeitgenossen Bebel. Beide hatten sich zu Beginn des Jahrhunderts erbitterte Wortgefechte geliefert; wie die Macht der eigenen Bewegung genutzt werden könne, ob sie auf dieser Welt überhaupt zu etwas gut sei oder erst in einer anderen Welt, darüber fanden der Deutsche und der Franzose zu keiner Gemeinsamkeit. W. B. hatte viel übrig für den ebenso kraftvollen wie kultivierten Jaurès, der am Vorabend des Ersten Weltkriegs von einem französischen Nationalisten ermordet wurde. Eines Tages, von Albi aus, fuhren wir nach Castres, dem Geburtsort von Jaurès. In einem kleinen Museum, der Wärter staunte nicht wenig, erwies ihm W. B. die Ehre und bedauerte, dass die Tradition des Kultursozialismus nicht stärkere Wirkungsmacht entfaltet habe. Dabei wusste er um die Schwächen einer Bewegung ohne festen sozialen und organisatorischen Zusammenhalt.

Mitterrands sozialistische Neugründung war eine Meisterleistung. Die Fähigkeit, sich zum Erben einer Bewegung zu stilisieren, die ihm immer fremd gewesen war, versetzte W. B. in amüsiertes Staunen. Er vermerkte auch, wie Mitterrand Nutzen zog aus einer Legende, die zu zerstören der sich sehr bemüht hatte. Diese lebende Nachkriegslegende trug einen Namen – Pierre Mendès-France. Er hatte 1954/55 nur sieben Monate regiert, es in dieser kurzen Zeitspanne aber fertiggebracht, Frankreich von der Koloniallast in Indochina zu befreien und in Tunesien die Zeichen auf Autonomie zu stellen. Die Magie von Mendès gründete in seiner machtfernen Art, Politik zu machen – offen, überzeugungstreu, zupackend, kompromisslos, integer. Die Magie aber gründete auch in seinem Sturz, kaum dass der südostasiatische Frieden geschlossen war. Größe, wenn sie die Phantasie wecken soll, ist immer mit schlechtem Gewissen verbunden und wird auch in Frankreich nur dem zugesprochen, der Triumph und Demütigung ausgekostet hat. Von Haus aus war Mendès linksliberal und Finanzfachmann. Er diente in Blums Volksfront und in de Gaulles erster Nachkriegsregierung. Dazwischen lagen Prozess, Haft, Flucht und Widerstand. 1958 widersetzte er sich dem General, weil ihm der plebiszitäre Charakter der neuen Verfassung unheimlich war. 1971 gab er Mitterrand und dem Zwang zur Sammlung nach. Politischen Einfluss hatte Mendès zu diesem Zeitpunkt nicht mehr. Sein moralisches Gewicht aber war immer noch gewachsen. Die Rechte hörte auf, ihn zu hassen. In der Linken fand er keine Heimstatt mehr, der wesensmäßige Gegensatz zu Mitterrand war zu stark.

W. B. hatte einen Sinn für beide. Mendès traf er, wenn er in Paris weilte und es irgend einrichten konnte. Als er 1979 seine Nord-Süd-Kommission besetzte, warb er vor allen anderen um Pierre Mendès France. Er hätte nicht lange zu rufen brauchen, wenn Mendès nicht schon sehr krank gewesen wäre. Während der Feierlichkeiten zur Amtseinführung war W. B. 1981 Zeuge, wie Mitterrand sich an Mendès wandte – Ohne Sie? Es wäre nicht möglich geworden! – und wie Mendès eine öffentliche Träne weinte. Eine Träne der Freude? Oder der Bitternis? W. B. wunderte sich, wie formvollendet der neue Präsident eine Rose auf die Gräber von Jaurès und Moulin legte. Musste man gemacht sein wie Mitterrand, um die Macht zu mehren und zu wahren? Mendès starb ein Jahr später. Mitterrand zelebrierte einen Staatsakt. Seine Rede war ungewöhnlich. »Es schien«, so schrieb Jean Daniel, »als befreie sich der neue Prinz von seinem letzten Schatten und als erfülle ihn dieser Akt der Befreiung mit Trauer, tief, fast sanft, wie geläutert«.[16] Mitterrand legte sich Überzeugungen zu wie Kleider. Es zählten die Interessen eigener Macht. Die konnte er mit Selbstverständlichkeit und Grandezza vertreten. Die Kunst des Beidrehens beherrschte er vollkommen. Gestaltungskraft ging ihm in gleichem Maße ab. Ein Gespür für geschichtliche Triebkräfte hatte er nicht. Den Ereignissen lief er immer hinterher: Algerien, die Fünfte Republik, der Mai 68, Europa, die Auflösung des Sowjetimperiums, die deutsche Einheit. Was suchte Mitterrand in W. B.?

In jenem ersten kurzen Treffen im Januar 1973 belehrte der Bundeskanzler seinen Gast über die guten Gespräche

Frankreich. Un amour

mit Pompidou, die Perspektive eines politischen Europa und das Verhältnis zu den Vereinigten Staaten. Ohne den deutsch-französischen Vertrag, von dem sich seine Väter allerdings mehr erwartet hätten, als der hergeben konnte, »stünde man in der Ost-West-Entspannung nicht da, wo man stehe; und ohne die Verständigung zwischen Deutschland und Frankreich wäre es auch nicht zur Erweiterung der EG gekommen.« Daraus müsse jetzt ein politisches Europa entstehen, die Wirtschafts- und Währungsunion eingeschlossen. Niemals jedoch dürften die Beziehungen zwischen Deutschland und Frankreich »auf Kosten anderer Nationen« gehen.[17] Als sich wegen Pompidous schlechter Gesundheit ein Jahr später Präsidentschaftswahlen abzeichneten und Mitterrand wieder vorsprechen wollte, ließ der Bundeskanzler das Treffen niedrig hängen; den Kandidaten empfing er im Zug zwischen Stuttgart und Mainz.

Als W. B. 1976 Präsident der Sozialistischen Internationale geworden war, traf er den Franzosen nun regelmäßig. Der Ärger war gewaltig. Mitterrand ritt wüste Attacken gegen die reaktionäre Politik in Europa, vor allem gegen deutsche Berufsverbote, und erhob ebenso wüste Forderungen nach einem Aktionsprogramm der vereinigten europäischen Linken.[18] Zum dauerhaften Nennwert nahm W. B. die Einlassungen nicht. Der Zorn verrauchte umso schneller, als W. B. sah, wie Mitterrands Rechnung aufging. Die Kommunisten wurden schwächer, die Sozialisten immer stärker. Mitterrand fand seinerseits heraus, dass W. B. seinem Land zugetan war, und lud uns nach Latche ein.

An einem heißen Julitag des Jahres 1980 betraten wir das auch damals schon prächtige Anwesen im Département Landes, nahe der Küste des Atlantik. Wir staunten noch, als der Hausherr, umringt von seinen schwarzen Labradors, erschien und uns begrüßte. In der Bergerie fiel der Blick auf ein Stehpult. Dort lag, aufgeschlagen, Thomas Mann, eine französische Ausgabe der »Buddenbrooks«. Welch großartiger Lübecker Zufall! W. belustigte sich. Zufall? Arrangement! Eigenschaften, die er selbst nicht hatte, durchschaute er sofort. Eine letzte Reserviertheit schmolz dahin, als Mitterrand einen Berg Seegetier auftragen ließ. An keinem Gericht hatte W. größere Freude, seine Fingerfertigkeit im Umgang mit den Fruits de Mer war legendär.

Die Gespräche an diesem und mehreren anderen Tagen standen unter einem Vorbehalt: Si je me présente. Förmlich hatte Mitterrand noch nicht entschieden, ob er im darauf folgenden Mai noch einmal den Versuch wage, Präsident zu werden. Tatsächlich aber bestand kein Zweifel mehr. Von Deutschland wusste er doch soviel, dass er intelligente Fragen stellen konnte. Er wollte vieles wissen und gern auch seiner Wut freien Lauf lassen. Seiner Wut über den sozialdemokratischen Bundeskanzler und dessen demonstratives Einvernehmen mit Giscard, dem Amtsinhaber im Elysée. W. B. störte sich nicht an sachlichen Gemeinsamkeiten, fand aber doch, dass zuviel persönliches Aufheben davon gemacht wurde. Den Komplex gegenüber dem französischen Edelmann im Elysée führte er auf kleinbürgerliche Züge im Wesen Helmut Schmidts zurück. Jedenfalls war er überrascht von der Heftigkeit, mit der Mitterrand reagierte.

Wir wurden auch zu einer Kundgebung geschleppt. In Urs, im französischen Baskenland, drehte Mitterrand soviele klassenkämpferische Kapriolen, dass W. nur noch schwer an sich halten konnte und nicht wusste, ob er lachen oder weinen solle. Er entschied sich fürs Lachen und fragte spitz, ob ich in der Biographie über diesen Franzosen schon zur sozialistischen Wende vorgedrungen sei. Es musste um Geduld gebeten werden.

Mitterrand lud oder bestellte auch prominente Parteifreunde ein. Jedenfalls wurden wir Zeugen eines Lehrstücks über Gefolgschaftstreue. Gerade die Gabe, Leute an sich zu binden und sie auf sich einzuschwören, sie sich auch nutz- und dienstbar zu machen, ging W. B. vollkommen ab. Mitterrand hatte diese Gabe schon früh gepflegt und später, in der Politik, perfektioniert. Die angenehme Seite dieser Art

Frankreich. Un amour

der Machtausübung lernten wir kennen, wenn Mitterrand uns empfahl und wir auf diese Weise ein Frankreich kennenlernten, das wir sonst nie kennengelernt hätten. Als er schon Präsident war, schickte er uns einmal auf das nahe Landschloss eines Pariser Antiquitätenhändlers. Während livrierte und behandschuhte Diener am hellichten Tage Champagner servierten, wandte sich der Schlossherr an seinen deutschen Gast und sagte in feierlichem Ton: Nun werden wir Ihnen und der SPD mal zeigen, wie man den Sozialismus aufbaut. W. schien einen Augenblick lang mit sich zu ringen. Dann zwinkerte er mir zu und regte an, sich in zehn Jahren wieder zu treffen und die französischen Ergebnisse zu prüfen.

Während unseres ersten Besuchs in Latche hatte Mitterrand mitbekommen, dass wir durch das Rhonetal zurückfahren wollten. Sofort rief er einen Getreuen in Arles an und gab Order, uns zwei Tage zu betreuen. Michel Vauzelle, der sein Sprecher im Elysée, später auch Justizminister werden sollte, tat, wie ihm befohlen; wir hatten den schönsten Nutzen davon. Aber es galt auch, sich erkenntlich zu zeigen und mitten in der Camargue eine Parteiversammlung zu bestreiten.

Als der Besuch in Arles verabredet wurde, erzählte W. B. dem Gastgeber, der Präsident werden wollte, dass dort, im Hotel Forum, in der nichtbesetzten Zone also, am 8. Februar 1941 Rudolf Breitscheid und Rudolf Hilferding von lokalen französischen Polizisten verhaftet, via Vichy an die Demarkationslinie verbracht und der Gestapo übergeben worden waren. Hilferding, berühmter Autor des »Finanzkapital« und Reichsfinanzminister, als die Rentenmark eingeführt wurde, nahm sich in der Santé, dem Pariser Gefängnis, das Leben. Breitscheid, bis 1933 Vorsitzender der sozialdemokratischen Reichstagsfraktion, wurde in Berlin in der Prinz-Albrecht-Straße verhört und über Sachsenhausen nach Buchenwald geschleppt; dort starb er 1944 im alliierten Bombenhagel. Hilferding wie Breitscheid hatten die

Frankreich. Un amour

Emigration in Paris durchlebt und fühlten sich als Freunde Frankreichs. Als W. B. eine allgemeine Bemerkung über das französische Verhalten anschloss, unterbrach ihn Mitterrand. Mit fast schneidender Schärfe erklärte er: Die Franzosen konnten sich überhaupt nur schlimm verhalten, weil die Deutschen da waren. W. war empört und sagte – nichts. Er sagte nie etwas, wenn er sich im Innersten entsetzte, auch verletzt fühlte. Auch in weniger gewichtigen Fragen war Widerspruch seine Sache nicht. Die jeweiligen Gegenüber haben die Schweigsamkeit oft als Zustimmung gedeutet. Große Missverständnisse waren die Folge.

Besatzung und Untergrund lieferten auch manch unverfänglichen Gesprächsstoff. Mitterrand schilderte, wie er 1942 am Gare Montparnasse in eine Schwarzmarktkontrolle geraten war. Als er aufgefordert wurde, den Koffer zu öffnen, hätte er in der Menge verschwinden oder auch schießen können. Denn er wusste ja, dass unter dem Regenmantel ein Revolver steckte. Doch er rührt sich nicht, sondern tut, was typisch für ihn werden sollte. Er wartet einfach ab. Der Gendarm wühlt und findet die Waffe. Er fragt: Und Butter haben Sie keine? W. wusste, dass Mitterrand nicht immer im Widerstand, sondern nach Rückkehr aus deutscher Gefangenschaft zunächst in Vichy gewirkt hatte. Doch auch in Kenntnis der Einzelheiten, die Mitterrand erst am Ende seines Lebens enthüllte, hätte er Nachsicht geübt; Irrtümer, noch dazu solche, die einer selbst korrigierte, wischte er mit einer Handbewegung beiseite. Er mochte die Geschichten aus dem Innenleben der Résistance und auch die Berichte über die Flucht aus dem thüringischen Kriegsgefangenenlager. Er sagte sofort zu, als Mitterrand ihn fragte, ob sie den dreiwöchigen Fußmarsch nicht gemeinsam wiederholen wollten – im Auto. Am 5. März 1981 würde der erste Ausbruchsversuch vierzig Jahre zurückliegen und auch schon Präsidentschaftswahlkampf sein.

W. fuhr von Berlin aus über die leergefegte Transitautobahn zum Hermsdorfer Kreuz, nahe dem einstigen Lager Ziegenhahn. In der Raststätte empfing er den französischen Gast, den er vom Frankfurter Flughafen hatte herbringen lassen. Zwei lokale DDR-Funktionäre tischten Thüringer Würste auf. W. B. und Mitterrand begannen ihre Gedenkfahrt. Erster Halt war Nürnberg; Oberbürgermeister Urschlechter servierte um 17 Uhr Nürnberger Würste. Der Franzose war verstört, schüttelte sich und fragte, ob man in Deutschland immer soviel Würste esse. Die Route führte nach Rothenburg ob der Tauber; Mitterrand erinnerte sich an eine couragierte Bürgerin, die ihm und seinem Fluchtgefährten, dem Abbé Leclerc, Nachtquartier gegeben hatte. Am anderen Morgen suchte er vergebens das Haus. Unterdessen hatte sich Patrice Pelat eingefunden, jener Lagerfreund, der zu Geld kommen und in Mitterrands Leben eine tragende Rolle spielen sollte. Die Fahrt ging weiter über Villingen, wohin W. B. auch Oskar Lafontaine gebeten hatte, nach Spaichingen. In der Nähe war Mitterrand damals, im Zustand der Erschöpfung und Verwirrung, aufgegriffen, mit einer Suppe versorgt und in Spaichingen ins Gefängnis gesteckt worden; er landete erneut im Lager in Thüringen. Am Abend bringt W. B. ihn nach Straßburg. Zwei Monate später wird er eingeladen, als sein persönlicher Gast den Feiern zur Amtseinführung beizuwohnen.

W. war noch immer bewegt und erfüllt, als er am Abend des 21. Mai 1981 nach Hause zurückkehrte. Er habe zu Scholl-Latour gesagt: Das ist ein Staat! Hielt er die Bundesrepublik nicht für einen solchen? Nein, nicht wirklich. Dem Teilstaat fehlten Räson, Tradition und eine den Launen des Tages entzogene Symbolik. Als er sein französisches Haus hatte, versäumte er an keinem 14. Juli die Übertragung der Parade auf den Champs-Elysées.

Mitterrand war nun Präsident. Derselbe Mann, der noch 1964 de Gaulle und dessen Fünfter Republik den Fehdehandschuh hingeworfen und in einer flammenden Streitschrift das Regime als »permanenten Staatsstreich« gegeißelt hatte. Skrupel, dass er nun gerade dieses Regime fortsetzen, gewiss auch vervollkommnen, auf sich zuschneiden würde, kannte er nicht. Er kannte überhaupt keine Skrupel. Darauf angesprochen, dass er mit Geschick und Hingabe genau die Verfassung handhabe, auch nutze, der er eine innere Tendenz zur Diktatur bescheinigt hatte, zuckte er in der ihm eigenen Art die Schultern, und dieses hintergründig diabolische Lächeln umspielte seine Mundwinkel: Ah, oui, c'est comme ça. W. B. fühlte sich angezogen und abgestoßen zugleich. Er vermutete, dass sich der junge Mitterrand nicht aus ideeller oder strategischer Gegnerschaft dem General widersetzt hatte; er mochte sich einfach nicht ein-, geschweige denn unterordnen.

Außer der eigenen hat Mitterrand keine Vormacht je anerkannt. Es kam ihm darauf an, die Hebel der Macht selbst in der Hand zu halten. Jener Macht, die im Glauben an sich selbst wurzelt. Das Maß seiner Fähigkeit, verschiedene Bälle im Spiel zu halten und mit ihnen zu jonglieren, überraschte denn doch. Er konnte von heute auf morgen einen Kurs in dessen Gegenteil verkehren, wie 1983 in der Wirtschafts- und Finanzpolitik, und dabei jede Verantwortung von sich weisen. Dieses Wort schien ihm überhaupt fremd zu sein. Vom Präsidenten ausdrücklich ermuntert, suchte die neue Regierung, der drei Kommunisten angehörten, zunächst den Bruch mit dem Kapitalismus zu vollziehen. Mitterrand nannte das Innenpolitik. Gleichzeitig verfolgte er einen strengen Nato-Kurs, ohne dass er im Traum daran gedacht hätte, den Austritt Frankreichs aus der militärischen Integration des Bündnisses rückgängig zu machen und amerikanische Raketen auch auf französischem Boden zu stationieren. Wenn Mitterrand die Nato bemühte, dann stets nur mit Blick auf die Bundesrepublik. Er nannte das Außenpolitik. W. B. fand dieses kompensatorische Verhalten nun nicht mehr lustig und nicht mehr verzeihbar. Jetzt waren das Interesse und das Selbstverständnis der Bundesrepublik Deutschland berührt.

Frankreich. Un amour

Noch im Sommer 1981 bat uns der Präsident nach Nogaro, einem kleinen Dorf im Gers, in das Haus der Schwiegereltern seines Sohnes Jean-Christophe. Es war einfach und oberhalb des Städtchens gelegen, mitten auf dem Land. Die Pyrenäen hatte man bei gutem Wetter vor Augen. In dem bäuerlichen Garten versammelte sich eines Mittags im August, ohne dass wir uns als Eindringliche gefühlt hätten, eine große familiäre Runde. Niemand hätte merken müssen, dass der Präsident der Republik ihr zugehörte. Auch Mitterrand brauchte Ruhe und Meditation. Den Rückzug zelebrierte er. Von nichts und niemandem ließ er sich diktieren, wie er seine Zeit zu verbringen und wann er zur Verfügung zu stehen habe. Er wollte gefürchtet sein und kam auch deshalb grundsätzlich zu spät. Mitterrand, Jongleur und Machiavellist, der die Menschen in Abhängigkeit zu halten wusste, Fatalist und Zyniker, der die Zügel der Macht nie losließ. W. B., Mystiker und Melancholiker, der geliebt sein wollte und den Menschen eigene Urteilskraft zusprach, Charismatiker und Künder eines Ziels, für das er sich verausgaben würde. Beide wussten, was sie aneinander hatten. Jenseits der Gegensätze, die sich anziehen, schöpften sie aus dem Fundus einer jeweils reichen und einzelgängerischen Persönlichkeit. Vom Recht zu schweigen machten sie Gebrauch wie von einem Recht auf Freiheit. Aus der Geschichte lasen sie keine Gesetzmäßigkeiten heraus. Sie verschrieben sich ihr als einem Schicksal, dem man seinen Stempel aufdrücken wollte, auf die eine oder auf die andere Weise. Beide waren sie keine Aufklärer und keine Moralisten. Das Mittel ihrer Selbstverständigung waren das Lesen und das Schreiben. Beide entstammten sie einem vormedialen Zeitalter. Sie verkehrten von gleich zu gleich. Sie nannten einander beim Vornamen und blieben doch beim Distanz wahrenden Sie. W. hatte es lange vorausgesehen und lachte, als Mitterrand ihm andeutete, dabei leicht die Nase rümpfend, dass Kohl ihn einfach duze.

Frankreich. Un amour

Während jenes Mittagessens, das sich über vier bis fünf Stunden erstreckte, zogen sich beide unter einen Nussbaum zurück und redeten über – die Nachrüstung. W. B. sah zu dieser Zeit, August 1981, nicht die Notwendigkeit, sich festzulegen. Vielmehr suchte er nach Mitteln und Wegen, auch Reisewegen, die Sowjets zur Räson und die Amerikaner, die gerade erst Geschmack an der neuen Rüstung gefunden hatten, zur Einsicht zu bringen. In Genf waren die amerikanisch-sowjetischen Verhandlungen noch nicht einmal in Gang gekommen. Schon gar nicht sah W. B. die Notwendigkeit, sich von einem französischen Präsidenten sagen zu lassen, was Deutschland zu tun habe. Er hatte sein eigenes Verständnis von deutsch-französischer Freundschaft. Und war nicht Giscard, der Vorgänger, der Meinung gewesen, dass Frankreich, weil außerhalb der militärischen Integration der Nato stehend, Parteinahme nicht zustehe? Mitterrand hatte noch Ende 1979 Breschnew einen Mann des Friedens genannt, im Wahlkampf aber schon ganz andere Töne angeschlagen. Jetzt sorgte er sich plötzlich um Amerika und seinen Verbleib in Europa. In Europa? Er meinte Deutschland, wenn er Europa sagte. Im übrigen gab er auf Befragen zu und wiederholte es während eines Gesprächs mit W. B. im Elysée: Er müsse »mit einem elementaren Widerspruch« leben, dem Widerspruch »zwischen der nationalen Bestimmung der französischen Atomstreitkräfte und den Solidaritätsverpflichtungen, die sich aus der Mitgliedschaft im Atlantischen Bündnis ergeben«. Es gebe keine Antwort auf die Frage, wann französische Sicherheitsinteressen im Kern gefährdet seien.[19] W. B. fand, auch wenn er sich vor jeder Andeutung hütete, eine amerikanische Nachrüstung auf deutschem Boden gehe die Franzosen ebensowenig etwas an wie die Erfüllung deutscher Bündnispflichten. Mitterrand beeilte sich denn auch hinzuzufügen, dass er verstehe, wenn W. B. aus Deutschland kein Pulverfass gemacht wissen wolle. Und überhaupt verstehe er ihn ja: »Si j'étais Allemand...«

Frankreich. Un amour

Er kannte den Präsidenten mittlerweile gut. Und doch nicht gut genug. Es war auch nicht seine Stärke und nicht einmal sein Wille, Menschen zu durchschauen und ihnen Hinterhältigkeiten zuzutrauen, derer er selbst nicht fähig war. Je niedriger die Instinkte, die er spürte, desto geringer sein Erkenntnisdrang. Und niedrig können Instinkte auch sein, wenn sie in hehre Worte gekleidet werden. Als François Mitterrand am 20. Januar 1983 vor den Deutschen Bundestag tritt, Kohl ist Kanzler und der Wahlkampf gerade angelaufen, wird W. B. von der Kälte des Auftritts überrascht. Welch ein Kontrast zu den vielen verständnis- und respektvollen Gesprächen. Wie konnte ausgerechnet der Präsident der französischen Republik, die eine eigene Atomstreitmacht unterhielt, die Gefahr der »Abkoppelung« Europas von Amerika beschwören, wenn das Gleichgewicht gestört und die Nachrüstung nicht geleistet werde? Wie konnte gerade er »die Solidarität der Mitglieder des Atlantischen Bündnisses« einfordern? Wie konnte gerade er sich für die Sicherheit Berlins verbürgen?[20] Und, wie nebenbei, die SPD und ihren Vorsitzenden so brüskieren? W. B. wusste, dass hier keine Überzeugung vorgetragen, sondern die Macht eines Siegers untermauert werden sollte. Die Demonstration bescherte Mitterrand zudem die Gunst der Bundesregierung; daran musste ihm wegen der ökonomischen Nöte gelegen sein.

Der Präsident hatte sich vor seiner Rede nicht gemeldet und ihn nach der Rede keines Blickes gewürdigt. W. B. bebte vor Zorn und ballte, was sehr selten geschah, die Faust in der Tasche. Er verabscheute Anmaßung und Doppelbödigkeit des Auftritts. Es irritierte ihn, dass sich das deutsche Parlament von einem französischen Präsidenten sagen ließ, welche amerikanischen Waffen es zu lagern habe, und dafür auch noch dankbar Beifall klatschte. Es fügte sich, dass wenig später, im Rahmen einer Konferenz der Sozialistischen Internationale, ein Abgesandter des Präsidenten kundtat: Und wenn die Pershings doch sonst zu nichts nutze sind, so garantieren sie uns doch die deutsche Teilung für weitere zwanzig Jahre.

Der Raketenstaub legte sich erst im Jahr darauf. Der Präsident versicherte ihn seiner herzlichen Gefühle und schrieb einen schönen Brief: Cher Ami, er wäre glücklich, ihn baldigst, gern in Begleitung seiner Frau, im Elysée zu empfangen. Lange habe man sich nicht getroffen. Über das große Vergnügen hinaus, das er ihm mache, könnten sie nützliche Gespräche über den Gang der internationalen Ereignisse führen.[21] Das taten sie fortan mindestens einmal im Jahr. Ärger wurde unterdrückt, so als sich Mitterrand während eines SPD-Parteitages das Heidelberger Geburtshaus Friedrich Eberts zeigen ließ – von Helmut Kohl. Am 11. Juli 1985 hatte der Präsident auch einige Minister geladen, darunter seinen alten Gefährten Charles Hernu, nun zuständig für die Verteidigung. W. B. hört, wie der seinem Herrn ins Ohr flüstert, dass tags zuvor die Rainbow Warrior, jenes verhasste Greenpeace-Schiff, das gegen die Atomversuche in der Südsee Front machte, auftragsgemäß versenkt worden sei. Die Tragweite der Mitteilung, die er aufgeschnappt hatte, ging W. B. erst in den nächsten Tagen und Wochen auf. Der Vorgang schlug riesige Wellen. Der Minister musste seinen Hut nehmen. Der Präsident wusch seine Hände in Unschuld.

Mitterrand war der Typ, der immer durchkam, weil er immer durchkommen wollte. Wenn es schlecht ging, und es ging oft schlecht während seiner langen Präsidentschaft, wusste er sich, einem Phönix gleich, zu behelfen: Il faut que je m'en débrouille, ich muss einen Ausweg finden. Ob es dazu eines politischen Kurswechsels bedurfte oder eines Paktes mit Le Pen wie bei der Wahlrechtsreform Mitte der achtziger Jahre oder der Desinformation über seine Gesundheit, gleichviel. Im Gegensatz zu W. B. nahm Mitterrand die Verhältnisse, wie er sie vorfand. Wenn eine Art der Annäherung nicht mehr trug, dann musste eben eine andere Art her. Hier lag der wesentliche Gegensatz zu

W. B., der auf den Augenblick wartete, auch hinarbeitete, da er den Verhältnissen eine gewünschte Richtung geben konnte.

Als zu Jahresbeginn 1988 der Bundespräsident eine Nachfeier zum 75. Geburtstag ausrichtete, fragte ihn Frau von Weizsäcker leise, wer ihm der liebste Gast sei. W. nahm diplomatische Rücksicht und überließ mir die Antwort: Mitterrand. Als er aber ein Jahr später die persönliche Einladung zum Bicentenaire erhielt, sagte er ab. Spontan, ohne Zögern. Wie kann man eine revolutionäre Vergangenheit feiern und die revolutionäre Gegenwart außer Acht lassen! Die Risse im Ostblock wurden groß und größer. Was sich anbahnte, wusste auch W. B. nicht, aber dass sich etwas anbahnte, dessen war er gewiss. Das Missverhältnis zwischen Bewegung im Osten und statuarischem Prunk, mit dem die zweihundertste Wiederkehr des Sturms auf die Bastille gefeiert werden sollte, behagte ihm nicht.

Auch 1989 und 1990 liebte W. B. das Leben in Frankreich. Diese Liebe war erhaben über die Politik in Paris. Er war auch nicht überrascht, dass der Präsident die Zeichen der Zeit verfehlte. Jedes Jahr wieder hatte Mitterrand ihn gefragt, ob die Deutschen nicht doch vor allem ihre Einheit im Sinn hätten. Das Maß französischen Unverständnisses aber setzte ihn nun doch in Erstaunen. Die Reisen nach Kiew, wo er noch am 7. Dezember 1989 Gorbatschow aufzuwiegeln suchte, und in die DDR, die kaum noch eine war, zwei Wochen später, hielt W. B. für Unternehmungen eines Mannes, der die persönliche Macht zu handhaben wusste, aber mit der Macht des Volkes nichts anfangen konnte. Auf die aber kam es jetzt an. Am 22. Dezember 1989 entzog sich der Präsident der Einladung Kohls, mit ihm durchs Brandenburger Tor zu gehen. W. B. ließ seiner Phantasie Lauf: De Gaulle hätte sich seine Generalsuniform angezogen und wäre an der Spitze des Zuges marschiert!

Als Mitterrand ein Jahr später eine Reise der Wiedergutmachung nach Berlin unternahm, war W. B. unterwegs. Er bat mich, der Einladung des Bundeskanzlers allein zu folgen. Der Präsident freute sich über das Wiedersehen und versprach mir ein Zeitungsinterview. Seine Umgebung staunte nicht schlecht, als er Anweisung gab, einen Termin zu finden. Als er mich im Herbst 1991 im Allerheiligsten des Elysée empfing, war er in der Sache konzentriert – der Krieg auf dem Balkan warf seine Schatten voraus – und wirkte doch müde. Er begleitete mich hinaus, nahm die Hand und fragte, wie es W. gehe: Ich wisse, was er ihm sei, und möge es so weitergeben, verbunden mit dem schönsten Gruß. Dem Staatsakt im Oktober 1992 wohnte er zusammen mit Danielle bei.

Mitterrand starb in den ersten Januartagen 1996, nach einer Krankheit, die so alt war wie seine Präsidentschaft, und kurze Zeit, nachdem er auch seine zweite Amtszeit erfüllt hatte. Ich schickte Danielle Zeilen, die das Herz und die Erinnerung in die Feder diktiert hatten. Sie antwortete von Hand. Sie schrieb aus Latche, einem Ort, »wo wir – tous les quatre – glückliche Tage verlebt haben«. Die Erinnerungen, die wir beide teilten, seien ein Band, dem sie treu bleibe.[22]

Während der Jahre des Herumziehens waren wir immer häufiger am Wegesrand stehen geblieben, hatten Häuser betrachtet und kleine Gärten und vor uns hin geträumt. Im Frühjahr 1982 hatte es uns im Anschluss an einen Besuch in Belgrad für drei Ostertage an die montenegrinische Küste verschlagen. Vom frühestem Morgen bis zum spätesten Abend waren wir von dreißig Funktionären umgeben und fanden, von derlei staatssozialistischen Anfechtungen befreie man sich nur durch Besitz eines eigenen Rückzugsortes. Immer wurde W. bedrängt, ein paar Tage hier und ein paar Tage dort zu verbringen. Als er sein französisches Haus hatte, ließ er sich nicht mehr bedrängen.

Es hatte des Anstoßes bedurft. Eines Abends im Mai 1983 kam er besonders aufgekratzt nach Hause. Wie immer hatte er sich telefonisch angekündigt, jetzt aber gleich hinzugesetzt, es gebe eine Überraschung zu berichten. Eine Überraschung? Und was für eine! Vater Kuppe hatte ein Haus gekauft. In den Cévennen! Gewusst wo und gewusst wie! Vater Kuppe, dick, gutmütig, lustig, gesellig, treu, war seit Berliner Tagen sein »Vorreiter«, soll heißen: einer, der Wahlkampfauftritte vor Ort plante und prüfte. Die Cévennen klangen verlockend. Binnen kurzem kam Vater Kuppe auf Besuch, schwärmte von seinem Häuschen hoch oben und erhielt den Auftrag, ein weiteres zu suchen. Im Juni meldete er, dreißig Häuser besichtigt und zwei ausgewählt zu haben. Am nächsten Wochenende fuhren wir tausend Kilometer gen Süden und kauften Le Mezy.

Als wir noch ein wenig in der Nähe des Hauses herumgingen, hier und da stehen blieben und den Anbau von Gemüse und Wein bestaunten, hörten wir, wie eine Frau ihrem Mann zurief: Guck mal, da steht einer, der sieht aus wie W. B. Als wir ins Gespräch kamen, redete Monsieur uns auf Deutsch an. Wo er denn das gelernt habe? In Kassel! Er sei Zwangsarbeiter gewesen, abgestellt als Lagerfriseur, und habe dort eine schöne Zeit durchlebt. Franzosen war es besser ergangen als Polen, aber W. hing der Satz, der so fröhlich vorgebracht worden war, lange nach. Das Los der Arbeiter in den Cévennen, die im Tagebau billige Kohle gefördert und sich dabei eine Staublunge geholt hatten, war auch nicht großartig gewesen. Wir lernten bei dieser und vielen späteren Gelegenheiten, warum die KP in dieser verlassenen Gegend noch immer so starken Rückhalt hatte.

Das Haus, das wir für den Sommer auf Korsika gemietet hatten, wurde abbestellt. Von jetzt an überlegten wir nie mehr, wohin im langen Sommer, im Frühjahr, zu Weihnachten und zwischendrin. W. bemerkte einmal, wie um sich von einem schlechten Gewissen zu befreien, dass er mir doch immer den norwegischen Norden habe zeigen wollen. In den Jahren vor der französischen Sesshaftigkeit hatten wir oft zu Pfingsten seine Tochter besucht, waren aber über den Sognefjord nicht hinausgekommen. Jetzt aber für eine

Frankreich. Un amour

Nordlandreise auf das Haus verzichten? W. freute sich, dass sie nicht stattfand.

Le Mezy hatte es in sich. Ungefähr vier Monate nach dem Kauf titelte die »Bild-Zeitung«, dass W. B. der Freundin ein Haus geschenkt habe. Als Freundin hatte ich mich nie gefühlt, und wir lebten nun auch schon einige glückliche Jahre unter einem Dach. Nach Rückkehr aus der französischen Kur 1979, die einer Kur an Leib und Seele gleichgekommen war, hatte W. sein Leben neu geordnet. Die Scheidung zog sich lange hin, weil die materiellen Wünsche nicht den Möglichkeiten ihrer Erfüllung entsprachen. Danach war ich zu bescheiden oder zu stolz, um von mir aus nach der Heirat zu fragen. Als W. mich jetzt, wegen der »Bild-Zeitung«, in Tränen fand, sagte er: Wegen des großen Altersunterschiedes habe er nicht fragen mögen. Er frage mich jetzt. Dann wurde sein Ton fröhlich und entschieden: Gehe morgen früh aufs Amt.

Enkelin Janina zu Besuch
(1987)

Frankreich. Un amour

Am 9. Dezember 1983, einem Freitag, abends 19 Uhr, bummelten W. und mein Bruder Wendelin durch Unkel und verschwanden im Hintereingang des Rathauses. Meine Schwägerin Doris und ich folgten in einigem Abstand. Hans Hafener, der Amtsbürgermeister, nahm die Trauung vor. Neun Tage später feierte W. B. seinen 70. Geburtstag.

Verlorene Jahre. Geschenkte Zeit

In der Kunst der achtziger Jahre vollendet sich, was in den Sechzigern begonnen hat. An die Stelle der Kunst rückt das Spiel mit der Kunst. Das Spiel um seiner selbst willen oder Sinnstiftung durch sinnloses Tun. Ein Scheinsinn stellt sich ein. Bilderbilder werden gemalt, Bilderreihen und Rasterbilder. Man sieht Leute und sieht Landschaften, als seien sie fotografiert, und zweifelt an der eigenen Wahrnehmungskraft. Original und Fälschung gehen ineinander über und werden selbst zum Gegenstand der Kunst. Figuren stehen auf dem Kopf, was oben ist und was unten, weiß kein Betrachter mehr zu sagen. Im Augenblick seiner Schöpfung wird das Bild auch schon wieder zerstört. Es erzählt keine Geschichte, enthält keine Botschaft und weckt kein Gefühl. Es hat keinen Anfang und kein Ende, weder zeitlich noch räumlich. Raum und Zeit sind der Technik zum Opfer gefallen. Die Welt ist in tausend Einzelteile zerbrochen, und die lassen sich zu nichts mehr zusammensetzen.

1987 kartiert Anselm Kiefer, von unbestimmbar hoher Warte aus, maßstabs- und faktenlos, die »Heereszüge Alexander d. Gr.«. Kiefer veranschaulicht die Irre, in die alle Spuren führen, und sagt: »Alexander gibt es ja gar nicht. Oder was wissen Sie von ihm? Es gibt nur noch die Verpackung, nur noch das, was um ihn herum im Laufe der Jahrhunderte sich angesammelt hat. Und das ist ja das Interessante.«[1] Die Medialisierung der Welt tritt ihren unaufhaltsamen Siegeszug an. In der Kunst. Und in der Politik. Wird der Wandel bemerkt? Was sagt er einem des Jahrgangs 1913, der gewohnt ist, mit Worten zu wirken, nicht mit deren Hülsen, der sich der Gemeinschaft manches Mal entzog, ihr sein Ich aber nie überordnete und der die Welt, jedenfalls in Maßen, für veränderbar hielt?

Die FDP-Führung war seit der Bundestagswahl 1980 zum Koalitionswechsel entschlossen, unter welchem Vorwand auch immer. Insoweit haftete dem Ende sozialdemokratischen Regierens zwei Jahre später der Charakter des Unvermeidlichen an. Unmittelbar nach dem Bruch wandte sich Genscher in entwaffnender Offenheit an W. B.: Aber hätten Sie denn damals gedacht, dass ein sozialliberales Bündnis so lange hält? Dreizehn Jahre? W. B. wusste, dass es so lange nicht gehalten hätte, wäre die Union früher auf die deutschland- und ostpolitische Linie eingeschwenkt. Die uneingeschränkte Billigung der Verträge, einschließlich der Konferenz von Helsinki, hatte sich durch das Zwischenspiel des Kanzlerkandidaten Strauß noch hinausgezögert. Erst 1981/82 betrieb Kohl den Kurswechsel. Gleichzeitig kämpfte die SPD mit den Folgen jener Umbrüche, die seit dem Ende der sechziger Jahre die Gesellschaft aufwühlten. Das Koalitionsklima verschlechterte sich rapide. 1981 teilte Helmut Schmidt den Führungsgremien seiner Partei mit, Genschers Absichten seien ihm »unklar«.[2] Und W. B., der die Liberalen mochte und scharfe Töne gerne mied, bekannte, dass die FDP »unsere Nerven strapazierte«.[3] Er hatte die SPD in die Regierung geführt und wollte tun, was sich tun ließ, damit sie dort bleibe. Opponieren war gut und wichtig, Regieren besser und wichtiger.

In den acht Jahren, die zwischen dem Rücktritt vom Amt des Bundeskanzlers und dem Ende der sozialliberalen Koalition lagen, hatte sich W. B. angestrengt, im Rahmen seiner Möglichkeiten dem Bundeskanzler »den Rücken« freizuhalten und für »eine gegenseitige Ergänzung« der Arbeit zu sorgen; damit könnten sie »der Partei am besten helfen«.[4] Helmut Schmidt war, jedenfalls in seinen Briefen, die mal aus einer Zeile und mal aus vielen Seiten bestanden, des Lobes und des Dankes voll. Für »Gleichmut« und »Augenmaß« in mancher »Turbulenz«,⁵ für Interventionen in der Fraktion und Auftritte auf Parteitagen oder einfach für mancherlei Hilfe. Vor allem lobte er W. B. vor und nach den beiden Bundestagswahlen, 1976 und 1980. So gute Voraussetzungen geschaffen zu haben »ist Dir im stärkeren Maße zu danken, als irgend jemand anderem sonst«.⁶ Nach der Entführung und Ermordung Schleyers und der Befreiung der Geiseln in Mogadischu schrieb er den einen Satz: »Lieber Willy, hab' Dank für die letzten sieben Wochen!«⁷ Dabei hatte W. B., zumal in den Wahlkämpfen, durchaus Grund zur Klage. Er fand, nicht hinreichend gefordert zu sein, und erlaubte sich den Hinweis, dass er wisse, wie man Wahlen gewinnt, und es nicht reiche, nur auf die Leistungen der Vergangenheit zu pochen. Sein Zorn, dem er schriftlich Luft machte,⁸ verrauchte rasch, und er minderte seinen Einsatz nicht.

Einvernehmen zwischen Parteivorsitzendem und Bundeskanzler (1975)

Der Austausch beschränkte sich nicht auf die Briefe, die man sich besonders gern um die Jahreswende schrieb, wenn die Geburtstage anstanden. Der Bundeskanzler, der auch stellvertretender Parteivorsitzender war, nahm in aller Regel an den montäglichen Präsidiumssitzungen teil; in der Stunde vor Beginn erschien Helmut Schmidt zu einem Vier-Augen-Gespräch. Über den Inhalt machte W. B. die launige Angabe: Worüber wir reden? Über Ärzte und Frauen! Was letztere betraf, so zeigte sich W. B. amüsiert, respektvoll: Wie er damit durchkomme...? Besinnliche Gespräche, losgelöst von Terminen, pflegten sie nicht. Die Temperamente vertrugen sich insoweit nicht. Helmut Schmidt, der Ordnungsmensch, von bürgerlichen Zügen nicht frei, nicht in sich ruhend, immer mit dem Hang zum Belehrenden, und W. B., der libertäre Gefühlsmensch, einzelgängerisch, aus allen sozialen Rastern herausfallend, repräsentierten je eine Möglichkeit der Machtausübung.

Noch im Sommer 1982 rühmt Helmut Schmidt die Anstrengungen des Parteivorsitzenden, die Koalition zu retten. Das Wort von der »Gewerkschaft der Bundeskanzler« habe ihm »besonders wohlgetan«.[9] Bis zum tatsächlichen Regierungswechsel am 1. Oktober änderte sich das Einvernehmen nicht. Fünf Wochen später, vom Amt befreit oder auch ihm hinterhertrauernd und einen Schuldigen suchend, teilt Helmut Schmidt auf acht Seiten W. B. mit, es sei ein Fehler gewesen, nicht auch den Parteivorsitz übernommen zu haben. Seit dem Sommer 1972 sei er mit der Art der Amtsführung nicht mehr einverstanden gewesen. Teile der Partei hätten, zumal seitdem es wirtschaftlich schlechter ging, Sonderinteressen und Unzufriedenheit an der Regierung und dem Kanzler abreagieren können.[10] Auf die Frage, ob hier oder da härter hätte durchgegriffen werden können, aber kam es W. B. nicht an. Dass er ziemlich viel Unfug duldete, noch dazu solchen, der ihn selbst abstieß, wusste er. Aber er wusste seit 1969 auch, dass hinter den Auf- und Umbrüchen mehr und anderes steckte als die

»dritte Wiederkehr einer bürgerlich-deutschen Jugendbewegung«,[11] wie Helmut Schmidt schrieb. Den sozialen Wandel hatte der Vorsitzende auf seine Weise, losgelöst von Sympathie und Antipathie, analysiert; er war zu dem Schluss gekommen, dass die SPD den Wandel würde mitmachen müssen, wenn sie auch künftig noch Wahlen gewinnen wollte. Kein Führer konnte sich die Partei nach seinem Bilde malen. Und der Briefpartner in Hamburg sagte ja auch nicht, wie er die alte, disziplinierte Arbeiterpartei, die unentwegt beschworen wurde, am Leben erhalten wollte. Mit Maßnahmen und Machtworten? Dabei nahm W. B. ihm ab, dass sein Herz an der Partei hing, der er sich nach dem Krieg verpflichtet hatte. Überhaupt bestanden keine Zweifel, nicht einmal augenblicksweise, an Helmut Schmidts sozialdemokratischer Seele. Allenfalls zweifelte W. B. an dessen richtigem Augenmaß. Als der Bundeskanzler 1977 eine Raketenlücke entdeckte und die verblüfften Amerikaner darüber belehrte, hatte W. B. das Gefühl, hier übernimmt sich ein deutscher Bundeskanzler.

Schon zu Beginn der sechziger Jahre war deutlich geworden, dass sie das Verhältnis zwischen Politischem und Militärischem unterschiedlich werteten. Das amerikanische Projekt einer MLF, einer Multilateral Force, hatten sie beide lebhaft begrüßt, W. B., weil er darin das politische Mittel sah, die Amerikaner langfristig in Europa zu halten, Helmut Schmidt, weil er fasziniert war von der Technik und der Chance, daran teilzuhaben. Für W. B., in allem das Gegenteil des Technokraten und Soldaten, war das Militär ein Mittel zum politischen Zweck. Auf die Schaffung einer dem demokratischen Staat verpflichteten Armee war er stolz; er hielt sie für eine der wichtigsten Errungenschaften der Bundesrepublik. Dieser Stolz gründete nicht in soldatischer Einstellung, sondern in politischer Überzeugung. Die Verselbständigung der Militärtechnik und den dazugehörigen Modernisierungswahn beobachtete er mit wachsendem Unbehagen. Schon in der zweiten Hälfte der fünfziger Jahre, als das Entsetzen über die starren Fronten in Deutschland wuchs, hatte er beklagt, dass »der Westen vielfach zum Opfer einseitigen militärischen Denkens geworden« war.[12]

W. B. bestimmte das Gleichgewicht zwischen Ost und West global, nicht durch Aufrechnung einzelner Waffensysteme oder Raketenköpfe. Dass die Sowjetunion an der Stationierung von Mittelstrecken zu hindern war, stand aber auch für ihn außer Frage. Neue Erpressungspotentiale durften nicht geschaffen werden, weder vor dem Hintergrund des Nord-Süd-Konflikts noch im Hinblick auf den »Kampf um die Existenz unseres Volkes«.[13] Rüstung sollte ab- und nicht neu aufgebaut werden. Wie dahin kommen? Der Doppelbeschluss war ein ernster Auftrag zu verhandeln; wenn die sowjetischen Mittelstreckenraketen verschwänden, würden die neuen Pershings nicht stationiert werden. Als W. B. aus Moskau, 1981, einen Verhandlungsvorschlag mitbrachte, ließ die Bundesregierung ihn abblitzen. W. B. fühlte sich brüskiert und war, diesmal nachhaltig, verärgert. Er staunte, als Helmut Schmidt, bald nach Abgabe des Kanzleramts, die Verantwortung für den Vorfall auf Mitarbeiter und Zwischenträger schob.[14] In der Sache selbst machte sich W. B. keine Illusionen mehr. Der Bundeskanzler hatte den Doppelbeschluss ernst genommen und ernste Verhandlungen gewollt, gewiss. Aber er überschätzte seinen Einfluss in Washington und bedachte nicht, dass die Raketen längst ihre eigene Dynamik entfalteten.

Seit Reagan 1980 ins Weiße Haus eingezogen war und das Pentagon mit seinen Leuten besetzte, hatten die Amerikaner Geschmack an der Stationierung ihrer eigenen neuen Mittelstreckenraketen gefunden und die Genfer Verhandlungen nicht auf Erfolg hin angelegt; dass die Sowjets unbeweglich waren und ihnen das Geschäft erleichterten, machte die Sache nicht besser. Helmut Schmidt äußerte im Sommer 1983 selbst Zweifel am amerikanischen Verhandlungswillen.[15] Später wollte er davon nichts mehr wissen und beharrte darauf, dass er einen Kompromiss durchgesetzt hätte, wäre er nur im Amt geblieben. Dazu hätte es einen Kompromiss aber erst einmal geben und Genscher den Kanzler Helmut Schmidt behalten müssen.[16]

Als die SPD im Spätherbst 1983, mehr als ein Jahr nach dem Bruch der sozialliberalen Koalition und nur wenige Tage vor der Stationierung auf deutschem Boden, einen Parteitagsbeschluss fasste, machte W. B. genau diesen Grund geltend: Die Verhandlungen sind »gescheitert wegen der Sturheit derer, die es aus ihrer Sicht der Dinge für wichtiger gehalten haben, Pershing II nach Deutschland zu bringen, als SS-20 im anderen Teil der Welt herunterzuverhandeln«.[17]

W. B. war sehr erleichtert, als die befürchtete innerdeutsche Eiszeit ausblieb. Er deutete das Interesse der DDR, auch unter der Regierung Kohl die Verbindungen zu wahren, nicht als Zeichen der Stärke. Die Auseinandersetzung um die Mittelstrecken war mit der Stationierung nicht abgeschlossen. Die Gedanken, die in Richtung einer gemeinsamen Sicherheit gingen, nahmen hier ihren Ausgang und erleichterten in der zweiten Hälfte der achtziger Jahre Gorbatschow die Arbeit. Dass der neue Mann, der 1985 die Bühne betrat, und das neue Denken und sogar das Ende des Imperiums Folge der westlichen Nachrüstung waren, glaubte W. B. nicht. Vielleicht war auch nur Zeit verschwendet worden? Sein Verständnis von geschichtlichen Abläufen war vielschichtig und trug deren Widersprüchen Rechnung. Aber wenn's doch so gewesen wäre und sich eine gerade Linie ziehen ließe: Es wäre gut gewesen.

Auf den Brief, den Helmut Schmidt unmittelbar nach seinem Ausscheiden aus dem Amt in Sachen Parteivorsitz geschrieben hatte, antwortete W. B., dass man diesen Teil des Meinungsaustausches nicht fortsetzen und übereinkommen solle – »agree to disagree«. Er beeilte sich hinzuzusetzen: Diese Feststellung berühre in keiner Weise seine Hochachtung und seinen Dank für das, »was Du aus Deiner

Sicht für die Partei bewirkt hast«.[18] In Naturell und Prägung waren Helmut Schmidt und W. B. sehr verschieden. Vielleicht überboten sie sich auch deshalb in wechselseitigem Respekt. Ausdrücklich auch für ihre jeweilige Haltung in der Raketenfrage. Helmut Schmidt wiederholte in immer neuen Wendungen, was er schon zu Jahresbeginn 1976 kundgetan hatte und was ihn vielleicht auch umtrieb: »Du wirst in die deutsche Geschichte eingehen; mein Teil wird – wie ich hoffe: hilfreiche – Episode sein.«[19]

Der Briefwechsel wurde über einige Jahre fortgesetzt, in lockerer Folge. Die Freundlichkeiten überwogen mehr und mehr, und beide versicherten einander nun, dass sie, in dieser Reihenfolge, für ihr Land und ihre Partei doch manches geleistet hätten. Schon in den Oppositionsjahren nach 1982, als W. B. einer SPD vorsaß, die nach sechzehn Regierungsjahren in der Opposition gelandet war und sich neu finden musste, hatte er nicht ohne Wehmut an die gemeinsame Zeit mit Helmut Schmidt gedacht.

Auch wenn es keine Last gewesen war, die er 1987 abwarf, Freude machte W. B. der Parteivorsitz nicht mehr. Seit der SPD die Regierungsverantwortung 1982 abhanden gekommen war, fehlte jene Herausforderung, die er brauchte, um Freude an der Arbeit zu haben. Bei allem Sinn für Neues fehlte auch jene Vertrautheit mit Sachen und Personen, die über viele Jahrzehnte gewachsen war. Die Verhältnisse hatten sich geändert und erschöpften sich nicht in der Bewältigung eines Regierungswechsels. Der gesellschaftliche Wandel musste erfasst und die Notwendigkeit der Anpassung erkannt werden. Der eigenen Partei den Weg in eine Epoche zu weisen, die von bisher unbekannten Technologien und deren Folgen geprägt sein würde, nahm er sich vor. Es fiel ihm leicht und schwer zugleich.

Den Koschnicks, Vogels und Raus aus der Generation, die nach ihm kam und einen Übergang darstellte, fehlte mehr als nur die Fortüne. Zu Hans Koschnick hielt er rege freundschaftliche Verbindung. W. B. sagte oft zu ihm: Hans,

Verlorene Jahre. Geschenkte Zeit

Du bist der letzte, der noch in der alten Arbeiterbewegung fußt. Er dachte daran, ihn zu seinem Nachfolger aufzubauen. Aber so schön und unterhaltsam die Anekdoten waren, die man austauschte, die Enttäuschung ließ sich nicht verdecken. Wenn es galt, sich zu entscheiden, und er gebraucht wurde, wer war nicht da? Hans. Das war in Bremen so. Das war in der Partei nicht anders.

Auf die Erfahrung, die dem Vorsitzenden der Wahlkampf 1986/87 bescherte, hätte er gern verzichtet: Wie konnte einer so selbstverständlich nominiert werden und sich der Aufgabe so gar nicht gewachsen zeigen? Der Kanzlerkandidat Rau ließ sich auf kaum einer Sitzung mehr sehen und suchte jeder Diskussion aus dem Wege zu gehen; Zahnweh, ein dicker Finger, ein verstauchter Fuß – die Symptome innerer Abwehr waren unschwer zu übersehen. W. B. fuhr ihm quer durch Deutschland hinterher. Als er ihn schließlich erwischte, teilte Rau ihm mit, dass mit mehr als 35 Prozent nicht zu rechnen sei. Dennoch zog der Kandidat mit dem Ziel einer absoluten Mehrheit durchs Land, sich jeder politischen Aussage enthaltend. Die Parole, mit den Grünen nicht zu wollen und mit anderen nicht zu können, war eher der Vorbote eines Desasters. Ziele ohne Bezug zum Wirklichen und Möglichen mochte W. B. nicht, auch insoweit war er kein Visionär. Beizeiten hatte er, hilfreich gemeint, die Bemerkung fallen lassen, dass 43 Prozent auch ganz schön seien. Der unsichere Kandidat aber ließ sich nicht raten. Er rächte sich mit Hilfe seines Wahlkampfleiters. Von einem Augenblick auf den nächsten, mit großem Getöse und mitten im Wahlkampf, legte Wolfgang Clement sein Amt des SPD-Sprechers nieder. Dem Parteivorsitzenden teilte er schriftlich mit, er sei dennoch »kein Fahnenflüchtiger«; das möge W. B. auch den Gremien nahebringen. Der Vorsitzende reagierte kühl: »Tatsache und Form« des Ausscheidens könne er nicht billigen.[20] Dabei nahm er kaum je etwas übel. Seine Nachsicht kannte nur wenige Grenzen. Selten versuchte er jemanden aufzuhalten. Oder auch nur umzustimmen. Er wollte die Menschen weder ändern noch erziehen. Politisches Gespür und Führungskraft ließen sich niemandem beibringen. Weltläufigkeit auch nicht. Koschnick, Vogel und Rau, auch Frau Renger fuhren immer wieder nach Israel. W. B. witzelte darüber: Wo sollen sie auch sonst hinfahren. In Israel kommen sie mit Deutsch durch.

Die Enkel weckten seine Neugier und seine Hoffnung. Wer eine solche Spürnase hatte, eine Nase für das Neue wie er, der musste sich den jungen Leuten wenn nicht nahe fühlen, so doch Interesse an ihrem Fortkommen haben. Er ahnte, dass hier nicht nur eine neue Generation nach vorn drängte; er selbst bedauerte oft, erst spät, jenseits der Vierzig, in hohe Verantwortung gestellt worden zu sein, und hatte jedes Verständnis für jugendliche Ungeduld. Doch wusste er nicht zu sagen, was diese Ungeduld unterfütterte. So genau wollte er es vielleicht auch nicht wissen, die Fremdheit ahnend. Doch wünschte W. B. sich sehr, Wissen und Erfahrung, auch Welterfahrung weitergeben zu können. Dieser Wunsch erfüllte sich nicht. Die jungen Leute, die so jung auch nicht mehr waren, entstammten einer Welt, in der man schon alles wusste und Rat nicht mehr erbat. Was das Reisen anging, stellte W. B., nachdem er den einen oder anderen mitgenommen hatte, verblüfft fest: Auch Reisen bildet nicht mehr.

Lafontaine hielt W. B. schon früh für ebenso begabt wie besonders gefährdet. Dass Oskar durch die Straßen Saarbrückens gehe und die Leute ihn anfassen wollten, ließ er sich gern berichten. Nicht so gern beobachtete er, wie Oskar sich immer nur profilierte, wenn er gegen jemanden oder gegen etwas vorgehen konnte; gegen Personen, je prominenter, desto lieber, und gegen Positionen, je geläufiger, desto bestimmter. Schon in den frühen Achtzigern, der Kontakt war noch eng und persönlich, mischten sich Zweifel in W. B.s Bewunderung: Ist Lafontaine willens und fähig, zu gestalten und zu verantworten? Das »Landratsamt an der

Saar« hielt er nicht für einen entsprechenden Nachweis. Er fragte sich, warum Oskar ihn an einen Luftballon erinnere: Wenn man reinpiekst, ist die Luft raus.

Im Spätsommer 1982 verbreitete sich Lafontaine über die Sekundärtugenden Helmut Schmidts und brachte trotz W. B.s Drängen eine Entschuldigung, die diesen Namen verdiente, nicht über sich; Schuld hatten immer andere, in diesem Fall die Journalisten und der Bundeskanzler selbst, der eine falsche Politik betreibe.[21] Darüber wurde W. B. nun erst recht wütend. Die Sache selbst fand er abwegig, peinlich, nicht zu kommentieren. W. B. hielt, ohne dass er den Begriff verwandt hätte, Sekundärtugenden hoch. Termine ließ er nicht platzen. Er war immer pünktlich und sah in Leuten, die es nötig hatten, zu spät zu kommen, Wichtigtuer. Er musste sehr krank sein, um eine Verabredung nicht wahrzunehmen, und lebte überhaupt nach dem Motto, dass zwischen Arbeit und Spaß zu trennen sei. Der Anspruch dieser neuen Generation, sich selbst zu verwirklichen, war und blieb ihm fremd. Er verstand nicht, warum sich die jungen Leute, Lafontaine vorneweg, selbst zum Maß aller Dinge machten.

Man hatte einander oft und gern besucht und bekocht. Die Einladung ins Franzosenhaus lag nahe und wurde ausgesprochen. Auf der Herfahrt im Juli 1984 hatten wir in Vézelay, im Schatten der schönsten aller romanischen Kirchen, Station gemacht und meinen frisch erworbenen Doktorhut gefeiert. Wir waren fröhlich und freuten uns auf die Gäste. Als Lafontaines kamen, währte die Freude nicht lange. Wir fühlten uns wie Gäste im eigenen Haus. Den privaten Verkehr ließen wir auslaufen. Der politische Austausch zwischen W. B. und Lafontaine nahm geschäftsmäßigen Charakter an, so eine enttäuschte Neigung geschäftsmäßig gehandhabt werden kann. Als Lafontaine einen Kongress schwänzte und auch das Gespräch mit dem spanischen Gastgeber sausen ließ, stattdessen die Zeit in einem Hotel in Madrid verbrachte, entdeckte W. B. eine neue Variante im

Verhältnis zwischen Theorie und Praxis. Er schüttelte den Kopf und tröstete sich mit Felipe, den er mochte wie einen Ziehsohn.

Die Rede über die Freiheit, mit der sich W. B., Juni 1987, vom Parteivorsitz verabschiedete, enthielt ein politisches Vermächtnis und war zugleich ein Akt der Selbstbefreiung. Frei von Zweifeln und Zwängen, sich rechtfertigen zu müssen: Es sei angenehm, Führungsschwächen zu beklagen, wenn es sich nicht um die eigenen handelt. Man könne dem scheidenden Vorsitzenden auch seine Liberalität ankreiden;

Mit dem selbst erwählten Enkel
Felipe González (1987)

nur müsse man wissen, »dass er ohne sie nicht mehr er selbst gewesen wäre«. Und den Sündenbock mochte er nun auch nicht mehr abgeben. »Aber gewiss, ich habe meine Fehler gemacht. Ich habe nicht immer alles bedacht, was hätte bedacht werden sollen. Das tut mir leid, und das ist es dann auch.«[22] Die Rechte eines Ehrenvorsitzenden, die Gremien zu besuchen, nahm er nicht wahr und zog sich in sein Büro im Bundeshaus zurück. Er gab gern Rat, vorausgesetzt, der war erbeten. Wer kam, kam von selbst.

Er fühlte sich frei. Frei für die Themen, die ihm wichtig blieben und die er vielleicht in neuem Licht sehen würde. Frei für die Fragen, die sich nie zuvor gestellt hatten und deren Lösung doch keinen Aufschub duldete. Was verband die alte Welt, die er kannte, mit der neuen Welt, die sich noch kaum in Umrissen abzeichnete? In keinem Jahr zuvor hatte er soviele große Reden geschrieben und gehalten wie 1988. Am Ende des Jahres würde er 75 werden. Die Bilanzierung seines Lebens ließ er sich gerne aufnötigen. Den Blick zurück tat er umso lieber, als die Aussichten, die Gorbatschow 1985 eröffnet hatte, zu gewissen neuen Hoffnungen berechtigten. W. B. lebte in der Vergangenheit immer nur so weit, wie sich ein Band in die Gegenwart knüpfen ließ.

Auch jetzt war es W. B., der die Parteigeschichte würdigte und als Mittel der Selbstverständigung nutzte. 125 Jahre SPD oder ein Todestag Bebels provozierten ihn zu immer gleichen Fragen mit immer verschiedenen Antworten: Was wäre gewesen, wenn...? Wenn Bebel nicht rechtzeitig, 1913, gestorben wäre und sich bei Kriegsausbruch, ein Jahr später, hätte entscheiden und auch während der Spaltung hätte bekennen müssen? Wäre die SPD weniger billig verkauft worden als unter Ebert und die Demokratie früher erzwungen worden?

Ich schrieb an einer Biographie über Bebel, die im Herbst 1988 herauskommen sollte. W. B. hatte den Entschluss mit sanftem Nachdruck befördert und die Entstehung begleitet.

Er staunte nicht schlecht, als die Wahrheit über Bebels stattliche Vermögensbildung ans Licht kam, und wunderte sich immer weniger, dass im Zuge der Arbeit das Bild des strahlenden Helden einen leichten grauen Schatten erhielt. Das Bündnis mit den demokratischen Kräften nicht betrieben und die Kluft zwischen Arbeiterschaft und Nation nicht verringert zu haben hielt W. B. in seiner letzten Bebel-Rede, Januar 1988 in der Preußischen Staatsbibliothek, für das große Versäumnis. Die Arbeiterbewegung hätte sich gespalten, so oder so, aber der Nährboden wäre für die Kommunisten weniger fruchtbar gewesen. Jene Kommunisten, die er für historisch tot hielt und von denen er im Jahr zuvor gesagt hatte, symbolträchtig auf einem Forum mit SED-Historikern, sie seien entbehrlich.[23]

W. B. freute sich, als der Süddeutsche Rundfunk einen Essay über ein Frauenzimmer erbat, das Bebel trotz aller Giftmischerei nicht hatte in der Partei missen wollen – Rosa Luxemburg. Die Frau faszinierte ihn, und er war auch stolz, dass man ihm im Rahmen einer Sendereihe über deutsch-jüdische Geistesgeschichte einen solchen Auftrag erteilte; er bestand darauf, den Text, eine Stunde lang, selbst zu sprechen. Warum tat Rosa es ihm an? Er kannte und benannte ihre schrecklichen Aussagen, die jedem Leninisten zur Ehre gereicht hätten, und er verabscheute ihr zänkisches Intrigantentum, das in der SPD zu dulden unmöglich war. Aber er mochte nicht absehen von dem persönlichen Drama, dem ihre Radikalität entwachsen war. Von dem Nirgendwo-Dazugehören und der Bodenlosigkeit ihrer jungen Jahre. Von der romantischen Poesie ihrer Briefe und dem wunderbaren Deutsch, das sie schrieb. Von der Schlagzeile einer seriösen Zeitung »Man schlug die Galizierin tot«. W. B. hatte eine Schwäche für Menschen, die große innere Gegensätze aushalten mussten. Er hielt für ausgeschlossen, dass die Gründung der KPD Rosas letztes Wort geblieben wäre, und spekulierte über eine Harvard-Professur ebenso wie über eine Rückkehr zur SPD.[24]

Er dachte daran, zusammenhängende Erinnerungen zu schreiben. Der Wunsch, sich über die Tagespolitik hinaus mitzuteilen, war in seinem Wesen angelegt, und der Einschnitt, den das Dasein ohne Parteiamt bedeutete, insoweit weniger hart, als es nach außen hin den Anschein hatte. Er blieb Mitglied des Bundestages und Präsident der Sozialistischen Internationale, und vor allem blieb er – oder wurde es erst? – eine Größe sui generis. Nicht dass er es darauf angelegt hätte, er legte es nie auf irgendetwas an, aber dass eine gewisse Ausstrahlung über die Parteigrenze hinweg und auch in das rechte Lager hinein zu wirken begann, gefiel ihm. Das gelegentliche Frühstück mit Bundeskanzler Kohl wurde fortgesetzt. Der hatte die Sitte eingeführt, lange bevor er Bundeskanzler war; am Abend nach dem ersten morgendlichen Treffen in der rheinland-pfälzischen Landesvertretung war W. immer noch vergnüglich gestimmt: Da sagt er doch, Herr Kollege, und jetzt trinken wir noch einen Tropfen. Was, jetzt, habe er entgeistert zurückgefragt und zur Antwort erhalten, dass für einen guten Tropfen immer Zeit sei. Bei einer späteren Gelegenheit erbat Kohl Bücher über den spanischen Bürgerkrieg, die W. vier Wochen später kommentiert zurückerhielt. Man tauschte sich aus und nahm sich die Freiheit parteiübergreifenden Lästerns.

Als sich abzeichnete, dass W. B. den Parteivorsitz abgeben würde, aber die Nachfolge sich noch nicht verfestigt hatte, fragte Kohl ihn nach den Kandidaten. W. redete nicht drumherum, tippte auf Vogel und verbiss sich das Lachen über die Reaktion: Um Gottes willen, ich kenne unsern Vogel, und der ist schlimm. Aber Ihrer, der ist noch schlimmer.

Was war? Was bleibt von dem, was war? Die Frage, wie sich eine unter den Umständen der Industrialisierung geborene Partei am Ende des 20. Jahrhunderts behaupten werde, trieb ihn um. Bei aller intellektuellen Neugier sah er sich nicht als Intellektuellen, und analytische Kraft ging ihm ab, wie sie allen Charismatikern abgeht. Er zergliederte nicht, er führte zusammen und hütete sich, die Tragweite all seiner Gedanken zu vermessen. Gesellschaftswissenschaftliche Studien las er durchaus. Aber die hätte er selbst nicht betreiben mögen, und er wusste auch, dass einem Propheten, der sich in der Rolle des Unheilsboten gefällt, politischer Erfolg nie zuteil werden würde. Mit einem Mann wie Eppler wurde er nicht recht warm. »Wirklichkeitsfremde Advokaten«, die aus der industriellen Welt aussteigen wollten, verstand er nur bedingt. Immerhin, das Gefühl, dass eine neue Zeit heraufzog, teilte sich ihm deutlich mit. Wegen des Wandels in seiner eigenen Partei, wegen der neuen sozialen Bewegungen, aus denen die Grünen unwiderruflich hervorgingen, und wegen einer »technisch-wissenschaftlichen Zivilisation«, deren Angehörige so ohne weiteres nicht zur Sozialdemokratie, geschweige denn zu den Gewerkschaften finden würden.[25] Diese neue Zeit auf den politischen, auch den machtpolitischen Begriff zu bringen, musste der Generation aufgegeben sein, die ihr entstammte. Er hatte die Erneuerung der Partei noch in Gang bringen wollen und trotz mancher Skepsis den Anstoß zu neuer Programmarbeit gegeben. Welch ein Einschnitt. So einfach und klar war das Godesberger Programm gewesen. Die Welt hatte noch auf wenigen Seiten erfasst werden können, noch dazu in schönem Deutsch. Er zeigte ein Foto mit der Parteiführung, um 1960 herum: Die hatten alle dem Tod mehrfach in die Augen gesehen, diese Erfahrung spricht aus den Gesichtern.

Alles Neue übte einen unwiderstehlichen Reiz auf ihn aus. Vorausgesetzt, es blieben zwei Überzeugungen lebendig, die sich in frühen Jahren herausgebildet hatten und die er durchs Leben trug. W. B. hielt einen Begriff von Fortschritt hoch, der den Glauben an den Segen der Technik einschloss. Und er führte die soziale Frage auf ihren Kern zurück, die Überwindung von Hunger und Not, existentieller Not. Die soziale Frage, der er sich verschrieb, galt ihm als die Frage nach den »elementaren Menschenrechten«.[26] Individuelle und soziale

Menschenrechte gehörten zusammen, unauflöslich. Viele Male variierte er den Satz: Satte Menschen sind nicht notwendigerweise frei, hungernde Völker sind es in jedem Falle nicht. Er bekräftigte, dass die elementaren Menschenrechte beim Recht auf Leben anfangen und nicht jeder reich, aber jeder satt werden müsse. Sind erst die Grundbedürfnisse erfüllt, würde der Mensch das Beste aus seinen Möglichkeiten machen und sich solidarisch verhalten können, wenn auch nicht müssen. Er sprach von den breiten Schichten des Volkes und hatte deren Anspruch auf ein menschenwürdiges Leben verinnerlicht: »Ich bin selbst aufgewachsen in dem wachen Bewusstsein, das Empfinden für gekränkte Menschenrechte sei tiefster Antrieb der Arbeiterbewegung.«[27] Vorrechte, aus Geld und Besitz abgeleitet, standen niemandem zu. Gegen Leute mit Geld hatte er solange nichts, wie ihnen kulturelles Bewusstsein eigen blieb.

Das Urvertrauen blieb. Das Vertrauen in die menschliche Kraft, Gutes zu bewirken – für den einzelnen und für die Gemeinschaft. Gegenteilige Erfahrungen überlagerten dieses Urvertrauen und nahmen ihm dennoch nicht die Kraft. Wie er zeit seines Lebens immer doppelt erfüllt war – von dem Glauben an das mögliche Gute und dem Wissen um dessen mögliche Zerstörung. Jedenfalls staunte er nicht schlecht, als er in Unkel Wurzel fasste und erlebte, wie mit einem Kleidergutschein des Sozialamts zwei Teppiche erworben werden konnten. Auch sonst lernte er durch tägliche und alltägliche Anschauung mehr, als in manchen Forderungskatalogen vorgesehen war. Doch hütete er sich zu verallgemeinern oder Konsequenzen zu durchdenken. Wohin hätten sie führen sollen? Zu wissen, dass nicht gut bleibt, was einmal gut war, ist eines, die Umkehr zu bewirken, durchaus etwas anderes und vermutlich zu viel für ein einziges Leben. Immerhin, am Ersten Mai nicht mehr reden zu müssen, zählte er zu den angenehmen Begleiterscheinungen seines Rückzugs vom Parteivorsitz.

Spätestens seit der Niederlage gegen ÖTV-Chef Kluncker, der 1973 zweistellige Lohnerhöhungen durchgedrückt hatte, war ihm ein feines Gespür für die Sattheit und die Unbeweglichkeit so mancher Gewerkschaftsführer zugewachsen. Dabei ging es ihm weniger um einzelne Forderungen als um die Kraft alter Gewerkschaften in neuen Umgebungen. Es ärgerte ihn, dass man nur gegen alles Neue, zumal gegen alles Grüne, zu Felde ziehen musste, um als gewerkschaftstreuer rechter Sozialdemokrat durchzugehen. Das dazugehörige Weltbild nannte W. B. eng: In den Köpfen bewegt sich aber auch nichts! Er konnte dann immer noch nett und höflich sein, aber die Entfremdung verstärkte sich. Den einschlägigen Zirkeln hielt er sich fern, er war auch nicht mehr erwünscht. Oder doch? BfG-Chef Hesselbach ließ sich W. B.s rhetorischen Segen geben, als er im obersten Stockwerk seiner Frankfurter Bank und in illustrem gewerkschaftsnahem Kreis ein Ereignis feierte, das zu feiern einem erst mal einfallen musste: Sechzig Jahre zuvor war Walter Hesselbach der Arbeiterjugend beigetreten.

Als die Neue Heimat aufflog, zeigte auch W. B. alle Reflexe eines verfolgten Angehörigen der Arbeiterbewegung. Doch im Grunde seines Herzens und in Kenntnis aller handelnden Personen war er wenig überrascht. Kein noch so großer Vorbehalt gegen Organisationen, die in der Tradition versteinerten, trübte seine Zuneigung zu Gewerkschaftern, die sich und anderen treu geblieben waren. Ernst Breit empfing er auch zu Hause, einmal zu der Zeit, als Unkel, infolge des Chemieunfalls am Rhein, von seinem Trinkwasser abgeschnitten war. Es klingelte, und W. sah nach unten. Dort stand der DGB-Chef mit zwei schweren Kanistern Wasser: Mensch, Ernst. Der rief laut zurück: Ich dachte, die könntet Ihr jetzt brauchen, ich bin ein alter Camper.

Die soziale Frage, mit der er groß geworden war, stellte sich im eigenen Land schon lange nicht mehr. Sie ließ ihn aber nicht los. W. B. war unfähig sich zurückzulehnen und kannte keinen Hang zur Selbstgefälligkeit. Er lief mit neugierigen Augen durch eine Welt, deren Elend auch einem weniger mitfühlenden Herzen nicht verborgen bleiben konnte. W. B. empfand und verstand den Gegensatz zwischen Nord und Süd als die große soziale Frage des ausgehenden 20. Jahrhunderts; sie würde zu einer Überlebensfrage der Menschheit werden. Wo Hunger herrschte und sich über weite Landstriche ausdehnte, konnte Entwicklung nicht greifen und Frieden nicht herrschen.

Was in W. B.s frühen Jahren als soziale Frage wahrgenommen worden war, weitete sich nicht erst jetzt ins Allgemeine. Die Einsicht, dass Frieden, auch innerer Frieden, die Befreiung von Hunger voraussetzte, bekräftigte er ein Leben lang. Im Exil in Stockholm, als er über die Nachkriegszeit schrieb; in Harvard, wo er, der Berliner Bürgermeister, auf dem Höhepunkt des Kalten Krieges 1962 vermutete, dass der Ost-West-Konflikt überlagert werden würde von der Auseinandersetzung zwischen Nord und Süd; in seiner Osloer Nobelpreisrede, als er den Zusammenhang zwischen Entkolonialisierung, die noch im Gange war, und Entwicklung beschwor; in New York, wo er anlässlich der Aufnahme beider deutscher Staaten in die UN sagte, dass wer den Krieg ächten wolle auch den Hunger ächten müsse. Mit Hunger wollte er immer auch Not und Elend, Massenelend, bezeichnet wissen. Diese soziale Frage war neben der nationalen Frage das Kontinuum im Denken W. B.s.

Weltbank-Chef Robert McNamara, den er aus Kennedys schönen Tagen kannte, damals war er Verteidigungsminister und für Vietnam verantwortlich, hatte schließlich begriffen, dass Militär viel, aber nicht alles ist. Die Probleme zwischen Industrie- und Entwicklungsländern wuchsen, während beide einen Dialog der Taubstummen führten. Die Pearson-Kommission, Jahre zuvor von der Weltbank eingesetzt, hatte noch angenommen, dass die hochindustrialisierten Länder Wohlfahrt üben und Gutes tun müssten, aus moralischen, christlichen oder einfach humanitären Gründen. Gleichzeitig waren aus den Entwicklungsländern wilde Trompetenstöße ertönt; viele Milliarden und eine neue Weltwirtschaftsordnung sollten her. Von Nord und Süd zu sprechen setzte sich gerade erst durch, in der Folge der Entkolonialisierung. Dass mit dem Norden nur dessen westlicher Teil gemeint war, weil der Ostblock sich nicht zuständig erklärte, tat der begrifflichen Eindeutigkeit ebensowenig Abbruch wie die Nicht-Zugehörigkeit Australiens und Neuseelands zum Süden. Sonstige Differenzierungen wurden an der Wende zu den achtziger Jahren noch nicht wahrgenommen. Erst an deren Ende machte sich auch W. B. das Entwicklungsgefälle innerhalb des Südens klar, zwischen Erdölländern und afrikanischen Hungerzonen, auch innerhalb der Kontinente, zunehmend sogar innerhalb einzelner Staaten. Seit Mitte der achtziger Jahre begannen die Gegensätze zwischen Ost und West zu schwinden und mit ihnen die Stellvertreterkriege im Süden, die heißen wie die kalten. Der Nord-Süd-Konflikt löste sich in vielerlei Bestandteile auf und offenbarte eine Welt, die auf keinen Nenner mehr zu bringen war. Die Hoffnung auf einen kommenden ewigen Frieden keimte nur schwach. Das Gefühl vom verlorenen Jahrzehnt erfüllte W. B., lange bevor das Jahrzehnt zu Ende ging.

1976/77 hatte McNamara erst einmal aus dem Gegeneinander realitätsferner Positionen herauskommen wollen – mit Hilfe einer Unabhängigen Kommission unter dem Vorsitz W. B.s. Von dessen Sicht der sozialen Frage wusste der Amerikaner wenig, von dessen erwiesener Fähigkeit, gemeinsame Interessen gegensätzlicher Partner zu bestimmen, umso mehr. Mit seiner Eigenart, Stärke und Schwäche zugleich, nicht in Gegnerschaft zu verharren, wo Partnerschaft möglich war, musste W. B. für eine solche Aufgabe wie geschaffen sein. In einer Rede in Boston skizzierte McNamara die Umrisse einer solchen Kommission: Der Vorsitzende »sollte eine Persönlichkeit von der großen politischen Erfahrung und dem Rang, sagen wir, eines Willy Brandt sein, des früheren Kanzlers der Bundesrepublik Deutschland«.[28] W. B. nahm an. Der Antrag kam wie gerufen, er empfand ihn als Berufung. Parteivorsitz und Präsidentschaft der Sozialistischen Internationale füllten ihn nicht aus. Der sozialen Frage, der Überlebensfrage der Menschheit, widmete er sich mit Verstand und viel Herzblut.

Der Unabhängigen Kommission gehörten 21 unabhängige Personen an. Sie kamen, geographisch wie politisch, aus den verschiedensten Himmelsrichtungen und ließen sich nicht so ohne weiteres zusammenführen. Immerhin sollte nicht nur moderiert, sondern in Gestalt eines ausführlichen Berichts ein Ergebnis vorgelegt werden. Ein Ergebnis, das alle Kommissionsmitglieder trugen und dennoch schlüssig war. Vertraut war W. B. nur mit dem schwedischen Premierminister, so mit Olof Palme jemand vertraut sein konnte. Doch brauchte er sich nicht zu verstellen, um seinen Respekt alle Mitglieder gleichermaßen spüren zu lassen, auch die radikalen Wortführer aus Tansania und Algerien. Wie überhaupt W. B. sich wohlfühlte, aufgehoben, wenn er umgeben war von Leuten, die etwas zu sagen hatten und nicht mehr gelten wollten, als sie ohnehin galten. Er wollte gefordert sein, in der Atmosphäre wechselseitigen Vertrauens. Vielleicht trug W. B.s Art zu führen vor allem dort, wo jeder so stark war, dass er sich von sachlichem Interesse leiten lassen konnte. Jedenfalls verstand er sich glänzend mit Edward Heath, dem konservativen Ex-Premier aus London, und mit Eduardo Frei, dem christdemokratischen Ex-Präsidenten aus Santiago de Chile. Er war stolz, Katherine Graham, die Verlegerin der Washington Post, gewonnen zu haben, und schloss Freundschaft mit Shridath Ramphal aus Guayana, dem immer gut gelaunten Generalsekretär des Commonwealth. Die Aufgabe, die McNamara ihm stellte, empfand er, neugierig wie er war, auch als intellektuelle Herausforderung.

In dem Jahrzehnt zwischen 1978 und 1988 wandte er Zeit und Kraft auf dieses Engagement. Zeit des Lesens und Schreibens, Redens und Reisens. Der Bericht und seine Einleitung, die W. B. in eigenem Namen verfasste, sind das erste

Dokument zur Globalisierung. Erschienen im Jahr 1980, als Breschnews Sowjetunion sich gerade Afghanistan einverleibt hatte, lag der Ausgangspunkt der Betrachtungen in jenen globalen Interdependenzen, die zunehmen würden. W. B. beschrieb »die Globalisierung von Gefahren und Herausforderungen« und beschwor »eine Art Weltinnenpolitik, die über den Horizont von Kirchtürmen, aber auch nationale Grenzen weit hinausreicht«.[29] Weltweite Fragen brauchten weltweite Antworten: »Abschottung in einer zunehmend interdependenten Welt ist ein Projekt der Gestrigen«[30] und zum eigenen Schaden. Gegen Ende des Jahrzehnts machte W. B. die technologische Revolution, von der Mikroelektronik ausgehend, als eine Ursache des radikalen Wandels fest. Die Globalisierung war Inbegriff des Fortschritts und insoweit unvermeidlich und hilfreich. Nur mit Hilfe der Technik würden sechs und mehr Milliarden Erdbewohner Trinkwas-

Nord-Süd-Bericht. Das erste Dokument zur Globalisierung (1983). Mit Edward Heath (2. v. r.) und Shridath Ramphal (4. v. r.)

ser und Nahrung erhalten können. Die Möglichkeiten waren vorhanden. Und doch machte W. B. im Verhältnis zwischen Nord und Süd einen »atavistischen Sozialdarwinismus« aus.[31]

Mit dem einen Wort vom Süden meinte er im Wissen um die rasante Differenzierung bald nur noch die Ärmsten der Armen, zumal in Afrika. Dass ausgerechnet sie Konsumverzicht üben und das eigene Haus in Ordnung bringen sollten, unter ungünstigen weltwirtschaftlichen Rahmenbedingungen und angesichts horrender Schuldendienstleistungen, empörte ihn. Die Frage nach der Schuld an den Schulden zieht sich wie ein roter Faden durch W. B.s Nord-Süd-Passagen. Seine Antwort war niemals eindeutig. Wie überhaupt er der Aufgabe auch dadurch gerecht zu werden suchte, dass er Lösungen entwarf, nicht die eine Lösung. Er wurde gebeten, George Kennan nachzueifern, der 1947 die Formel vom Kalten Krieg geprägt hatte. W. B. war wenig überrascht, daran hatte er selbst schon gedacht: Es ist nicht mehr möglich, die eine Formel für die eine Welt zu finden, sie ist zu komplex geworden. Schon in den Anfängen der Kommission hatte W. B. sich die »ideologische Entfrachtung« ausbedungen und war bald stolz, dass sie gelang.[32] Es ging ihm um viele, auch viele verschiedene und widersprüchliche Ansätze, gerade daraus würde Besserung erwachsen. Das Elend im Süden war nicht monokausal zu erklären und nicht mit einer einzigen Rezeptur zu beheben; der Norden musste allerdings erkennen und erwirken, dass Entwicklung im Süden dem eigenen Interesse diene.

Mit Schuldzuweisungen hat sich W. B. immer schwer getan, und sein Weltbild ist auch in übersichtlicheren Zeiten nie aus schwarzen und weißen Bausteinen zusammengesetzt gewesen. Er versprach sich viel von materieller Erleichterung, sei es durch Schuldenerlass, sei es durch Entwicklungshilfe, etwa die 0,7 Prozent des Bruttosozialproduktes, die von den Industrieländern zu fordern er nicht müde wurde. Er unterstellte lange, dass mit dem Geld Vernünftiges begonnen werde. Später vermutete er, dass im Vergleich zu den immateriellen Faktoren den Finanzen zuviel Gewicht beigemessen worden sei. Zunehmend erfuhr er, dass auch im Süden Geld nicht zwangsläufig Gutes bewirkt: »Es ist überhaupt nicht unstatthaft, auch Übelstände in Entwicklungsländern in aller Offenheit zu erörtern. Wir brauchen uns nicht schuldig zu fühlen an der Reichen Kapitalflucht, an den Auswüchsen von Kastenwesen und quasi-religiösem Fanatismus oder an dem hausgemachten Teil von Militarisierung. Gleichwohl werde ich nicht müde, an eine weltbürgerliche Verantwortung zu appellieren, die moralisch geboten ist und sich außerdem noch lohnen kann.«[33]

Es ist oft bedauert worden, dass der Bericht zur Unzeit erschien; die Umstände im Jahr 1980 seien für die Empfehlungen nicht günstig gewesen. Verwiesen wird auf Afghanistan und den Neoliberalismus in London und Washington. Frau Thatcher regierte in Downing Street, und Reagan war gerade ins Weiße Haus eingezogen. W. B. aber wusste viel zu gut, dass Umstände nur selten günstig sind, und beklagte sich insoweit nicht. Doch dass sich die Ost-West-Beziehungen verschlechtert hatten, war nicht spurlos und nicht ohne Bitternis an ihm vorübergegangen. Gewaltverzicht und Entspannung und Ostpolitik – alles umsonst? Im Wesentlichen war die Welt nicht verändert worden, jedenfalls nicht zum Guten. Die Rüstungsspirale hatte sich, der Begrenzung strategischer Atomwaffen zum Trotz, in immer neue Höhen geschraubt und schien sich zu verselbständigen. Die Gefahr der Selbstvernichtung der Menschheit, schon 1971 in der Nobelpreis-Rede beschworen, war immer noch gewachsen. Und unter einem solchen Vorzeichen sollte im Süden Entwicklung stattfinden? Woher die Rettung? Wenn überhaupt konnte sie nur aus einer Sicherheit erwachsen, die als gemeinsam verstanden wurde und mehr und anderes bedeutete als bloße Koexistenz. Der Begriff von der gemeinsamen Sicherheit nahm Gestalt an.

Verlorene Jahre. Geschenkte Zeit

Die Koordinaten, mit denen die Kommission arbeitete, wurden aber nicht durch angespannte Ost-West Beziehungen verschoben, sondern durch die erneute dramatische Erhöhung des Ölpreises, den zweiten Ölpreisschock. In dessen Folge floss soviel Geld, dass im Verhältnis zwischen Nord und Süd nur noch wenig so war, wie McNamara und W. B. es sich gedacht hatten. Die Petrodollars suchten nach Anlage, die Entwicklungsländer riefen Hurra, verschuldeten sich ohne Maß und nicht immer für vernünftige Projekte. Die Zinsen des Südens fanden ihren Weg nach Norden, in den Dollar. Die Vereinigten Staaten sogen in großem Stil ausländisches Investitionskapital auf. Da konnte W. B. noch so oft und noch so berechtigt fordern, die Amerikaner sollten für eigene Zwecke eigenes Geld einsetzen. Fortan geißelte er die Bluttransfusion von Süd nach Nord, vom Patienten zum Arzt, wie er häufig anmerkte. Seine und der Kommission frühe, hellsichtige Forderung, Entwicklungshilfe nicht mehr in Form von Krediten, sondern als verlorenen Zuschuss zu gewähren, als Hilfe zur Selbsthilfe, fand kein Gehör; vielleicht hätte es dazu auch eines anderen Verhaltens des Südens bedurft. Jedenfalls wurde das Schuldenproblem der Dritten Welt zum neuen Synonym für den Nord-Süd-Konflikt. Noch 1988 nannte W. B. es »ein politisches Problem ersten Ranges« und verwies auf das Beispiel Lateinamerika: Die Demokratie sei gefährdet, »weil alle Versuche, die Wirtschaftskrise zu bewältigen, scheitern müssen, wenn nicht endlich die Lasten für die breite Bevölkerung gemindert werden«.[34] Doch von wem? Wäre den breiten Schichten, ein Ausdruck, den W. B. nicht nur zu Hause benutzte, mit einem Schuldenerlass gedient gewesen? In einem so reichen Land wie Argentinien? Wo die Präsidenten ihm gern in den Ohren lagen und über die Gefahren der Demokratie jammerten und die Verschuldung ihres Landes der Höhe des Fluchtkapitals entsprach?

Die Eliten des Südens hatte er früh im Visier. Seine Hoffnung auf Vernunft und Vorbild schwand dennoch erst langsam. Anschauung und Erfahrung mehrten die Skepsis, doch hütete er sich, mit dem Finger auf die Herrschenden des Südens zu zeigen. Wer hielt wem Hof? In Mittelamerika und anderswo? Und wer versperrte die eigenen Märkte den Waren der Entwicklungsländer? Der freie Welthandel war nicht ganz so frei, wie es sich in den Reden im Norden anhörte; der Wettbewerb wurde immer wieder eingeschränkt – zu Lasten der Entwicklungsländer, die sich industrialisierten. Neoliberale Regierungen, Gewerkschaftsfunktionäre und Agrarlobby gingen gleichermaßen ruchlos zu Werke. Protektionismus fügte sich in keine Interdependenz und in keine Globalisierung; darin fühlte sich W. B. am Ende des Jahrzehnts noch bestärkt. Aber wie den eigenen Leuten beibringen, dass Handelspartnerschaft nicht dem einen nutzt und dem anderen schadet, sondern im handfesten Interesse des Nordens wie des Südens liegt? Auf Partei- und Gewerkschaftstagen äußerte sich auch W. B. eher zurückhaltend und weniger deutlich als auf den Nord-Süd-Foren. Seine Neigung, sich als wirklichkeitsfremden Visionär dargestellt zu sehen, war begrenzt. Und er hatte ja auch keine Antwort auf die Frage, wie man die satte westdeutsche Wohlstandsgesellschaft dazu bringt, über den Tellerrand hinauszublicken und zu verstehen, dass Protektionismus »in die falsche Richtung« führt. »Denn er trägt dazu bei, dass – mit beträchtlichen Kosten – Strukturen erhalten werden, die nicht zu halten sind.«[35]

Die Zahl der Fäden, die W. B. am Ende der siebziger aufgenommen und im Verlauf der achtziger Jahre weitergesponnen hat, war beachtlich. Wie immer, wenn viele Fäden verknotet werden, noch dazu am Beginn einer Zeitenwende, wie die Globalisierung sie bedeutete, lassen sie sich bald nicht mehr entwirren. Alte und neue Ideen, traditionelle Denkweisen und hellseherische Gaben, kompromisslerische Zugeständnisse und scharfsinnige Analysen gehen ineinander über; jeder Mensch, auch der mit dem weitesten Horizont, hat Grenzen der Wahrnehmung und bleibt der

Welt, der er entstammt, verhaftet. In die Mediengesellschaft wuchs W. B. nicht mehr hinein. Wäre ihm die bebilderte Kurzatmigkeit der Politik, auch der auswärtigen Politik, prophezeit worden, die Kraft seiner Vorstellung hätte nicht gereicht. Allen Zweifeln und allen Ahnungen zum Trotz fuhr er fort, auf die Kraft des Wortes und die Gestaltbarkeit der Welt zu bauen.

Die Kühnheit des Nord-Süd-Unternehmens, dem W. B. sich verschrieben und das ihn gefangengenommen hatte, wurde von der Zeit überholt und nahm sie doch auch voraus. Am Anfang stand der Anspruch, die Überlagerung des Ost-West-Gegensatzes durch den zwischen Nord und Süd intellektuell zu erfassen und politisch vorzubereiten. Dass die Sowjetunion sich entzog, ärgerte W. B. mehr, als er zugab, und nicht nur, weil gerade östliche Stellvertreterpolitik die Entwicklungsperspektive im Süden verdüsterte; ohne Frieden würde Entwicklung nun einmal nicht greifen. Doch hat er schon 1981 sowjetischen Wissenschaftlern die neuen globalen Fragen in Moskau nahebringen können: Auch die Sowjetunion steht in der Verantwortung. Er ließ sich insoweit nicht beirren. Und war hoffnungsfroh, als sich im Kreml ein Wandel abzeichnete, den er bald revolutionär nennen sollte.

W. B. war der erste westliche Staatsmann, der Michail Gorbatschow im Kreml traf. Ein Zufall mit Sinn? Vielleicht. Im Mai 1985 begleitete ich W. B. nach Moskau und wurde Zeugin seines Erstaunens über den neuen Mann. W. strahlte, als schüttele er die düstere Dekadenz der Ära Breschnew von sich ab: Eine freie Rede, vier Stunden lang, nur mit einem Spickzettel bewaffnet, in jedem Thema gleichermaßen zu Hause, wache Augen; er hört zu und ist offen für alles. Einer wie W. B., der selbst keine Scheuklappen kannte und auch keine Berührungsängste, fand hohe Genugtuung in einer solchen Offenheit. Die Tage von Moskau waren heiter. Ein kleiner Schreck ging so rasch, wie er gekommen war. Während der Nacht auf den Leninhügeln war ich aufgestanden und gleich wieder umgefallen, mir dabei die Augenbraue aufschlagend. Als W. frühmorgens wach wurde und mich mit blutverschmiertem Gesicht fand, stieß er einen kurzen Schrei aus, fuhr in rasender Geschwindigkeit in die Kleider, eilte auf die Flure und mobilisierte ein paar Sicherheitsmenschen. In einem Krankenhaus wurde die klaffende Wunde kunstvoll vernäht; das Damenprogramm – im Allerheiligsten des Instituts für Marxismus-Leninismus – konnte wie geplant durchgeführt werden.

Gorbatschow weckte die Phantasie. Nach langer Zeit fing W. B. wieder an, die Gedanken fliegen zu lassen. Wo will er hin, der Mann im Kreml? Weiß er, wo er hinwill? Im Namen der Demokratie zurück zu Lenin? Ein Aberwitz. Doch warum eigentlich nicht? Man wird schon sehen, dass die Geschichte kein Bis-hierhin-und-nicht-weiter kennt. Der Russe teilte mit, dass er aus Afghanistan raus wolle, die Amerikaner ihn aber nicht ließen, und gab zu erkennen, dass die Breschnew-Doktrin nicht mehr gelte. Was aber galt dann? Das Imperium! Wer hätte an seinem Fortbestand rütteln wollen. Die Sache mit dem Alkohol – auch beim Essen im Kreml wurde nur Saft serviert – nahm W. B. zunächst von der witzigen Seite. Welch eine Bagatelle in Anbetracht einer Versorgungslage, die immer noch schlechter wurde und den Unmut im Volk steigerte. Dann musste er schmunzeln: Soweit war es mit dem Sowjetkommunismus gekommen! Wie würde enden, was so begann?

W. B. hatte Tränen in den Augen, als er Weihnachten 1986 dem französischen Fernsehen entnahm, dass Sacharow frei war und aus der Verbannung nach Moskau zurückkehren durfte. 1988, er hielt sich auf Einladung von Gorbatschow gerade wieder in Moskau auf, besuchte er ihn zu Hause. Er freute sich jungenhaft, als Karl Radek rehabilitiert wurde. Der brillante Radek aus Lemberg, von Rosa Luxemburg ans Messer des Rufmords geliefert, 1918 Revolutionär in Bremen, Wanderer zwischen den deutsch-russischen Welten, 1937 in Moskau verfolgt und im Lager verendet. Immer wieder diese Schwäche für exzentrische Typen, die in kein Raster passten und an denen die frühe Arbeiterbewegung so reich gewesen war. Die tastenden Schritte ins historische Dunkel und die intellektuellen Spielereien um einen neuen Sozialismus – Sophistereien, wie er fand – bewegten oder amüsierten W. B. Der Fortgang der Handlung hing davon nicht ab. Wenn die Massen nicht gewonnen würden...

W. B. war kein Typ, der den Teufel an die Wand malte oder Fragen aufwarf, bevor die Zeit reif war, sie aufzuwerfen. Er konzentrierte sich aufs Nächstliegende, Machbare. Nächstliegend war, die durch Wettrüsten genährte Konfrontation abzubauen, die Konfrontation zwischen Ost und West und damit auch zwischen Nord und Süd; die geographischen Linien überschnitten sich immer häufiger. Waffenexporte, Proliferation und Stellvertreterkriege müssten aufhören. W. B. achtete einen Pazifismus, der den Namen verdiente. Er selbst war kein Pazifist. Ein deutscher Antinazi im Weltkrieg hatte nicht in der Versuchung gestanden, einer zu werden, ein Berliner Bürgermeister im Kalten Krieg auch nicht. Auch oder gerade in Nord-Süd-Zusammenhängen verabscheute er, was er gern englisch ausdrückte, ein narrow-minded military thinking und bezweifelte die Gleichung, dass mehr Rüstung auch mehr Sicherheit bedeute. Angesichts der Entwicklung in der Sowjetunion hoffte er nun, jenem »Modernisierungswahn«[36] Einhalt gebieten zu können, der ihn seit der Nachrüstung beschäftigte. Es galt, Bewegung in die Fronten zu bringen, Fronten, die aller Entspannung zum Trotz immer noch erstarrt waren.

Entwicklung brauchte Frieden. Und wenn seine Teile und mit ihnen seine Mitte je zusammenwachsen sollten, brauchte auch Europa Frieden, dauerhaft, ohne Waffenstarre. Gorbatschow verstand und verfolgte sein eigenes Interesse, von der sowjetischen Hochrüstung herunterzukommen. Vor diesem Hintergrund, den schon sein Förderer Andropow ausgeleuchtet hatte, war er überhaupt an die Macht gekommen. Welch eine Chance tat sich auf. Und welch ein Desaster, als

Bundeskanzler Kohl meinte, sich in Amerika hervortun und in »Newsweek« Gorbatschow mit Goebbels vergleichen zu sollen. W. B. schrieb dem Russen, dass hier ein ihm nicht verständliches Denken offenbar werde. Er könne gar nicht anders, »als im übergeordneten Interesse zu wünschen, dass nach einiger Zeit der Schaden begrenzbar bleibt«. Ein neues Denken habe begonnen, »dies gilt es zu erhalten«. Nicht ohne Hintersinn teilte er gleich auch noch mit, warum nicht zu erwarten stehe, dass seine Partei am 25. Januar 1987 gewinne; innenpolitische Ereignisse überlagerten alles, vor allem der »Zusammenbruch der Idee der Gemeinwirtschaft, die von den Gewerkschaften und der SPD nach dem Kriege mit stolzen Erfolgen begonnen wurde«.[37]

Als Kohl ausrutschte, waren zwischen den beiden Weltmächten die Weichen schon neu gestellt. Binnen kurzem sollten Abrüstungs- und Rüstungskontrollverträge unterzeichnet werden, von denen niemand zu träumen gewagt hatte. W. B. bescheinigte Reagan den »Mut, gegen die eigenen Vorurteile« zu handeln.[38] Er sprach von einer »historischen Zäsur«, für die Gorbatschow verantwortlich zeichne,[39] setzte auf die Entschärfung regionaler Krisen, zumal die in Südafrika, und hoffte auf die Umwidmung von Rüstungsgeld für produktive Zwecke. Dennoch gestattete er sich keinerlei Euphorien nur für den Augenblick. Er musste sich nicht zwingen, kaltes Blut zu bewahren. Tatsächlich fürchtete er, dass Raketen nur vernichtet würden, weil man neue Waffen entwickelt hatte, und die Abrüstungspolitik unterlaufen werde. Da war sie wieder, die Militärtechnik, die sich zu verselbständigen drohte, ohne Unterfütterung in der realen Welt. Die Weltmächte mögen die Gefahr nuklearer Zerstörung mindern, ja. Aber »die Dämme, die gegen die Weiterverbreitung von Atomwaffen errichtet worden waren, drohen zu brechen«. Er wusste, wovon er redete. Die deutsche Unterschrift unter den Atomwaffensperrvertrag war 1969 seine erste Amtshandlung als Bundeskanzler gewesen. Im übrigen rechnete er vor, warum von Abrüstung noch lange nicht zu sprechen sei. Aber immerhin, »auch nur fünf Prozent der jährlichen weltweiten Militärausgaben, ca. 1000 Milliarden Dollar, würden, vernünftig eingesetzt, die Mittel bedeuten können, die erforderlich sind, um die entscheidenden Schlachten gegen Hunger und Seuchen zu schlagen«. Als scheue er sich, seine Schreckensvision auszumalen, setzte er, Mai 1988, in Klammern zwei Stichworte hinzu: »Fundamentalismus – Terrorismus«.[40]

Zu Jahresbeginn 1988 hatte Mitterrand 75 Nobelpreisträger in den Elysée geladen. Unter der Regie seines Freundes Elie Wiesel, mit dem W. B. wechselseitige Abneigung verband, sollte über den Zustand der Welt nachgedacht werden. W. B. baute auf »the enlightened pressure groups«[41] des Nordens und auf globale Verhandlungen in den neunziger Jahren. Nur wenig später, das neue Jahrzehnt hatte kaum begonnen, sollte ihm der ägyptische Außenminister prophezeien, statt von west-östlichen Stellvertreterkriegen werde der Süden nun von Bürgerkriegen heimgesucht werden; seinem Freund Boutros-Ghali, dem mit einer Jüdin verheirateten Kopten, half er nach Kräften, UN-Generalsekretär zu werden. Jetzt, 1988, skizzierte W. B. in immer neuen Wendungen und mit immer neuen Beispielen eine multipolare Welt, die eine neue Repräsentanz – nicht mehr die des Siegerjahres 1945 – verlange. Die großen, bevölkerungsreichen Länder des Südens gehörten in den Sicherheitsrat, die Staaten der Europäischen Gemeinschaft müssten rotieren oder sich auf eine Vertretung einigen.

Und wie war das mit Elie Wiesel, dem rumänischen Juden, der Auschwitz überlebt hatte und Franzose geworden war? W. B. sagte, was zu sagen ihm nicht leicht fiel: Es gibt Menschen, die schrecklich gelitten haben und einem Deutschen nicht verzeihen können, kein Nazi gewesen zu sein. In einem solchen Fall war W. B., was er gewöhnlich nicht war – ohne Nachsicht. In seinem Deutschsein ließ er sich nicht beirren, auch und gerade in der Ambivalenz der Gefühle am Ende der achtziger Jahre nicht. Er fuhr fort, von dem verlorenen Jahrzehnt zu sprechen, verloren für politische Konsequenzen aus globalen Interdependenzen. Aber im Zeichen abnehmender Bedrohung und unabhängig von einer möglichen militärischen Eigendynamik rückte die Aussicht auf einen »neuen Abschnitt im Buch der europäischen Geschichte«[42] mehr und mehr in den Vordergrund. Entwicklung brauchte Frieden, und der musste zuerst in Europa strahlen. Und Frieden hatte hier einen eigenen Klang.

Die Landkarte ändern zu wollen hätte nun doch noch die Sowjetunion auf den Plan gerufen. Auf der Tagesordnung stand immer noch einmal und jetzt erst recht die Anerkennung von Grenzen, damit diese ihren trennenden Charakter verlören: »Erfüllte Träume, die von Vergangenheit handeln? Nein. Doch kann auf diese Weise zusammengefügt werden, was nun einmal zusammengehört.«[43] Vergangenheit? Nein. W. B. schrieb und sprach von einem neuen Abschnitt im Buch der europäischen und damit auch der deutschen Geschichte. In das Gästebuch des DDR-Museums für Deutsche Geschichte trug er sich, September 1985, mit einem trotzigen Satz ein: »Und es gibt sie noch – die eine deutsche Geschichte.« Oder schrieb er »Und es gibt sie doch«? Die Dialektik triumphierte – von Anerkennung und Abschaffung der Grenzen und von Fortbestand und Neubeginn der deutschen Nation. An den Wendepunkten der Zeit, der politischen wie der persönlichen Zeit, hatte W. B. ein Bewusstsein von der Wirkungsmacht dessen, was von weither kommt. Und doch oder gerade deshalb wollte er einen klaren Schnitt und Neuanfang gemacht wissen.

In seiner Regierungserklärung 1969 hatte W. B. die Nation, ihren Zusammenhalt und ihre Einheit, viele Male beschworen, aber nicht die Wiedervereinigung. Unter welchen Umständen sollte welches Reich oder welche Republik wiederkommen, nach damals zwanzig Jahren? Und nach fast vierzig Jahren? Auf den Spickzettel für das Vier-Augen-Gespräch mit Honecker notierte er, September 1985, »Deutsches Reich ./.« und »Wiedervereinigung«, dabei das

»Wieder« unterstreichend und damit thematisierend.⁴⁴ 1985 begann er, sich verstärkt gegen das »Wieder« in der Vereinigung zu wehren.

Bald nach Gorbatschows Einzug in den Kreml zeichnete sich jener Grat ab, von dem auch W. B. nicht sagen mochte, wer wohin abstürzen könnte. Der Liberalisierung in der Sowjetunion, kaum in Umrissen erkennbar, konnte die DDR nicht nacheifern; sofort hätte sich die Frage nach Grenzregime und Reisefreiheit und damit nach der Existenz des Staates gestellt. Und würde nicht umgekehrt die Breschnew-Doktrin sofort wieder in Kraft gesetzt werden, machte die DDR die Probe aufs Exempel? Man musste, so W.B.s stillschweigender Schluss, den Widersprüchen Zeit geben zu wirken. Die Distanz zu Gorbatschows Sowjetunion trieb Honeckers DDR noch weiter in die Arme der Bundesrepublik, als die ökonomischen Nöte es ohnehin geboten sein ließen. Als sich am 19. September 1985 das Mittagessen im Staatsratsgebäude dem Ende zuneigte, stand Honecker entschlossen auf, ging um die lange, mit vielleicht zwanzig Personen besetzte Tafel herum an die andere Seite des Saals, öffnete umständlich eine Schranktür, holte eine Flasche heraus (es war sonst nichts drin) und stellte sie in die Mitte des Tisches, mit Nachdruck und dem Ausspruch: Wir gehen den deutschen Weg. Bei der Flasche handelte es sich um einen Wodka der Marke Gorbatschow. W. B. zuckte leicht zusammen und zwinkerte in die Runde, so als wolle er sagen: Das russische Alkoholverbot ist witzig, aber die deutsche Reaktion fast noch witziger. Wer hätte den Kommunisten das zugetraut.

Der Vorlauf der Reise war elendig gewesen, mehrfach war W. B. drauf und dran, sie platzen zu lassen. Die Drangsalierung seitens der DDR drückte aufs Gemüt, und wo die Loyalitäten der eigenen Leute lagen, hätte W. B. so ohne weiteres nicht sagen können.⁴⁵ Gemessen daran zeigte er sich während der Reise ausgeglichen und guter Laune. Dem Vier-Augen-Gespräch mit Honecker, den er gern als ersten Mann ironisierte, sah W. gefasst, auch neugierig entgegen; ein Wort würde der ja sagen müssen zum Rücktritt 1974. Und was sagte Honecker, nachdem er eine Gesprächspause eingelegt und tief Luft geholt hatte? Es waren die Russen!

Daran musste ich denken, als ich acht Jahre später, auf dem Rückflug aus Warschau – W. B. hatte posthum den Deutsch-Polnischen Preis erhalten – zu Klaus Kinkel, dem Außenminister, gebeten wurde. Abgeschirmt vom Rest der kleinen Reisegesellschaft nahm ich ihm gegenüber Platz, und während ich grübelte, was das solle, rückte Kinkel sich zurecht und ging in sich, wie einer, dem es schwer wird, etwas loszuwerden. Schließlich hob er an, ohne jede Vorrede: Ich wollte, dass Sie wissen, ich war damals nur der Bote. Damals, das war der 1. Mai 1974, Kinkel, Büroleiter des Innenministers, hatte dem Bundeskanzler ein Papier überbracht, das den Rücktritt auslösen würde.

Der Preis war W. B. zusammen mit Tadeusz Mazowiecki verliehen worden. In seiner Dankesrede erinnerte der Pole an das denkwürdige Frühstück, Dezember 1985, in der Deutschen Botschaft. W. B. hatte elf Oppositionelle, unter Führung von Mazowiecki, eingeladen und sich ins Bild setzen lassen. Die Art, wie Walesa versucht hatte, ihn nach Danzig einzubestellen statt in Warschau zu bleiben, war ihm gegen den Strich gegangen, umso mehr genoss er den freimütigen Austausch an diesem Morgen. W. B. hatte nicht das Gefühl, eine Probe seiner Gesinnung abliefern oder sich rechtfertigen zu müssen. Das Danziger Ansinnen empfand er, so wie es übermittelt war, als Zumutung; darauf reagierte er, wie immer in solchen Fällen, schweigsam. Es kam ihm, Jahrgang 1913, auch nicht in den Sinn, um eines Bildes willen, das den Händedruck zeigen würde, zu tun, was er nicht tun wollte. In den Entschluss, Walesas Aufforderung nicht zu folgen, spielte die Antipathie gegen den Typus hinein. Den katholisch-antisemitischen Einschlag mochte W. B. ebenso wenig wie die selbstherrliche Attitüde. Dabei war er voll der Bewunderung für Solidarnosc. Es gab Augenblicke, zu Beginn der achtziger Jahre und dann wieder an deren Ende, da ging ihm das Herz auf ob der Spontaneität und der anarcho-syndikalistischen Anklänge. Er fühlte sich an seine Jugend erinnert und seine eigenen Wurzeln.

Dieser Boden war längst ausgetrocknet und Solidarnosc in seine vielen Bestandteile zerfallen, als Lech Walesa, nun polnischer Präsident, auf Staatsbesuch in Bonn weilte und am Abend des 30. März 1992 eine Rede verlas. Er schlug einen deutsch-polnisch-katholischen Bogen von Adenauer zu Kohl, für Dritte keinen Platz lassend. W. B. wurde kreidebleich. In seltenen Augenblicken verließen ihn Großmut und Nachsicht, und dies war so ein Augenblick. Er hatte sich 1970 überwinden müssen, um zuerst dorthin zu gehen, wo die Macht war, nach Moskau, und erst dann die historische Reise nach Warschau gemacht. Er hatte sich immer wieder über seinen engsten Weggefährten erregt und gespottet, dass Egon Bahr am liebsten die deutsch-russische Grenze schaffen wolle. Im September 1989 hatte W. B. Walesa in Bonn gesprochen, freundlich, distanziert, und im Sommer 1991 auf Einladung Kohls der Unterzeichnung des Vertrags zwischen Polen und dem vereinten Deutschland beigewohnt, strahlend, erfüllt. Die Universität Lublin verlieh ihm einen Ehrendoktorhut, den selbst abzuholen ihm nicht mehr vergönnt sein sollte. Nichts davon half ihm über den Affront jenes Abends hinweg. Wir verließen Schloss Brühl schnell, nicht ahnend, dass es der letzte abendliche Ausgang gewesen sein würde.

Nicht jeder Kämpfer gegen ein spät-kommunistisches Regime war ein guter Mensch und Menschenrechtler, und nicht in jedem spät-kommunistischen Regenten steckte ein Teufel. Auch diese Erfahrung machte W. B. in den achtziger Jahren, eine Erfahrung, die ihn nicht überraschte. Das Treffen mit dem General an der Spitze des polnischen Staates stimmte ihn vorsichtig optimistisch, die inneren wie die äußeren Verhältnisse betreffend. Die Sicherheit eines Gefühls hatte er nicht immer; er war sicher, in Jaruzelski, der in Sibirien gelitten hatte, einen polnischen Patrioten sehen zu dürfen. Das Kriegsrecht hatte der General auf sich genommen, um den sowjetischen Einmarsch zu unterlaufen. W. B. fühlte sich bestätigt, als er 1989 staunend verfolgte, wie der General den vielfach geebneten Übergang in die Demokratie und die Unabhängigkeit begleitete. Ein polnischer Patriot stand für W. B. noch über einem Patrioten sonstiger Nationalität; an die eigene Nation zu glauben, wenn diese keine äußere Gestalt kennt, grenzt an ein Wunder.

Für den General, so fanden wir, musste vor allem seine Frau ins Feld geführt werden. Barbara sprach ein so reines Deutsch, dass ich verstört fragte, ob sie vielleicht aus Wien stamme. Aber nein, sie sei in ihrem Leben überhaupt nur zwei Tage in Leipzig gewesen, sonst nirgends im deutschsprachigen Raum. Sie hatte in Polen Germanistik studiert und lehrte jetzt an der Warschauer Universität. Sie kannte die klassische deutsche Dichtung so gut und fragte so klug nach der zeitgenössischen Literatur, dass ich beschämt war. Ihren Wunsch nach einer Böll-Ausgabe erfüllte ich sofort. Das vormittägliche Konzert, das sie und der General im Geburtshaus Chopins veranstalteten, versetzte uns in geradezu beglückte Stimmung. Vielleicht war es der Genius loci, jedenfalls ist Chopin selten so schön gespielt worden. Wieder zu Hause fanden wir, Barbara solle das Land, dem sie so verbunden war, kennenlernen. Mit Hilfe der Humboldt-Stiftung luden wir sie ein, und trotz unendlicher Quertreibereien aus dem polnischen Apparat bereiste sie im Juni 1986 die Bundesrepublik; das Wiedersehen verlief in schöner Harmonie.

Es waren widerstreitende Gefühle, die W. B. am Ende der achtziger Jahre immer aufs neue bewegten. Der Wunsch nach Wandel ging einher mit einer doppelten Angst; die verlorenen Jahre könnten sich in die Zukunft hinein verlängern, und im Kreml würde unterdessen die Konterrevolution durchgeführt. In diese Angst mischte sich, unterschwellig, das Empfinden, zu alt zu werden und einen

Umbruch nicht mehr erleben, geschweige gestalten zu können. Es ging ihm gut, und die Zeit, die er durchlebte, empfand er als Geschenk. Er wollte es nutzen.

Die auf Wandel gestellten Zeichen mehrten sich, sie verjüngten und verlebendigten ihn. Es war, als schüttele W. B. nun entschlossen ab, was hinter sich zu lassen er in der Mitte des Jahrzehnts begonnen hatte. Die Wiedergänger versunkener Epochen mussten absterben, sie jetzt noch, und sei es rhetorisch, zu bemühen, empfand W. B. als lebenslügnerisch. Vergangenheitsbezüge konnten auch für Gorbatschow und dessen europäisches Gefolge nicht hilfreich sein. W. B. wollte neue Bewegung ohne alte Hindernisse. Die Entspannung zwischen den Weltmächten würde europäische und schließlich auch deutsche Möglichkeiten heraufbeschwören, vielleicht. Neue, niemals gekannte Möglichkeiten. Und da sollte es ausreichen, »neue Platten mit alter Melodie aufzulegen«?[46]

Auf dem Parteitag der SPD in Münster, 1. September 1988, sprach W. B. über die Lage in der Welt, die »ermutigenden Erfahrungen dieser Monate« und über Deutschland. Es war das erste Mal seit 1948, dass er einem Parteitag ohne Mandat und ohne Funktion beiwohnte und nur aus eigenem Recht – oder dem eines Ehrenvorsitzenden – das Wort nahm. Er erklärte in ungewohnt kaltem und bestimmtem Ton »das Klischee des einheitlichen Südens oder der Dritten Welt« für überholt. Er freute sich, dass in verschiedenen Teilen der Welt kriegerische Feuer tatsächlich ausgetreten würden, erinnerte an den Abzug der sowjetischen Truppen aus Afghanistan, beschwor den Waffenstillstand »in der mörderisch umkämpften Golf-Region« und stellte den Einsatz der Vereinten Nationen heraus. Er mochte sich nicht ausmalen, dass die Bundesrepublik Deutschland sich deren friedenstiftenden Einsätzen entziehe; die Bundesregierung unter Kohl hatte Blauhelmsoldaten nach Namibia entsandt und war damit, zur großen Verblüffung W. B.s, auf den heftigen Widerstand der SPD gestoßen. Er schrieb seiner Partei ins Stammbuch: »Dass wir der internationalen Staatengemeinschaft grundsätzlich unsere Unterstützung versagten, kann ich mir nicht vorstellen.«[47] Der Parteitag ließ sich nicht beeindrucken und hielt den Einsatz deutscher Blauhelme nicht nur für verfassungswidrig, sondern lehnte ihn gegen wenige Gegenstimmen auch grundsätzlich ab. Frieden und Entwicklung in der Welt bejahen und das deutsche Engagement verneinen? W. B. stutzte und war entsetzt. Doch weigerte er sich, vorerst jedenfalls, dem Dissens eine tiefere Bedeutung zu geben oder gar zu überlegen, ob Zufall oder Notwendigkeit im Spiel waren.

Kaum dass er sich von den kollektiven Zwängen befreit hatte, folgte ihm das sozialdemokratische Kollektiv nicht mehr. Allerdings hatte sich die Frage nach deutscher Verantwortung bisher auch noch nicht gestellt. Noch nicht einmal das deutsche Selbstverständnis hatte geklärt werden müssen, ein Wort, das W. B. für eine Kopfgeburt hielt und in seinem Sprachschatz keinen Platz fand. Aber musste, was sich für ihn von selbst verstand, auch für eine junge sozialdemokratische Generation selbstverständlich sein? Dass er ihr den Weg in die SPD geebnet hatte, um der Vergreisung zu wehren, war keine Garantie für wechselseitiges Verständnis. Jedenfalls hatte er nicht registriert, mit welchem Eifer und welcher Beflissenheit sich Partei- und andere Freunde der DDR zuwandten und zu deren Obersten aufblickten. Man sollte sich treffen und reden und verhandeln, ja. Aber warum darüber die Distanz verlieren?

Die Gespräche von Partei zu Partei waren noch unter seinem Vorsitz in Gang gekommen. Die Sorge, sich etwas zu vergeben, kannte W. B. nicht. Auf Legitimität pochten Leute, die ihrer selbst nicht sicher waren, die Angst vor dem Volk und dessen Unwägbarkeiten hatten und im übrigen glaubten, die Geschichte verlaufe nach Plan, am Reißbrett gezeichnet, oder gar nach Wunsch. Beide deutschen Staaten waren gehalten, zur Entspannung beizutragen, auf welchen Wegen auch immer. Über den Abbau von Chemiewaffen musste man sprechen dürfen. Auch über Ideologie zwischen den Parteien? W. B. staunte, dass die SED das Monopol auf Wahrheit aufgab, und lernte, dass man sich in der DDR darauf berief. Er spottete über die Sophistereien und nannte das Dokument typisch deutsch, weil zu lang und zu grundsätzlich. Den Parteitag in Münster warnte er unverblümt, doch auch insoweit unverstanden: »Es ist ein Irrtum zu meinen, die Vorschläge, die zu diesen Gegenständen gemeinsam mit politischen Verantwortlichen im anderen deutschen Staat ausgearbeitet wurden, seien alles, was deutsche Sozialdemokraten zur Zukunft der Nation zu sagen wüssten.«[48]

Guck, wieder diese Turnschuhe, sagte er, halb angewidert, halb amüsiert, am 6. September 1988, als wir den Übergang Bornholmer Straße passiert hatten und das gleiche östliche Schuhwerk die Straßen bis zum Stadion säumte, das ihm auch schon während des Besuchs 1985 aufgefallen war. Am Abend sollte das Europapokalspiel zwischen Werder Bremen und Dynamo Berlin stattfinden. Das Los hatte entschieden. Und W. B. nahm es als Wink: Das wollen wir uns doch mal ansehen. Er überlegte eine Weile und ließ unser Erscheinen durch Franz Böhmert, den feinen Werder-Präsidenten, und Willi Lemke, den quirligen Manager, ankündigen. Dass die Mitteilung auf der anderen Seite einigen Aufruhr verursachte, machte W. B. eine fast diebische Freude. Willi Lemke war ihm schon als Geschäftsführer der Bremer SPD aufgefallen, sein Ansehen aber erst richtig gewachsen, als W. eines Tages die Bremer Schlagzeile durchtelefoniert wurde: Kein Witz, Parteisekretär wird Werder-Manager. Großartig, einfach großartig, rief er und war des Lobes voll. Willi wurde unser guter Freund und sorgte nicht nur für viele Karten, sondern auch für gesellige Runden. Rune Bratseth, Werders legendärer Libero aus Trondheim, freute sich immer über ein norwegisches Plauderstündchen. Auf die gediegene Meisterschaftsfeier, die im Frühsommer 1988 im Parkhotel stattgefunden hatte, bezog sich Otto Rehhagel, als er von einem besonderen Erlebnis berichten sollte: Ich werde nie vergessen, wie um Mitternacht Willy Brandt zu mir kam und fragte, ob er jetzt gehen dürfe.

Auf der Tribüne nahm uns Günter Schabowski in Empfang, vor lauter Befangenheit bekam er kaum ein Wort heraus. Erst als Dynamo Tore schoss und auf der Gewinnerstraße war, taute er auf und bot zur Halbzeit Getränke an. Die lehnte W. B. höflich, aber bestimmt und mit Hinweis auf Bremer Verpflichtungen ab; Willi Lemke wich uns nicht von der Seite. Irgendjemand hatte uns noch zugeflüstert, dass ein paar Reihen weiter oben Mielke sitze, hinter schwarzen Brillengläsern verborgen; Dynamo war der Klub der Staatssicherheit. Den haushohen Bremer Rückspielsieg zwei Wochen später genoss W., wie er selten einen Sieg genossen hat. Bei aller Liebe zu Werder hatte W. B. auch sonst Spaß an gutem Spiel. Er kannte sich aus. In unserem China-Lokal in Unkel, das fast vollkommen dunkel war, löste sich von einem größeren Tisch ein einzelner Mann und setzte sich zu uns. W. B. sagt: Oh, Sie sehen aus wie Littbarski. Der Mann, von dem nur die Umrisse wahrzunehmen sind, lächelt: Ich bin Littbarski. Das Foto zierte fortan den Eingang des Lokals.

Elf Tage nach dem denkwürdigen Parteitag und fünf Tage nach dem Ostberliner Ausflug setzte W. B. das Wort von der Lebenslüge in die Welt – in zwei Reden, die er lange bedacht und an denen er bis zuletzt gefeilt hatte. Sie galten, nicht zufällig, der Vergegenwärtigung deutscher Vergangenheiten.[49] Seine Ausdrucksweise war selten apodiktisch. Er musste sehr geladen sein, aufgeladen, um eine solche Sprache zu führen und seine Empfindungen auf solche Weise zuzuspitzen. Das »Wieder« hatte auch er beschworen, solange wie die Teilung noch überwindbar und nicht verewigt schien und die Erwartungen in keinem Gegensatz zu zeitlichen Abläufen und faktischen Gegebenheiten standen. Die Frage, wie Reuter und er sich die Zukunft Deutschlands und

Berlins vorgestellt und was sie sich seinerzeit, nach dem Krieg, bei ihrer Wortwahl gedacht hätten, beschied W. B. mit dem Hinweis: Aber wir haben doch nicht gedacht, dass es so lange dauern werde. Nun waren vierzig Jahre vergangen, seit der Parlamentarische Rat zusammengetreten war und zum ersten Mal auf deutschem Boden den Konsens der Demokraten begründet hatte. In der Präambel des Grundgesetzes wurde kein »Wieder« hervorgekehrt, sondern das Volk verpflichtet, »in freier Selbstbestimmung die Einheit und Freiheit Deutschlands zu vollenden«. Was sollte wieder kommen? Das Reich Bismarcks? Die Weimarer Republik, in der die Demokraten gerade nicht zusammengestanden hatten? Während er 1988 die »Schicksalsgemeinschaft« der Deutschen ausdrücklich hervorhebt und die Zusammengehörigkeit Europas, einschließlich seiner Mitte, beschwört, lässt W. B. das »Wieder« in der Vereinigung gesperrt drucken und nennt es eine »Lebenslüge«. Als die alte Rechte das Wort aus dem Zusammenhang reißt und die junge Linke es vollends missversteht, wundert er sich. Wenn die Zeichen auf Vereinigung gestellt werden können, dann doch nur unter neuen, noch nie dagewesenen Vorzeichen! Wenn sich zusammenfügen lasse, was einmal auseinandergerissen ist, wie er nicht nur in den Berliner Jahren gesagt hat, dann wird – und muss – es sich neu zusammenfügen.

Je brüchiger die einst versteinerten Fronten werden und je heftiger die Bewegungen, desto mehr begeistert W. B. sich und andere für das Neue, das vielleicht kommen wird. Er nennt die mit dem Namen Gorbatschow verbundenen Prozesse »revolutionär« und malt ein Europa aus, das nicht mehr an der Elbe endet. Und eine solche Revolution sollte mit dem rückwärtsgewandten »Wieder« beschwert werden? W. B. denkt und fühlt dialektisch. Was von weither kommt und zusammengehört, wird doch nie werden, wie es war. Er schwört auch nicht ab. In den großen Augenblicken 1989 und 1990, als er die Zeit auf den Begriff bringt wie keiner sonst, erinnert er an die »Lebenslüge« und an das »Wieder«, das keines mehr ist. Wenn er allerdings gewusst hätte, wie das Wort missverstanden würde, hätte er denselben Gedanken vermutlich klarer formuliert. Der Gedanke lautet: Es wird nichts wieder, wie es war. »Ich bin für Neuvereinigung, es gibt kein Zurück zum Reich oder zu den alten Grenzen. Deswegen zu behaupten, man sei nicht für die deutsche Einheit gewesen, ist eine Zumutung.«[50]

Je weiter das Jahrzehnt fortschritt und sich dem Ende zuneigte, desto weniger Ballast wollte er mitgeschleppt wissen und desto weiter fuhr er seine Antennen aus. Die neuen Signale mussten aufgefangen werden. Der bevorstehende 75. Geburtstag erzwang so manchen Rückblick. Und der sollte schließlich kein Selbstzweck sein.

Nicht dass es ihm leid gewesen wäre, Bilanz zu ziehen. Er lebte wie selten einer aus und von der Geschichte, auch seiner eigenen. Eben darum konnte er ein Bewusstsein vom Wandel der Zeiten und deren Bedingtheiten gewinnen und fordern, nicht auf das Heute und Morgen einfach zu übertragen, was vorgestern gedacht und gestern für richtig gehalten wurde. Den stundenlangen Gesprächen und Aufnahmen anlässlich des Geburtstages unterzog er sich gern. Die Ergiebigkeit hing von den Fragen ab. Um Neues preiszugeben musste sich W. B. verstanden und zugleich provoziert fühlen. Wenn er nichts aus sich herausbringen mochte oder konnte, lag es meist am Fragenden. Den Geburtstag und das Drumherum genoss er in vollen Zügen. Die Einladung des Bundespräsidenten, ihm zu Ehren die Freunde zu versammeln, erfüllte ihn mit tiefer Genugtuung. Er freute sich über die Anwesenheit des Bundeskanzlers; Helmut Kohl war glänzender Laune. Das Treffen in der Villa Hammerschmidt am 20. Januar 1989 verlief in vollkommener Harmonie. Wie er es sich gewünscht hatte. Richard von Weizsäcker lag ihm nicht, Wesen und Art, Politik zu machen, blieben ihm fremd. Doch die Geste dieses Geburtstags hat er ihm nicht vergessen, sie vielleicht als späte Anerkennung auch seines Lebensweges genommen. Es ging ihm gut, und er fühlte sich gut. Unverhofft und ohne Anlass, während eines angeregten Abends bei Anne und Hans-Ulrich Klose, hatte er gesagt: Ich brauche einen Menschen, von dem ich mich geliebt fühle und der hart mit mir umgeht. Mein Geburtstagsgeschenk, eine goldene Taschenuhr mit der Gravur seines eigenen Namens, empfand er als sinnreich. Wozu Bebels Uhr, die der noch nicht einmal selbst getragen hatte. Wozu überhaupt all die Abhängigkeiten.

Im Spätsommer 1988 hatte er mich mit der Kunde überrascht, dass ein Haus gebaut werden solle, in Unkel. In das Städtchen am Rhein waren wir 1979 durch Zufall verschlagen worden, wir fühlten uns heimisch. Die Frage, ob er sicher sei, das Haus hier bauen zu wollen, wischte er energisch beiseite: Ich ziehe hier nicht mehr weg. Er hatte sich auch schon überlegt, wie wir zu einem Grundstück kommen würden: Morgen früh erzählst Du dem Hausmeister Zehnpfennig, was wir suchen, schon am Abend wird es einen Rücklauf geben. Und richtig. Wir entschieden uns für den Rheinbüchel.

Auch die Kassenlage hatte er bedacht; der Hinweis überraschte ihn nicht. Geld bedeutete W. B. weder Lust noch Prestige. Er mochte auch nicht um des Geldes willen durch die Welt ziehen. Dabei konnte er sich über den Mangel an Einladungen nicht beklagen. Solange er den Parteivorsitz inne hatte, fand er: Es gehört sich nicht. Im Frühjahr 1988 ließ er sich zu einer zehntägigen Tour durch die Vereinigten Staaten erweichen, unter der Bedingung, dass ich ihn begleitete. Aufnahme und Echo waren fabelhaft. Und doch wollte er das Experiment nicht wiederholen und sich fortan auf gelegentliche Auftritte beschränken. Er reiste und redete, wie er es gewohnt war – um der Ehre und der Wirkung willen. Aber dass ein Haus Geld kostete, wusste er auch, und da er die Feder brauchte wie das tägliche Brot, entschied er: Wir verkaufen die Wohnung, ich schreibe »Erinnerungen«, und Du hilfst mir. Das wird dann reichen.

Die Sommerferien hatten wir abgebrochen, weil meine Mutter im Sterben lag. Zur Trauerfeier war er, kurz vor jenem Parteitag in Münster, nach Bremen gekommen. Hier beschlossen wir, im Oktober in das französische Haus zurückzukehren und länger zu bleiben, als im Herbst sonst üblich. Die Arbeit am Buch, für das er schon eine Menge Notizen gemacht hatte, sollte begonnen werden. Er sagte: Ich schreibe, und Du korrigierst. Beim Kapitel über die Jugend machen wir es umgekehrt, Du schreibst, und ich korrigiere.

»... ein Fremdling überall«

Am 7. Februar 1947 schreibt Martha Kuhlmann, geb. Frahm, ihrem Sohn Herbert in Berlin einen Brief. Sie freut sich, dass ihm die neue Arbeit gefällt, und bedankt sich für zwei Päckchen. »Papa«, sie meint ihren Mann, den Stiefvater des Sohnes, sei schon »hungrig« auf die Rauchwaren gewesen, und Günter, der eheliche Sohn und Halbbruder, werde gleich drüber herfallen, wenn er von der Arbeit kommt. Sie hätten sich auch eine schöne Tasse Kaffee gekocht. Außer ihrem »allerbesten Dank« könnten sie nichts geben. Eine Schreibmappe hätten sie arbeiten lassen, die könne er »ein ander Mal mitnehmen«. Auf der Rückseite erwähnt Mutter Martha die Kälte, die Nervenentzündung in Papas Schulter, er sei schon ein paar Wochen zu Hause, drei Zentner Briketts, mit denen sie den ganzen Winter auskommen müssten, und den Parteitag am Sonntag; dort werde der Vorstand neu gewählt, sie seien beide Delegierte. In einer neuen Zeile wendet sich Halbbruder Günter an den »lieben Herbert« und dankt, auch im Namen von »Papa«, für die Rauchwaren.

Im unteren Drittel der Seite setzt Martha neu an und schreibt wie in einem Atemzug: »Lieber Herbert der Name deines Vaters ist John Möller er wohnte immer in Hamburg, sein Beruf war Buchhalter in der Produktion, soviel ich weiß von F. Jaeckstat war er bis dahin Leiter einer Kohlen-Abteilung, ob er noch lebt weiß ich nicht, kannst dir ja vielleicht mal erkundigen in der Produktion, arbeiten muß er ja nocht, er ist ungefähr 60 Jahre. Nun lieber Herbert will ich schließen in der Hoffnung dass es Dir gut geht verbleibe ich deine Mutter.« Dieser Absatz wird eingerahmt von einer Kinderschrift: »Lieber Herbert Auch ich sage Dir den besten Dank für die Süßigkeiten. Walli«.[1] Das Mädchen Walli lebte bei Kuhlmanns im Hause. Um den Namen des Vaters hatte W. B. seine Mutter gebeten, dabei die briefliche Distanz wahrend. Er meinte, in Kiel, wo er die Einbürgerung betrieb, und in Berlin, wo er sich niederließ, danach gefragt zu werden.

Seit dem Brief der Mutter im Februar 1947 kannte W. B. den Namen seines Vaters. Er machte nicht nur keinen Gebrauch davon, er gab zu verstehen, dass er nichts wisse und auch nichts wissen wolle. Eine immer gleiche Frage beantwortete er, wenn überhaupt, mit einer immer gleichen Formel: Der Vater habe nicht nach ihm gefragt, also frage er nicht nach dem Vater. Noch 1989, während der Vorarbeiten zu den »Erinnerungen«, notierte er auf einem Zettel »kannte V., aber wollte nicht« und setzte stichwortartig hinzu, dass man sich übertriebene Sorgen um Kinder mache, die ihren Vater nicht kennen. Und dann hielt er, ebenfalls von Hand, einschlägige Sätze von Ernst Erich Noth fest: »Meinen leiblichen Vater habe ich nicht gekannt. Sein Name, der wirklich nichts zur Sache tut, ist mir geläufig. Er mag sich später einige Gedanken gemacht haben, wen und was er da in die Welt gesetzt hatte.«[2]

Die Aura des Fremdlings behagte ihm. Wie alle In-sich-Gekehrten mochte er das Gefühl, dass andere an ihm herumrätselten oder sich gar ein falsches Bild von ihm machten. Er brauchte das Versteckspiel in eigener Sache. Er brauchte es als Schutz gegen Zudringlichkeiten und als Ausweis des Besonderen. Ein Außenseiter war er nicht und wollte er nicht sein, etwas Besonderes aber durchaus. Ein Geheimnis um seine Herkunft hütet und kultiviert, wer Grund hat, ein Geheimnis von sich zu machen. Den Gerüchten um Vater und Großvater hätte er jederzeit den Boden entziehen können. Er brachte es nicht über sich. Noch 1986, als ein neuer Vaterschaftskandidat auftauchte,

»... ein Fremdling überall«

beim alten, Papa ist allerdings schon paar Wochen zu
Hause, hat Nervenentzündung in der Schulter, bekommt Bestrah-
lungen, bei dieser Kälte ist ja auch nicht viel zu tun, wenn
doch blos bald anderes Wetter würde, und heit unserer
großen Kohlenzuteilung 3 Ctr. Briketts den ganzen Winter.
Sonntag haben wir Neuwahl des Partei-Vorstandes, wir gehen beide
als Deligierte hin. Oldörp ist wieder im Vorschlag. Albrecht ist
krank, der ist vom Tommy schon vor Weihnachten angefahren.

Lieber Herbert.
Auf diesem Wege möchten Pappa und Ich nochmals recht.
herzlich für die Rauchwaren bedanken. Es war uns ein
richtiger Genuß im Zeitalter der Steckrüben.
Viele Grüße und alles Gute
Günter und Pappa.

Lieber Herbert der Name deines Vaters ist John Möller
er wohnte immer in Hamburg, sein Beruf war Buchhalter
in der Produktion, soviel wie ich weiß von F. Jacobstedt
war er bis dahin Leiter einer Kohlen-Abteilung, ob er noch
lebt weiß ich nicht, kannst dir ja vielleicht mal erkundigen
in der Produktion, arbeiten muß er ja noch, er ist ungefähr
60 Jahre   Nun lieber Herbert will ich schließen
in der Hoffnung daß es dir gut geht
verbleibe ich deine Mutter
für die Süßigkeiten.   Walli

Lieber Herbert auch ich sage Dir den besten Dank

Die Mitteilung über den Vater
(1947)

ein deutsch-nationaler Amtsgerichtsrat, und der »Spiegel« die Phantasien nochmals blühen ließ, fertigte W. B. eine Kopie an, notierte Nummer und Datum und gab das Blatt zu den Akten.³ Die Phalanx der Väter, die er selbst manches Mal zitiert hatte, reichte von einem bulgarischen Kommunisten über einen mecklenburgischen Grafen und einen Mann des Widerstands bis zu einem bedeutenden Kapellmeister. Hans Mayer und der Suhrkamp-Verlag hielten Hermann Abendroth selbst dann noch für den würdigen und richtigen Vater, als W. B. tot und die Wahrheit ans Licht gekommen war: »Die Ähnlichkeit war unverkennbar.«⁴ In seinem letzten Buch wusste Mayer, der namhafte westöstliche Literar- und Musikhistoriker, sogar zu berichten, dass der Bundeskanzler 1970, von Erfurt aus, einen heimlichen Abstecher nach Weimar gemacht habe, ans Grab von Vater Abendroth. Es sollte nicht der letzte Stammbaum sein, mit dem W. B. beglückt wurde. Mit der Ähnlichkeit in Aussehen und Sprache versuchte Ex-Thyssen-Chef, Dietrich Spethmann, eine Verwandtschaft zu begründen; der Bruder seiner Großmutter sei auch ein John Möller gewesen.⁵ Aber die Großmütter Möller trugen verschiedene Vornamen, und John Möllers gab es in Hamburg viele. W. B.s Vater hieß John-Heinrich Möller.

W. B. war kein Spieler. Er spielte auch und gerade nicht mit seinem Vater. Er wollte Bundeskanzler werden, und dennoch ließ er sich eher politischen Schaden zufügen, als dass er redete und sich wehrte. Die Kampagne – unehelich, unehrlich, national unzuverlässig – war auch insoweit wohlkalkuliert. Selbst wenn ihm vorgerechnet worden wäre, dass er mit Namensnennung und Gegenangriff hätte Nutzen stiften können, für sich und seine Partei, er hätte es nicht getan. Je übler die Verleumdung, desto tiefer das Schweigen. Wo das Politische persönlich und das Persönliche politisch wurde, erklärte er sich nicht. Rechtfertigung war das letzte, was er sich gestattet hätte. W. B. war ein Meister des Rückzugs.

»... ein Fremdling überall«

Dabei wäre es 1961 so leicht gewesen, den Spieß umzudrehen und eine anrührende Geschichte zu erzählen; Adenauer hätte es nicht mehr gewagt, seinen Herausforderer »Brandt alias Frahm« zu nennen. Nur wenige Tage nach dem ersten Pressewirbel, Ende Mai, ging in W. B.s Berliner Privathaus ein zweieinhalbseitiger Brief ein; Fotos waren beigefügt. Unter dem Datum des 7. Juni 1961 stellte sich der Hamburger Absender, Gerd-André Rank, als »leibhaftiger Vetter« vor.[6] Nach der »öffentlichen Diskussion über Ihre Herkunft« habe er immer noch gezweifelt, dass W. B. als Herbert Frahm 1913 in Lübeck geboren wurde. Wie Gewissheit erlangen, dass Maria Möller beider gemeinsame Großmutter war? »Inzwischen, und zwar am vergangenen Montag, besuchte meine Tante Frieda Dreyer, geb. Möller, aus Hamburg-Volksdorf zusammen mit meiner Mutter, Martha Rank, ebenfalls geb. Möller, und mit meiner Frau Helga nebst Sohn Thomas Ihre Frau Mutter in Lübeck, wo sich alle Vermutungen bestätigten. Ich nehme an, dass Ihre Frau Mutter Sie inzwischen über diesen Besuch informiert hat.« Der Vetter konnte nicht ahnen, dass sich Mutter und Sohn insoweit Sprachlosigkeit auferlegt hatten.

Martha Rank und Frieda Dreyer waren Schwestern von John Möller, W. B.s Vater. Frieda, »an die sich Ihre Frau Mutter noch gut erinnerte«, habe ihm besonders nahegestanden. Briefschreiber Rank schildert den Vater, den er selbst »stets besonders verehrt« habe: »Wenn ich heute zurückblicke, so muss ich ehrlich sagen, dass er eine außergewöhnliche menschliche Tiefe besaß und trotz seiner verhältnismäßig einfachen Position im Leben eine Persönlichkeit darstellte, die alle, die ihn kannten, stark beeindruckte.« Onkel John habe ursprünglich Lehrer werden wollen. »Er soll, wie ich verschiedentlich hörte, außerordentlich begabt gewesen sein.« Diese zwei Sätze hat W. B. bei Lektüre des Briefes 1961 unterstrichen, ebenso die nachfolgende Mitteilung, dass der Vater, Jahrgang 1887, im September 1958 gestorben sei und auf dem Friedhof Kirchwerder in Wilhelmsburg begraben liege. Hier machte W. B. zusätzlich ein Kreuz an den Rand. Der Vater hatte, wie es in dem Brief heißt, in den letzten Lebensjahren immer mehr unter einer Kriegsverletzung gelitten. Ranks Frau Helga rühmte ihn noch 1990, in einem eigenen Brief aus Anlass der »Erinnerungen« W. B.s: »Er war ein ruhiger, ausgeglichener und besonnener Mensch. Für mich war er der wirklich liebenswerte Onkel John.«[7]

Gerd-André Rank, der eine Import-Export-Firma betrieb, hatte einen schönen Brief geschrieben, ohne den Hauch von Anbiederung. Er gestattete sich lediglich den Hinweis, dass man sich einmal treffen könne. Auch insoweit musste W. B. der Brief zusagen; auf dem Briefkopf notierte er, dass er am 2. 7. geantwortet habe, mutmaßlich von Hand. Helga Rank entschuldigte sich 1990, dass sie sich ihrerseits nicht mehr gemeldet hätten; man habe nicht aufdringlich sein wollen, er sei politisch stark engagiert gewesen, und »sicher war auch ein gewisses Schamgefühl wegen des Verhaltens unseres Onkels dabei«. Es muss vorgeherrscht haben, denn Helga Rank schrieb auch, dass man sich unwissentlich schon einmal getroffen habe – anlässlich der Beerdigung von Mutter Martha 1969. W. B. dankte für ihren Brief: Er habe sich über die Fotos gefreut »und natürlich über das, was Sie über meinen Vater schrieben«.[8] Die seinerzeitigen Hemmungen könne er gut nachvollziehen. Die Vermutung spricht dafür, dass W. B. 1961 die Anregung eines Treffens zurückhaltend beschied. So zurückhaltend, wie es seine Art war, wenn er einen sehr persönlichen Wunsch hegte. Sein Gegenüber musste ihn gut kennen, einfühlsam sein und manchmal auch mutig, zupackend, um einen solchen Wunsch zu erahnen und zu erfüllen.

Als ich eines Nachmittags, Oktober 1988, im französischen Haus saß und über W. B.s Jugend las, hatte mich plötzlich und ohne, dass je darüber gesprochen worden wäre, diese eine Frage nach dem Vater beschäftigt. Ich dachte nicht mehr weiter nach, stand auf, ging die zwei Schritte nach nebenan und sagte unvermittelt: Du weißt doch, wer Dein Vater war, Du musst ihn jetzt endlich nennen, sonst arbeite ich an diesem Buch nicht weiter mit. Im gleichen Augenblick schämte ich mich für den strengen Ton, auch für die Unterstellung, dass er's wissen müsse, und war nahezu überwältigt, als W. aufstand wie ein Schuljunge und fast erleichtert zurückgab: Ja, ich weiß es, er hieß John Möller, den Namen hat mir meine Mutter 1947 auf einen Zettel geschrieben, zu Hause in Unkel zeige ich Dir auch Fotos. Den Brief der Mutter hatte er verdrängt und einen verlorengegangenen Zettel daraus gemacht; der Einschub hatte ja auch was von einem Zettel. Was er mir zeigte, war der Brief von Rank 1961. Dem entnahm ich, was ich ihm entnehmen wollte. Mir war es um die väterliche Identität zu tun, die in den »Erinnerungen« nun endlich enthüllt werden sollte. Die Tragweite der Rankschen Mitteilungen erfasste ich damals nicht. Ich war zufrieden, dass er sich diese eine wichtige Mitteilung abgerungen hatte, und mochte nicht weiter in ihn dringen. Schließlich waren die Fragen nicht nur an den Vater, sondern auch an die Mutter zu richten.

In seinem Brief hatte Rank 1961 den Besuch erwähnt, den die väterliche Verwandtschaft Mutter Martha in Lübeck abgestattet hatte, nur wenige Tage, nachdem man hellhörig geworden war. Wie aber hatten die Schwestern, der Neffe und dessen Frau überhaupt aufmerken können, wenn Adenauer über Brandt alias Frahm herzog? Woher war ihnen der Name Frahm geläufig, und wie machten sie Mutter Martha, die 1926 einen Maurerpolier namens Kuhlmann geheiratet hatte, so schnell ausfindig? Und warum empfing Martha sogleich vier Verwandte des Mannes, der sie fast fünfzig Jahre zuvor geschwängert, aber nicht geheiratet hatte? Sie stattete dessen Schwester und Vertrauten, Frieda, sogar einen sofortigen Gegenbesuch in Hamburg ab! Es muss frühe Verbindungen gegeben haben und W. sie wenn nicht gekannt, so doch geahnt haben.

Nachdem der Vater 1989 in den »Erinnerungen« benannt

worden war, machte ein Illustriertenreporter Elisabeth Armbrust ausfindig, eine Nichte von Vater John Möllers Ehefrau Helene. Sie hatte er 1919 geheiratet, sechs Jahre nach seinem folgenreichen Lübecker Ausflug; der gemeinsame Sohn Heinz fiel im Russlandkrieg. Die Nichte beschreibt den Vater, einen bekennenden Sozialdemokraten, als still und immer lesend, der Wohnzimmerschrank habe voller Bücher gestanden: »Alle in der Familie waren voller Ehrfurcht.« Die Frage, ob er je von seinem unehelichen Sohn gesprochen habe, verneinte sie: »Erst nach seinem Tode hat Tante Helene erzählt, dass John Möller früher Alimente nach Lübeck geschickt hat.«[9] Wahr oder falsch, dass zumindest vor dem Krieg John Möller zu der Mutter seines Sohnes einen gewissen Kontakt gehalten hat und Ehefrau Helene oder, wahrscheinlicher, Frieda, die Schwester und Vertraute, ins Bild gesetzt worden sind, scheint gewiss. Das Geheimnis aber, warum sie ihren Sohn in so vollkommener Unwissenheit

Der herausgeputzte Arbeiterjunge, links und Mitte: (1916), rechts: (1920)

». . . ein Fremdling überall«

über den Vater ließ, hat Mutter Martha mit ins Grab genommen. Wollte sie sich rächen, weil John sie nicht geheiratet hatte? Oder lag es in ihrer Natur und den Sitten der Zeit, privateste Mitteilungen zu unterdrücken, vor allem wenn ihnen der Geruch des Malheurs anhaftete? Schließlich kannte die Beziehung, die Martha zu ihrem Sohn unterhielt, keine Nähe und vertrug keine emotionale Belastung. Vertrauen hatte nicht wachsen können. Die Scheu, einander aufzustören und zu verstören, saß tief.

Nach der Geburt am 18. Dezember 1913 hatte Martha ihren Sohn Herbert zu einer Bekannten gegeben, die ihn sechs Tage der Woche mehr aufbewahrte denn hütete; der Junge war mit sich allein und nur allein. Martha arbeitete im Konsum, als Verkäuferin. Am Sonntag holte sie ihren Sohn zu sich, putzte ihn heraus, vorzugsweise im schmucken Matrosenanzug, und nahm ihn mit zu den Naturfreunden. 1919 kehrte Ludwig Frahm, der Großvater, aus

dem Krieg heim, und der Kleine, der Papa zu ihm sagte, landete in seiner Obhut, sieben Tage die Woche. Mütterliche Nähe, und sei es stellvertretend, lernte er auch hier nicht kennen. Die erste Frau Ludwig Frahms, W. B.s leibliche Großmutter, war früh verstorben, die zweite Frau, die er Tante nannte und der er aus dem Wege ging, mochte er sowenig wie sie ihn. Aufgewachsen ist er in und mit der Arbeiterbewegung.

Als sich W. B. 1934, nun zwanzig Jahre alt, mit Onkel Ernst, dem Bruder seiner Mutter, in Kopenhagen traf, erfuhr er, dass sich Ludwig Frahm, die einzige Bezugsperson seiner jungen Jahre, das Leben genommen hatte und sein leiblicher Großvater gar nicht gewesen war. Diese Nachricht, in der Fremde aufgenommen, förderte den Prozess der Selbstverschließung. Wenn einer, dann war es Ludwig Frahm, zu dem der junge W. B. ein Band geknüpft hatte. Nun erfuhr er, dass es kein Blutsband gewesen war. Und dachte daran, dass dieser »Papa«, der auch sein Großvater nicht gewesen war, viele Opfer gebracht hatte, um ihm den Weg bis zum Abitur zu ermöglichen; auch im Zeugnis hielt er noch als Vater her.

Wie überall in Mecklenburg so hatten auch in Klütz, wo 1894 Mutter Martha geboren war, Gutsherren das Recht oder auch das Gewohnheitsrecht der ersten Nacht genutzt. Die Tochter seiner ersten Frau nahm Ludwig Frahm an Kindes Statt an. Das Geheimnis gab W. B. preis, als der Name des Vaters heraus war; er verband es mit dem Zusatz, dass selbst nach dem Krieg darüber nicht geredet worden sei. Wie und bei wem hätte er das Fragen lernen sollen? Die Gabe, sich zu öffnen, war ihm nicht in die Wiege gelegt. Und wenn man den Zeugnissen der Verwandtschaft und den Fotos Glauben schenken darf, war sein Vater nach innen gekehrt und verschlossen; in den klugen Augen spiegelt sich nicht die Fähigkeit, auf jemanden zuzugehen, geschweige denn ein Gegenüber zu stellen. Die Wesenszüge, die ihm der Vater vererbt hatte, entfalteten sich in seiner

Kindheit. Er lernte und verinnerlichte, dass man Inneres nicht nach außen kehrt.

W. B. hielt seine Mutter in Ehren und ließ nichts auf sie kommen. Er bewunderte ihren Lebensmut, auch ihre naive Frohnatur und rühmte Aufstiegswillen wie Bildungseifer. Er sagte, dass er ihr seine Beharrlichkeit verdanke. 1935 ist er zusammen mit seiner Freundin Gertrud Meyer nach Kopenhagen gefahren, um seine und ihre Mutter zu treffen. 1938 machte sich Stiefvater Kuhlmann sogar auf den Weg nach Oslo. Vor dem Krieg ließ der Sohn Briefe oder auch Pakete aufgeben, wie Mutter Martha später erzählte.[10] Er besuchte sie, sobald er 1945 wieder deutschen Boden betreten hatte und dann immer wieder, schickte nun viele Pakete und hielt die Verbindung. Das Foto, anlässlich ihres 70. Geburtstages 1964 aufgenommen, zeigt an der Seite ihres bekannten Sohnes eine strahlend stolze Mutter. Sie schien bekräftigen zu wollen, was W. B. unterstellte: »Sie hat mir schon früh eine ganze Menge zugetraut.«[11] Pakete schickte er nach dem Krieg nicht nur an die Mutter, sondern auch an seine Kusine Erika, die Tochter von Onkel Ernst. Sie und ihr Mann, der Arzt Walter Moritz, blieben W. auf herzliche Weise zugetan. Noch 1979, nach dem Herzinfarkt, erinnerte Walter Moritz an die »gelassene Kraft«, die W.s Art sei: »Du weißt, dass es eine unsichtbare Brücke gibt zwischen uns.« Über die Entfernung und über die Zeiten hin beschwor er »jenes stillschweigende Einverständnis von Auge zu Auge«.[12]

Seinen Halbbruder Günter Kuhlmann, ein eher schlichtes Gemüt, lud W. B. ein, wann immer er nach Lübeck kam. Und nach Lübeck kam er regelmäßig. Zuletzt am 30. November 1990, zwei Tage vor der ersten gesamtdeutschen Bundestagswahl. W. B. sprach auf der Abschlusskundgebung. Wir gingen durch die Stadt, und er zeigte mir das Johanneum, seine Schule. Anderntags, dem 1. Dezember, erfüllte er sich den Wunsch, den er geäußert hatte, kaum dass die Grenze geöffnet war. Wir fuhren nach Klütz, einen ärmlichen Flecken an der See, nahe Wismar. Von dort waren der Landarbeiter Ludwig Frahm und seine angenommene Tochter Martha zu Beginn des Jahrhunderts in die Stadt aufgebrochen – auf der Suche nach einem besseren Leben in Lübeck. Wilhelm Frahm, Ludwigs Bruder, war in Klütz geblieben. Bei ihm, bis zu seinem zehnten Lebensjahr, hatte der junge W. B. manche Sommerferien verbracht. Jetzt, nach fast siebzig Jahren, suchte er »das Haus von Onkel Wilhelm«. Er fand es, an der Ecke von Lübscher und Breitscheidstraße, und war sehr bewegt.

Hier auf dem mecklenburgischen Land, wo Menschen kurz zuvor noch auf den Bock gelegt und gezüchtigt worden waren, und dann in Lübeck, wo er Lastwagen fuhr, hatte Ludwig Frahm, Jahrgang 1875, in der Arbeiterbewegung Halt und Heimat gefunden. Er war erfüllt von dem Glauben der Bebelschen Partei, dass eine heile Welt heraufziehen werde, und blieb es auch nach der Revolution 1918/19. Wenn er auch selbst das sozialistische Paradies nicht mehr erleben werde, sein Enkel gewiss. »Die Frau und der Sozialismus«, jener Bestseller, in dem Bebel das Paradies ausgemalt hatte, gehörte zu den wenigen Büchern, die Ludwig Frahm besaß. Erst die Republik hatte ihm die Menschenwürde verliehen, denn vor dem Gesetz waren nun alle Bürger gleich. Trotz Hunger und Armut empfand er diese Errungenschaft als Vorhof zum Paradies; die Partei würde sie mit allen Mitteln verteidigen. Sein proletarisches Selbstgefühl war ohne Neid und ohne Hass. Es gründete in dem Bewusstsein einer Klasse, die meinte, ihr Aufstieg sei unaufhaltsam und ihre Verschmelzung mit dem Ganzen unausweichlich. Wer ihr zugehörte, war unbestechlich und hielt auf Ordnung. Ludwig Frahm schickte den hungrigen Jungen mit den zwei frischen Broten, die ihm ein mitleidiger Staatsanwalt geschenkt hatte, zurück zur Bäckerei. Man nahm keine Almosen an.

Der Großvater verkörperte das Urbild des treuen, genügsamen und stolzen Arbeiters. Er stand für das Urvertrauen in die schöne neue Welt. W. B. teilte es nicht mehr. Das Denkmal, das er dem Mann aus Mecklenburg setzte, war von Trauer und Melancholie umschattet. Die Welt, der Ludwig Frahm entstammte und deren unzeitgemäße Prägungen schon in Weimar verhängnisvoll wirkten, war versunken; sie würde nicht wiederkommen. Die letzten Gewissheiten hatte Bebel im August 1913 mit ins Grab genommen. W. B., nur vier Monate später und noch im selben Jahr geboren, wuchs in die Organisationen hinein, die Bebels Partei errichtet hatte. Kaum dass er laufen konnte und wie von selbst, pflegte er, halb ernst und halb spöttisch, zu sagen. Im Arbeitersport, Arbeiterspiel und Arbeitermandolinenklub, bei den Kinderfreunden und den Falken und, als er fünfzehn war und sich erwachsen fühlte, in der Arbeiterjugend fand er die Gemeinschaft, der er zugehörte, und die Bühne, auf der er sich entfalten konnte. Der Weg, den er wählte, kam von Bebel her. Doch das Ziel, das der Arbeiterkaiser so rein und klar vorgegeben hatte, war kaum noch zu erkennen, und geschwunden war der Glaube, dass es je erreicht würde. Wer 1913 geboren war, ging, ob er wollte oder nicht, zugleich einen zweiten Weg, einen, der nicht von Bebel herkam, sondern aus der Moderne. Sie war in diesem Jahr vollends aufgebrochen.

In den Wirren der zwanziger Jahre, die in keinem Buch vorgesehen waren und die republikanischen Errungenschaften bis zur Unkenntlichkeit verdunkelten, hielten sich die Sozialdemokraten an Bebel fest. Er hatte die Bewegung groß gemacht, kampfesmutig und kompromisslos, und ihr diesen wunderbaren Weg gewiesen. Weil er gestorben war, bevor über die Kriegskredite entschieden werden musste, und die kommunistische Spaltung ein klares Bekenntnis verlangte, strahlte der Name Bebel so hell, mythisch. Der junge W. B. musste in seinen Bann geraten und ihm all das zurechnen, was das Heute vermissen ließ. Um nachzuweisen, dass er die Eins in Geschichte verdiente, durfte er im Abitur über Bebel schreiben. Abgeliefert wurde ein wahres Heldenepos, fakten- und gedankenreich, stilsicher und ausdrucksstark, gegenwartsbezogen. Er zitierte den Satz, der in Umlauf war, und machte ihn sich zu eigen: »Das hätte zu Bebels Zeiten nicht vorkommen können.« In diesem Februar 1932 war es gerade fünf Monate her, dass sich die SAP, und W. B. mit ihr, von der sozialdemokratischen Mutterpartei abgespalten hatte; W. B. sah den Grund für die Abspaltung schon damals in dem Ausschluss zweier Reichstagsabgeordneter. Ein Sakrileg, das Bebel, der Repräsentant der einen und einheitlichen Bewegung, nie zugelassen hätte: »Ihm ging es um die Sache. Darum gewährte er stets den Vertretern der anderen Richtung volle Meinungsfreiheit. Parteidemokratie ging ihm über alles. Irren die Führer nie ohne Nutzen, so irren die Massen nie ungestraft.«[13]

In der Anrufung Bebels steckte das Eingeständnis, dass nichts mehr war wie einst. Der ideelle Zusammenhalt hatte sich verloren, und die Organisation war zerfallen. Die Teile ließen sich zu einem harmonischen Ganzen nicht mehr zusammensetzen. Die Zeit Bebels hatte geendet, als die Zeit Brandts begann. Sie gingen nicht ineinander über und gehorchten verschiedenen Gesetzen.

1913 ist das Jahr der Grenzüberschreitung. Des großen Bruchs.[14] Längst schon haben die Quantenphysik und die Relativitätstheorie die Vorstellungen von absolutem Raum und absoluter Zeit ausgehöhlt. Das mechanische Weltbild ist überholt. Nun kann, 1913, das Verhalten von Atomen und Molekülen erforscht werden. Es erweist sich, dass im Kleinen und Kleinsten das Geschehen sprunghaft ist, unscharf und nur statistisch erfassbar. Wittgenstein überkommt »das Gefühl vom Anbrechen einer neuen Epoche«. Er notiert, worin es gründet: »Das Gesetz der Kausalität an sich« ist bedeutungslos geworden; die Welt wird betrachtet, ohne dass man dieses Gesetz noch »im Auge« hat.[15] Die Gewohnheit von Hören und Sehen ändert sich. Teile und Teilchen vereinzeln oder vervielfachen sich, versetzen oder verbinden sich in ungewohnter Weise, relativieren sich. Eine Welt versinkt. Es ist die Welt fester Fügungen und geschlossener Kreise, bestimmbarer Abläufe und zentraler Perspektiven, normativer Charaktere und idealer Körper, geschichtlicher Bezüge und moralischer Gewissheiten, des Kanons und der Harmonie, der Sinngebung und der Finalität.

Unterdessen hat Arnold Schönberg die Musik an die Grenze der Tonalität geführt und sie aus ihren traditionellen Bindungen gelöst. Er komponiert ohne tonale Mitte. Strawinsky rühmt die polyphone Struktur der Musik Schönbergs und löst selbst, mitten im Jahr 1913, einen veritablen Skandal aus. Die Pariser Uraufführung des »Sacre du Printemps« wird zur Geburtsstunde der neuen Musik. Im selben Jahr versucht Marcel Duchamp mit Gegenständen, die aus allen Zusammenhängen herausgelöst sind, der philosophischen Überhöhung der Kunst, ihrer Begrifflichkeit und ihrer Schönheit ein Ende zu setzen. 1913 wird in Washington die zeitgenössische europäische Kunst ausgestellt, und dem Betrachter drängt sich prompt der Eindruck auf, »dass die ausgestellten Arbeiten nicht nur den radikalen Bruch mit der Vergangenheit bedeuten, sondern dass sie darüber hinaus die Kunst, so wie sie sich bis jetzt versteht und darstellt, auf subversive Weise in Frage stellen«.[16] 1913 befreit Malewitsch die Malerei von ihrer repräsentativen Fiktion und spricht vom Eintritt in die gegenstandslose Welt; zwei Jahre später schafft er das Schwarze Quadrat. Kandinsky malt »Sintflut und letztes Gefecht«. Und setzt Formen und Farben, die er gerade erst zerlegt hat, zu abstrakten und nummerierten Kompositionen zusammen. Die Nummer VII aus dem Jahr 1913 sollte er selbst als sein wichtigstes Vorkriegswerk ansehen; die Harmonie liegt in Gegensätzen und Widersprüchen. Niemand hat Zerrissenheit, Einsamkeit und existentielle Not des modernen Menschen so expressiv eingefangen wie Edvard Munch, der 1913 das Doppelporträt des Sammlerpaars Käte und Hugo Perls malt. Die Sphären von Mann und Frau berühren sich nicht mehr. Als W. B. mich 1980 zum ersten Mal nach Oslo lockt, führt er mich einen Nachmittag lang durch das

Munch-Museum. Er steht im Bann der Bilder und ihrer sprachlosen Emotionalität.

Der Abgesang auf das Alte geht über in die Schlachtrufe für das Neue. Es wird untermauert durch die reale Umwälzung aller technischen und ökonomischen Verhältnisse. 1913 braucht ein Börsenmakler in Berlin, London und Paris erstmals weniger als eine Minute, um die amerikanische Verbindung herzustellen. Es sind mehr als eine Million Schienenkilometer verlegt, und in drei Jahrzehnten ist die Tonnage der Welthandelsflotte um mehr als das Doppelte gewachsen. In Detroit eröffnet Henry Ford 1913 seine erste Fließbandfabrik, und Chicago wird zum Inbegriff der neuen Welt. Die Umrisse einer kommenden Weltmacht zeichnen sich ab – Amerika. Hier werden jene Weltmarktpreise für Getreide, Holz und Fleisch festgesetzt, die dem preußischen Junker den Boden unter den Füßen wegziehen, und dem hanseatischen Kaufmann auch. Das Transportwesen explodiert. Das Tempo wird zum Signum der Zeit. Es lässt zurück und reißt mit und wirbelt Reihen- und Rangfolgen durcheinander. Die Diskontinuität triumphiert. In der Kunst wie im Leben.

In seinem Roman »Der Mann ohne Eigenschaften« beleuchtet Robert Musil, nicht mehr erzählend, sondern Weltbeschreibung und Welterörterung ineinander schichtend, einen gewissen historischen Augenblick: »War eigentlich Balkankrieg oder nicht? Irgendeine Intervention fand wohl statt; aber ob das Krieg war, wusste er nicht genau. Es bewegten soviele Dinge die Menschheit. Der Höhenflugrekord war wieder gehoben worden; eine stolze Sache. Wenn er sich nicht irrte, stand er jetzt auf 3700 Meter, und der Mann hieß Jouhoux. Ein Negerboxer hatte den weißen Champion geschlagen und die Weltmeisterschaft erobert; Johnson hieß er. Der Präsident von Frankreich fuhr nach Russland; man sprach von Gefährdung des Weltfriedens. Ein neuentdeckter Tenor verdiente in Südamerika Summen, die selbst in Nordamerika noch nie dagewesen waren. Ein fürchterliches Erdbeben hatte Japan heimgesucht; die armen Japaner. Mit einem Wort, es geschah viel, es war eine bewegte Zeit, die um Ende 1913 und Anfang 1914.«

Es geschah zum Beispiel, dass im Lübecker Vorort St. Lorenz ein Arbeiterjunge zur Welt kam und sich etwas nahm, was sich kein Bebel, kein Ebert und keiner sonst zuvor genommen hatte – das Recht, das eigene Selbst auch innerhalb der Bewegung hochzuhalten. Es musste deshalb kein Fehdehandschuh geworfen und keine Kampfansage gemacht werden; nie stellte er sich der Gemeinschaft entgegen. Der Anspruch auf das Recht, noch nicht das Vorrecht, des Subjekts war ein herausragendes Ereignis in der Folge jenes Bruchs, der sich 1913 vollendet hatte. Im Fall des jungen W. B. war es die Weigerung, sich ein- und unterzuordnen, der Drang, wenn nicht der innere Zwang, sich jenseits der vorgezeichneten Wege zu behaupten und zur Geltung zu bringen. Er brauchte die Gemeinschaft, aber ebenso brauchte er die Vereinzelung und das Gefühl, auf sich und nur auf sich gestellt zu sein. Er rebellierte nicht und attackierte erst recht nicht, das tat er nie, er zog sich zurück, ging einfach weg – von der Partei und tageweise auch von der Schule.

Die SPD, der er seit 1930 angehörte, hatte ihm eine rosige und, gemessen an den unsicheren Zeiten, sichere Zukunft versprochen. Das Johanneum, ein Reformgymnasium, hatte ihm das Schulgeld wenn nicht erlassen, so doch ermäßigt und jedenfalls die Voraussetzung für den Aufstieg gelegt. Er war umworben. Der Junge mit dem proletarischen Hintergrund und dem bürgerlichen Habitus, der die Gemeinschaft suchte, ohne sich auszuliefern, sah blendend aus. Er war gut angezogen, dafür sorgte Mutter Martha, vielleicht mit Unterstützung aus Hamburg, und er war gut erzogen; dass er sich im wesentlichen selbst erzog, fiel dabei nicht ins Gewicht. Er war niemals laut und blieb umgänglich gegen jedermann, obwohl er von unten kam und oben zur Schule ging; auf dem Johanneum war er das einzige Arbeiterkind. Weder mit Bürger- noch mit Bauernsöhnen tat er sich schwer. Gut leiden konnten ihn vor allem die Lehrer, die ihn trotz der vielen Absentien – die Entschuldigungen schrieb er sich selbst – nicht der Schule verwiesen. Seiner erstaunten Mutter wurde lediglich mitgeteilt, dass die Politik den Sohn noch ruinieren werde. Das Gefühl des »Underdogs« habe er rasch überwunden, erinnert er sich am Ende seines Lebens; tatsächlich dürfte er es nie gehabt haben. »Sogar mit einigen Mitschülern, die dann in die nationalsozialistische Richtung gegangen sind,«[17] sei er gut zurechtgekommen. Er fiel auf, weil er so frei reden und so schön schreiben konnte, weil er belesen und überhaupt ziemlich begabt war. In der Schule nannte man ihn »den Politiker«. Weil er alles, was um ihn herum war, politisch nahm und weil er jeden Sonntag, jeden Nachmittag und Abend und bald eben auch manchen Vormittag der Arbeiterjugend, der Partei und dem Parteiblatt widmete. Hier stellte er nicht nur politische Betrachtungen an, sondern verfasste auch Reiseberichte und, unter dem Namen Felix, Schmonzetten. Noch 1931 war er ins Gebälk der Marienkirche geklettert, »bis in die höchste Spitze Lübecks«, und hatte auf die Stadt und die »klein verschwindenden Wesen« geblickt. »Meine Freunde meinen, ich sei noch hochnäsiger, seitdem ich von dort oben auf sie herabsah.«[18]

Ihm wurde viel Wohlwollen entgegengebracht und viel Freiraum gelassen. Aber Dank mochte er nicht zeigen. Wofür auch? Dass er nach sieben Jahren Mittelschule – mit dazugehörigem Rohrstock – ein Jahr lang, 1927, die Realschule und dann sogar das Johanneum hatte besuchen dürfen und ihm damit eine solch ungewöhnliche Chance geboten worden war? Als er im Herbst 1931 die Abspaltung von der SPD mittrug und mitmachte, wusste er, dass er nicht würde studieren können; das Stipendium, das die Partei ihm für ein Deutsch- und Geschichtsstudium zugesichert hatte, war ebenso hinfällig geworden wie sein Berufswunsch. Journalist wollte er werden, Zeitungsschreiber, wie er sagte. Nach dem Abitur im Februar 1932 trat er klaglos eine Schiffsmaklerlehre an. Auf seinen Vorteil war er damals nicht bedacht und später auch nicht. W. B. war nicht berechnend. Im Gegenteil, er wollte sich, jung wie er war, sein Leben selbst erschaffen und niemandem verantwortlich sein. Der anarchische Zug hatte sich früh ausgeprägt. In seinem grandiosen Abituraufsatz, den er im Februar 1932, fünf Monate nach dem Bruch mit der Partei, aufs Papier warf, machte er sich zum Sprecher einer »Jugend ohne Hoffnung« und bekräftigte: »Ich bin zum Leidwesen meiner Lehrer die letzten Jahre immer meiner eigenen Wege gegangen. Ich bin nicht traurig darüber. Sondern ich freue mich, denn ich glaube, ich wäre ein armer Mensch, hätte ich nicht das, was ich selbst erarbeitet habe.«[19] Ein wiederkehrender Rückzug auf das eigene Selbst zeigt immer an, dass die Beziehung zur Welt brüchig ist.

Wenn er auch keinen Dank zeigen mochte, so wusste er doch, dass er jedenfalls drei Menschen enttäuscht hatte, als er seinen Weg allein ging. Er ging diesen Weg, ohne dass er etwas gegen sie gehabt oder vorgebracht oder gar mit ihnen gebrochen hätte. Es wurde ihm bald selbstverständlich, alle drei in hohen Ehren zu halten – Ludwig Frahm, der ihn unter manchen Opfern großgezogen hatte, Eilhard Erich Pauls, sein Deutsch- und Geschichtslehrer, den die Selbständigkeit seines Schülers beeindruckte, und Julius Leber, der Chef der Lübecker SPD und ihrer Zeitung, des »Volksboten«. Das Wort Vorbilder mochte W. B. nicht; er sagte, nie welche gekannt zu haben. Aber noch in seiner Rede anlässlich der Verleihung der Ehrenbürgerwürde 1972 bekannte er, dass Pauls und Leber – »über jugendlichen Widerspruchsgeist hinweg«[20] – einen bleibenden Einfluss auf ihn ausgeübt hätten. Über wen hätte er das sonst gesagt? Julius Leber hat ihn bis ans Ende seiner Tage nicht losgelassen. Je älter W. B. wurde und je nachsichtiger gegenüber Mitläufern aller Art, desto stärker trat die Verehrung für Leber hervor; ihm sollte noch eine seiner letzten Reden gelten. Über niemanden tauschte er sich mit soviel Wärme aus wie über ihn. Die kraftvolle Natur, die Willenskraft, die Selbstgewissheit in Fragen der Nation, die Bereitschaft, das höchste Opfer zu bringen.

Als W. B. Stoff für seine »Erinnerungen« sammelte, wandte er sich an Lebers Tochter, Katharina Christiansen, und fragte sie nach der elsässischen Herkunft. Sie schrieb ausführlich, schickte die Geburtsurkunde aus Biesheim und versicherte, sie sei einverstanden mit allem, was er, W. B., über ihren Vater schreiben werde. Sie wisse, »in welchem Sinn es gemeint ist«.[21] Das Geheimnis um den Vater aber konnte auch sie nicht lüften; er habe es selbst nicht gewusst, meinte die Tochter. Gerüchte um eine sehr hochgestellte Persönlichkeit aus Paris hielten sich hartnäckig. Ein Tagelöhner namens Leber, der die Mutter vier Jahre nach der Geburt 1891 ehelichte, adoptierte den Jungen. Aufgewachsen ist er, die Parallelen häufen sich, beim Großvater. Ein Ortsgeistlicher nahm sich des hochbegabten Jungen an und schickte ihn auf die Schule nach Breisach. Obwohl er zum Doktor der Volkswirtschaft promovierte, wuchs er aus dem derben Milieu seiner elsässischen Heimat nie heraus. Noch im Januar 1944 hob Graf von Moltke den bäuerischen Eindruck hervor, den Leber machte; er fürchtete um die Geschlossenheit seines Kreisauer Kreises.

Am 15. März 1921 tritt er die Stelle eines politischen Redakteurs beim »Lübecker Volksboten« an. Die Partei erobert er im Sturmlauf. Nach einem halben Jahr rückt er in die Bürgerschaft ein, 1924 in den Reichstag. Er führt eine scharfe Sprache gegen Kapitalisten, Kommunisten und Nazis. Er verweist auf das »Tatsachentum« und ist selbst von radikalem republikanischem Tatendrang erfüllt. In Rede und Schrift und immer neuen Wendungen beschwört er die Macht, mit der umzugehen man endlich lernen müsse. Theorie mochte er nicht. Er war volksverbunden und lebensvoll, kein Mann des Zweifels, sondern der Tat. In Lü-

»... ein Fremdling überall«

beck war er der König der kleinen Leute, und im Gewerkschaftshaus in der Johannisstraße durchzechte er im Kreis der Getreuen so manche Nacht. Seine Berichte aus Berlin, die Leber für den »Volksboten« schrieb, waren gegen die Feinde von links und vor allem von rechts gerichtet.

Gegen die eigene Partei und deren Stillhalte- und Tolerierungspolitik ging er nicht vor, nicht nach außen hin. Er nahm sich zurück und hoffte und drängte auf Besserung. Dass er in der Reichstagsfraktion einen einsamen Kampf führte und kein Bein an die Erde bekam, wusste man in Lübeck nicht, und der junge Mann, in dem Leber manche Ähnlichkeit erkannte und den er förderte, wusste es auch nicht. In seinem Redaktionszimmer im Gewerkschaftshaus versuchte Leber ihn abzuhalten von dem Weg in eine neue Partei. Aber warum argumentierte er weniger politisch als persönlich? Was der siebzehnjährige W. B. damals nicht verstand, beschäftigte ihn bald und für den Rest des Lebens nachhaltig. Leber verwies auf den Typus, der die linkssozialistische Abspaltung betrieb, und darauf, dass er, W. B., dazu nicht passe. Er zielte auf die marxistischen Rechthaber, die Neurotiker, die weltfremden Weltverbesserer, die von Stimmung und Erwartung der Massen nichts wüssten, aber behaupteten, des Übels Wurzel liege im Verantwortungsdenken der SPD für den Weimarer Staat. Die geistlose und blutleere Tolerierungspolitik der SPD-Führung gefiel Leber mindestens so wenig wie der Parteilinken. Hilflosigkeit und Unentschiedenheit der Partei sah er in fehlendem Verantwortungs- und Machtbewusstsein begründet.

W. B. wechselte in die Sozialistische Arbeiterpartei eher aus innerem Zwang denn aus politischer Überzeugung. Hätte der Vorstand der SPD die Führer des linken Flügels und Mitherausgeber des »Klassenkampf«, Rosenfeld und Seydewitz, nicht ausgeschlossen und wäre die Abspaltung unterblieben, die jungen Leute, die in Scharen überliefen, hätten weiter gegen die Politik der SPD opponiert, die Partei aber nicht verlassen. In der kurzen Spanne, die noch blieb, schrieb

W. B., abzüglich von Polemik und Phraseologie, nichts, was er nicht auch hätte im »Volksboten« schreiben können. Die Meinung, dass die politische Demokratie im Parlamentarismus allein nicht aufgehe und es auch der sozialen und kulturellen Demokratie bedürfe, wie er in seinem Abituraufsatz feststellte, war weder besonders links noch besonders revolutionär und kein hinreichender Grund, sich von der SPD abzuwenden. Aber deren Führung betrieb den Ausschluss der Abweichler, ohne deren »organisatorischen Sonderbestrebungen« ein eigenes politisches Ziel entgegenzusetzen. Statt mit Brüning und den Nazis befasste man sich mit den Abweichlern. Die geballte Rat- und Hilflosigkeit teilte sich gerade den jungen Leuten mit und verstärkte die Desintegration. Für W. B. wurde sie zum Albtraum.

Der Leipziger Parteitag im Juni 1931 wirkte verheerend. Ausgerechnet von diesem Parteitag sollte ein Signal an die Jugend ausgehen; ihre Abkehr war offenkundig geworden. Die Rede hielt der Vorsitzende der Sozialistischen Arbeiterjugend, Erich Ollenhauer. Er gab zu, dass sich ein erheblicher Teil der Jungwähler nicht für die SPD, sondern für Nationalsozialismus und Kommunismus entschieden habe. Was also tun? Wie die Jugend zurückgewinnen? Der dreißigjährige Ollenhauer, dem W. B. einst an der Spitze der SPD nachfolgen sollte, setzte die Sprache der Jugend mit der Sprache von Nazis und Kommunisten gleich und befand, dass die Sozialdemokratie diese Sprache nun einmal nicht sprechen dürfe: »Gestaltung aber erfordert mehr als jugendlichen Elan. Sie erfordert Wissen, Einsicht und Erfahrung. Hier liegt die wichtigste Ursache der Spannung zwischen Sozialismus und Jugend in der Gegenwart.«[22] In diesem Stil fuhr er fort. Der Beifall der Funktionäre war groß, das Echo in der Partei aber verheerend. Carlo Mierendorff, der zum rechts-sozialdemokratischen, militanten Kreis um die »Neuen Blätter für den Sozialismus« zählte, giftete: Das Referat »trug einen Vollbart bis zum Knie«.[23] Dieser Vollbart schreckte ausgerechnet die jungen Mitglieder, die fanden, er verunstalte die ganze Partei und hindere sie am Kampf gegen die Nazis.

Maßregelung durch die alte und Gründung der neuen Partei waren nur ein Symptom für den Zustand der Partei. Julius Leber sollte wenige Monate später, als die jahrelang unterdrückten Gefühle in der Bitternis einer mecklenburgischen Zuchthauszelle herausbrachen, jene »Kurve der inneren Kraft« nachzeichnen, die »erst unmerklich, dann immer rascher und hoffnungsloser«[24] gesunken sei. Deren Zeuge war auch der junge W. B. geworden. In seine Kindheitserinnerungen hatten sich der große Auflauf anlässlich des Kapp-Putsches eingegraben und erst recht die Erwerbslosendemonstration von 1923, die von der Polizei beschossen wurde, ohne dass der Senat sich gerührt hätte. Was war das für eine Republik, die ihren Feinden den Raum ließ, sie zu stürmen? Auch der junge W. B. betäubte sich mit dem Spruch: Republik, das ist nicht viel, Sozialismus ist das Ziel. Von 1929 erlebte er den Niedergang bewusst, vom Schwarzen Freitag über die Weltwirtschaftskrise und die Arbeitslosigkeit, die die Ärmsten der Armen niederdrückte und vor seiner eigenen Jugendgruppe nicht Halt machte, bis zum Aufstieg der Nazis und einer Sozialdemokratie, die im Namen des kleineren Übels den eigenen politischen Willen einbüßte. Im Ernstfall, so hieß es, werde man sich zu wehren wissen und die Anhänger rufen. Die Ernstfälle mehrten sich, aber niemand wurde gerufen. Diese Erfahrung grub sich ein und entlud sich zunächst in wortradikaler antikapitalistischer Opposition. Wo sonst fand einer wie er, der den Nazis die Siegesstraße verbauen wollte, einen Halt? Zum Ideologen taugte er nicht, er errichtete auch keine Gedankengebäude. Er las vieles, aber wenig Theoretisches. Spaß an abstrakten Auseinandersetzungen hatte er nicht. Er saß der Gruppe »Karl Marx« vor, aber fand nicht, deshalb die Schriften studieren zu müssen. Er war – und blieb – erfüllt von dem Gefühl, dass die Beladenen den Anspruch auf Würde haben – ideell und materiell, im Staat und im

Arbeitsleben. Aufgabe einer dem Sozialismus verpflichteten Partei musste es sein, diesen Anspruch durchzusetzen. Durchbuchstabiert hat er seinen Sozialismus nicht. W. B. glaubte nicht an Zwangsläufigkeiten der Geschichte, sondern an die Freiheit und die Kraft des menschlichen Willens.

Es lag in seiner Natur, nicht in Ausschließlichkeiten zu denken und nicht in den Kategorien von Befehl und Gehorsam. Sie waren ihm fremd, wesensfremd. Er kannte keine Herrschsucht, und so ließ er sich auch nicht beherrschen. Er mochte den Kampf, aber es musste ein Kampf mit offenem Visier sein und durfte nicht ad personam geführt werden. Der Gedanke, Kommunist zu werden, konnte ihm nicht kommen. Auf die wiederkehrende Frage, warum er sich bei all seinem jugendlichen Eifer und all seiner linken Radikalität nicht der KPD verschrieben habe, gab W. B. die wiederkehrende Antwort: Wie hätte ich in einer deutschen Partei sein können, über die in Moskau entschieden wird!

Was einer für sich nicht hinnimmt, will er auch seinem Land und seiner Partei ersparen. So musste eine auf Befehl und Gehorsam gegründete Gemeinschaft ihn auch in jungen Jahren abstoßen. Weil er so vollkommen immun gegen die kommunistische Versuchung war, hatte er aber auch nie eine Angst vor Berührung oder Bedrohung. Den kalten Blick ließ er noch einmal wandern, als er den Lebenslügen auf den Grund ging und die bolschewistische Gefahr in den Jahren nach 1918 für weit und bewusst übertrieben hielt: »Diese Lesart half dem großen Teil jenes Bürgertums, das nicht ohnehin, nahezu unbedingt und verstockt, im antiliberalen Fahrwasser bleiben wollte, beim Ausweichen vor einer klaren republikanischen Entscheidung. Die sozialdemokratische Führungsschicht andererseits glaubte, zwischen Gärung und Ordnung wählen zu müssen, und da fiel ihr die Wahl nicht schwer.«[25]

Die SAP, der er sich anschloss, sobald sie gegründet war, hielt er für eine große Tat und ein großes linkes Sammelbecken. Der Kampf gegen die braune Flut, der den Kampf für den Sozialismus längst überlagerte, würde nun endlich geführt werden. Doch wie mager war der Zuspruch, seitens der erwachsenen SPD-Mitglieder und überhaupt. Reichsweit kam die neue Partei über 25 000 Mitglieder nicht hinaus. In Lübeck, von dessen hunderttausend Einwohnern fast zehn Prozent in der SPD waren, fanden sich kaum 200 Leute zusammen, genau so viele stimmten bei den zwei Reichstagswahlen 1932 für die neue Partei. Das Echo in der Arbeiterjugend tröstete darüber kaum hinweg. Immerhin, in Breslau schwenkte die SPD-Jugend zu hundert, in Bremen zu neunzig und in Dresden zu achtzig Prozent über, in Lübeck war es weit mehr als die Hälfte. Die Anziehungskraft der Nazis auf die Jugend, gerade auch auf die proletarische Jugend, hatte W. B. schon 1930 festgestellt.[26] Jetzt verlor die SPD die Reste ihres aktiven Nachwuchses an die Konkurrenz im eigenen Lager. Die Lehre, dass eine Partei ohne Jugend weder Kraft noch Zukunft habe, sollte W. B. nicht mehr vergessen.

Die Sozialistische Arbeiterpartei – der Name ein Programm – schillerte in allen linken Farben; auch kommunistische Abweichler gesellten sich ihr zu. Die inneren Kämpfe waren der Hybris geschuldet, die feindlichen Brüder, SPD und KPD, unter dem eigenen Banner einen und Hitler das Fürchten lehren zu können. Den Traum von der Einheit der Arbeiterbewegung träumte auch W. B. Dabei hatte er zum Ersten Mai 1931, als SPD-Mann, zum Ersten Mai 1932, als Abtrünniger, und zum Ersten Mai 1933, nun schon als Emigrant, in den Kommunisten die »Schänder des proletarischen Namens« gesehen und sie ob ihrer Isolation von den Massen gegeißelt.[27]

Sechs Tage nach der Reichstagswahl vom 5. März 1933 fährt W. B. über Berlin nach Dresden. Auf dem Kopf die Pennälermütze, die Großvater und Mutter mit so viel Stolz erfüllt hat. Jetzt soll das auffällige Stück der Tarnung dienen. Wie der Name, den er zu führen beginnt – Willy

Brandt. Die Identität von Herbert Frahm und Willy Brandt bleibt der Polizei tatsächlich verborgen; die späte Ausbürgerung ist auch auf den doppelten Namen zurückzuführen. Dennoch ist die Tarnung der Anlass, nicht die Ursache der Namensänderung. In einem auf Englisch geführten Gespräch mit Oriana Fallaci, deren einfühlsame journalistische Kunst er schätzt und durch die er sich zur Preisgabe mancher Bekenntnisse verleiten lässt, gesteht er 1973, ausgehend von der Frage nach der Herkunft: Die Tatsache, den Vater nicht zu kennen, habe ihn berührt, aber dann nicht weiter beschäftigt. Übergangslos schlägt er den Bogen zum Namen: »Ich habe so früh begonnen, mir mein Leben selbst aufzubauen. Ich habe so früh begonnen, einen eigenen Namen zu haben. Einen, der nur mir gehört. Es ist kein Zufall, dass ich den Namen, den ich trage, als meinen wirklichen Namen ansehe. Im wortwörtlichen Sinn.«[28] Er kultiviert das Gefühl, von niemandem abzustammen und zu niemandem zu gehören, auch zur eigenen Mutter nicht, denn es ist ihr Name, den er dauerhaft ablegt. Er will sich selbst erschaffen und nur sich selbst gehören, vorsichtig demonstriert im Fernbleiben von der Schule, deutlich im Wechsel der Partei, radikal im Zugriff auf einen neuen, eigenen Namen.

In der Hauptstadt fühlt er sich nicht wohl. Ein Hanseat fühlt sich in Berlin zuerst nie wohl; im Abituraufsatz hat er Berlin »konzentrierte Provinz« genannt. Das Wetter ist schlecht und die Stimmung bedrückt. Was würde werden? Er registriert, dass in Berlin die Nazis trotz Propaganda und trotz Terror, nur 31,3 Prozent bekommen haben. Reichsweit sind sie unter 44 Prozent geblieben. Und er hält auch nicht alle ihre Wähler für geborene Nazis. Auf dem Burgfeld in Lübeck, wo Hitler nie gewesen ist, haben sich am 19. Februar, bei bitterster Kälte, fünfzehntausend Menschen versammelt, soviel wie seit 1918 nicht mehr. Leber, noch in der Nacht des 30. Januar verhaftet und gegen Kaution freigelassen, kann, mit gebrochenem Nasenbein und verbundenem Auge, nur ein Wort ausrufen: Freiheit.

»... ein Fremdling überall«

Die Bereitschaft zur Gegenwehr nicht abgerufen zu haben, empfindet W. B. als den Sündenfall der sozialdemokratischen Führung. Sein Urteil steht fest: Kampflos überlässt man keinem Verbrecher und erklärten Kriegstreiber eine Bastion. Die Frage, ob die deutsche Geschichte auf Hitler habe zulaufen müssen, verneint er, bevor die Naziherrschaft errichtet ist: Nichts muss kommen, wie es kommt. Und nichts und niemand kann ihm sein Deutschtum nehmen, schon gar nicht ein Volksverderber namens Hitler, der erst 1913, seinem Geburtsjahr, den Weg von Wien nach München genommen hat. Was überhaupt ist Verrat? Und was Legalität? Schon in Dresden stutzt er, als die Konferenz sich als illegal einstuft. Seit wann handelt der Verbrecher legal und der Opponent illegal? Auf dieses Thema ist er immer wieder zurückgekommen. Anlässlich Lebers 65. Geburtstag 1956 erzählte W. B. die Begebenheit, wie er Anfang Februar 1933 als jüngstes Mitglied einer Delegation beim Lübecker Gewerkschaftschef erschienen sei. »Wir forderten den Generalstreik. Und der Bürokrat am anderen Ende des Schreibtisches bat lediglich, die Entschließung wieder in die Tasche zu stecken, denn auch wir jungen Brauseköpfe müssten doch wissen, dass Streiks nicht mehr erlaubt seien.«[29]

In einem Lokal an der Elbe findet am 11. und 12. März 1933 der Parteitag statt. W. B. ist Delegierter. Dabei gilt die SAP als nicht mehr existent. Die Gründer haben die SAP nach dem Reichstagsbrand aufgelöst und die Hälfte der Mitglieder mit zurück in die Altparteien genommen, Rosenfeld zu den Kommunisten, Seydewitz, der im Geheimen aber längst KP-Mitglied ist, zur SPD. Die Versammelten bestimmen den schwäbischen Metallarbeiter Jakob Walcher zum neuen Vorsitzenden und kommen überein, Leute nach draußen zu schicken; bei möglichen Schwesterparteien, voran der Norwegischen Arbeiterpartei, soll Geld gesammelt und Politik gemacht werden. W. B. wird beauftragt, Paul Frölich die Flucht nach Oslo zu ermöglichen. Doch Frölich wird am 21. März auf Fehmarn verhaftet. Damit sind die Freunde in Lübeck gefährdet, W. B. ist es sowieso schon. Die Führung wünscht, er solle selbst nach Norwegen ziehen. Der Wunsch kommt seinen Vorstellungen entgegen. Die Sprache ist ihm von einer Sommerreise her ein wenig vertraut, in der Schiffsmaklerei hat er sie vertiefen können.

Die Mutter ist besorgt, aber einverstanden. Der Großvater hebt hundert Mark vom Sparbuch ab und steckt sie ihm zu. Dass W. B. der Abschied schwer fällt, ist nicht bezeugt. Es ist nicht die Zeit für einen Abschied, sondern für einen Schnitt. Eine Pflicht, sich totschlagen zu lassen, sieht er nicht. Er ist auf sich gestellt und nur auf sich. In Travemünde nimmt ihn ein Fischer an Bord und bringt ihn nach Lolland. Von dort fährt er mit dem Zug nach Kopenhagen und meldet sich beim Jugendverband. Wenige Tage später geht er an Bord eines Schiffes und kommt am 7. April in Oslo an. Der selbständige junge Mann, der nicht in die Fremde muss, um sich fremd zu fühlen, lebt sich sofort ein.

Er will sich einleben und kann es auch – wegen der Sprache und wegen der inneren Unabhängigkeit. Hätte er je um Unterstützung gebeten, gar auf sie gepocht? Kaum angekommen geht er zu Finn Moe, dem außenpolitischen Redakteur des »Arbeiderbladet«. Am 11. April erscheint sein erster norwegischer Artikel: »Wie sieht es in Hitlerdeutschland aus?«[30] In den ersten Wochen wird er mit einigen Kronen unterstützt, dann braucht er sie nicht mehr. Er schreibt ohne Unterlass. Artikel auch für Gymnasiasten-, Jugend- und Gewerkschaftsblätter, Broschüren, Buchbeiträge, Korrespondenzen. Er arbeitet im Pressebüro der Arbeiterpartei und kümmert sich parteiübergreifend um Flüchtlinge. Er hält Vorträge, macht Übersetzungen, plant Konferenzen. Aufklärend und nach Erklärungen suchend. Warum der Sieg des Faschismus und der Krieg, der folgen wird? Der Terror? Die Anziehungskraft auf die Jugend? Die Zerrissenheit der Arbeiterbewegung und die wehrlose Kapitulation? Auf ein rasches Ende setzt er nicht. Aber vier Jahre hält er denn doch für lange. Er flüchtet sich in Gedanken an eine blutrote Fahne, die am Ende über Deutschland wehen werde.

Die Honorare sind bescheiden. Sie einzutreiben hilft ihm seine Lübecker Freundin und SAP-Gefährtin, Gertrud Meyer. Sie hat noch kurze Zeit in Haft gesessen, bevor sie ihm, wie verabredet, im Sommer nach Oslo folgt. Ihre Wohnung, möbliert erst und einfach, dann ein wenig komfortabler, wird Anlaufstelle so mancher gestrandeter Genossen und Nicht-Genossen. Sie leben zusammen, bis der Krieg und das Leben sie trennen. Gertrud, ein Jahr jünger als er, ist ein politisches Wesen. Sie ist uneigennützig, praktisch, hilfsbereit, aufopferungsvoll, W. gegenüber von teilnehmendem Verstehen. Sehr früh spürt sie, dass sie einem besonderen Menschen begegnet ist; sie wird es noch schreiben, als er stirbt.[31] Für W. ist sie Gefährtin und Vertraute. An Walcher schreibt er in dieser oder jener Form, Trudel wisse alles. Gertrud Meyer ist das Urbild der Frau, die er suchte und brauchte. Auf die Frage, wie sie gewesen sei, sagt er: Tough. Es war das höchste Lob, das er einer Frau spenden konnte. Gertrud Meyer begleitete im Sommer 1939 den Sexualforscher Wilhelm Reich, für den sie schon in Oslo mehrere Jahre gearbeitet hatte, in die USA. Sie hoffte, W. B. werde zwecks Geldsammlung nachkommen und sie zurückholen. Der Krieg hob die Verabredung auf. Die Beziehung hatte belastungsreiche Emigrationsjahre überdauert.

W. B., neunzehn Jahre alt, suchte sein Heil nicht nur unter der roten Fahne, sondern auch im konspirativen Fraktionskampf. Und das in einer Partei, auf die er und seine winzige SAP angewiesen waren. Der Stützpunkt im Norden hatte eine so hohe Bedeutung, weil die Norwegische Arbeiterpartei als revolutionär galt, geistesverwandt und finanziell gut ausgestattet. Der Mann in Oslo sollte politisch wirken, und vor allem sollte er Geld eintreiben. Für Druckerzeugnisse, Hilfsfonds, Anwälte, die Zentrale in Paris. Ob er Lehren aus der deutschen Niederlage weitergeben und die Norweger vom Marsch in die Regierung abhalten oder Enttäuschung und Ratlosigkeit kaschieren wollte, ob er von Walcher angestachelt war oder einfach nur einen festen Halt suchte, gleichviel. W. B. fand noch 1933 Anschluss an eine marxistische Gruppe und ordensähnliche Gemeinschaft, die erst die Arbeiterpartei unterwandern und dann den Umsturz im Land herbeiführen wollte. Sie nannte sich Mot Dag, »Dem Tag entgegen«. W. B. schrieb jetzt seltsame Texte. Vom Faschismus, der bald auch Norwegen heimsuchen werde, von gewissen Typen und Bonzen gefördert.

Aber auch in diesem kritischen Jahr 1934 überschlug er sich nicht nur in giftigem linkem Phrasentum. Aus sich selbst einen Heimlichtuer oder gar einen Verschwörer machen zu wollen war ein Versuch am untauglichen Objekt. Seine Unabhängigkeit, auch die Unfähigkeit, sich auszuliefern, auch der Drang nach Mehrheiten statt nach Minderheiten bewahrten ihn vor dauerhaftem Sektierertum. Bald

*Mit der langjährigen Freundin
Gertrud Meyer (1937)*

schon registrierte er, dass Mot Dag Intellektuelle und Künstler band, aber keine Arbeiter. Kam es aber nicht gerade darauf an? Den Kommunisten warf er immer vor, die Massen vernachlässigt, gar verraten und dadurch 1933 die Niederlage heraufbeschworen zu haben. Mot Dag aber, die selbsternannte Vorhut der Arbeiterklasse, wollte von den Massen erst recht nichts wissen. Wollte? Er besah sich die Mitverschwörer, und vor allem besah er sich den hässlichen Mann, der die Gruppe als Abbild seiner selbst geschaffen hatte, Erling Falk. Es dämmerte ihm, dass Leber recht gehabt haben könnte, als er ihn vor einem gewissen lebensfernen Genossentypus warnte. »Ich stellte damals – und später noch mehr – fest, wie in einer politischen Gemeinschaft sadistische Neigungen sublimiert ausgelebt und masochistische Bedürfnisse anderer befriedigt werden können.« Der Zusammenhang zwischen »sexueller Verklemmtheit« auf der einen und Hass wie Intrigantentum auf der anderen Seite hat nie aufgehört, ihn zu beschäftigen: »Politik als Ersatzliebe tarnt sich nicht selten als selbstlose Unbedingtheit.«[32]

Er hatte auch Glück. Das Glück, wieder auf Menschen zu treffen, die hinter dem sonderbaren Betragen den suchenden, vielleicht auch leidenden, jedenfalls nicht böswilligen jungen Mann sahen und keinerlei Sanktionen verhängten. W. B., der Möchte-gern-Verschwörer, konnte ungehindert seiner schriftstellerischen und rednerischen Tätigkeit nachgehen und auch weiter Geld einsammeln, obwohl die Arbeiterpartei die Unvereinbarkeit mit Mot Dag verfügt hatte. Finn Moe und der Vorsitzende, Oscar Torp, führten harte Gespräche und hielten zugleich ihre schützende Hand über den Flüchtling. Die Aufnahmepolitik Norwegens war kaum besser als die anderer Länder. W. B. besaß eine Aufenthaltsgenehmigung für drei Monate, vorausgesetzt, er würde sich aller politischen Betätigung enthalten. Am 31. August 1933 schrieb er Walcher, am Ende eines langen Briefes, der von der Verhaftung führender SAP-Leute in Berlin handelte: »Morgen soll ich ausgewiesen werden.« Er nehme die Sache »mit Ruhe«, schlafe aber vorsichtshalber nicht mehr zu Hause.³³ Man könnte auch sagen: mit Gottvertrauen. Er schrieb sich an der Universität ein, studierte sogar ein wenig, aber die Gefährdungen kehrten wieder und auch die Begegnungen mit der Ausländerpolizei. Und nicht nur mit der. Während einer Jugendkonferenz im holländischen Laaren, Februar 1934, wurde das Treffen gleich nach Beginn aufgelöst; der nazifreundliche Bürgermeister hatte die Polizei geholt. Die vier deutschen Teilnehmer, von denen einer W. B. nahegestanden hatte, wurden ausgeliefert. Ihm blieb das Schicksal erspart, weil sein Fremdenpass Eindruck machte und sich die zwei Norweger, Finn Moe und Arne Ording, nicht von ihm trennen ließen, auch nicht im Polizeigefängnis zu Amsterdam. Alle drei wurden schließlich über die grüne Grenze nach Belgien abgeschoben, von dort fuhren sie nach Paris, um im Kreise der Vertrauten zu diskutieren, was Arbeit und Gefahr rechtfertigen sollte – die Perspektive.

Die Abkehr von Konspiration und Revoluzzertum ging einher mit der Übernahme der Regierungsverantwortung durch die Arbeiterpartei. Entgegen den Erfahrungen, die er aus der Weimarer Republik mitgenommen hat, lernt er in Skandinavien, was er vielleicht schon lange lernen möchte: Freiheitsbewusstsein kann im Volk verankert sein, und zugunsten von Arbeitern und Bauern, in Norwegen auch Fischern, werden die Verhältnisse nur aus der Regierung heraus gebessert. Auf einer weiteren Konferenz in Paris, nur ein Jahr später, verdammt er Arroganz und Schulmeisterei, die »gesunden« Elemente der Partei würden sich dagegen wehren. Er fordert eine linke Opposition, aber innerhalb der Partei: »Stark ist der Gedanke der Einheit, die Idee einer Spaltung ist indiskutabel.«³⁴ Das flammende Plädoyer für die Regierungstätigkeit trug ihm prompt einen Proteststurm ein, nun von seinen eigenen Leuten. Sie hatten nicht den Sinn für's Regieren und vielleicht überhaupt keinen positiven Sinn. In der wahren Emigration, losgelöst vom realen Leben, um das nackte Überleben ringend, niedergedrückt von den Berichten aus der Heimat, hin- und hergerissen zwischen Gefühlen der Schuld und des Versagens, der Rechthaberei und der Verherrlichung des Gestern, ist niemand offen für neue Erfahrungen. Geschweige denn für symbolkräftige Taten. W. B. ist kein Emigrant im Wortsinn. Hilde Walter, langjährige Mitarbeiterin Ossietzkys und treibende Kraft der Kampagne in Paris, schreibt über ihn, als der Nobelpreis tatsächlich verliehen ist: »Ich glaube auch, dass Willy etwas Besonderes war, was es nicht so bald noch einmal gibt. Ich glaube, dass Willy wirklich in seiner Art etwas Geniales war.«[35]

Die Idee war W. B. 1934 von dem »Weltbühne«-Mitarbeiter und SAP-Mann Berthold Jacob nahegebracht worden: Der Friedensnobelpreis für Carl von Ossietzky. Die »Weltbühne« hatte W. B. in einer Lübecker Kaffeestube verschlungen und die Prozesse, die ihrem Chef schon in der Weimarer Republik angehängt worden waren, verfolgt. Nach dem Reichstagsbrand war Ossietzky abgeholt, in eines der ersten KZs, Sonnenburg, gesteckt und schwer misshandelt worden. Im Februar 1934 verschwand er im berüchtigten Moorlager Papenburg-Esterwegen; ein Jahr später landete hier auch Julius Leber. Mitinsassen berichteten, man habe es darauf angelegt, Ossietzky »fertigzumachen«. W. B. war elektrisiert, als Jacob seine Idee vortrug.

In Paris lernte W. B. Hilde Walter kennen und in Oslo Mimi Sverdrup-Lunden. Beide Frauen setzten ohne Mittel und ohne Büro, aber mit viel Zähigkeit, eine große Bewegung in Gang. Eine Kampagne. Um die Prozeduren eines Nobelpreisvorschlags bekümmerten sie sich allerdings nicht. Daran scheiterte die Nominierung zunächst. W. B. schrieb an Hilde Walter: Die Bemühungen würden vielleicht keinen Erfolg haben. Dennoch müsse man die Kampagne mit voller Kraft fortsetzen. »Ich werde dieser Tage noch einige Besprechungen mit Herren haben, die dem Nobelkomitee sehr nahestehen.«[36] Das Komitee wurde vom Storting, dem norwegischen Parlament, gewählt. Aus aller Herren Länder gingen Hunderte von Unterschriften ein – für Ossietzky und gegen Hitler. Es gelang sogar, den tschechischen Präsidenten Thomas Masaryk zum Verzicht auf die Kandidatur zu bewegen. Er hatte Thomas Mann in schwerer Stunde die Staatsbürgerschaft verliehen, nun bat der ihn, den Präsidenten eines bedrängten Staates, zugunsten des deutschen Gefangenen zurückzustehen. Im Nobelkomitee wurde umbesetzt und große Politik gemacht; eine Vorentscheidung fiel, streng geheim, im Vorstand der nun regierenden Arbeiterpartei. Dem Druck aus Berlin hielten die Norweger stand. Die Einlassungen ihres greisen Dichters, Knut Hamsun, Ossietzky habe emigrieren können, beantworteten sie in einem Aufschrei. Doch auch als Hamsun während des Krieges noch nazifreundlicher wurde, ließ W. B. auf die dichterische Größe nichts kommen. Er fand nicht, dass politische Sympathiebekundungen ein Werk verdunkeln müssten.

W. B. hatte die Ehrung für Ossietzky gewollt und betrieben, weil sie auch eine weithin sichtbare Ehrung und Ermutigung für das andere Deutschland darstellen würde. Das andere Deutschland, von dem W. B. meinte, es sei das eigentliche. Seinen späten Dank »im Namen eines freien Deutschland« stattete er ab, als er 1971 selbst den Nobelpreis bekam: »Seine Ehrung war ein moralischer Sieg über die damals herrschenden Mächte der Barbarei.«[37] Fünfzig Jahre nach dem Tod Ossietzkys, 1988, ließ er nicht nur die Kampagne noch einmal aufleben, er erinnerte auch an die Berliner Verfügung, dass nie wieder ein Deutscher einen Nobelpreis annehmen dürfe.[38] Die wütende Reaktion des Regimes, nachdem im späten Herbst 1936 die Entscheidung für das zurückliegende Jahr gefallen war, erlebte W. B. vor Ort.

Im Juli hatte ihn die SAP-Auslandsleitung in Paris brieflich aufgefordert, nach »Metro« zu gehen. Berlin. Wieder waren einige Leute verhaftet worden. In Berlin war die überwiegend jugendliche Gruppe, 1934 noch 700 Mitglie-

»... ein Fremdling überall«

der stark, auf 200 feste Freunde und ebenso viele Sympathisanten geschrumpft; aktive Arbeit leisteten zwanzig Leute. Ein Austausch zwischen Drinnen und Draußen schien dringend geboten. Aber warum vor Ort? Der Auftrag war lebensgefährlich. Er hätte sich entziehen können, die SAP war schließlich keine bolschewistische Partei, in der sein Leben riskierte, wer sich einem Befehl verweigerte. Er kam aber nicht auf den Gedanken, sich einem solchen Auftrag zu entziehen. Auch nicht, als er vor der Abreise in Paris Zeuge eines grauenhaften Emigrantengezänks wurde; Walcher und Frölich stritten sich, nach dem ersten Moskauer Prozess, um das sozialistische Prinzip in der Sowjetunion. Dafür sollte er sein Leben riskieren? Sein Freund Max Diamant flößte ihm Schnaps ein und brachte ihn zum Schlafwagen Richtung Berlin. Max konnte nicht wissen, dass zur gleichen Zeit seine kommunistischen Eltern in Leningrad abgeholt wurden und verschwanden, für immer.

Der erste große Schauprozess in Moskau, Herbst 1936, setzte W. B. zu. Die Verteidigungsstellung der SAP nannte er »blutarm«; später bediente er sich der Steigerung »blutleer«, wenn er höchster Verachtung Ausdruck geben wollte. Er fragte nach der Einheit und sagte trotzig, jetzt erst recht, schließlich stehe die SAP gegen Reformismus und gegen Stalinismus und damit für die Einheit. Gleichzeitig nahm er sich »die Machthaber der Sowjetunion« vor, die noch vor Vollstreckung der Todesurteile begonnen hätten, »das Ja oder Nein zu ihren Maßnahmen zur Barrikadenfrage zu machen«, Dreckkübel auszugießen und die »hoffnungsvollen Ansätze der Einheits- und Volksfrontpolitik« zu zertrümmern. Zumal in Frankreich schienen sich Sozialisten und Kommunisten zusammenzufinden. In der deutschen Emigration in Paris eiferte man dem großen Vorbild nach und schloss Bündnisse; W. B. war einverstanden, dass in seiner Abwesenheit über seinen Namen verfügt wurde. Wie ging das zusammen? Wendungen in Moskau habe man schon 1933 für möglich gehalten und für den Fall eine neue

Haltung angekündigt. Die mahnte er jetzt an, gegen die Trotzkisten, mit denen die SAP-Führung einen Bund eingegangen war. Tatsächlich galten seine Einwände, die »prinzipieller Natur« waren, nicht nur »der trotzkistischen Abart des Bolschewismus«, sondern ausdrücklich diesem selbst. Sie galten vor allem, positiv gewendet, der Selbstverständigung: Er wandte sich gegen jede »Avantgarde« und hielt die »Massenbewegung« hoch.[39]

Den Weg nach Paris hatte W. nicht wie gewöhnlich über Dänemark und das Meer genommen, sondern über Deutschland. Er wollte wissen, bevor er für längere Zeit in Berlin lebte, ob seine Papiere der Prüfung standhielten, und sich vielleicht auch Mut machen. Die tapfere Gertrud war früher im Jahr 1936 Bürgerin des Königreichs Norwegen geworden, weil sie eine Scheinehe mit dem Mot-Dag-Mann Gunnar Gaasland geschlossen hatte. Dessen Identität nahm W. B. an, um als norwegischer Student getarnt in Berlin unterzutauchen und die politische Leitung der SAP-Reste zu übernehmen. Die Papiere zu frisieren kostete Zeit, deshalb fuhr er erst Ende September los. Der Zollbeamte in Warnemünde, den er aus Lübeck kannte, wandte sich ab.

In Berlin fand W. B. alias Gunnar Gaasland eine Bleibe bei Frau Hamel, Kurfürstendamm, Ecke Joachimsthaler Straße, und legalisierte sich. Sein Pass wurde tagelang geprüft und ihm dann doch zurückgegeben. Die Zwangsbekanntschaft mit einem norwegischen Studenten, der ihn unbedingt in einen skandinavischen NS-Klub schleppen wollte, war schwieriger zu bestehen. Oder der Lübecker Lehrer, der schon im Lager gesessen hatte und nun in einem Café auftauchte und ihm bedeutete zu verschwinden. Er musste in äußerster Zurückgezogenheit leben und jeden Kontakt meiden, der nicht vorgesehen war. Er gestattete sich eine einzige Ausnahme. Die Berliner Philharmoniker, zumal unter Wilhelm Furtwängler, ihrem Chefdirigenten, hörte er auch, um der inneren Spannung Herr zu werden. Er reagierte hart, als Jahrzehnte später Furtwängler bezichtigt wurde, unter den Nazis Musik gemacht zu haben.

Die Vormittage verbrachte der Student Gaasland in der Preußischen Staatsbibliothek und las und las, auch »Mein Kampf«. Die Nachmittage, frühen Abende, Sonntage waren den Treffs gewidmet. Zeichen der Treue und Standhaftigkeit berührten und ermutigten. Doch im vierten Jahr nach der Machtergreifung glaubte W. B. nicht mehr, dass durch Verbreitung von Schrifttum das Regime ins Wanken zu bringen sei; die Gefährdung der Freunde stand in keinem Verhältnis zum Nutzen. Eine »unnütze Opferpolitik« wollte er, im Gegensatz zu den Kommunisten, unbedingt vermieden wissen. Schon während seines Aufenthalts in Berlin standen die Zeichen auf Krieg und die Umwälzung, die folgen würde. W. B. schrieb auf, mit Geheimtinte, und gab weiter, dass es jetzt auf Hilfe für Gefangene und deren Angehörige ankomme und auf »die Sicherung der Kader« – für die Zeit danach. Die Zeit »nach dem elenden Verrecken im Massenmorden eines neuen Weltkrieges«.[40]

Er wusste die Berliner Erfahrung nicht auf einen Nenner zu bringen. Er lebte isoliert, und jenseits der geheimen Treffs durfte er Kontakte nicht haben. Wo sie sich ergaben, wie im Fall seiner Wirtin, hütete man sich, vor einem norwegischen Studenten die eigene Gesinnung auszubreiten. Rheinlandbesetzung ohne westliche Gegenaktion und Olympische Spiele mit der Welt zu Gast in Berlin hatten das Regime gefestigt, wie es sich kein Hitler-Gegner je hatte vorstellen können. Wie treu zum Führer jeder einzelne auch stehen mochte, »die soziale Massenbasis« war geschaffen worden. Spätestens in Berlin erkannte er, dass zu deren Erklärung die These vom Büttel des Großkapitals nicht hinreiche. Er entdeckte, dass »die Entwicklungsgesetze der menschlichen Gesellschaft«, von Marx und Engels herausgefunden, »der Erfassung des subjektiven Faktors« entgegenstünden und der Klassenkampf überlagert werde: »Der Faschismus hat nicht das Generationenproblem geschaffen, er hat es für sich ausgenutzt.« Er nahm seine frühen Gedanken über die Jugend wieder auf und befreite sie vom marxistischen Formelwerk: Es gebe einen Begriff »Jugend«, wie es einen Begriff »Volk« gibt. Die Arbeiterjugend werde ihre Mission nur erfüllen, wenn »sie die breiten Massen der nichtproletarischen« Jugend mit sich zusammenschweiße.[41] Und dann erinnerte er daran, »dass für den einfachen Menschen das Leben nicht aus ›Ismen‹ besteht, sondern aus Essen, Schlafen, Fußballspielen, Kanarienvögeln, Schrebergarten und anderen schönen Dingen«.[42]

Kurz vor Weihnachten reiste er aus Berlin ab. Die Grenze wurde unbehelligt passiert. In Prag wartete Gertrud, die seit ihrer Scheinheirat den Namen des Studenten trug, der W. B. seine Identität geliehen hatte: Gaasland. Dem Namen nach waren sie nun plötzlich ein Ehepaar. Sie verbrachten einige unbeschwerte Tage, so sie unbeschwert sein konnten nach drei Monaten extremer innerer Anspannung und in Erwartung eines großen Krieges. Die »Kattowitzer Konferenz«, zu der Abgesandte der SAP-Auslandsgruppen und aus Berlin nach Mährisch-Ostrau kamen, deprimierte. Die Sophistereien um Einheitspartei oder Volksfront nahmen kein Ende, die Gerüchte, dass Walcher zur KP zurückstrebe, auch nicht. W. B., der ein Berliner Mandat hatte, regte sich auf, weil man ihm die Wahl in die Leitung verwehrte; die Zeit der 23-jährigen sei noch nicht gekommen, wurde ihm bedeutet. In dem Hinweis auf seine Jugend steckte, wie nicht verborgen blieb, der Vorwurf einer gewissen Unabhängigkeit. W. B. wetterte gegen die Verdächtigungen der Rose Wolfstein, verheiratete Frölich: »Es ist mir unmöglich, darüber einfach zur Tagesordnung überzugehen.« Rose Wolfstein, die 1908 in die SPD eingetreten und eine junge Gehilfin der Luxemburg gewesen war, starb im Dezember 1987 kurz vor ihrem hundertsten Geburtstag. Im Frankfurter Gewerkschaftshaus hielt W. B. eine launige Gedenkrede: Später sei man durchaus respektvoll miteinander umgegangen.[43]

»... ein Fremdling überall«

Den Auftrag, nach Spanien zu gehen und Max Diamant abzulösen, mag er als Rettung aus den Emigrationsquerelen empfunden haben. Sie waren umso quälender, als objektiv wenig von ihnen abhing. Auf den Schauplatz des Bürgerkrieges zog es ihn sowieso. Er fuhr nach Brünn, wohin Otto Bauer, der legendäre österreichische Sozialistenführer, emigriert war und wo er seinen Freund Max sagen hörte, dass ein furchtbarer Kampf innerhalb der Arbeiterbewegung bevorstehe und Franco als Sieger daraus hervorgehen werde. Noch 1981 erinnerte Max Diamant an dieses Gespräch bei Otto Bauer.[44] Mit einem polnischen Visum, das gegen Geld zu haben war, reiste W. B. über Danzig und Dänemark zurück nach Oslo. Hier richtete er seine Angelegenheiten und brach Mitte Februar auf – mit einem Fährschiff an die Westküste Jütlands und weiter nach Antwerpen, dann mit dem Zug über Paris nach Barcelona.

W. B. war immer genügsam, ohne Ansprüche. Erst recht war er es in jenen Jahren, in denen er, dank einer insoweit glücklichen Natur, zwar kein Emigrantendasein fristete, aber doch von der Hand in den Mund lebte und immer im Gefühl der Bedrohung; auch in der kurzen Spanne zwischen Rückkehr aus Berlin und Abreise nach Barcelona hatte ihn die norwegische Polizei wieder verhört. Wenn er jetzt schrieb, dass er ohne Geld sei und Schulden mache, »unter elenden Bedingungen« lebe und in völliger Isolation, dann war die Lage ernst. Vergebens bat er Walcher, dafür zu sorgen, dass Gertrud kommt.[45]

Im August 1982 richtete W. es so sein, dass die französischen Ferien für einige katalonische Tage unterbrochen wurden. Er fuhr mit mir nach Barcelona, suchte und fand die Rambla de los Estudios; dort lag das Hotel Falcon, in dem er einquartiert gewesen war. Die düsteren Erinnerungen bekämpfte er mit einem schwärmerischen Ausbruch: Wie leicht ist doch das Leben im Süden, hier kann man mit Oliven und Apfelsinen eine ganze Weile über die Runden kommen.

Das Elend wäre zu ertragen gewesen, hätte es sich auf Hunger und Isolation beschränkt. Und hätte nicht das Entsetzen über die Westmächte vorgeherrscht, die sich in Spanien nicht einmischen wollten. Konservativen Kreisen gefiel Franco, der mit den Linken aufräumte. Und Léon Blum hatte, typisch sozialdemokratisch, keinen Mut zu tun, was er selbst für richtig hielt. Schon während der Rheinlandbesetzung war W. B. außer sich gewesen, dass Franzosen und Engländer Hitler freie Hand ließen. Und jetzt wieder! Die Nichteinmischung nannte er eine objektive Hilfe für Franco. Und dann das Morden um ihn herum. Zu seinen Aufgaben gehört die Betreuung der SAP-Freiwilligen, die auf republikanischer Seite kämpfen. An der Front in Aragon sieht er, wie ein paar Republikaner einem Priester den Bauch aufschlitzen und der Krieg die Bestie im Menschen freilegt. Artilleriegeschosse schlagen in der Nähe ein. Junge Leute, Sanitäter, mit denen er gerade Freundschaft geschlossen hat, verbluten und sterben. Wenn er sich noch einen Glauben an das unaufhaltsame, weil notwendige Gute bewahrt hat, so lässt er ihn auf den Feldern vor Huesca und in den Straßen von Barcelona. Umso klarer tritt die Überzeugung hervor, dass alles darauf ankommt, den Menschen vor Verhältnissen zu bewahren, die diese Bestie hervorlocken. W. B. ist in der Nähe, als ein Geschoss den Hals von George Orwell durchbohrt; Orwell kämpft in den Reihen der Poum-Miliz und wohnt gelegentlich im Falcon in Barcelona. Seine »Homage to Catalonia« gehörte zu den Büchern, die W. besonders gut kannte. Orwells Klage über den »tiefen Schlaf« seines Landes, des Westens überhaupt, zitierte W. auswendig: »Ich fürchte, wir werden nie daraus erwachen, ehe uns nicht das Krachen der Bomben daraus erweckt.«

Die Poum war eine auf Katalonien begrenzte junge, kleine Partei, die sich mit ultralinken Wendungen immer wieder selbst überbot. Die Einheit der Arbeiterbewegung führte sie wie die SAP im Namen, daher beider Verbindung. Dass aber die Lage in Spanien unvergleichlich war, hatte sich W. B. rasch mitgeteilt. Die Politik der Bruderpartei geißelte er von Anfang an, und das nicht nur, weil sie seine Post abfing und ihn wenig brüderlich als reformistischen Konterrevolutionär hinstellte; für den irrsinnigen Vorwurf, Poum-Leute an die Kommunisten ausgeliefert zu haben, musste er sich sogar in seiner eigenen Partei einem Verfahren unterwerfen. Es endete mit Freispruch. Innerlich frei und niemandes Knecht zu sein kostet einen hohen Preis.

W. B., für den die nationale Befreiung wichtiger geworden war als die soziale Umwälzung, warf der Bruderpartei vor, dass sie den Krieg nicht gegen die geballte faschistische Macht, sondern nur gegen die herrschenden Klassen führen wolle, deshalb jedes Bündnis, auch das mit den Sozialisten, bekämpfe und nur das eigene »reine Banner« hochhalte. Er hatte dafür nur ein Wort – »erschreckend«.[46] Dieses eine Wort schrieb er nieder, als sträube sich die Feder. Was wog dieser eine Vorwurf an die Adresse der kleinen Poum angesichts des kommunistischen Wahnsinns! Im April 1937 verschwindet sein Freund Mark Rein, in Berlin aufgewachsener Sohn des Menschewiken Rafael Abramowitsch und nun als Fernmeldetechniker in den Diensten der katalonischen Regierung stehend. Sie haben gemeinsam eine Veranstaltung besucht, W. begleitet ihn zum nahen Hotel Continental und – sieht ihn nicht wieder. Die Hoffnung, er sei nach Madrid gefahren, zerschlägt sich, als er das Zimmer betritt und die Zahnbürste an Ort und Stelle findet. Der Vater, vor Lenin aus Russland geflohen, Freund vieler prominenter Sozialdemokraten, kommt und sucht den Sohn. Die Proteste häufen sich. W. B. dringt bis zu einem Kominternvertreter vor, von dem er damals nicht wissen kann, dass es der KPD-Mann Karl Mewis ist. Der zuckt die Schultern und meint, einen alten bolschewistischen Trick benutzend, da stecke wohl eine Frau dahinter.

Dieser Karl Mewis, der schon 1932 in Moskau geschult

worden war, stieg nach der Rückkehr aus dem schwedischen Exil zum Sekretär der Berliner SED-Landesleitung auf. 1948 fühlte er sich berufen, gewiss auch aufgerufen, ein wüstes Pamphlet gegen W. B. zu verfassen, der gerade seine neue Aufgabe als Vertreter der SPD in Berlin angetreten hatte. Nachdem abwechselnd der Trotzkist und der Agent des amerikanischen Geheimdienstes vorgeführt worden ist, macht Mewis eine Nachbemerkung – für den Fall, dass W. B. selbst den Namen Mark Rein erwähnen sollte. Denn in der bürgerlichen und sozialdemokratischen Presse werde behauptet, die GPU habe Mark Rein liquidiert. Karl Mewis teilt nun mit, der »Sohn des bekannten Menschewiken Abramowitsch« habe sehr gut mit den Kommunisten in Barcelona zusammengearbeitet und sei spurlos verschwunden, nachdem er an einem Abend mit W. B. zusammen das Hotel verlassen hat. »Es ist also anzunehmen, dass Mark Rein von den trotzkistischen Elementen, über die er gut informiert war und die von seinen Beziehungen zu uns Kenntnis bekommen hatten, beseitigt wurde.«[47] W. B. ist auf den Fall Mark Rein immer wieder zurückgekommen, zuletzt in seiner Trauerrede für Richard Löwenthal 1991. Auch sein Freund Rix hatte Mark Rein gekannt und 1938 in Paris erfahren, was in Barcelona geschehen war. Dieses Treffen und manches andere Treffen zog jetzt vor seinem inneren Auge vorüber: »Immer wieder die Erinnerung an die menschlichen Wracks ganzer Flotten jüdischer Intelligenz – dieser Hefe im Teig des europäischen Geistes.« Jener in Berlin aufgewachsene Menschewikensohn »war nach Barcelona gegangen, und dort hatte ich ihn als letzter gesehen, bevor er vom sowjetischen Geheimdienst entführt wurde – entführt und liquidiert«.[48]

Diese Entführung war nicht die einzige ihrer Art, aber sie hatte er aus nächster Nähe erlebt. Was steckte dahinter? Der Herrschaftsanspruch, der in willkürlicher Verbreitung des Schreckens gründete und in der Vernichtung aller Kräfte, die sich nicht fügten. Wer von den Kommunisten als trotzkistisch gebrandmarkt wurde, hatte ausgespielt – Sozialisten, Poum und jene Anarchosyndikalisten, die W. B. bisher unbekannt gewesen waren. Eine anarchistische Massenbewegung lernte er erst in Spanien kennen, einem Land, wo Mittelalter und Neuzeit unvermittelt aufeinanderprallten und extreme soziale Spannungen den Anarchismus nährten, in Katalonien noch mehr als anderswo. In W. B. brachte diese Bewegung eine Saite zum Klingen, die nur der Umstände halber noch nicht erklungen war. Nicht dass er in die Versuchung gekommen wäre, sich den Anarchisten anzuschließen oder gar auszuliefern. Er kam nie in eine solche Versuchung und schöpfte immer aus mehreren, durchaus widersprüchlichen Quellen. Doch fühlte er sich erleichtert, vielleicht befreit, als er feststellte, was lange schon seine Ahnung gewesen war: Organisatorische Zwänge und marxistische Dogmen machten den Sozialismus nicht allein aus. Ihm gefiel die »antibürokratische Haltung« der Anarchisten, »die als Gegengewicht gegen die bürokratische Entartung, die die Arbeiterbewegung sonst angefressen hat, durchaus gesund sein kann«.[49] Das freiheitliche individualistische Pathos, von dem er die spanischen Anarchos erfüllt fand, erstaunte und beflügelte ihn: Ich will nicht beherrscht werden, also will ich auch selbst nicht herrschen und niemanden zu seinem Glück zwingen.

W. B. war ein Kind der deutschen Arbeiterbewegung, deren solidarische Werte ihm in die Wiege gelegt waren. Sie vertrugen sich nicht mit allen Zügen seines Wesens. Ehe er sich beherrschen ließ, zog er sich vorübergehend zurück, auf sich selbst. Kollektiven Prägungen war er von Kind an ausgesetzt. Er nahm sie an und wehrte sich zugleich. Er gehörte der Partei. Aber er gehörte ihr nie ganz.

Am Ersten Mai 1937 versucht W. B. eine gemeinsame Feier der linken Jugendverbände zustande zu bringen. Der Versuch schlägt fehl. Stattdessen werden in Barcelona sämtliche Veranstaltungen untersagt. Die Kommunisten und ihre moskauhörigen Hintermänner provozieren die Schlacht um die Telefonzentrale, die in der Hand der Anarchisten ist. In der Stadt herrschen Angst, Schrecken, Gewalt. Diese zweite Front steht, bis im Juni die Kommunisten den grausigen Endkampf gegen Anarchisten, Poum und unabhängige Linke in der Sozialistischen Partei führen. Die wichtigen Leute werden liquidiert. W. B. verlässt das Land. Er ist nicht mehr der, der er drei Monate zuvor war. Der Faschismus triumphiert. Die Hoffnung auf die linke Einheit verkehrt sich in ihr Gegenteil. Er ist 23 Jahre alt und hat Erfahrungen gemacht, die für ein Leben genug sein könnten. Formeln und Phrasen verschwinden aus seiner Sprache. Vor der Auslandsleitung seiner SAP in Paris berichtet er über »Ein Jahr Krieg und Revolution in Spanien«. Die Rede, die auch gedruckt erscheint, ist das Dokument einer Reife, wie sie sich nur unter extremen Umständen vollzieht. Ohne Umschweife in Form und Inhalt stellt W. B. fest: Es handelt sich »um die wahnwitzige Zielsetzung der Komintern, alle Kräfte zu vernichten, die sich ihr nicht gleichschalten wollen«. Es gehe darum, ob »zugelassen werden soll, dass die Träger einer anderen Auffassung, dass revolutionäre Arbeiter mit den Mitteln der Fälschung, der gemeinsten Verleumdung, der Lüge, des Terrors ausgerottet werden sollen«.[50]

Er schwor sich, spanischen Boden zu Francos Zeiten nie zu betreten. Und wurde schwach, als er 1969 einem ärztlichen Rat folgte und das Flugzeug mied. Er flog viel, aber nicht gern. Das Schiff, mit dem der Außenminister von Neapel nach Halifax reiste, machte einige Stunden halt in Malaga. An Bord kam der deutsche Generalkonsul und überredete ihn zu einem Spaziergang. W. B. erfährt, wer Juan Hoffmann ist: Als Kind nach Barcelona gekommen, hat er mit dem sozialrevolutionären Flügel von Francos Falange sympathisiert, ist mit Munoz Grandes und dessen Blauer Division durch Russland gezogen und hat gesehen, wie die Mauren im Eis versanken; das Kriegsende erlebte er an der Deutschen Botschaft in Madrid. W. B. mag diesen stolzen Mann mit dem offenen Blick und dem bewegten

Leben. Der Konsul ist herzlich, ihm zugewandt, frei heraus. W. B. sagt: Nun ja, wenn wir uns hier vor dreißig Jahren begegnet wären, hätten Sie mich, oder ich hätte Sie erschossen. Als W. B. im Februar 1987 die Ehrendoktorwürde der Universität Granada erhält, treffen sie sich wieder und verabreden sich. Während der Besuche auf seiner Finca bei Malaga reden beide Tage und Nächte über revolutionäre Neigungen und nationale Empfindungen. Juan Hoffmann war der einzige, der von sich sagen durfte, mit Strauß und Brandt befreundet zu sein.

Weniges hat W. B. mit soviel Freude erfüllt wie die Art, in der die Spanier vierzig Jahre nach dem Bürgerkrieg zur Demokratie fanden. Selten hat er den Amerikanern so ruhig, aber auch so bestimmt widersprochen wie in der Mitte der siebziger Jahre, als sie verbreiteten, die Iberische Halbinsel falle dem Kommunismus anheim und jeder, der hier von Demokratie rede, sei ein verkappter Kommunistenfreund. Außenminister Kissinger machte dem Vorsitzenden der SPD lange Vorhaltungen und belehrte ihn über die Unvereinbarkeit erstarkender kommunistischer Parteien und militärischer Sicherheit in Westeuropa. W. B. ließ sich nicht beeindrucken. Er verwies auf gewisse historische wie aktuelle Ursachen und auf Prozesse, die im Weltzentrum des Kommunismus Sorgen bereiteten. Vor allem aber richtete er die Aufmerksamkeit auf »die Herausbildung solider demokratischer Strukturen« und »eine graduelle, friedliche Entwicklung« in Spanien.[51] Die hohe ideelle wie materielle Hilfe der SPD hatte auch in den spanischen Erfahrungen ihres Vorsitzenden einen Grund.

Der König war inthronisiert, Franco aber noch nicht gestorben und die Sozialistische Partei noch nicht legalisiert. Deren Führer, einen jungen Anwalt aus Sevilla, lud W. B. im November 1975 ein, auf dem Mannheimer Parteitag zu sprechen. Der Reisepass wurde ihm verwehrt. Der Parteitag war bereits im Gange, als W. B. dem König eine Botschaft zukommen ließ: Ich erwarte, dass Felipe González morgen hier ist. Felipe durfte reisen und reden: »Venceremos«. Die Erwartungen, die er in den stolzen Charismatiker setzte, fand W. B. übertroffen und nie enttäuscht. Felipe wurde der einzige Erbe, den er selbst erwählte. Im Dezember 1976 nahm W. B. an dem ersten Parteitag in Madrid teil – er sprach auf Spanisch – und war überwältigt, ja, begeistert, dass man sich mit »langen Reden über das Böse der Vergangenheit« nicht aufhielt und sich »mit einer Minute des Gedenkens« begnügte. »Es gibt eine Gnade der geschichtlichen Distanz, auch auf kurze Sicht.«[52]

Zurück in Oslo steigt W. B. in die Spanienhilfe ein. Sie wird zur Volkshilfe ausgeweitet und besteht im finnischen Winterkrieg eine harte Probe. Ende 1939 übernimmt W. B. das Sekretariat. Arbeitskraft, Gewandtheit im Reden und Schreiben, die Fähigkeit zum Ausgleich schlagen für ihn zu Buche. Zum ersten Mal hat er eine feste Anstellung und das Gefühl, Boden unter die Füße zu bekommen, materiell wie ideell. Die Zeit zwischen der Rückkehr aus Spanien und dem deutschen Überfall auf Norwegen empfindet er als glücklich. Die Ausbürgerung tut dem Gefühl keinen Abbruch. Bei Verkündung im »Reichs-Anzeiger« am 5. September 1938 hält er sich in Paris auf und wird Zeuge der letzten Zuckungen einer Deutschen Volksfront. Auch dieser Versuch einer Sammlung linker und liberaler Emigranten scheitert. Der Präsident dieser Front ohne Volk ist nicht auf der Höhe der Zeit und wird von den Kommunisten missbraucht. Seine Romane hat W. B. gelesen und, mit Ausnahme des »Untertan«, wenig geschätzt. Was tut's? Heinrich Mann lässt sich den jungen Lübecker Landsmann vorstellen. Und sagt mit beschwertem Herzen: Die sieben Türme werden wir wohl nicht mehr wiedersehen.

Erst viele Wochen später erreicht W. B. die Nachricht, dass er ausgebürgert ist. Er ist nun staatenlos und braucht ein Jahr, bis er sich durchringt, die norwegische Staatsbürgerschaft zu beantragen. Eine Voraussetzung hat er erfüllt; er lebt mehr als fünf Jahre im Land. Die zweite nicht; einen

Steuernachweis kann er nicht erbringen, weil er nie eine Arbeitserlaubnis gehabt hat. Das Justizministerium bescheidet, dass er in einem Jahr wieder vorsprechen möge. Im Spätsommer 1940 verleiht die norwegische Regierung, die ins Exil nach London gegangen ist, dem nun in Stockholm lebenden W. B. das Bürgerrecht.

Das Gefühl, eine gute Zeit zu haben, erwächst aus den Schrecken, die er hinter sich hat. Er sucht die Norwegisierung, die einen neuen Blick auf das Wesentliche erlaubt. Die Erlebnisse im Berliner Untergrund und im spanischen Bürgerkrieg, eingerahmt von Emigrationsgezänk und Rechtfertigungszwang, setzten sich und wurden verarbeitet, wie immer mit der Feder, dem lebenslangen Medium seiner Selbstverständigung. Jetzt ließ er Walcher und die Auslandsleitung der SAP wissen, in vielen langen Briefen und rüdem Ton, dass er es vor sich selbst und der Bewegung nicht mehr verantworten könne und Wichtigeres zu tun habe, als sich »noch weitere Monate mit übler Misssucht« und Intrigen herumzuschlagen.[53] Noch auf der Rückreise von Spanien, als er zum ersten Mal auf englischem Boden Station machte, hatte er das Ende jenes Bundes betrieben, in dem die SAP, die Poum und die Independent Labour Party zusammengeschlossen waren. Er wollte weg von der linkssektiererischen Sonderbündelei und die Kräfte innerhalb der großen alten Bewegung bündeln. Die Leitung der Osloer SAP-Gruppe legte er nieder. Dafür rühmte ihn im Juli 1938 die norwegische Gewerkschaftsdelegation, die er nach Holland und Belgien begleitet hatte: »Er trat mit einer Würde und Klugheit auf, die unsere Bewunderung erweckte und die dazu führte, dass wir überall mit Respekt und Ehrenbezeigung behandelt wurden.«[54]

Was war Ursache und was Wirkung? W. B. hatte offene Augen und war stets eher geneigt, Neues aufzunehmen als Altes zu festigen. In sein Weltbild musste die Wirklichkeit nicht erst eindringen. Er machte sich nichts vor und verfiel keinem Wunschdenken, vor allem befragte er sich ständig selbst. Er war kein Mann geschlossener Weltbilder und geschlossener Gemeinschaften, in denen der einzelne aufgehen wollte oder sollte. Er suchte die Gemeinschaft, von klein an, sie musste ihm aber die Freiheit des Abseits-Stehens lassen und die Möglichkeit des Rückzugs. Ende 1937 überhöhte er, was er selbst suchte: »Wir wollen die breite Front der deutschen Jugend für Freiheit und Sozialismus. Freiheit, die die Unabhängigkeit des Individuums verbindet mit der Pflicht zur besten Leistung gegenüber der Gemeinschaft.«[55] In die SAP war er 1931 nicht geraten, weil er das Sektendasein suchte, sondern weil er sich selbst bewähren wollte und aus Protest gegen eine Mutterpartei, die jede Fühlung mit der Masse, zumal der jugendlichen Masse, verloren hatte. Dass er in eine Sackgasse geraten war, hatte er jetzt, 1937/38, erkannt. Er hätte es, früher oder später, auch erkannt ohne das norwegische Umfeld. Immerhin, das Beispiel erleichterte und beschleunigte den Erkenntnisprozess. Er wurde Zeuge, wie die Arbeiterpartei einen volkstümlichen Sozialismus hochhielt und Wahlen gewann. Gleichzeitig verlor die SAP den Anspruch, mit dem sie ins Leben getreten war. Weder hatte sie die Arbeiterbewegung einen noch den Nazismus niederringen können.

In gleichem Maße wie sich in Berlin das Regime verfestigte und in Moskau ein mörderischer Kurs gegen Abweichler aller Art verfolgt wurde, bildete W. B. jene Haltung aus, die während des Krieges feste Konturen gewinnen sollte. Im Dezember 1937, nur wenige Monate nach der Heimkehr aus Spanien, befasste er sich abwechselnd mit Hitlers Deutschland und Stalins Sowjetunion und schlug den Ton an, den er in den kommenden Jahren variieren und verfeinern würde. Er nahm den spanischen Faden auf, bezichtigte die Kommunisten »unmöglicher Methoden« und zitierte ein deutschsprachiges KP-Blatt, in dem dreißig Emigranten »trotzkistisch-faschistischer Tätigkeit« beschuldigt werden. Dieser Ausdrucksweise bediente sich in Moskau gerade Kurt Funk alias Herbert Wehner. Er geißelte 1937 die Führer der So-

»... ein Fremdling überall«

zialdemokratie, die es sich zur Aufgabe gemacht hätten, »auch in der Emigration ihren Kampf gegen die Sowjetunion weiterzuführen« und die »verächtlichen, schmutzigen trotzkistischen Agenten des Hitlerfaschismus in Schutz«[56] zu nehmen.

W. B. war jetzt soweit, dass er seine Gedanken und Beobachtungen ins Grundsätzliche wendete: »Die Taktik der Kommunisten läuft darauf hinaus, die Karten so zu mischen, dass sie politische Gegner innerhalb der Arbeiterbewegung als kriminelle Individuen abstempeln, um auf diese Weise die rücksichtslose Verfolgung gegen sie zu rechtfertigen.«[57] Als Hitler und Stalin ihren Pakt schließen, beschwert ihn die Tragik der Kommunisten, die in den Lagern sitzen und nicht mehr wissen, warum.

Der Blick wird frei und die Richtung klar. Es drängt sich jene Frage auf, die W. B. nun immer wieder stellen und immer wieder verneinen wird: »Sind alle Deutschen Nazisten?«[58] Er ist sicher, dass »unter angemessenen rechtlichen Verhältnissen« der Nazismus in der Minderheit bliebe, und spricht von dem »Kulturvolk«. Auch im Zeichen der Reichskristallnacht und der Judenverfolgungen besteht er darauf: »Hitler ist nicht Deutschland.«[59] Als der Krieg ausbricht und »die großen Entscheidungen« näherrücken, kennt er ein nahes und ein fernes Ziel. Er kann nicht anders, als bei Beginn nicht nur das Ende, sondern über das Ende hinauszudenken. Egal wie, Hitler muss weg, ja, und dann? Noch vor Jahresfrist 1939, er wird gerade 26 Jahre alt, erlaubt er sich, die Friedensziele zu skizzieren und den »Traum von Europas Vereinigten Staaten« zu träumen: »Die Forderungen nach der Selbstbestimmung aller Nationen, nach Rechtsverhältnissen zwischen den Staaten, nach gleichem Zugang zu den Rohstoffen und Absatzmärkten werden mit der Losung von Europas Vereinigten Staaten verschmelzen. Ein Niederreißen der blockierenden ökonomischen Hindernisse in Europa wird der Wirtschaft neue Entwicklungsmöglichkeiten geben.«[60]

Er nennt die Voraussetzungen für »wirkliche Abrüstung und kollektive Sicherheit«. Man müsse über »die primitive Auffassung« hinausgelangen, »dass man die eigene Sicherheit nur im Kampf gegen andere behaupten könne«. Denn »die viel solidere Sicherheit ist die zwischen den Völkern, die auf Lebensrecht und Lebensinteressen aller Nationen Rücksicht nimmt«. Er findet, dass Frieden in Europa der wertvollste Beitrag für Frieden in der Welt ist. »Die weitere Entwicklung während des Kriegs und die Reife der Völker bei Kriegsende werden entscheiden, wie weit die Parole von den Vereinigten Staaten von Europa weiterhin ein Traum sein wird oder ob sie verwirklicht wird.«[61] Die Friedensziele lassen ihn nicht mehr los. Er widmet ihnen sein erstes Buch.[62] Es erscheint am 8. April 1940 und wird nicht mehr ausgeliefert. Am 9. April beginnt die deutsche Invasion in Norwegen.

Den Krieg hat W. B. früh vorhergesagt, den Gedanken, dass auch Norwegen besetzt werden könnte, aber vernachlässigt. Verdrängt. Am Abend des 8. redet er noch vor der kleinen Gruppe deutscher, österreichischer und tschechischer Sozialisten und sagt, man möge sich nicht wundern, wenn deutsche Flugzeuge nun auch am Himmel über Oslo auftauchten. Als gehe es ihn nichts an. Nachts hört er Luftalarm und denkt an Übungszwecke. Am andern Morgen klopft ein Bekannter an die Wohnungstür: deutsche Kriegsschiffe im Oslofjord. Nicht nur er hat Glück im Unglück. Mit der Versenkung der »Blücher«, die Einsatzstäbe und Akten an Bord hat, werden kostbare Tage gewonnen.

Zusammen mit einigen Arbeiterparteilern erreicht er in der Nacht auf den 10. Elverum, eine Stadt östlich von Oslo; dorthin haben sich auch der König, die Regierung und das Parlament begeben. Der König sagt, die Regierung müsse entscheiden, aber wenn sie das deutsche Ultimatum annehme, danke er ab. W. B. will sich von seinen Norwegern nicht trennen und geht nicht über die Grenze nach Schweden. Er zieht zurück nach Lillehammer, trifft Freunde von der Volkshilfe und versteckt sich in einem Tal, das nur einen einzigen, von Deutschen kontrollierten Ausgang hat. Wie soll ein ausgebürgerter Deutscher den nazideutschen Landsleuten entkommen?

Ein Freund aus gemeinsamen spanischen Tagen taucht auf, Paul Gauguin, der Malerenkel mit der norwegischen Mutter. Er passt ihm seine Uniform an. Das Kalkül geht auf. W. B. wird als norwegischer Soldat gefangengenommen und nicht erkannt. Im Lager stellt er fest, dass der Nazismus der deutschen Soldaten mehr Fassade als Überzeugung ist. Hitler glaubt immer noch an die Dankbarkeit der nordischen Rasse, deshalb werden Mitte Juni alle Gefangenen freigelassen. W. B. schlägt sich nach Oslo durch, eine Adresse ist ihm beizeiten zugesteckt worden. In einem abgelegenen Sommerhäuschen versucht er, Fremdling überall, Klarheit in die düsteren Gedanken zu bringen. Über BBC hört er General de Gaulle zu den freien Franzosen sprechen und fasst Mut.

Was tun? Wohin sich wenden? Bleiben kann er nicht, er ist bekannt und nicht jeder Emigrant gegen deutsche Spitzeldienste gefeit. Ein besonders übles Exemplar dieser Spezies, Georg Angerer mit Namen, sollte später von der Staatssicherheit der DDR erpresst werden. Er hielt als »Gewährsmann« her – dafür dass W. B. in Oslo mit der Gestapo zusammengearbeitet habe. Was Angerer 1960 kundtat, zu Zwecken der Kompromittierung des »Frontstadt-Bürgermeisters«, war ihm eingetrichtert worden.[63]

Im August geht W. B., nach vielfachem Ratschlag, über die Berge nach Schweden und um die Jahreswende, auf einen heimlichen Besuch, noch einmal zurück. Mit den norwegischen Freunden wird der Informationsaustausch besprochen; in Stockholm stellt W. B. seine publizistische Tätigkeit vor allem in den Dienst der Norweger, die er als »seine« Norweger empfindet. Deren Selbstbehauptungswille wird er den »nationalen Faktor« nennen und damit zu erklären suchen, warum im Berliner Untergrund alles so anders gewesen ist.

In Oslo sieht er zum ersten Mal seine Tochter Ninja, im Oktober 1940 geboren. Die Mutter, die zehn Jahre ältere, in der Kultur, nicht in der Politik engagierte Carlota Thorkildsen, heiratete er erst 1941 in Stockholm, als Festnahmen und Verhöre, auch Drohungen durch die Polizei überstanden waren.

Obwohl er das Ausmaß der Zusammenarbeit schwedischer Stellen mit der Gestapo ahnte und er sich lange nicht völlig sicher fühlen konnte, ließ er auf die schwedische Mischung von willfähriger Zusammenarbeit und militärischer Aufrüstung nichts kommen. Was wäre gewesen, hätte Hitler die Aktion Silberfuchs durchgeführt und auch Schweden besetzt? Man schimpfte, aber jammerte nicht und wusste, dass es einem Hitler-Gegner anderswo in Europa schlechter ging als in Schweden. Und warum die gewaltige Hilfe für die norwegischen und dänischen Nachbarn, während und nach dem Krieg, vergessen? Den Preis, den das Land zahlte, um der Naziherrschaft zu entgehen, fand er nicht zu hoch.

W. B. schreibt wie besessen, hauptsächlich über Norwegen. Bücher, Broschüren, Beiträge, Hunderte von Artikeln, die über sein Pressebüro allein siebzig schwedische Blätter erreichen. Zu seinen Kunden zählen auch amerikanische Medien. Er verdient gut und taucht in das lokale Leben ein, soweit ein Mann wie W. B. eintauchen kann. Als sich 1942 das Blatt wendet und die Gefahr, dass auch Schweden besetzt würde, langsam weicht, als das Ende in Sicht kommt und die Zukunft wieder einen Namen hat, tut er sich leicht, das Emigrantendasein zu meistern. Der Preis ist auch jetzt hoch. Er beginnt Missgunst zu erregen und Phantasie zu wecken. Neider und Denunzianten lassen ihn nicht mehr aus den Fängen. Warum? Wegen der Leichtigkeit, mit der er sich in fremdem Land durchs Leben zu schlagen scheint? Gewiss auch. Vor allem ist es diese seltene Mischung von Zugehörigkeit und Nicht-Zugehörigkeit, von Nähe und Ferne, Gemeinschaftsgeist und Für-sich-bleiben-Wollen, die sein Charisma ausmacht. Es zieht an und stößt ab. Und lässt kaum einen gleichgültig.

Als W. B. nach Schweden kam, hatte er sich gefunden und kannte den Weg, den er gehen wollte, vorausgesetzt die Verhältnisse würden erlauben, ihn zu gehen. Er sprach und schrieb von den zwei Vaterländern, die er verloren habe und zurückgewinnen wolle. Aber das war nur die halbe Wahrheit. Wenn Hitler den Krieg verloren hat, wird Norwegen sofort frei und unabhängig sein. Aber Deutschland? Sein Deutschland? Zunächst musste Hitler aus der Welt geschafft werden, und dazu war ihm jedes Mittel recht. Ohnehin dachte W. B., wenn er überzeugt war von einem Ziel, nie an den Schaden, der ihm selbst erwachsen könnte. Er war ohne Arg. Und Geheimdiensten hat er schon damals nicht viel zugetraut. Dass in Washington seine Artikel und Bücher, besonders »Efter Segern«, auf Informationen hin abgeklopft und er als Informant geführt wurde, hätte ihn amüsiert. Er wusste auch, was Berthold Jacob mit seinem »Unabhängigen Zeitungsdienst« leistete. Darin standen Informationen, die als nachrichtendienstliche Geheimnisse galten und deren Verbreitung den Autor ins Unglück stürzten. Dabei wertete Berthold Jacob nur die internationale Presse aus.

W. B. berichtete auch für eine New Yorker Agentur, die vom britischen Geheimdienst finanziert wurde. In den Stockholmer Gesandtschaften der Alliierten zu verkehren galt ihm als selbstverständlich. Alleingänge unternahm er nicht, damals nicht und später auch nicht. Leute in der norwegischen Legation nicht einzuweihen, wenn er nach dem deutschen Überfall 1941 zu den Sowjets ging, hätte ihn unnütz gefährdet. Er war auch viel zu sehr Teil des norwegischen Lebens in Stockholm, als dass er auf eigene Faust gehandelt hätte. Außerdem dankte er den Kontakt Martin Tranmael, jenem Leiter des Osloer »Arbeiderbladet«, der ihm einst die Wege geebnet hatte und nun in Stockholm das Pressebüro betrieb. Er war mit der legendären Alexandra

Kollontai befreundet, einst Kampfgefährtin Lenins, dann auf den Botschafterposten in Schweden abgeschoben.

Der übergelaufene KGB-Offizier Vasili Mitrokhin schreibt, dass sich W. B.s Einstellung nach dem Überfall auf die Sowjetunion geändert habe und er um der Niederlage Hitlers willen zur Zusammenarbeit bereit gewesen sei. Er zitiert zwei Mitarbeiter, die sich von W. B. Nachrichten über die deutschen Truppen in Norwegen erhofft hätten. Brandt, unter dem Decknamen Polyarnik geführt, habe zugestimmt und sich zwischen Herbst 1941 und Sommer 1942 alle zwei Wochen mit Offizieren getroffen. Zwecks Deckung seiner Auslagen seien ihm einmal 500 Kronen ausgehändigt und quittiert worden. Nicht nur seine Information über die »Tirpitz«, die im März 1942 aus Trondheim ausgelaufen war, um alliierte Konvois anzugreifen, sei mit dem Zusatz verbunden gewesen, dass er sie zuvor schon den Engländern anvertraut hatte. Der Stockholmer Ableger des NKWD, des KGB-Vorläufers, berichtete 1943 an die Zentrale, dass W. B. auch mit amerikanischen und englischen Nachrichtenoffizieren in Kontakt stehe. Als im Sommer 1942 zwei tschechische Informanten von der schwedischen Polizei verhaftet wurden, habe W. B. trotz sowjetischen Drängens weitere geheime Treffen verweigert. Durch keine der Informationen, so die Schlussfolgerung, sei Polyarnik zum sowjetischen Agenten geworden. »Brandt's alles überragendes Motiv war, allen drei Mitgliedern der Großen Allianz jede nur mögliche Information zukommen zu lassen, die einen Beitrag zur Niederlage Hitlers liefern könnte.«[64]

Mit allen Mitteln Hitler besiegen. Oder Deutschland befreien. Es lief auf das gleiche hinaus. Und deshalb hieß W. B., der eingebürgerte und bekennende Norweger, bald »der Deutsche«. Bei den Kommunisten und überall dort, wo man zwischen deutsch und nazideutsch nicht unterscheiden mochte. Auch im norwegischen Außenministerium in London wollte man den neuen Staatsbürger nicht verstehen, der meinte, am Ende des Krieges werde das deutsche Volk aufstehen und sich mit den Befreiern vereinen. Selbstverständlich trage Deutschland, so ließ er in ruhigem, festem Ton wissen, die Hauptverantwortung für den Krieg. Aber dass Hitler an die Macht kam und die Kriegsmaschine aufbauen konnte, daran habe »die schwächliche Politik der Westmächte« auch teil. Und »wenn es so wäre, wie manche jetzt sagen, dass das ganze deutsche Volk aus Nazis bestände, dann bräuchte Hitler gewiss nicht mit Hilfe von Terror, Gestapo und Konzentrationslagern zu regieren«. Die Rückschau trug die Vorschau in sich. Die Pläne für die Zeit danach wurden nach dem Bild gemalt, das sich einer machte von Hitler und den Deutschen. Es bedürfe eines klaren Bescheides, so verlangte W. B. im März 1942, dass das deutsche Volk »im Prinzip dasselbe Recht auf nationale Selbstbestimmung wie andere Völker erhalten wird«. Von einer Zerstückelung dürfe nicht die Rede sein.[65] Die Nachkriegsordnung ließ ihn nun nicht mehr los. Der norwegisch inspirierte Kreis, den die Friedensaussichten beschäftigten, fand in W. B. seinen Mittelpunkt, schreibend, redend, drängend, ausgleichend. Bruno Kreisky nannte ihn den »Inbegriff des politischen Verstandes in dieser Zeit und darüber hinaus eine politische Führungskapazität«.[66]

Mit dem österreichischen Sozialisten, knappe drei Jahre älter als er selbst, schloss er eine Freundschaft für's Leben. Sie haben sich wechselseitig bewundert, auch wunderlich gefunden und nie aus den Augen verloren. Ihr Umgang war dauerhaft und von vollkommener Vertrautheit. Als Kaiser Bruno, wie W. ihn manchmal nannte, 70 wurde und 75, wünschte er sich ein Abendessen zu viert, im Schwarzenberg, wie es seinem großbürgerlichen Lebenszuschnitt gemäß war. Er brachte dann Vera mit, die schwedische Jüdin, von der W. sagte, sie sei bildschön gewesen, bevor die Krankheit sie zeichnete. Als W. ihn 1990 zu Grabe trug, erinnerte er an seine Welt, die soviel größer gewesen sei als sein Land. Und er sprach von dem Zusammenhang zwischen Österreichs Selbständigkeit und der europäischen, auch internationalen Rolle.[67] Schon in Stockholm, als über die Nachkriegsordnung beraten wurde, hatte Kreisky die österreichische Unabhängigkeit verfochten, allein gegen alle. Diese Lebensleistung kleidete W. B. später, ein wenig süß-säuerlich, in eine Formel: Kreisky hat der Welt beigebracht, dass Beethoven ein Österreicher und Hitler ein Deutscher war.

Aus dem Gesprächskreis wurde die Internationale Gruppe demokratischer Sozialisten, der intelligente Leute aus zwölf – gegeneinander Krieg führenden wie neutralen – Ländern angehörten. Ihre »Friedensziele« stellte W. B. auf der Maifeier 1943 vor: »Die demokratischen Sozialisten schließen sich vorbehaltlos Roosevelts ebenso einfacher wie verheißungsvoller Programmerklärung an: Meinungsfreiheit, Gewissensfreiheit, Freiheit von Not und Freiheit von Furcht.« Sie müssten dagegen ankämpfen, »dass die Friedensziele der Demokratien durch die Hassgefühle verwirrt werden, die als eine verständliche Folge des barbarischen Vorgehens der Nazisten wachsen«.[68] Obwohl er bald von einer zonenweisen Besetzung Deutschlands ausging, vielleicht sogar mit »unterschiedlichen Richtlinien« in Ost und West, knüpfte W. B. hier an, als er im Frühjahr und Sommer 1944 sein Buch »Efter Segern«, Nach dem Sieg, fertigstellte und die »Nachkriegspolitik der deutschen Sozialisten« skizzierte. Er suchte die Antwort auf den wachsenden Hass: »Den Menschen fällt es schwer, an ein besseres Deutschland zu glauben, wenn sie täglich das schlechtere Deutschland von seinen schlimmsten Seiten sehen.« Aber musste deshalb die Lehre des Lord Vansittart gelten? Jene Lehre, die besagt, »dass die Unterscheidung zwischen Deutschen und Nazis eine Fiktion sei«.[69] Mit dem Stolz des deutschen Antinazi und der Scham des leidenden Deutschen entfaltet W. B., mit sicherer, fast emotionsloser Feder, eine Antwort, die er in langen Nachkriegsjahrzehnten auch dann nicht verändern wird, als er das Ausmaß der Verbrechen erfährt.

Einstweilen kennt er den Bericht über Vergasungen, den ihm Maurycy Karniol, polnischer Anwalt und zur internationalen Gruppe gehörig, zeigt. Er hat ihn von der Londoner Exilregierung erhalten. W. B. schickt eine Meldung an ein New Yorker Nachrichtenbüro. Gleichzeitig hängt ihm der Kommentar von Fritz Tarnow nach: So etwas machen Deutsche denn doch nicht. Mit Tarnow, Reichstagsabgeordneter und Gewerkschafter vor 1933, der auch zum Kreis der Internationalen Gruppe zählt, hat sich W. B. in Stockholm angefreundet. 1944 veröffentlicht Stefan Szende, aus Ungarn stammend, Mitglied der illegalen Reichsleitung der SAP, verhaftet und 1937 nach Schweden entkommen, die Erlebnisse eines Mannes, der über Norwegen nach Schweden geflohen ist: »Der letzte Jude aus Polen«. Das Buch enthält die Wahrheit, die in den Hauptstädten der Alliierten bekannt ist.[70]

Zu Stefan Szende, Jahrgang 1901, wahrte W. auch nach dem Krieg die Verbindung. Wie zu allen Freunden, die sich schwer taten, den Erfahrungshorizont der Emigrationsjahre zu durchbrechen und die ihm manchmal auch an den Nerven zerrten. Als ich 1982 Tage Erlander befragte, den langjährigen schwedischen Ministerpräsidenten, der während des Krieges Staatssekretär im Sozialministerium und damit zuständig für Flüchtlinge und Emigranten gewesen war, sorgte W. dafür, dass ich Stefan Szende in seiner Stockholmer Wohnung besuchen konnte.

In die Versuchung, Zuflucht bei kapitalistischen Sündenböcken zu suchen, war W. B. nur in den ersten beiden Emigrationsjahren geraten. Jetzt erwähnt er sie nicht einmal mehr. Er hält sich auch mit der These, dass eine Linie von Hermann dem Cherusker bis zu Hitler führe, nicht erst auf; was abwegig ist, lohnt nicht die Gegenthese. Er besteht darauf, dass Hitler die Mehrheit nie gehabt habe, und führt immer wieder den Terror im Innern an und die Opposition der Arbeiterbewegung. Wenn er die Zeit nach dem Sieg in den Blick nimmt, vertraut er auf die Demokratie und eine Regierung mit breiter Grundlage, breiter, »als sie für rein sozialistische Ziele zu erreichen wäre«. Er buchstabiert das Programm durch: Rücksichtslose Niederschlagung der nazistischen Verbrecher und radikaler Bruch mit dem Dritten Reich; Ausdehnung der demokratischen Grundrechte auch für jene, die nicht unter die Kategorie der Verbrecher fallen, vorausgesetzt, sie erkennen die Demokratie an; wirtschaftliche Gesundung – Brot, Arbeit, Wohnungen – ohne Dogmenstreit um »Vollsozialisierung oder freie Initiative«. Jede realistische »radikal-demokratische« Politik aber würde die internationalen Gegebenheiten in Rechnung stellen und einen Grat zwischen Selbstbehauptung und Erfüllung der Auflagen gehen müssen: »Gegen Nationalismus – für Erhaltung der nationalen Einheit«.[71] Jede Angst vor dem deutschen Übergewicht werde in Europa, »der größeren Einheit«, aufgehoben werden können. Warum nicht, so fragte er im Frühjahr 1944 unter Berufung auf einen »Times«-Artikel, mit »einer Kooperation der Kohle-, Eisen- und Stahlindustrie des Ruhrgebiets, Lothringens, Belgiens, Luxemburgs und Hollands« beginnen?[72]

W. B. denkt an ein baldiges Ende, nicht an den totalen Zusammenbruch. Als er am 6. Juni 1944 die Radiomeldungen über die Invasion in der Normandie hört, hat er seltene Tränen in den Augen. Zwei Wochen später überbringt ihm Adam von Trott Grüße von Leber. Die Verbindung ist schon im Winter zuvor wieder geknüpft worden, über einen deutschen Geschäftsmann in Oslo und Theodor Steltzer, den Chef des Transportwesens in Norwegen, der aus konservativ-christlicher Gesinnung heraus handelte.

Julius Leber war auf dem Weg in die Krolloper, wo der Reichstag am 23. März 1933 das Ermächtigungsgesetz billigen sollte, erneut verhaftet worden. Als 1935 zwanzig Monate Haft herum waren, machte man ihn zum Moorsoldaten. Er landete in Esterwegen, später in Sachsenhausen. 1937 entlassen, machte er in Berlin eine Kohlenhandlung auf und knüpfte Kontakte in den Widerstand. 1943 zogen sich die Fäden zusammen, zwischen den Sozialdemokraten um Leber und den Kreisen um Goerdeler und Moltke. Leber war wieder der Außenseiter, aus allen Mustern des Denkens und Verhaltens herausfallend. Doch verstand er sich mit Stauffenberg, der ihn nicht nur als Innenminister unter Goerdeler, sondern unmittelbar als Reichskanzler sehen wollte. Jetzt schickte er den Legationsrat, der Außenminister werden sollte: Würden die Alliierten einer neuen deutschen Regierung eine Chance geben? Die Besetzung hielt Trott, wie Leber, auf den er sich berief, aber im Gegensatz zu Goerdeler, für unvermeidlich; der Krieg sollte deshalb nicht weitergeführt werden. Englische Kontaktleute in Stockholm hatten angedeutet, dass eine aus dem Widerstand hervorgegangene Regierung die bedingungslose Kapitulation vielleicht noch vermeiden könne. Adam von Trott aber war nicht zuerst gekommen, um diese Frage zu erörtern. Er hatte zwei Anliegen. W. B. sollte sich der neuen Regierung verfügbar halten, zunächst für eine nicht näher bezeichnete Aufgabe in Skandinavien. Und er sollte ein Treffen mit der Gesandten Kollontai vermitteln. Wie würde sich die Sowjetunion nach einem Umsturz verhalten? Trott war von Leber wie Stauffenberg angewiesen, nicht auf eine Spaltung der Alliierten zu setzen. Über Martin Tranmael stellte W. B. den Kontakt her, doch das Gespräch kam nicht zustande. Trott sorgte sich um Gerüchte, die in Umlauf waren, und um undichte Stellen in der sowjetischen Botschaft. Deprimiert kehrt er nach Berlin zurück. Am 5. Juli wird Leber in seiner Kohlenhandlung abgeholt, von einem Spitzel verraten. Er verschwindet im Zuchthaus Brandenburg. Am 18. Juli lässt Stauffenberg Annedore Leber eine Nachricht zukommen: Wir sind uns unserer Pflicht bewusst.

Der deutsche Aufstand, den W. B. so sehr herbeigesehnt hatte, blieb aus. Der Krieg geht weiter. Im Herbst 1944 sendet W. B. – namens der Internationalen Gruppe demokratischer Sozialisten in Schweden – »den polnischen Kämpfern in Warszawa die besten und wärmsten Grüße mit dem Ausdruck der Sympathie und Solidarität in Ihrem Kampfe um Polens Befreiung«. Die Gruppe erwarte, dass die Polen »effektive Hilfe seitens der Alliierten bekommen und die heldenhaften Soldaten der polnischen Landesarmee als Kombattanten anerkannt werden«.[73] Die Rote Armee bleibt am anderen Weichselufer stehen und sieht zu, wie der Warschauer Aufstand in Blut erstickt wird.

Die Kooperation mit dem Westen nannte er besonders wichtig. Was sonst? Was sich von selbst verstand, zählte er schon damals ungern auf. Von der prinzipiellen Notwendigkeit, sich mit der Sowjetunion zu verständigen, blieb er überzeugt. Einheit und Sicherheit würde Deutschland gegen die Sowjetunion nicht bewahren oder erlangen können. Obwohl ihm auch diese Wiederholung lästig war, betonte er, dass eine Verständigung mit der Sowjetunion keine Verständigung mit der KP beinhalte. Schon in seiner Skizze zur »Nachkriegspolitik deutscher Sozialisten« hatte er lakonisch festgestellt: »Es dürfte sich aus unserer Gesamthaltung ergeben, dass wir die Zulassung nur einer Partei im Staat prinzipiell und entschieden ablehnen.«[74] Er machte die Unterscheidung immer und immer wieder – um der Klarheit des außenpolitischen Kurses willen und vielleicht auch, um Jakob Walcher zu überzeugen. Der alte SAP-Vormann, nach der Flucht aus Frankreich in Amerika gelandet, billigte nicht, was in Stockholm vor sich ging. Hier war die SAP organisatorisch gar nicht erst auf die Beine gekommen, und die Erklärung »ehemaliger SAP-Mitglieder« zum Eintritt in die Stockholmer SPD-Ortsgruppe im Oktober 1944 nur der formale Vollzug tatsächlicher Verhältnisse. Mit den deutschen Kommunisten in Stockholm hatten W. B. und sein Kreis keine Berührung.

Die Verhältnisse in Deutschland spiegelten sich in den Verhältnissen innerhalb der Arbeiterbewegung wider. Und so legten W. B. und sein Freund Stefan Szende noch einmal nach: Etwas Drittes gebe es nicht mehr. Man müsse sich entscheiden – für die Sozialdemokratie. In der KPD »scheint uns keine Gewähr dafür zu bestehen, in ihrem Rahmen einen demokratischen, durch die Verhältnisse des eigenen Landes und den Willen der Mitgliedschaft bestimmten Prozess der Klärung und Meinungsbildung durchführen zu können«.[75] Etwas Drittes gibt es nicht. Nicht zwischen SPD und KPD. Und auch sonst nicht. W. B. will »zur Überwindung der deutschen Tragödie« nun endlich, 1945, eines alten »Feindes im Inneren« Herr werden, »nämlich des unglückseligen deutschen Sektierertums, der Rechthaberei, des Dogmatismus, des Schwankens zwischen Zersplitterung und Unterstellung unter ein Kommando. Es gilt, alles zu sammeln, was es an Ansätzen einer neuen, sehr progressiven deutschen Vertretung gibt«.[76]

In den letzten Tagen des April kommen in Stockholm die norwegischen Freunde an, die in deutschen Lagern gesessen haben, auch Trygve Brattelli und Halvard Lange. Sie haben schrecklich gelitten und sind doch ungebrochen, frei von Gefühlen der Rache. W. B. lernt, dass ein Rachegeschrei oft von denen kommt, die sich im Widerstand nicht hervorgetan haben. Den Ersten Mai begeht seine Internationale Gruppe gemeinsam mit den schwedischen Freunden. Er dankt ihnen und dem ganzen Land für die Gastfreundschaft. Noch während der Rede erhält er die Nachricht vom Selbstmord Hitlers. Am 10. Mai kehrt er nach Oslo zurück.

Den Sommer über pendelt er zwischen Oslo und Stockholm hin und her. Grübelnd, wohin er sich wenden werde. Grübelnd? Im Grunde seines Herzens zweifelt er nicht. Er gehört zurück, dorthin, von wo er gekommen ist. Deutschland. Aber steht er nicht in der Schuld der Norweger? Ihnen ist er nicht nur dankbar, ihnen fühlt er sich zugehörig, über die Staatsbürgerschaft hinaus. Die Entscheidung bringt er lange nicht über sich. Im frühen Herbst bietet sich die Möglichkeit, für skandinavische Blätter über den Nürnberger Kriegsverbrecherprozess zu berichten. Er greift zu.

Am 8. November 1945 fliegt er mit einer Transportmaschine der Royal Air Force nach Bremen, in ein ausgebranntes Kraterfeld, wie der Bürgermeister seine Stadt nennt. Die schlimmsten Vorstellungen werden übertroffen. Aber er verspürt auch den unbändigen Aufbauwillen. Ihn verkörpert Wilhelm Kaisen, der 1933 aus dem Senatorenamt gejagt worden ist und den die Amerikaner von seiner Siedlerstelle in Borgfeld geholt haben. Kaisen empfängt W. B. im Rathaus, das die Engländer mit Bomben verschont haben. Er fragt ihn aus, was draußen vorgehe, und vermutet, dass der Rückkehrer seine Mutter wiedersehen möchte. Kaisen überlässt ihm Fahrer und Auto. W. B. macht sich auf den Weg nach Lübeck.

Er fühlt sich beklommen und fremd. Die Stadt ist bis zur Unkenntlichkeit zerstört. Das englische Bombardement vom Palmsonntag 1942 hat der Lübecker Thomas Mann in der BBC kommentiert: Es müsse alles bezahlt werden. W. B. hat davon nicht gehört. Wenn er es gehört hätte, ihm wäre das Herz noch schwerer geworden. Er denkt an Heinrich Mann in Paris und die Ahnung von den sieben Türmen; es stehen noch zwei. Er hat kein Gefühl der Rache, und Leid gegen Leid aufzurechnen fällt ihm nicht ein. Er irrt durch die Trümmer und findet sich lange nicht zurecht. In dem Häuschen in der Vorrader Siedlung ist die Freude des Wiedersehens groß. Als die Spannung nachlässt und geredet wird, begreift er, dass die Mutter nicht tragen will, was sie nicht begangen hat. Gewiss, sie und viele mit ihr haben mehr gewusst als zugegeben. Was, so fragt er sich, hätten sie mit dem Wissen anfangen sollen? Die moralische Selbstüberhebung ist ihm nicht gemäß, nicht bekannt. Thomas Mann, der 1955 Ehrenbürger in Lübeck wird, verbreitet sich in kollektiven Schuldzurechnungen und meint, das böse Deutschland sei aus dem guten hervorgegangen. W. B., der die Würde siebzehn Jahre später erhält, hat die These von der Kollektivschuld schon im Exil abgelehnt. Ihre zerstörerische Kraft erfährt er 1945 aus nächster Nähe, im Wiedersehen mit der Mutter. Ihm gilt das gute als das eigentliche Deutschland, auch wenn sein Name schrecklich missbraucht worden ist und es auch dafür einzustehen hat.

Als er Lübeck wieder verlässt, weiß er, dass er hier nicht mehr heimisch werden wird, wenn er es denn je war. Wo ist er heimisch? »Fremd bin ich eingezogen, fremd zieh' ich wieder aus.« Das Los des Wanderers hat Franz Schubert in traurig schöne Musik gekleidet. Der Dichter, der die Stadt seiner Herkunft im Namen führt, Georg Philipp Schmidt von Lübeck, hat das Thema variiert: »Ich bin ein Fremdling überall...«

Die Vermessung des Himmels

W. B. hatte die Sicherheit des Gefühls, wenn die Zeiten sich wandelten. Sein Sinn für neue Verhältnisse, böse oder gute, war ausgeprägt. Deutschland und die deutsche Hauptstadt teilten sich, als er zurückkehrte, das Lebensrecht seines Volkes beschwor und die Zerstückelung seines Landes bekämpfte. Die Hoffnungen versanken im Winter 1946, als die Sowjets in ihrer Zone die SPD auslöschten. W. B. war über die »undemokratischen Mittel« und die »gewalttätigen Methoden« im Bilde und kannte, wie immer, wenn er selbst, seine Partei, sein Land fremdbestimmt werden sollten, keine Nachsicht. Wenige Tage nachdem im April 1946 die SED entstanden war, antwortete er Jakob Walcher, der für eine Übersiedlung in die Ostzone warb: »Die demokratischen Grundrechte und die Demokratie innerhalb der Arbeiterbewegung sind nicht Fragen der Zweckmäßigkeit. Sie sind grundsätzliche Fragen erster Ordnung.« Er ahnte, dass die Spaltung der Partei der Spaltung des Reiches – man sagte noch: Reich – vorausgehen werde: Die Zwangsvereinigung von KPD und SPD »trägt zweifellos dazu bei, dass die Zonengrenzen sich versteifen«.[1] Die Einsicht, dass Deutschland nicht gegen, sondern nur mit der Sowjetunion seine Einheit erlangen könne, war damit nicht falsch geworden, hatte aber infolge des brutalen Zugriffs jede Aktualität verloren: »Es muss einer späteren Entwicklung vorbehalten bleiben, lebendige Verbindungen zwischen der östlichen und der westlichen Welt herzustellen.« Jetzt galt es, die Reihen zu ordnen »und keinen Schritt zurückzuweichen«.[2]

Der 18. März 1948 ist kalt. Es regnet in Strömen. Die bedingungslose Kapitulation liegt keine drei Jahre zurück. Gedacht wird der hundertsten Wiederkehr der Märzrevolution. Vor der Ruine des Reichstags versammeln sich achtzigtausend Menschen und wehren sich im Namen der Freiheit gegen den Würgegriff der Sowjets. Ernst Reuter, ihr Bürgermeister, sagt: »Wir müssen mit äußerster zäher Verbissenheit um diese Stadt kämpfen.« Er nimmt Bezug auf den kommunistischen Staatsstreich in Prag, einen Monat zuvor, und fragt: »Wer kommt jetzt dran?« Die Antwort erstickt jeden Zweifel: »Berlin wird nicht drankommen! An unserem eisernen Willen wird sich die kommunistische Flut brechen. Darum wird die Welt wissen, dass sie uns nicht im Stich lassen darf, und sie wird uns nicht im Stich lassen!«[3] Der Ton ist fordernd, so fordernd, wie er nur von einem stolzen deutschen Antinazi kommen kann.

W. B. steht nicht weit von Reuter entfernt. Er steht nie weit, wenn der Bürgermeister spricht. Auch am 24. Juni 1948 nicht, als »das Volk von Berlin« zum Widerstand aufgerufen wird; am Morgen haben die Sowjets die Zugangswege nach Berlin gesperrt.[4] Tags darauf begleitet W. B. den Bürgermeister zu den Amerikanern. Sie wollen die Stadt über eine Luftbrücke versorgen, vorausgesetzt, die Berliner würden alle Prüfungen bestehen und zu den Westmächten halten. Reuter wendet sich an General Clay: »Es kann überhaupt keine Frage sein, wo die Berliner stehen. Die Berliner werden für ihre Freiheit eintreten.«[5]

W. B. gilt als des Bürgermeisters junger Mann. Obwohl er, fast fünfunddreißig Jahre alt, so jung nicht mehr ist und niemandes Mann je sein mag, gefällt ihm das Attribut. Reuter hat er im Dezember 1946 im Zehlendorfer Häuschen von Annedore Leber kennen- und sofort schätzen gelernt. Als er Julius Leber begegnete, war er siebzehn, zu jung, um die Größe, auch die geistige Nähe zu ermessen; sie hat er sich in der Emigration und später immer wieder, inbrünstig fast, erschlossen. Anlässlich einer Feierstunde zum 65. Geburtstag 1956 nannte er Leber »eine nationale und europäische Kraft und die wohl stärkste Potenz der deutschen Linken«.[6] Was gewesen wäre, hätte Leber, der im Januar 1945 ermordet wurde, überlebt und den Kampf um die Führung der Nachkriegspartei für sich entschieden? Wie oft hat W. B. diese Überlegung angestellt! Die Geschichte der SPD und der Bundesrepublik hätte einen anderen Verlauf genommen. Leber und Reuter waren die einzigen Weggefährten, über die W. B. nie einen Witz gemacht und nie eine Sottise verbreitet hat. Wenn er von ihnen sprach, und er sprach oft von ihnen, war er berührt, bewegt, der Verehrung voll. Reuter war ihm immerhin fast sieben Jahre lang nahe gewesen, menschlich und politisch. Das Vertrauen, das der fast ein Vierteljahrhundert ältere Reuter in ihn setzte, tat ihm gut.

Auch Reuter, Jahrgang 1889, nahe der dänischen Grenze geboren, in Ostfriesland aufgewachsen, fügt sich in kein Schema. Vom bürgerlich vorgezeichneten Weg ist er weit abgekommen, als er 1916 in russische Gefangenschaft gerät und 1918, zwecks Unterstützung der bolschewistischen Revolution, Kommissar für die Wolgadeutschen wird. Rechtzeitig zum Gründungsparteitag der KPD ist er zurück in Berlin, ausgestattet mit einem Empfehlungsschreiben Lenins, der vermerkt, Reuter sei ein brillanter Kopf, leider ein wenig zu unabhängig. 1921 steigt Reuter – Parteiname: Friesland – zum Generalsekretär der KPD auf, wird aber von seinem eigenen Unabhängigkeitsdrang eingeholt und ausgeschlossen. Er findet sich in der SPD wieder, wird Redakteur des »Vorwärts«, Stadtrat in Berlin und 1931 Oberbürgermeister von Magdeburg, ein Jahr später Reichstagsabgeordneter. Auch Reuter ist ein Mann der Tat. Als ihn die Nachricht vom Putsch gegen Preußen erreicht, will er Bereitschaftspolizei in Marsch setzen, die Parteiführung lehnt ab. In seiner vorläufig letzten öffentlichen Rede, März 1933, sagt er, unter diesem Regime werde Deutschland zugrunde gehen und den Osten verlieren.[7] Er wird zweimal verhaftet und emigriert in die Türkei. Der Landessprache ist er rasch mächtig und als Hochschullehrer für Kommunalpolitik bald unabhängig. Die Heimkehr verzögert sich. Auf dem Weg nach Berlin wird er von Franz Neumann abgefangen. Der bullige, geistig anspruchslose Berliner SPD-Chef und Vertraute Kurt Schumachers verkörpert jene Partei, die sich immer noch selbst genug war. Den Heimkehrer aus der Türkei, längst als Bürgermeister gehandelt, schiebt Neumann auf dessen alten Posten ab – Stadtrat für Verkehr und Betriebe. Erst Mitte 1947 wählt ihn die Stadtverordnetenversammlung zum Oberbürgermeister. Unter dem Druck der Sowjets verweigert der Alliierte Kontrollrat die Bestätigung.

Entgegen der Vorstellung W. B.s war die Sozialdemokratische Partei wieder, nicht neu begründet worden. In Hannover hatte Schumacher sein »Büro« errichtet und mit ergebenen Leuten besetzt, im Mai 1946 auch schon den ersten Parteitag einberufen. Doch W. B. findet Schumacher, den Anti-Typ, den er nicht mögen kann und doch achten muss, »überragend«. Jedenfalls gemessen an den »Apparat-Leuten« und »Organisationsonkels«, die ihm zuwider sind und das Gegenteil jener erneuerten Sozialdemokratie, die er sich in Stockholm ausgemalt hat. Es sei wahrscheinlich, dass er »irgendwie einsteige«,[8] je eher, desto besser und möglichst noch im Sommer. Doch wo? Die Angebote, einschließlich des Lübecker Bürgermeisteramts, werden registriert, aber nicht ernsthaft erwogen. Für den Parteitag hat er sich ein Mandat der Gruppe deutscher Sozialdemokraten in Schweden besorgt, außerdem berichtet er wie immer für skandinavische Zeitungen. Die Doppelexistenz des Akteurs und Beobachters ist ihm aus der Emigration vertraut und in ihm angelegt, die Doppelexistenz des Deutschen und Norwegers ist es sowieso. Doch jetzt fühlt er sich gefordert und will sich entscheiden – für Deutschland und für die Politik.

Klarheit über die Möglichkeiten künftiger deutscher Politik hat er sich gerade verschafft. Klarheit im Angesicht dessen, was geschehen ist. Im Winter 45/46 hat er den Nürnberger Prozess verfolgt und zum ersten Mal das Ausmaß der nazideutschen Verbrechen erfasst. Müssen bisherige Urteile überprüft werden? Worauf gründet die deutsche Zukunft? Im März, vorübergehend nach Oslo zurückgekehrt, bündelt er seine Beobachtungen. Er hat sie festgehalten im Schloss Faber-Castell, wo die Berichterstatter einquartiert sind, und während der Fahrten durch das zerstörte Land. Das Buch nennt er »Forbrytere og andre Tyskere«. Verbrecher und andere Deutsche.[9]

Er würdigt das Militärtribunal und das »ganz Neue«, das es darstellt. Keine internationale Rechtsordnung könne aufrechterhalten werden, »wenn man nicht ernstlich mit dem Grundsatz der uneingeschränkten Souveränität des einzelnen Staates bricht«. Ihm gefällt, wie der amerikanische Chefankläger Jackson, die rechtliche Grundlage des Prozesses betreffend, »juristische Spitzfindigkeiten« unterbindet. Das politisch Wesentliche zählt, nicht das juristisch Korrekte. Er beklagt, dass die deutschen Antinazis unter den Anklägern fehlen. Sind sie nicht die ersten Opfer gewesen?

Presseausweis
(1946)

Zustimmend zitiert er die Anklage; auch und gerade hier wird die Unterscheidung gemacht, ohne die sich W. B. deutsche Politik nicht mehr vorstellen will. Zwischen Verbrechern und anderen Deutschen zieht er, schärfer denn je zuvor, den Trennstrich. In dieser für die deutsche Zukunft existentiellen Frage schwächt er nicht ab, sondern spitzt zu. Ein für allemal.

Er schildert »Die Verbrechen im Westen«, »Die Verbrechen im Osten« und »Das größte Verbrechen«. Er bekennt, dass unsere Sprache zu arm sei, »um den großen mechanisch-technischen Massenmord des 20. Jahrhunderts auszudrücken«. Im Berichtsstil teilt er mit, woran er sich 1970 in Warschau erinnern wird: »Etwas von dem Unglaublichsten, was dem Gericht in Nürnberg vorgelegt wurde, war ein schön eingebundener offizieller Gestapobericht mit dem Titel ›Das Warschauer Ghetto besteht nicht mehr‹. Dort war in allen Einzelheiten geschildert, wie die letzten 60 000 Warschauer Juden im April 1943 abgeknallt oder zur Liquidierung fortgeschickt wurden. Gleichzeitig bekam man einen Schmalfilm zu sehen, den man bei SS-Leuten gefunden hatte.« Aber auch vor diesem Hintergrund wiederholt W. B., wie und mit wessen Hilfe Hitler die Macht ergriffen und entfaltet hat und was im deutschen Widerstand, den er in seiner Breite würdigt, dagegen gesetzt worden ist. »Der Freiheitsfaden in der deutschen Geschichte« ist durch den antinazistischen Kampf weitergesponnen worden. Nun muss »die demokratische Gesamtlinie« unterstrichen werden – durch das Streben nach einem europäischen Deutschland. Das allerdings ist mit einer Zerstückelung nicht vereinbar.

In diesem Buch über »Verbrecher und andere Deutsche«, das niemals in deutscher Sprache erschienen ist, sammelt er bekannte Elemente seiner nationalen Einstellung und setzt sie neu zusammen. Er tut es in dem Bewusstsein, vor dem Regime geflüchtet zu sein und nie, auch in den dunkelsten Augenblicken nicht, seinem Volk den Rücken gekehrt zu haben. In dieser Zusammenschau, die hier, an der Schnittstelle zwischen Nazi- und Nachkriegszeit, zum ersten Mal gewagt wird, widmet W. B. den Tätern nur geringe Aufmerksamkeit. In einer »Nürnberger Verbrecher-Revue« staunt er über die Angeklagten und zeichnet mit fast witzigem Strich ihren Auftritt nach.[10] Die Personen interessieren ihn wenig, auch die Person Hitler beschäftigt ihn nicht. Anlässlich von dessen hundertstem Geburtstag schrieb er: »Ich habe mich – und was für mich zu einem akzeptablen Deutschlandbild gehört – immer durch ihn beleidigt gefühlt. Auch durch diejenigen, die auf ihn hereinfielen, obwohl sie es besser wissen mussten.«[11] Sie strafte er mit Verachtung und erinnerte an den Beifall, den Hitler im In- und Ausland weckte, weil er mit den Demokraten, nicht nur mit den Sozialdemokraten und auch nicht nur mit den Kommunisten, aufzuräumen versprach.

Das mitlaufende Volk nimmt W. B. in Schutz. Er denkt nicht von den Tätern her, ein Tätervolk kennt er nicht. W. B. fühlt mit den Opfern des Regimes und den Kämpfern gegen die Verbrecher. Zwei scheinbar unvereinbare Gefühle treten nebeneinander und mischen sich. Mit-Leid und Erhabenheit. Kniefall und erhobener Kopf. Scham und Stolz.

Er lässt anklingen, was auszuformulieren er sich auch später hüten wird. Die Frage nach dem Absturz eines auf einer solchen kulturellen Höhe stehenden Volkes hat ihn nie losgelassen und immer wieder eingeholt, auch als Hitler und Stalin miteinander verglichen wurden. Er wusste, dass dieser Absturz viele Erklärungen, aber keine Erklärung hatte. Immer und überall kommt es darauf an, Verhältnisse zu schaffen, in denen Verbrecher, Wahnsinnige, die Macht nicht erst erlangen können. Halten sie die Macht erst einmal in Händen, ist es fast immer zu spät. Der zivilisatorische Firnis ist dünn, und wehe, wenn er fällt. Das höchste Opfer zu bringen und das eigene Leben einzusetzen, sind immer nur wenige gemacht. Sie sind der Inbegriff des

Rechts und des Ruhms, Heroen. Dass sie nicht in hohen, höchsten Ehren gehalten wurden, hat ihn beschwert.

Während der langen Jahre draußen hat W. B. darauf gesetzt, dass sich die Deutschen drinnen erheben. Als die Hoffnung trog, grämte er sich insoweit nicht. Wie hätten totaler Krieg und totale Diktatur Raum für Erhebung lassen können. Seit seiner Heimkehr war die Nachsicht immer noch gewachsen. Je mehr er über die Wirklichkeit im Dritten Reich erfuhr, je krasser die Not in den Westzonen hervortrat und je weiter der Abwehrkampf gegen die Sowjetunion fortschritt, desto schneller. Nachsicht konnte er üben, weil er moralischen Hochmut nicht kannte und sich trotz – oder gerade wegen? – seines besonderen Weges eins fühlte mit seinem Volk.

Sein historisches Bewusstsein war ungewöhnlich. Es wäre ihm nicht eingefallen, die Geschichte auf eine Kette von Ursachen und Wirkungen zu ziehen und die Glieder willkürlich einzusetzen. Die deutsche Geschichte war weder auf Hitler zugelaufen, noch hatte sie mit ihm geendet. W. B. wollte die Schrecken nicht vergleichen. Und das Leid nicht aufrechnen. Im Angesicht der Vertreibung der Deutschen aus dem Osten und dem Sudetenland fand er es »unmöglich zu schweigen«. Er wandte sich gegen jede »doppelte Buchführung«.[12] Unrecht blieb Unrecht, auch wenn es nicht rückgängig gemacht werden konnte ohne neues, womöglich noch größeres Unrecht. In seiner Fernsehansprache aus Warschau, 1970, bekundete er seine Trauer um das Verlorene und erinnerte an das Leid der Heimatvertriebenen. Der Vertrag »bedeutet nicht, dass wir Vertreibungen nachträglich legitimieren«.[13]

Nachwachsenden Generationen wollte er nicht aufladen, was sie nicht zu tragen hatten. Die Schuld war nicht kollektiv und nicht vererbbar. Aber die Schande war kollektiv und nicht tilgbar. »Sie ist da, sie ist Teil unserer Geschichte. Und man muss erkennen, so etwas Schreckliches kann passieren, wenn die Macht in die Hände von Wahnsinnigen gerät.«[14]

Er war unnachsichtig, wenn die Erinnerung in den Tageskampf hineingezogen oder des einen Leid gegen des anderen Leid ausgespielt wurde.

1948, mitten im Kampf um Berlin, erkannte er ein »Zeitproblem« in dem Gegeneinander von Opfern des Naziregimes, die gegen Hitler, und Opfern des Krieges, die für Hitler gekämpft hätten. Dieses Gegeneinander fand er verheerend. Ist nicht auch Opfer des Regimes, wer durch den Krieg gelitten hat oder noch leidet? W. B. spricht über sich und wagt ein offenes Wort: »Wer selbst in den letzten 15 Jahren einen Weg gegangen ist, der als sozialistischer auch ein nationaler und humanistischer Weg war, wird nicht auf den Gedanken kommen, sich besser zu dünken als unsere Kriegsversehrten, als die Millionen Zwangsvertriebener, unsere hartgeprüfte Jugend oder als irgendein Mitbürger, der Hunger leidet und Hilfe ersehnt.« Er wirbt um Verständnis für den Soldaten, der »anständig und tapfer gekämpft hat und erst später erkannte, wie man ihn belogen und betrogen hatte, wie wertvollstes Gut der Nation in verbrecherischer Weise und für verbrecherische Zwecke vertan wurde«. Leidenschaftlich plädiert er für den »Prozess der Zusammenführung aller aufbauwilligen Kräfte« und stellt fest: »Der ist ein schlechter Demokrat, der nicht mit allen Opfern fühlt und der nicht alles tut, um ihnen Hilfe zu bringen. Und der ist kein guter Deutscher, der sich noch immer nicht bequemen kann, unserer geschundenen Jugend mit Verständnis und ausgestreckten Händen zu begegnen.«[15]

W. B. war erfüllt von dem Drang zu gestalten und vielleicht auch von dem Wunsch nach Anerkennung, Zugehörigkeit. Es fiel ihm nicht schwer einzugestehen, dass die überzeugungstreuen Antinazis eine kleine Minderheit bildeten und für eine Mehrheit noch andere Kräfte nötig sein würden. Sektierertum verabscheute er nach seiner Rückkehr mehr denn je zuvor und hielt es mit der Sozialdemokratie auch nicht für vereinbar. Sein Sinn für Minderheiten war groß, sein Sinn für Mehrheiten war größer: Lieber mit der Mehrheit irren, als mit der Minderheit untergehen. Tatsächlich war er zutiefst überzeugt, dass die »anderen Deutschen« alle Deutschen sind, die sich keiner Verbrechen schuldig gemacht haben. Das Buch hätte auch »Verbrecher und das andere Deutschland« heißen können.

Im Gegensatz zu kommunistischen Intellektuellen, die in die Sowjetisch Besetzte Zone zurückkehrten, kannte W. B. kein Deutschland, das sich in eine böse und eine gute »andere« Hälfte teilte. Einen »anderen« deutschen Staat konnte er allein deshalb nicht für legitim halten. Sein »anderes Deutschland« war das eine und einzige und eigentliche Deutschland. Dabei ging er selbstverständlich davon aus, dass dieses eine Deutschland, das von Hitler verraten worden war, einen klaren Schnitt zum Dritten Reich machte. Die Rechtsnachfolge der Bundesrepublik hat er nicht für gut befunden, darüber aber keinen Streit führen mögen. Er blieb überzeugt, dass mit der juristischen These vom Fortbestand des Deutschen Reiches, noch dazu in den Grenzen von 1937, der nationalen Politik unnötige Fesseln angelegt und zu hohe materielle Lasten auferlegt wurden. An den Wendepunkten der Geschichte verwahrte sich W. B. immer gegen das »Wieder«.

Den Neuanfang schrieb er groß. Aber W. B. spürte auch, dass die Tradition schöne Seiten hatte. So unangenehm berührt er von manchen schrillen Tönen in Schumachers SPD war, so hatte er doch ein feines Gespür für Treue, Gesinnungstreue und die Wiederauferstehung der SPD. War es nicht anrührend, wenn Erich Ollenhauer, 1933 mit dem Parteivorstand ins Exil gegangen und als einziger zurückgekehrt, fragte, ob er »zwölf Monate oder zwölf Jahre von den Genossen im Reich getrennt« oder gar nur »zwölf Tage« fort gewesen sei.[16] Doch Ollenhauers Horizont hatte sich in Prag und Paris, auf der Flucht durch Spanien und in London kaum erweitert. Draußen gewesen zu sein war keine Gewähr für Weltläufigkeit. W. B. wäre auch dann kein engstirniger Funktionär geworden, sondern ein gewandter, auch sprachgewandter und offener Sozialdemokrat, hätte er drinnen überlebt. Erich Ollenhauer tauchte sofort ein in das Leben der Partei und diente deren autoritärem Chef mit Hingabe. Kurt Schumacher wusste sich seinen Apparat zunutze zu machen. Wer nicht den glatten, überschaubaren Weg zurückgelegt hatte und im Ruf einer gewissen Unabhängigkeit stand, musste sich hüten. Die Intrigen blühten. Mit einer neuen Partei, die nicht nur in Stockholm ausgemalt worden war, hatte die Wirklichkeit wenig gemein. Aber man musste die Dinge nehmen, wie sie waren, wollte man mitmischen. Und das wollte W. B. nun, mit Macht.

Er hat sich lange geprüft und ist bereit, ungeduldig. Ist er auch innerlich frei? Im Herbst 1946 wollen ihn die einfühlsamen Norweger aus der Qual, vor Ort in Deutschland nicht gebraucht zu sein, erlösen und nach Berlin schicken – als Presseattaché und politischen Beobachter bei der norwegischen Militärmission. Nach Berlin. W. B. fühlt sich, da er »die direkte Anteilnahme an der deutschen Politik« nicht haben kann, erleichtert und doch auch beschwert. Die kurzen Monate in Deutschland haben genügt, um ihn vom Gift des Zweifels kosten zu lassen. Stefan Szende in Stockholm fragt er um Rat: »Ich riskiere, bei der Verrücktheit der Leute, dass die Ex-Alliierten weiterhin in mir einen Deutschen und die Deutschen in mir einen Renegaten sehen.« In einem Rundschreiben an seine Freunde glaubt er, sich für seinen Status als »Alliierter« und die dazugehörige norwegische Uniform, die eine Siegeruniform kaum genannt werden konnte, rechtfertigen zu müssen: »Entscheidend können nicht formelle Fragen sein, auch nicht störende Attribute, die sich aus den uns durch den Hitlerkrieg bescherten Verhältnissen ergeben. Es kommt darauf an, wo der einzelne der europäischen Wiedergeburt und damit auch der deutschen Demokratie am besten dient.«[17] Und würde die Zeit bei den Norwegern in Berlin, materiell vergleichsweise gut, nicht eine Zeit des Übergangs sein? Sie währte nicht einmal ein Jahr.

In den Kreisen der Westalliierten und in der Sozialdemokratie war W. B. allgegenwärtig und das Angebot, die Partei in Berlin zu vertreten, empfand er als nachgeholte Selbstverständlichkeit. Die Stellung bei den Norwegern und die norwegische Staatsbürgerschaft hatte er aufgegeben, als Schumacher sich von Franz Neumann, seinem Berliner Aufpasser, mit Vorwürfen spicken und diese auch noch durchsickern ließ. Dass er unzuverlässig sei und zur SED neige, mochte W. B. nicht auf sich sitzen lassen. Den Schlussstrich unter seine nun zehnjährige Auseinandersetzung mit Walcher hatte er längst gezogen und deutlich ausgesprochen, was in der Ostzone zu geschehen im Begriff war. 1947 listete er in einem vertraulichen Bericht für das Osloer Außenministerium die »größeren Konzentrations- und Zwangsarbeitslager in der russischen Zone« auf.[18] Was den Vorwurf des Unzuverlässigen anlangte, so hätte es besser geheißen: unbotmäßig. 1947 fing Schumacher an, Reuter zu tadeln und ihn den »Präfekt von Berlin« zu nennen, wegen des Verständigungskurses mit den Westalliierten. Der zeigte sich wenig beeindruckt, und der junge Mann, der ihm zugerechnet wurde, dachte auch nicht daran, sich einschüchtern zu lassen.

W. B. konnte, wenn es darauf ankam, nein sagen. Er wollte es aber möglichst nicht dabei bewenden lassen. Schumacher und sein Apparat sagten nein aus Prinzip oder weil sie nichts anderes konnten und verschenkten damit die politischen Möglichkeiten, auf die es ankam. Am Tag vor Weihnachten 1947 schrieb er Schumacher, von dem bekannt war, dass er Widerspruch nicht schätzte: Nur wer »keine fundierten Meinungen« hat, könne sich das Nachdenken sparen. Er stehe zur Politik der deutschen Sozialdemokratie und sehne sich nach aktivem Einsatz. Doch wolle er sich »über neu auftauchende Fragen selbst den Kopf« zerbrechen. Und er setzte noch eins drauf: »Ich werde nie im Voraus Ja sagen zu jeder Einzelformulierung, auch wenn sie von dem ersten Mann der Partei geprägt wird.«

Dabei wusste er genau, dass die politischen Vorbehalte nicht allein zählten, sondern sich mit »blassem Neid« mischten. Franz Neumann, der W. B. ausgerechnet einen »Geschäftemacher« nannte, bezog seine Munition von Emigranten, die schon 1944 W. B.s Aufnahme in die SPD hatten verhindern wollen, weil er nicht die deutsche Staatsbürgerschaft besaß![19] Die beantragte er, als er am 1. Januar 1948 tatsächlich in die Dienste der SPD getreten war; nach Verabschiedung des Grundgesetzes wäre sie ihm automatisch zugesprochen worden. Jetzt wurde ihm die Urkunde ausgestellt – auf zwei Namen, den der Geburt und den der Politik. Der eine war ihm mitgegeben worden, mit dem anderen hatte er sich selbst erschaffen. Der Berliner Polizeipräsident bestätigte – Willy Brandt.

Im September 1948, vier Wochen vor Geburt ihres ersten Kindes, heiratete er die Norwegerin Rut Bergaust, geborene Hansen. Sie war mit ihrem Mann nach Stockholm geflüchtet und hatte hier, in dem nicht nur traurigen Emigrantenkreis, W. B. kennengelernt. Sie hatte »Gewissensbisse« wegen ihres todkranken Mannes, der erwartete, dass sie bei ihm blieb: »Das war nicht möglich, und ich wollte es auch nicht.«[20] Im Gegensatz zu Carlota, von der er im Februar 1948 geschieden wurde, und zu Gertrud, die aus Amerika zurückkehrte und eine altneue Versuchung darstellen mochte, und im Gegensatz zu späteren Beziehungen hatte Rut Brandt keinen eigenen Beruf und stand auf keinem eigenen Fuß. Die Ansprüche aber waren hoch, jedenfalls überstiegen sie die Gegebenheiten. W. B. ließ es geschehen, wie er vieles geschehen ließ, was ins Persönliche ging und eine Auseinandersetzung unter vier Augen erfordert hätte. Fürsorglichkeit hätte sich ohnehin nicht verordnen lassen. Die aber wäre, zumal für einen Fremdling wie W. B., noch wichtiger gewesen als politisches Engagement oder intellektuelle Partnerschaft. Fortan regelte die privaten Finanzen eine Sekretärin, die persönlichen Angelegenheiten ein Fahrer. Wer sich der Politik verschreibt, rund um die Uhr und ohne nach dem Lohn zu fragen, weil die Geltung zählt und nicht das Geld, weist Eigenschaften auf, wie sie einer mit geregeltem Berufsleben nicht aufweisen kann. Jedenfalls brauchte W. einen Ort der Zuflucht, des Schutzes, einen Ort, an den er sich zurückziehen konnte. Er war aber nicht in der Lage, diesen Ort selbst zu schaffen. Regelmäßig im Herbst und manchmal auch sonst im Jahr zog er sich mehrere Tage zurück und war für niemanden zu sprechen. Solange nicht, bis er sich selbst berappelte oder einer seiner Getreuen, von der Ehefrau vorgelassen, ihn aufrichtete. Diese Rückzugsmanöver, die er während dreier Jahrzehnte brauchte wie andere den jährlichen Urlaub, sind oft als Depression gekennzeichnet worden. Das waren sie nicht. Sie waren Ausdruck extremer Einsamkeit. Die Versuchung, der Welt den Rücken zu kehren, wenigstens für einige Tage, hatte er vorher nicht gekannt. Er kannte sie nicht mehr, als er sich auf neue Lebensverhältnisse einließ und sich dauerhaft zu schützen wusste.

Reuter hatte W. B. auf seinem alten Posten sehen wollen, als Stadtrat für Verkehr und Betriebe. Doch sobald 1949 feststand, dass der Weststaat gegründet würde, hatte sich der junge Mann für den Bundestag entschieden. Ende 1950 rückte er auch in das Berliner Abgeordnetenhaus ein. Die Diäten waren noch bescheiden, so übernahm er auch die Berliner Parteizeitung. Er schrieb und redete viel. In Berlin, wo der Kampf um die Ausrichtung der Partei erst richtig entbrannte, und mehr und mehr auch im Bundesgebiet. Er war ausgefüllt. Und erfüllt von einer doppelten Mission. Die Partei musste reformiert werden – mit dem Hebel der Außenpolitik. Und die Außenpolitik musste von Illusionen befreit werden – mit dem Hebel der reformierten Partei.

Als am 12. Mai 1949 die Blockade aufgehoben wurde, währte der Triumph nur kurz. Noch bevor er ausgekostet werden konnte, hatten sich dunkle Wolken darübergelegt. Reuter war nach Amerika gefahren, ohne den ersten Mann der Partei ins Bild zu setzen. Damit hatte er Schumacher noch mehr provoziert als mit seiner Forderung, die Deutschen müssten Partei nehmen für die Westmächte und den westdeutschen Staat, der seine Souveränität erst nach und nach gewinnen könne. Jedenfalls stachelte die Parteiführung in Bonn die Anti-Reuter-Fronde in Berlin kräftig an. Auf einem Landesparteitag am 8. Mai 1949, noch wurde die Stadt aus der Luft versorgt, nahm W. B. den Fehdehandschuh auf. Weder durfte besatzungspolitische Unabhängigkeit bekundet noch ein bürgerliches Klasseninteresse bekämpft werden. In seiner ersten großen, weithin gehörten Rede auf deutschem Boden erklärte er den Zusammenhang zwischen der Außenpolitik und der Stellung der SPD in der Gesellschaft: »Nichts steht uns höher als die Freiheit.« Er mahnte, sich auf die Demokratie zu konzentrieren, und forderte, dass im weltweiten Machtkampf Stellung bezogen wird: Die Auseinandersetzung in Berlin zeige, »dass wir in der gegebenen historischen Situation sehr wohl wissen, wo der geschichtliche Fortschritt und wo der geschichtliche Rückschritt ist«.[21]

Die Verselbständigung der Berliner Partei gegenüber der Bundespartei, die mit diesem Auftritt begründet wurde und die bis zu W. B.s erstem Griff nach der Kanzlerschaft dauerte, war lange umkämpft. Die Traditionalisten wehrten sich heftig. 1952, als W. B. zum ersten Mal Franz Neumann, den Landesvorsitzenden, herausforderte, erhielt er nur ein Drittel der Parteitagsstimmen. Zwei Jahre später fehlte ihm nur noch eine Stimme am Sieg. Der fiel ihm erst in einem dritten Anlauf zu, 1958, als er schon Regierender Bürgermeister war.

Die Parteirede von 1949 war neuen »programmatischen Grundlagen« gewidmet. Keine Klassen-, eine Volksbewegung sollte die SPD werden und sich nicht länger auf wirtschaftliche Faktoren konzentrieren, sondern auf den Menschen und die moralischen Werte. Er schlug, gerade weil in der Politik nicht nur die Landkarte, sondern auch der Kompass dem Gesetz der Veränderung unterworfen sei, den großen historischen Bogen und zitierte aus den Statuten der

Ersten Internationale von 1864: »Wahrheit, Gerechtigkeit und Sittlichkeit«. Die Überführung der Produktionsmittel in öffentlichen Besitz, den Inbegriff allen sozialistischen Denkens, nannte er einen gedanklichen Kurzschluss, die Demokratie ausdrücklich »keine Frage der Zweckmäßigkeit, sondern der Sittlichkeit«.[22] Er war gegen die Vorrechte der Wenigen und für die Rechte der Vielen, für Einebnung sozialer Trennlinien und für gleiche Chancen, aber gegen Gleichmacherei. W. B. verabscheute das Dogma und konnte mit Theoriebildung, gleich welcher Art, nichts anfangen. Theorie, so sagte er, beweise hinterher, warum die Dinge laufen mussten, wie sie gelaufen sind. Und das war genau das Gegenteil seines eigenen Credos: Nichts muss kommen, wie es kommt.

Zur Selbstverständigung versenkte er sich in die Geschichte, ständig auf der Suche nach Brüchen wie Berührungen. Parteiprogramme mochte er nicht; auch noch zur Zeit der Godesberger Wende machte er wenig Hehl aus seiner Abneigung. Programmatische Grundlagen hingegen waren nötig, solange jedenfalls wie die »kollektivistische« Tradition nicht über Bord geworfen war. Wie sonst sollte im weltweiten Machtkampf Stellung bezogen werden? Jene Stellungnahme, die nötig war, um von Deutschland zu retten, was zu retten war.

War W. B. antikommunistisch? Und wie. Als Vorwand aber, sich nicht bewegen zu müssen, durfte keine noch so gute Gesinnung, auch keine noch so gute antikommunistische Gesinnung herhalten. Jetzt, nach Aufhebung der Blockade, war er enttäuscht. Nicht über seine Partei. Sie kannte er, sie konnte er verändern, auch wenn der Ärger groß war. Schumacher setzte seinen Kurs des Alles oder Nichts, die ganze Macht oder keine, unerbittlich fort. Er hatte es sogar fertiggebracht, die SPD-Fraktion in der ersten Bundesversammlung 1949 zu manipulieren; darüber wunderte sich W. B., der dabei gewesen war, noch Jahrzehnte später. Schumacher bestand auf seiner eigenen Kandidatur zum Bundespräsidenten, wohl wissend, dass er im Gegensatz zu Sozialdemokraten wie Kaisen oder Reuter keine Chance hatte.

Wie im Innern so verhielt sich Schumacher in der auswärtigen Politik, auch als die Frage eines deutschen Beitritts zum Europarat anstand. Auf dem Hamburger Parteitag 1950, Kaisen erschien gar nicht erst und Reuter reiste vorzeitig ab, legte er die Partei auf ein striktes Nein fest. W. B. tat, was sonst kaum einer tat, und widersprach. Er forderte, seine Gedanken aus der Emigration aufnehmend, westeuropäische Gemeinsamkeit zu pflegen – die Zugehörigkeit Berlins zur Bundesrepublik vorausgesetzt.[23] Um deretwillen lehnte er 1952 im Bundestag, er war Berichterstatter des Auswärtigen Ausschusses, den Vertrag über eine Europäische Verteidigungsgemeinschaft ab. Sie scheiterte ohnehin, und es öffnete sich der Weg zum deutschen Nato-Beitritt. Die frühe Wiederbewaffnung hielt W. B. für nicht zwingend, und jedenfalls glaubte er nicht an die Gleichung, dass Wiederbewaffnung zur Wiedervereinigung führe. In der Aussprache über die Pariser Verträge, Februar 1955, begrüßte er die Erneuerung der Garantie für Berlin und bedauerte doch, dass nur von der »vorgesehenen deutschen Hauptstadt« die Rede war und nicht von der deutschen Hauptstadt schlechthin.[24]

W. B. war enttäuscht und auch entsetzt, dass die Westalliierten und die Bundesregierung weder die siegreich überstandene Blockade noch den Aufstand vom 17. Juni nutzen wollten. Nutzen für Verhandlungen über Gesamtdeutschland und wenigstens für ein deutliches Signal in Berlin. Die Direktwahl der Berliner Bundestagsabgeordneten und deren Stimmberechtigung hielt er von jetzt an für das Minimum dessen, was notwendig war. Für notwendig hielt er auch die Einbeziehung der Westsektoren in die Bundesrepublik. Den wiederkehrenden Hinweisen der Amerikaner auf den Viermächtestatus begegnete er mit einer einzigen Frage: Warum nimmt der Westen Rücksicht auf den Status, wenn der Osten in seinem Sektor schaltet und waltet, wie er will? Noch vor dem Mauerbau fragte er sich und andere, ob Chruschtschow sein folgenschweres Ultimatum 1958 gestellt hätte, wenn Westberlin beizeiten integraler Bestandteil der Bundesrepublik geworden wäre. Er zweifelte nicht, dass die Stadt stärker von der Bundesrepublik getrennt wurde als geboten und gerechtfertigt. Jetzt forderte er »Wieder nach Berlin« und »Marsch zurück nach Berlin«. Hauptstädtische Funktionen für die Stadt und Erneuerung Deutschlands von Berlin aus. Sein eigentliches Thema hieß nicht Berlin. Es hieß Deutschland.[25]

W. B. war dabei, jene Lektion zu lernen, die in ihrer Tragweite erst nach dem Mauerbau begriffen werden konnte und sich doch längst vorher aufgedrängt hatte: Die Vereinigten Staaten und Großbritannien, auf Frankreich zählte er insoweit nicht, würden alles tun, so wie sie in der Blockade alles getan hatten, um Angriffe auf ihre Territorien abzuwehren. Aber sie würden sich nicht um Deutschlands willen mit der Sowjetunion anlegen und diese aus ihren eroberten Gebieten zu vertreiben suchen. Als am 17. Juni 1953 die Macht auf der Straße lag, konnten die Sowjets unbehelligt Panzer einsetzen und den Ostsektor abriegeln. In Polen, Ungarn und der Tschechoslowakei taten sie Gleiches, von keiner Westmacht behindert.

W. B. verfocht die Politik der Stärke wie kaum einer sonst. Nur wollte er damit keine abwartende, sondern eine drängende und bedrängende Politik verbunden wissen. Eine Politik, die den Status quo nicht befestigte, sondern veränderte. Die Stalin-Noten von 1952 nicht zu prüfen und die Zeichen nach Stalins Tod 1953, als allein im Monat März 50 000 Menschen in den Westen flüchteten, nicht auszuloten, empfand er als Zeichen der Schwäche. Was hätte man sich vergeben?

W. B. zögerte nicht, den 17. Juni in eine Reihe mit dem 20. Juli 1944 zu stellen und Berlin »eine Hauptstadt des Widerstands« zu nennen.[26] Dem Aufstand und seinem

Doppelcharakter von nationaler Freiheit und sozialer Befreiung widmete er eine schöne, jedenfalls aussagekräftige Schrift. Der Titel war Programm: »Arbeiter und Nation«. Jetzt, da er den Aufstand in seiner Breite schilderte und mit Herzblut deutete, war er von ernster Verantwortung noch frei. Zu seinem Kummer, denn er fand längst, dass seine Fähigkeiten und Energien nicht ausgeschöpft wurden. Noch konnte er sich die Freiheit nehmen und in den Aufstand hineinlegen, was ihn seit früher Jugend erfüllte und ihm seit der Teilung auf der Seele brannte, was ihm Inbegriff seines politischen Wollens war – der Kampf um »persönliche, soziale und nationale Freiheit«. Er war stolz auf die machtvolle Volkserhebung, vor allem in den Industriezentren Sachsens und Thüringens, den traditionellen Hochburgen der deutschen Arbeiterbewegung. Und er war stolz auf die Ausweitung zum Volksaufstand: »Die Menschen rebellierten nicht nur gegen den Hungerlohn. Sie wollten Freiheit.« Auch die »Deutsche Einheit in Freiheit«. Es ging ihm das Herz auf, wenn er die Spontaneität der Massen beschwor: Die SED-Herrschaft, auch »die herrschende Clique« genannt, verdankte ihre Rettung nur der stellvertretenden Gewalt der Besatzungsmacht. Nur sie »hinderte die Massenerhebung an dem entscheidenden Durchbruch, der ihr sonst beschieden gewesen wäre«.[27]

Im Bundestag nannte W. B. die aufständischen Arbeiter die »Vorkämpfer an der Spitze des Ringens um Einheit und Freiheit«[28] und stutzte bald. An der Spitze welchen Ringens? W. B. war bedrückt, wie Reuter bedrückt war. Dass die Sowjets in ihrem Sektor tun konnten, was zu tun ihnen beliebte, offenbarte schwere Versäumnisse und vermittelte den Eindruck, dass die Westdeutschen ihren Wohlstand pflegten und sich vom Schicksal ihrer Landsleute abwendeten. Für einen grandiosen Wahlsieg drei Monate später schürte Adenauer gerade diese Neigung. Auch dadurch, dass er die Sozialdemokraten als »Steigbügelhalter Moskaus« diffamierte. In der Einschätzung der Politik Adenauers waren sich Reuter und W. B. ebenso einig wie in der Kritik an der blutleeren Neinsagerei der eigenen Partei. Dabei ging es ihnen weniger um das schroffe Nein zu Adenauer als um die Standpunktlosigkeit. Sie wollten den Wohlstand und den Westen, aber nicht um ihrer selbst willen und nicht ohne ostpolitische Wende. Reuter geißelte die sozialdemokratische Art, immer den jeweils nächsten Untergang zu prophezeien, wo doch jeder merke, dass es aufwärts geht. Wer immer nur sage, wogegen er ist, und nie, wofür, der solle sich über solche Wahlausgänge nicht wundern.[29] Am 6. September 1953 war die SPD auf 28,8, die Union auf 45,1 Prozent gekommen. Erich Ollenhauer, Parteichef seit Schumachers Tod im Jahr zuvor, ließ Reuter zur Rede stellen. Kritik war nicht genehm, schon gar nicht, wenn sie aus Berlin kam.

Seit der Rückkehr 1946 hat Reuter über seine Kräfte gelebt. Er ist müde, zermürbt. Von der Stimmung der Westdeutschen, der Kleingeisterei der Funktionäre und einem kranken Herzen. Niemand weiß davon, er selbst will nichts wissen. Als er am Abend des 29. September 1953 stirbt, ist die Stadt erschüttert, aufgewühlt. Auf einer der größten Trauerfeiern, die Berlin je gesehen hat, nehmen die Sozialdemokraten Abschied. Am »Knie«, von wo aus die Straße des 17. Juni zum Brandenburger Tor führt, fragt W. B., was wohl aus diesem Berlin geworden wäre »ohne unbeugsamen Willen und ohne den Glauben, der Berge zu versetzen vermag«.[30] Gemeinsam mit Richard Löwenthal schreibt er die ebenso genaue wie einfühlsame Biographie, die 1957 erscheint.

Die Schrift über »Arbeiter und Nation« hatte W. B. nach der Bundestagswahl und nach Reuters Tod verfasst. Er ließ sich nicht irre machen und blieb dabei, dass »die Wiedervereinigung auf dem Boden der Freiheit« nicht nur oberstes Ziel sei, »sondern dass ihm der Vorrang vor allen anderen Vorhaben der deutschen Politik gebühre«.[31] Doch wie diesem Ziel näherkommen? Die Westmächte würden sich auch fortan nicht vorwagen, was die Wiedervereinigung anging.

Würden sie wenigstens standhalten? Ihr Verbleib war lebensnotwendig angesichts des anhaltenden sowjetischen Drucks. Die Abwehr überlagerte alles sonst. Und dennoch. Wenn es sich aus der Umklammerung nicht löse, würde Berlin dauerhaft nicht überleben können. Auch in den dunkelsten Stunden hatte W. B. den Willen und die Fähigkeit, sich hellere Zeiten nicht nur vorzustellen, sondern auch darauf hinzuwirken. Er sann verstärkt nach über den Faktor Zeit, über Reformpartei und Außenpolitik.[32]

Die entideologisierte, die offene, auch weltoffene Partei wollte er längst, schon im Exil in Stockholm hatte er sie skizziert. Jetzt aber brauchte er sie auch. Er brauchte sie, um den Weg an die Regierung zu ebnen und eine neue Außenpolitik möglich zu machen. Sie musste lernen, die beiden Weltmächte richtig einzuschätzen, und sich jeder geistigen Neutralität enthalten. Sie musste aber auch ohne die Rhetorik auskommen, die ein ernstes Vereinigungsstreben zu ersticken drohte.

Zwischen Nachkriegs- und langer Vorkriegszeit bestanden, was die gesellschaftlichen Verhältnisse anging, mehr Gemeinsamkeiten, als der Zivilisationsbruch der Nazis und der Schwur auf die Stunde Null nahelegten. Die Industriegesellschaft, im 19. Jahrhundert auf Kohle und Stahl gegründet und von hierarchischen Strukturen, kollektiven Bindungen wie zentralen Institutionen geprägt, blühte noch über die Mitte des 20. Jahrhunderts hinaus. Und so tat es jener Sozialismus, der nur auf industriegesellschaftlichem Boden hatte wachsen und gedeihen können. Die Ideologie wurde von einer Partei gepflegt, die im Kaiserreich ausgestoßen war und sich in einer eigenen Welt eingerichtet hatte. Die großen, willensstarken Außenseiter, die W. B. in Vorbereitung der »Erinnerungen« auflistete, hatten nie die Möglichkeit gehabt, die selbstgenügsame Organisation aufzubrechen: Ludwig Frank, Georg von Vollmar, Julius Leber, Carlo Mierendorff.[33]

Die Industrie- und damit auch die Klassengesellschaft

lebte nach Gründung der Bundesrepublik fort. Es reißt auch kein Lebensfaden im Augenblick der ersten Spannung, er reißt auch nicht überall zugleich. Umbrüche sind lange unsichtbar, ziehen sich hin, meist unter heftigen Zuckungen, und finden ihren Ausdruck erst, wenn alles vorbei und der Wandel in der Mitte der Gesellschaft angekommen ist. Der Abmilderung sozialer Gegensätze, wie der Wohlstand sie mit sich brachte, und der allseitigen Anerkennung der Demokratie folgte die Öffnung – nicht die Verwandlung – der SPD mit Zeitverzug. Eine Partei, zumal eine so alte, ist schwerfällig und von starkem Beharrungsvermögen. Die kleinen und die großen Funktionsträger, die nach dem Krieg die Partei wieder auferstehen ließen, hatten ihre Wurzeln in einer geschlossenen sozialdemokratischen Welt und wollten gar nicht wissen, wie sich eine größere Wählerschaft erobern ließe.

Erich Ollenhauer agierte, als er 1952 Schumacher nachfolgte, auf der vorgegebenen Linie. Es wurde fortgefahren mit der Mäkelei am Wirtschaftswunder, obwohl die Partei fast alle tragenden Gesetze beriet und beschloss, von der Kriegsopferversorgung über den Lastenausgleich, die Rentenreform und die Montan-Mitbestimmung bis hin zur Wiedergutmachung, die sie gegen große Teile von Union und FDP durchsetzte. Und es wurde auch fortgefahren mit der Neinsagerei gegen jede Westbindung, die der Wiedervereinigung entgegenstehe. Ollenhauer war in der Organisation fast süchtig verhaftet und nicht willens und nicht fähig, über sie hinauszudenken. Er führte die SPD 1953 und 1957 in die Bundestagswahlen, die Niederlagen waren krass. Vermutlich hätte er sich gewundert und die Augen gerieben, wären ihm Sieg und Kanzlerschaft zugefallen. 1957, als die Reformer anfingen zu drängeln, sagte er: Hier gibt es welche, die wollen regieren.

Die Außenseiter der frühen 50er Jahre, die Bürgermeister in Bremen, Hamburg und vor allem Berlin, waren keine Macht und keine Machtmenschen. Doch auch wenn sie sich zur Parteiarbeit nicht zu fein gewesen wären, die sozialdemokratische Wirklichkeit hätten sie kaum verändern können. Die Verhältnisse waren in der ersten Hälfte der fünfziger Jahre noch zu festgefügt. W. B. war sehr mutig, als er so früh gegen den Berliner Landesvorsitzenden Franz Neumann antrat. Denn Neumann war Fleisch vom Fleische der alten Partei und noch dazu mit unangenehmen Eigenschaften behaftet, eng, kleinlich, neidisch. W. B. ringt unermüdlich weiter, um eine Partei, die »fest in den Realitäten des Hier und Jetzt« steht und »neue Wählerschichten« anspricht, und um eine »aktive Friedens- und Europapolitik«, die allein die deutsche Einheit möglich mache.[34] Er fängt an, Einheit zu sagen statt Wiedervereinigung. In der innerparteilichen Auseinandersetzung dieser Jahre, 1954 bis 1957, pocht er auf die Eingebundenheit und prägt Sätze, auf die er fortan zurückgreifen wird: Deutschland kann aus Europa und aus der Welt nicht austreten wie aus einem Kegelclub, und die SPD ist keine Weltmacht.

Während er in der Bundespartei ob seiner Ansichten und vielleicht auch ob seiner Ausstrahlung abgestraft wird und bei Vorstandswahlen zweimal durchfällt, wächst in Berlin das Echo. Jüngere Leute strömen in die Partei und stärken W. B., der die Frage nach sachlichen Differenzen zu Franz Neumann nun offen beantwortet: »Es ist die grundverschiedene Auffassung vom Wesen einer Partei, die uns trennt.«[35] 1955 wird W. B. Präsident des Abgeordnetenhauses. Der Bestimmung nach ist es ein repräsentatives und kein gewichtiges Amt. Aber was meint im Berlin dieser Jahre eine solche Formalie? Auch überregional wird dem Amt Beachtung geschenkt. Als W. B. 1949 in den Bundestag gekommen ist, schreibt Walter Henkels in seiner Rubrik »Bonner Köpfe«, habe kaum jemand von ihm Notiz genommen. »Aber das änderte sich bald. Schon im ersten Bundestag gehörte er zu den Rednern, die von seiner Fraktion zu den großen Problemen, namentlich zu außenpolitischen, gesamtdeutschen und Berliner Fragen, aufs Podium geschickt wurden.« Er spreche eindrucksvoll, völlig frei, fast bedachtsam, nicht schwungvoll. Seine Rede sei »tiefgründig und geistreich, und es bleibt erfreulich, wie sachlich der Redner diskutieren kann«. Henkels rühmt den Respekt, den W. B. vor dem Gegner habe. »Da ihm der fanatische Zug abgeht, ist ihm gut zuhören.« Er würdigt seine Antrittsrede als Präsident des Abgeordnetenhauses: »Man glaubt die Gewissheit zu haben, dass er sich im Widerstreit des Staatspolitischen mit dem Parteipolititischen für das erste entscheiden wird.«[36]

Der Regierende Bürgermeister, Otto Suhr, will Reuters Politik fortführen, aber gleichzeitig auch den linken Parteiflügel zufriedenstellen. Eine tückische Krankheit zwingt ihn bald zu immer längeren Pausen, und W. B. wächst die Führung der Stadt wie von selbst zu. Er kann reden, auch vor großen Menschenmengen und im Angesicht existentieller Bedrohung. Im November 1956 tun Hunderttausende Berliner, die sich vor dem Rathaus Schöneberg versammelt haben, um gegen die Niederschlagung des ungarischen Aufstands zu protestieren und damit auch an den 17. Juni zu erinnern, ihren Unwillen mit den Rednern aller Parteien kund; Franz Neumann wird ausgepfiffen. Als die Rufe »Zum Brandenburger Tor« und »Russen raus« lauter werden, ergreift W. B. unprogrammgemäß das Mikrofon. Ein wilder Marsch in den Ostsektor kann Krieg bedeuten. Er zieht mit den jungen Leuten zum Denkmal für die Opfer des Stalinismus. Hier hört er von einigen tausend Studenten, die fackelschwingend die Straße des 17. Juni hinunterzögen und von der Polizei gewaltsam aufgehalten würden. Er eilt herbei, verleiht ihren Gefühlen Ausdruck und rast weiter zum Brandenburger Tor, wo er nun deutlich die Kriegsgefahr beschwört und nicht mehr das Lied vom Guten Kameraden, wie zweimal zuvor, sondern die Nationalhymne anstimmt.

Otto Suhr stirbt am 30. August 1957. Die Nachricht erreicht W. B. in Kehl, wo er eine Wahlversammlung abhält. Er eilt sofort zurück, er will das Amt. Aus der Bundestagswahl am 15. September geht die Union mit der absoluten Mehrheit hervor; die SPD landet bei 31,8 Prozent. W. B. weiß, dass diese Niederlage wirkt und auf Berlin zurückwirkt. Franz Neumann erkennt, dass er sich selbst unmöglich gemacht hat, und zieht durchs Land, um einen Kandidaten gegen W. B. aufzubieten. Vergebens. Erich Ollenhauer lässt Neumann fallen und schwenkt um. Seine deutliche Unterstützung für W. B. mag der Einsicht ins Unabänderliche geschuldet sein, aber auch einer gewissen Sympathie. Die Art und Weise, wie W. B. in Berlin agierte, war ihm fremd, wie anders. Aber er hatte W. B. zweimal in der Emigration getroffen und gegen ihn keine Vorbehalte. Ollenhauer fand, W. B. kämpfe mit offenem Visier; dafür hatte er ein gutes Gespür. Der Nominierung durch einen Landesparteitag geht ein Plebiszit durch die Berliner Springer-Presse voraus. Nach der Wahl durch das Abgeordnetenhaus am 3. Oktober 1957 schickt ihm der Bundespräsident seinen aufrichtigen Glückwunsch: »Ihre prüfende Gelassenheit und Ihre furchtlose Energie werden die Aufgabe meistern.« Und Theodor Heuss fügt hinzu, dass sein »persönliches und politisches Schicksal« ihn »stark beschäftigt« habe.[37]

Franz Neumann war ein schlechter Verlierer und fuhr fort zu stören. Das aber ließen sich W. B. und seine Gehilfen, unter denen Klaus Schütz der wichtigste und treueste war, nun nicht mehr gefallen. Sie setzten einen außerordentlichen Parteitag durch und bereiteten ihn nach allen Regeln einer neuen doppelten Strategie vor; die Mediengesellschaft warf erste Schatten voraus. Mit Hilfe eines »Karteikastensystems« wurden die Delegierten erfasst und bearbeitet. Gleichzeitig machten die Zeitungen, ohnehin auf W. B. eingeschworen, Stimmung in der Stadt. W. B. konnte es sich leisten, die Traditionalisten vorzuführen und dafür zu tadeln, dass sie der Realität der deutschen Nachkriegsentwicklung nicht ins Auge sehen wollten. Berlin könne nicht allein handeln und müsse sich im Zusammenhang der ökonomischen, sozialen und politischen Entwicklung der

Welt sehen.[38] Es geschah, was nie zuvor in der SPD geschehen war. Ein Vorsitzender wurde abgewählt, mit eindeutigem Ergebnis. W. B. stand jetzt nicht nur an der Spitze der Berliner Partei, mit Hilfe seiner Leute kontrollierte er sie auch. Und doch fühlte er sich noch lange nicht am Ziel. Nach zehn Jahren des Berliner Kampfes glaubte er zu wissen, dass es der festen Verankerung in der Organisation brauchte, um politisch Erfolg zu haben. Was für Berlin richtig war, konnte im Bundesgebiet nicht falsch sein.

Das Wahldebakel von 1957 hatte W. B. richtig eingeschätzt. In der Partei brach auf, was die Nachkriegsentwicklung nahelegte und sich auch infolge der Verjüngung aufgestaut hatte. Die Integration der Arbeiterschaft in Gesellschaft und Staat war weit fortgeschritten, wenn nicht vollendet, und so war auch die SPD Teil des Ganzen geworden. Die Frage, wie sie je eine Mehrheit gewinnen könne, stellte sich nun von selbst. Die Antwort? Eine große Reform mit neuer Fraktions- und Parteispitze, neuem Programm und echtem Kandidaten für die Kanzlerschaft. Um den Vorsitzenden Ollenhauer wurde herumreformiert; er widersetzte sich nicht und hielt die alte Partei bei der Stange. Auf dem Stuttgarter Parteitag 1958 wurde das nur aus hauptamtlichen Funktionären bestehende »Büro«, auch »Apparat« genannt, abgeschafft und durch ein Präsidium ersetzt; es sollte nicht länger verwalten, sondern politisch führen. Im Vorfeld waren der bayerische Landesvorsitzende, Waldemar von Knoeringen, und der Stuttgarter Abgeordnete, Erwin Schoettle, als Ollenhauers Stellvertreter nominiert worden. Schoettle erkrankte während des Parteitages, aus dessen Mitte heraus eine Bewegung zugunsten Herbert Wehners entstand. Die Bundestagsfraktion hatte Wehner gerade erst, neben Carlo Schmid und Fritz Erler, zum stellvertretenden Vorsitzenden gewählt. Den Aufstieg nun auch in die Parteispitze suchte Ollenhauer zu verhindern, war dazu aber schon nicht mehr stark genug. Die Fronten verliefen auch nicht nur zwischen Reformern und Traditionalisten. Die

Delegierten waren von jetzt an hin- und hergerissen. Mit dem Verstand wählten sie die einen und mit dem Herzen die anderen. Und Wehner pflegte bis 1960 den Ruf, die alte, linke Partei zu vertreten.

Ob Kurt Schumacher nun misstrauisch war oder geschmeichelt vom Einsatz eines Mannes, der das Kreuz des ehemaligen Kommunisten so bewusst tragen wollte, gleichviel. Zu Schumachers Lebzeiten hatte sich Wehner Zurückhaltung auferlegt. Nach dessen Tod 1952 wuchs Wehners Rückhalt in der Partei, zumal unter den Funktionären, rapide. Er galt als links, links im Sinne von antikapitalistisch, auch antiamerikanisch. Vor allem erweckte er den Eindruck, wissend zu sein, wissend um das, was für die Partei richtig sei. In der Bundestagsdebatte 1954, anderthalb Jahre nach dem 17. Juni, berief er sich auf die Moskauer Note, die gerade eingegangen war: Nach Ansicht der Sowjetunion sei die Wiedervereinigung möglich, wenn sie »auf friedlicher und demokratischer Grundlage« erfolge.[39] Wehner trat mit keinem Programm hervor und mit keinem politischen Gestaltungswillen. Das innerparteiliche Machtgefüge aber wusste er zu seinen Gunsten ins Wanken zu bringen, nicht zuletzt durch Einschüchterung, unter der nicht nur Ollenhauer litt. Der Vorsitzende habe, so schreibt sein Vertrauter und langjähriger Pressechef Fritz Heine, nicht wirklich »Angst« vor Wehner gehabt, aber »kein Organ, auch kein Kampfmittel« gefunden, um gegen »diese Sorte destruktiver Gewalt« vorzugehen.[40] Nach seiner Stuttgarter Wahl zum stellvertretenden Vorsitzenden nahm Wehner, wie es keinem »Büro« je möglich gewesen war, die Parteiorganisation in den Griff.[41] Und nicht nur die. Die außenpolitische Linie hatte er längst maßgeblich bestimmt, er tat es jetzt erst recht – doch keineswegs im Sinne der Korrektur. Seinen Deutschland-Plan, der auf eine Konföderation mit der DDR hinauslief, veröffentlichte der Parteivorstand, auf Wehners Betreiben, im März 1959. Das sowjetische Berlin-Ultimatum war noch nicht einmal abgelaufen.

In Stuttgart, wo W. B. im dritten Anlauf, dafür nun als strahlender Regierender Bürgermeister und Berliner Landesvorsitzender, in den Parteivorstand gewählt wurde, hatte die SPD organisatorische, aber noch keine inhaltlichen Änderungen vorgenommen. Die Mehrheit in der Partei blieb traditionalistisch gesonnen. Dennoch bemühte sich W. B. nun, die sachlichen Gegensätze nicht stärker zu betonen als nötig. Die Bewegung »Kampf dem Atomtod« war machtvoll, auch in der Berliner Partei, und stellte seine Fähigkeit, auch flexibel zu sein, auf eine erste Probe. Flexibel? Er fand, manchmal müsse man sich an die Spitze einer Bewegung stellen, um ihr die Spitze nehmen zu können. Taktik hin oder her, angesichts der fortdauernden Bedrohung Berlins zählte die Demonstration amerikanischer Entschlossenheit und sonst wenig. Ende des Jahres 1958 sollte das Abgeordnetenhaus neu bestimmt werden, und im Wahlkampf war W. B., und die Berliner SPD mit ihm, Garant der Verbundenheit mit Amerika.

Am 28. November, mitten im Wahlkampf, stellte der sowjetische Partei- und Regierungschef Chruschtschow ein Ultimatum: Binnen sechs Monaten sollten West-Berlin in eine »Freie Stadt« verwandelt, das Besatzungsstatut aufgehoben und die sowjetischen Rechte auf die DDR übertragen werden. Für den Fall der Nichterfüllung drohte er, einen separaten Friedensvertrag mit der DDR abzuschließen und die Westmächte aus ihrem Teil der Stadt zu verbannen. Die Drohung, Gewalt anzuwenden, war unüberhörbar. Dabei hatten die Vier Mächte vereinbart, zum Zustand vor der Blockade zurückzukehren. Was aber war eine Formel vom freien Zugang wert, wenn sich die Sowjets nach Laune darüber hinwegsetzten? Und was, wenn die Amerikaner sagten, es mache keinen Sinn mehr, in Berlin zu bleiben? Diese Frage ließ W. B. von nun an nicht mehr los. Auch oder gerade im Augenblick höchster Gefahr, da es nur auf Abwehr ankam, dachte er über den Augenblick hinaus. Dabei erforderte diese Abwehrschlacht mehr Kraft, als er sich je hätte träumen lassen. Chruschtschow ließ ihm über den norwegischen Außenminister Halvard Lange ausrichten, West-Berlin falle von selbst, die Wirtschaft werde zusammenbrechen und das Volk weglaufen. Ähnliche Töne verbreitete der Kreml in den nächsten Jahren immer wieder. Und nicht nur der Kreml. Wenn W. B. zur Verachtung fähig gewesen wäre, er hätte sie jetzt geübt; die Berlin-Krise hatte mit dem Ultimatum begonnen und sollte mit der Mauer noch nicht enden. Der Kleinmut stand in umgekehrtem Verhältnis zur Stärke, in deren Namen in Bonn Politik gemacht wurde. Wurde Stärke nur demonstriert, wo sie nichts kostete?

W. B. nannte die Freie eine vogelfreie Stadt und forderte, hart gegenzuhalten. Die Stimmung der Berliner traf er vollkommen. Der Wahlsieg am 7. Dezember war triumphal. 52,6 Prozent und eine klare absolute Mehrheit. Die Koalition mit der CDU setzte er dennoch fort, gegen viel Widerstand aus den eigenen Reihen. Die existentielle Bedrohung der Stadt vertrug keine Alleinregierung. Aber die mochte er auch in weniger harten Zeiten nicht. Er koalierte immer und machte fast ein Programm daraus. Der Gedanke an Senats- und Kabinettssitzungen, in denen Genossen sich duzten, behagte ihm nicht. Überhaupt war er der Mann, dem ein breiter Rückhalt lieb war. Und der die Kunst, schöne und richtige Worte zu wählen, wenn es unbedingt drauf ankam, zu höchster Vollkommenheit steigerte. »Schaut auf das Volk von Berlin«, rief er der Welt am 1. Mai 1959 zu, vier Wochen vor Ablauf des Ultimatums, »dann wisst Ihr, was die Deutschen wollen!« Die brutale Einmischung in die inneren Angelegenheiten des Volkes nannte er unerträglich und klagte das Selbstbestimmungsrecht ein. Am Ende rief er den 600 000 Menschen vor der Ruine des Reichstags zu: »Es lebe unser Berlin! Es lebe das in Recht geeinigte Deutschland! Es lebe die Freiheit!«[42] Die Rede hatte er sich auf 19 Seiten von Hand notiert; es kam darauf an, der Stimmung der Berliner Ausdruck zu geben und ihre Standfestigkeit zu rühmen, doch keine unerfüllbaren Erwartungen zu

Die Vermessung des Himmels

*Manuskript der Rede zum 1. Mai 1959
(erste und letzte Seite)*

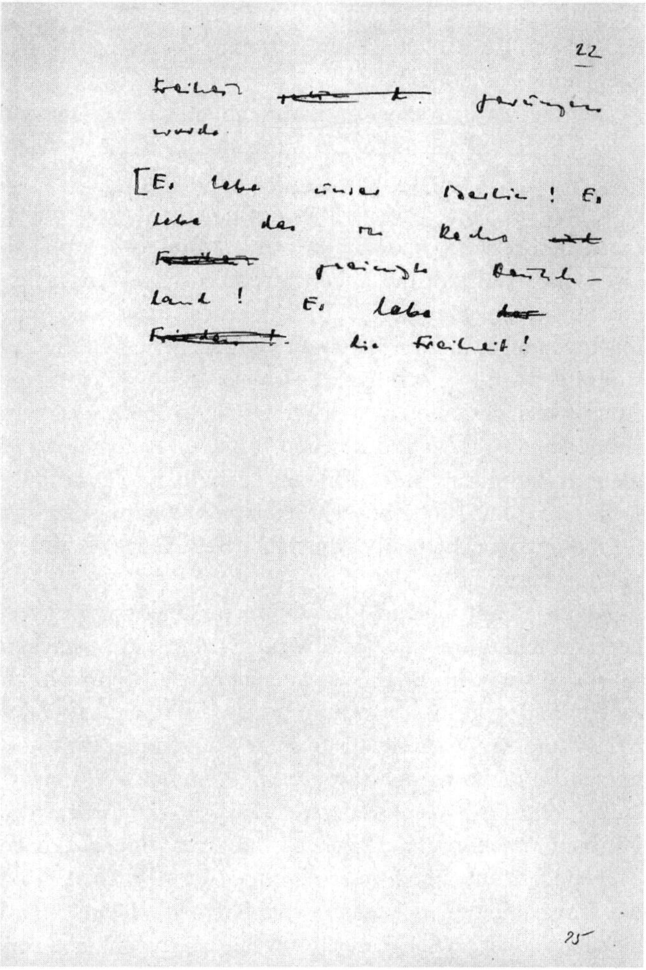

22

Freiheit ~~[illegible]~~ gerungen wurde.

[Es lebe unser Berlin! Es lebe das zu Recht ~~[illegible]~~ geeinigte Deutschland! Es lebe ~~das~~ ~~Frieden~~ die Freiheit!

25

wecken und schon gar nicht zu unüberlegten Handlungen einzuladen. Eine solche Gratwanderung überließ er nie der Eingebung des Augenblicks.

Der Tag, an dem das Ultimatum ablief, war ein Tag wie jeder andere. Ihre akute Drohung machten die Sowjets nicht wahr. Chruschtschow zog das Ultimatum zurück, als er später im Jahr 1959 in die Vereinigten Staaten reiste. Doch in ihrem Streben, Berlin von der Bundesrepublik zu lösen und der Stadt die Lebenslinie abzuschneiden, ließen die Sowjets nicht nach. W. B. war erbost, dass die Westmächte einer isolierten Behandlung des Themas Berlin zustimmten. Und er war außer sich vor Zorn, als ihm die Amerikaner berichteten, welcher Druck in Bonn ausgeübt werde, damit die Wahl des neuen Bundespräsidenten 1959 nicht in Berlin stattfindet. Ein Jahr nach Ablauf des Ultimatums, im Mai 1960, besuchte ihn Verteidigungsminister Strauß und berichtete über die militärische Lage: »Berlin ist nicht zu verteidigen.«[43]

Wehners Deutschland-Plan, der in der Öffentlichkeit verheerend wirkte, missfiel W. B. wegen seiner antiwestlichen »Stoßrichtung«. Im SPD-Vorstand scheute er sich nicht zu sagen: »In der Partei gibt es Stimmungen, die vom Anti-Adenauer- und Anti-Amerikanismuskomplex zu einer wohlwollenden Betrachtung der Sowjetunion kommen.«[44] In einer außenpolitischen Grundsatzrede vier Tage vor Ablauf des Ultimatums stellte er dennoch fest, dass ohne oder gegen die Vier Mächte eine Wiedervereinigung nicht möglich sei. Erst die Entscheidung, wie das wiedervereinigte Deutschland aussehen solle, sei Sache der Deutschen. Den gängigen Vorwurf der »Frontpsychose« nahm er auf: »Wer in der Feuerlinie steht, schätzt gerade deshalb die Lage realistisch ein.«[45] Immer noch und immer wieder und vielleicht jetzt erst recht, da seine größte Sorge einem kalkulierten sowjetischen Druck galt, wollte er, dass der Westen sich rührt. Er verlangte Beweglichkeit, aber ohne Schwächung der eigenen Position.

Der höfliche Ton fiel ihm umso leichter, als die Zeit, was

die Partei anlangte, für ihn arbeitete. Seine Macht in Berlin war unangefochten, und im deutschen Westen wuchs die Zahl der Gesinnungsfreunde mit dem Druck der Erneuerer. Der Programmparteitag wurde für den November 1959 nach Bad Godesberg einberufen. Die Debatte zog Kreise und entwickelte ihre eigene Dynamik. Wehner nahm den Deutschland-Plan vom Tisch und sprang drei Wochen vor Ankunft auf den Godesberger Zug auf. Er sagte, dass »diese anderen doch siegen würden« und suchte Anschluss an den starken Mann aus Berlin, mit dem er laut Zeitungsbericht »eine Achse« bildete. Klaus Schütz meinte zu Recht, Wehner sei ursprünglich »nicht ein Freund unseres Kurses« gewesen.[46] Doch wer fragte danach, wenn Wehner sich, den Apparat und die Truppen einbrachte. W. B. hatte in Berlin gelernt, dass Popularität ohne Verankerung im Parteiapparat nicht trägt. In der Organisation der Bundespartei aber war er nicht verankert. Wenn Wehner, der den Apparat personifizierte, den Mangel wettmachte, umso besser. Ohne diese kurzzeitige Achse jedenfalls wäre das große Godesberger Versöhnungsfest kaum vonstatten gegangen. Der Parteivorsitzende Ollenhauer freute sich, dass die Berliner aktiv an der Gestaltung mitgearbeitet hätten und »die Sozialdemokratie in Berlin und in der Bundesrepublik nicht nur formal und organisatorisch, sondern auch geistig und politisch eine Einheit ist«. W. B. fiel es nun seinerseits leicht, auf die Partei zuzugehen und ihr wider besseres Wissen, aber mit taktischem Gespür für die Unterstützung im Kampf um Berlin zu danken.[47] Er war kein Rechthaber und wollte nie das letzte Wort haben. In der Sache so weit gekommen zu sein erfüllte ihn mit stiller Freude. In Stockholm, in seiner Auseinandersetzung um die SED und ausführlich in seiner Berliner Rede 1949 hatte er die Elemente skizziert, die jetzt dem Programm zugrunde lagen. Und Erfolg haben konnte und wollte er nie gegen, sondern nur mit der Partei.

Godesberg beinhaltete die Erkenntnis, dass die SPD Teil dieses Staates geworden war. Das Ja zur Landesverteidigung war darin ebenso eingeschlossen wie das Nein zur zentralen Verwaltungswirtschaft. Eine Partei, die in der offenen Gesellschaft der Bundesrepublik wirken wollte, konnte sich nicht mehr abschließen und musste selbst zum weltanschaulichen Pluralismus verpflichtet sein. Die SPD verzichtete auf letzte Wahrheiten und letzte Ziele und verstand sich als Volks- und Reformpartei. Aber niemand, auch der leidenschaftlichste Erneuerer nicht, auch W. B. nicht, hätte darüber die Arbeiterpartei vernachlässigt. Am Ende der fünfziger Jahre ging es der Industriearbeiterschaft besser denn je zuvor, sie machte immer noch ein knappes gesellschaftliches Drittel aus. Ihr Selbstgefühl war nirgends angekratzt. Die Volkspartei SPD wollte wählbar werden für das Bürgertum und wählbar bleiben für die Arbeiterschaft. Auch das Godesberger Programm gründete in der Industriegesellschaft, die geprägt war vom Glauben an den Fortschritt, den Fortschritt durch friedliche Nutzung der Atomenergie eingeschlossen. Die Kürze des Programms und die Einfachheit seiner Sprache sind Spiegelbild einer Welt, die überschaubar ist, erfassbar, gestaltbar. W. B. hat das intellektuelle wie literarische Verdienst am Godesberger Programm Willi Eichler zugewiesen, die Durchsetzung Erich Ollenhauer. Er gab der Partei das Gefühl, trotz des Programms noch immer dieselbe zu sein.

Außenpolitische Richtlinien hielt das Programm nicht bereit. Dennoch wirkte es wie eine Auflassung zur Revision gerade der Außenpolitik. Die Ausrichtung entlang der Berliner Linie schien umso dringlicher, als im Frühsommer 1960 über die Kanzlerkandidatur bereits entschieden war. Alfred Nau, der 1933 die Parteikasse vor den Nazis gerettet hatte und sie über das Stuttgarter Revirement hinaus verantwortete, war vor dem Nominierungsverfahren in Berlin erschienen und hatte, im Benehmen mit Ollenhauer, W. B. die Kandidatur angetragen. Der hatte sich durch die Berliner Abwehrschlacht, auch durch seinen Wahlsieg in der Stadt einen solchen Namen gemacht, dass kein Weg an ihm vorbeiführte. Nun kam alles darauf an, die Außenpolitik der SPD der Linie ihres Kandidaten aus Berlin anzupassen. Eine Aufgabe, der sich Herbert Wehner, stellvertretender Partei- und Fraktionsvorsitzender, sofort verschrieb. Im Vollzug politischer Wendungen geschult und unbekümmert um seine gegenteiligen Aussagen im Deutschland-Plan, pries er die SPD nun als loyalen Partner und Freund des Westens. Er billigte die Westverträge, die Zugehörigkeit Berlins zum Bund und die kompromisslose Abwehr sowjetischer Bedrohung. Und er beschwor die Gemeinsamkeit mit der Union. Um seinen Aussagen Glaubwürdigkeit zu verleihen, berief er sich mehrfach auf die jahrelange Politik W. B.s und dessen Berliner Koalition mit der CDU.[48]

»Wir wollen nicht alles ändern, sondern vieles besser machen«, unter dieses Motto stellte W. B. die Rede, die er auf dem Nominierungsparteitag, November 1960, in Hannover hielt. Seine Verbündeten, Wehner, Erler, Carlo Schmid, wie seine Ratgeber, Schütz, Egon Bahr und Helmut Schmidt in sicherheitspolitischen Fragen, hatten ihn in der Absicht bestärkt, der Partei die Grenzen aufzuzeigen. Er mutete ihr viel zu, weil er ihrer Gefolgschaft sicher war: Der Bundeskanzler sei dem Parlament und damit dem Volk verantwortlich und werde nicht »der Willensvollstrecker der Partei« sein.[49] Die Delegierten spendeten begeistert Beifall, aber bei der Vorstandswahl verpassten sie ihm einen Denkzettel. Zum Abschluss des Parteitages ließ der gekürte Kanzlerkandidat das Deutschlandlied singen. Als es verklungen war, stimmte auf der Tribüne Martha Ollenhauer, die Gitarre im Arm, zu W. B.s blankem Entsetzen das Lied der Arbeiterbewegung an: »Wann wir schreiten Seit' an Seit'«. Die alte Partei sang mit. Ein letztes Mal, bevor ein Jahrzehnt später eine neue Generation nicht nur diesen alten Brauch wieder aufwärmte.

Das Motto, vieles einfach nur besser machen zu wollen, war das Zeichen für die Wählbarkeit. Es entsprang aber auch W. B.s Überzeugung für den Kurs im Inneren; er war kein

Umstürzler und nicht einmal ein großer Veränderer. Und im Äußeren? In Berlin hatte W. B. die Bindung an einen starken Westen selbst betrieben. Insoweit musste Kontinuität nicht erst betont werden. Doch reichte sie ihm längst nicht mehr. Das Ultimatum war abgelaufen, die sowjetische Bedrohung aber geblieben. Schon im Jahr zuvor, auf dem Godesberger Programmparteitag, hatte er die Lage in Berlin und im geteilten Deutschland als »fast hoffnungslos« bezeichnet und hinzugefügt, es komme auf einen »Ausweg« an. Denn ausweglose Situationen gebe es nicht. Hitler habe nicht an die Macht kommen müssen, und die Spaltung habe nicht »versteinert« werden müssen.[50] Dieser Versteinerung wollte er wehren, umso mehr als die atomare Rüstung auch der Sowjetunion ins Bewusstsein drang. Wie also dem Teufelskreis entrinnen, wenn Krieg kein Mittel mehr sein durfte?

Trotz der sowjetischen Aggression, der zu begegnen er so entschlossen war wie eh und je, dachte W. B. weiter. Wenn alles blieb, wie es war, mit immer neuer Bedrohung, würde es eine Frage der Zeit sein, bis jedenfalls die Amerikaner genug davon hätten. Jetzt, im November 1960, Kennedy ist gerade zum Präsidenten gewählt, bringt er seine Gedanken zum ersten Mal auf den Punkt. Schon früher hatte W. B. das deutsche Volk gemahnt, selbst um die Wiedervereinigung zu ringen. Auf wen sonst sollte es ankommen? Solche Töne aber waren immer nur leise angespielt worden. Jetzt erklangen sie laut und vernehmlich. Eine neue Politik schien ihm dringlicher denn je. Immerhin war seit der Blockade mehr als ein Jahrzehnt vergangen, und die Lage verschlimmerte sich immer noch. Nun da die Amerikaner selbst fanden, vor dem Hintergrund sowjetischer Aufholjagden, es sei Zeit für den Wandel, fühlte sich W. B. ermutigt, frei, zu erklären: »Es ist das Problem, den Status quo militärisch zu fixieren, um die notwendige Bewegungsfreiheit zu bekommen für die politische Überwindung des Status quo. Wir brauchen, ohne dass es unsere Sicherheit gefährdet, Raum, um die politischen Kräfte zur Wirkung zu bringen, um den Immobilismus und den ideologischen Grabenkrieg zu überwinden. Ich weiß mich hier in Übereinstimmung mit dem neugewählten amerikanischen Präsidenten John F. Kennedy.« Bewegungsfreiheit hieß für ihn die Freiheit, auf den Osten einzuwirken. Er verwahrte sich wieder und wieder gegen einseitige Machtveränderungen durch den Sowjetblock und wollte doch »jede Auseinandersetzung außer der des Krieges« möglich machen. Er scheute sich nicht, von einer neuen weltpolitischen Phase zu sprechen, und verlangte einen deutschen Beitrag. In Berlin sei zu lernen gewesen, dass »wir keine Furcht mehr zu haben brauchen vor dem Kommunismus als Ideologie«. Deshalb müsse man die Herausforderung annehmen: »Wir können uns eine selbstbewusste Ostpolitik leisten.«[51]

Seit einer Diskussion mit amerikanischen Senatoren, darunter dem jungen Senator Kennedy aus Massachusetts, war W. B. beeindruckt, wie in Washington diskutiert wurde – intelligent, offen, auf der Höhe der Zeit. Die Erwartungen, die er an das erste Treffen mit dem Präsidenten knüpfte, wurden noch übertroffen. Schon an jenem 13. März 1961 stellten sie eine gewisse Sympathie fest und jedenfalls einen Gleichklang der Ansichten; der Präsident war nur vier Jahre jünger als der Bürgermeister. Die Welt stand im Begriff sich zu wandeln, unvermeidlich, einschneidend. Sie hatten beide den Willen, diesem Wandel nachzuhelfen, und die Vision, von der Wende zum Neuen, vielleicht sogar Besseren zu künden. Äußere Grenzen würden erweitert und innere Grenzen aufgehoben werden. Wer den Aufbruch begleitet, weiß nie, wohin er führt.

Am Beginn jener sechziger Jahre macht Andy Warhol gerade Ernst mit dem Diktum des Jahres 1913 – Alles kann Kunst sein – und passt es den neuen technischen Möglichkeiten ein: Das Medium und die Malerei gehen ineinander auf. Die Wiederholung schafft erst Gewöhnung und dann Überdruss. Dem Porträt raubt sie die Einzigartigkeit und die Substanz. Seine Stilleben künden vom Konsum und der unendlichen Vermehrbarkeit wie dem morbiden Charme seiner Produkte, der gegenständlichen wie der lebendigen. 1961 werden die ersten Porträts der Campbellschen Suppenbüchsen realisiert. Ein Jahr später stirbt Marilyn. Mit dem Instinkt des Nekrophagen setzt Warhol ihr Foto in Serie und schafft die erste Ikone der Pop-Art. Die Medien- und die Konsumgesellschaft sind erfasst, bevor sie Gestalt angenommen haben. Kennedy und W. B., Männer eines epochalen Übergangs, ragen in sie hinein und werden ihre dankbaren Objekte. Davon ahnt W. B. nichts, als Andy Warhol 1976 in Bonn erscheint, erst ein Polaroid aufnimmt und daraus dann vier schöne Porträts zaubert, drei mit, eines ohne Zigarette. Pop-Art meets Politics.[52]

W. B. fühlte sich wohl in Washington, zumal im Weißen Haus. Man rechnete ihm hoch an, dass er die kleinliche deutsche Gewohnheit, nach immer neuen Garantien zu rufen, nicht an sich hatte. Seinerseits schätzte er die amerikanische Art knapper Fragen und Antworten, nicht an Formalien, sondern Inhalten ausgerichtet. Zu McGeorge

Einverständnis in Berlin
(1963)

Bundy, dem Sicherheitsberater, und den engen Mitarbeitern des Präsidenten, Schlesinger, Salinger, Sorensen, knüpfte er freundschaftliche Bande. Kennedys Kunst der Rede hatte es ihm angetan. Er wusste, dass jede Rede ausgearbeitet war, je spontaner sie wirken sollte, desto gründlicher. Der Präsident selbst erzählte, Ted Sorensen, seinen genialen Redenschreiber, nach dem Geheimnis der Wirkung befragt zu haben, die Abraham Lincoln mit seinen Reden erzielte: As simple as possible. Die Inszenierung war dem Amerikaner so wenig fremd wie dem Deutschen. Aber es war die Inszenierung des Wortes, die sie betrieben und mit der sie wirkten. Und hinter dem Wort, das zwischen dem Präsidenten und dem Bürgermeister gewechselt wurde, stand immer noch die Sache. Sie hatte einen Namen – Berlin – und eine Bedeutung – Entspannung.

Kennedys Desaster in der Schweinebucht hatte Chruschtschow zu dem Glauben verleitet, der junge Präsident sei schwach. Auf dem Wiener Gipfel, 3. und 4. Juni 1961, drohte der Kremlchef, den separaten Friedensvertrag mit der DDR abzuschließen und West-Berlin von der Bundesrepublik abzuschneiden. Die Flüchtlingszahlen schnellten in die Höhe; seit 1950 waren zweieinhalb Millionen Deutsche von Ost nach West übergesiedelt. Der Präsident hielt ernste Reden und erhöhte die Mittel für die Streitkräfte. Er rechnete mit der Abriegelung nicht des Ostsektors, sondern des Westteils der Stadt. Seine Nachrichtendienste hatten ihm kein anderes Signal übermittelt. W. B. war getrieben von der Sorge, der Vier-Mächte-Status erstrecke sich nur noch auf den Westteil der Stadt, und versuchte, das Gesetz des Handelns durch politische Initiativen, auch durch Vorschlag eines gesamtdeutschen Friedensvertrages, zurückzugewinnen. Die Bundesregierung aber beharrte auf dem Status quo; im Wahlkampf gegen W. B. sollte Berlin gar nicht erst thematisiert werden. Auf dem Weg zum Deutschlandtreffen der SPD in Nürnberg machte er am 11. August in Bonn Station. Gemeinsam mit seinem Stellvertreter von der CDU,

Bürgermeister Amrehn, wies er den deutschen Außenminister auf den Ernst der Lage hin; Maßnahmen zur Unterbindung des Flüchtlingsstroms seien zu erwarten. Heinrich von Brentano war ahnungslos; Gedanken zur Abwehr der Gefahr hatte er nicht. Auf dem Marktplatz in Nürnberg sagte W. B. am Nachmittag des 12. August, dass allein in den vergangenen 24 Stunden zweieinhalbtausend Flüchtlinge nach West-Berlin gekommen seien. Er hatte das Gefühl einer dramatischen Zuspitzung und gab ihm Ausdruck. Er ahnte, dass etwas geschehen werde.[53] Aber was? Und wann?

Den 13. August 1961 nannte W. B. »einen der traurigsten Tage« seines Lebens.[54] Damals und später immer wieder. Auch die ferne Erinnerung trieb ihm noch den Zorn ins Gesicht. Diese Ungeheuerlichkeit und diese Hilflosigkeit. W. B. hatte es immer vermieden, die Alliierte Kommandantur zu betreten; die Rollenverteilung von Besiegten und Siegern missfiel ihm. Jetzt ging er hin und stellte fest, dass sie keine Anweisungen ihrer Regierungen hatten. Es dauerte dreißig Stunden, bis alliierte Patrouillen aufmarschierten, und drei Tage, bis bescheidene Proteste eingelegt wurden. Solange dauerte es auch, bis die Mauer hochgezogen war.

Die Ungewissheit, was folgen würde, war grausam und nährte die Unruhe. Ein Funke hätte genügt, und die Spannung hätte sich gewaltsam entladen. Mit unabsehbaren Folgen. Der Erregung Ausdruck zu geben und doch zur Besonnenheit mahnen zu müssen, empfand W. B. als schwerste Aufgabe überhaupt. Jetzt und ein Jahr später wieder, als Peter Fechter, der flüchtende Bauarbeiter, niedergeschossen wurde und verblutete. W. B.s Rede vor dem Rathaus Schöneberg am 16. August 1961 enthielt eher ein Wort zu wenig als zuviel. »Noch niemals ist der Friede durch Schwäche gerettet worden. Es gibt einen Punkt, an dem man bekennen muss, dass man keinen Schritt mehr zurückweicht. Dieser Punkt ist erreicht.«[55] Brieflich erinnerte der Bürgermeister den amerikanischen Präsidenten an das Versprechen, Berlin nicht im Stich zu lassen. Es handele »sich um einen tiefen Einschnitt im Leben des deutschen Volkes und um ein Herausdrängen aus Gebieten der gemeinsamen Verantwortung, durch die das gesamte westliche Prestige berührt wird«. Er beschwor die Gefahr einer Vertrauenskrise zu den Westmächten. Das Ulbricht-Regime werde die abwartende Haltung als Zeichen der Schwäche deuten und einen Freibrief für weitere Übergriffe daraus ableiten. »Wir haben jetzt einen Zustand vollendeter Erpressung.« Nach der Hinnahme des illegalen sowjetischen Schrittes und angesichts der menschlichen Tragödien »wird uns allen das Risiko letzter Entschlossenheit nicht erspart bleiben. Es wäre zu begrüßen, wenn die amerikanische Garnison demonstrativ eine gewisse Verstärkung erfahren könnte. Ich schätze die Lage ernst genug ein, um Ihnen, verehrter Herr Präsident, mit dieser letzten Offenheit zu schreiben, wie sie nur unter Freunden möglich ist, die einander voll vertrauen«.[56]

Kennedy war erbost über den Ton des Briefes. Immerhin schickte er umgehend eine Kampfgruppe mit 1500 Soldaten. Und er schickte den Vizepräsidenten, der am 19. August seine Antwort überbrachte: Die Grenzschließung könne nur durch Krieg rückgängig gemacht werden.[57] Der Besuch Lyndon B. Johnsons rettete die Stimmung in der Stadt. General Clay, seit der Blockade die lebende US-Garantie, würde im Auftrag des Präsidenten ein Jahr lang in der Stadt bleiben. Am 1. Mai 1962 sprachen der General und der Bürgermeister vor dem Reichstag, der gerade instand gesetzt wurde. 750 000 Berliner waren begeistert. Die Seele des Volkes zu streicheln, blieb vorrangig. Aber der Blick in die Zukunft war damit noch nicht geöffnet. Es hatte sich bestätigt, dass die Vereinigten Staaten ihren einstigen sowjetischen Alliierten nicht hinderten, im eigenen Machtbereich zu tun, was zu tun ihm beliebte, ihm jedoch jeden Anspruch auf West-Berlin verwehrten. In seiner Antwort auf die Regierungserklärung Adenauers erklärte W. B. am 6. Dezember 1961: »Die bisherige Wiedervereinigungspolitik ist gescheitert.«[58]

In der Bundestagswahl am 17. September hatten CDU und CSU die absolute Mehrheit verloren. Die SPD war auf 36,2 Prozent gekommen. Ein Plus von 4,4 Punkten war mehr, als unter den immer noch festgefügten Bindungen erwartet werden konnte. Zudem traf das demonstrative Desinteresse, das Adenauer dem Mauerbau und der nationalen Frage entgegenbrachte, die Stimmung immer noch eher als das Frontstadtbewusstsein, das W. B. verkörperte und verkörpern wollte, solange zwischen Ost und West Entspannung nicht gegriffen hatte. Die Spaltung Berlins und Deutschlands war schließlich nicht die Ursache, sondern die Folge des Kalten Krieges. Auf dessen Ende aber musste auch im kleinen hingewirkt werden. Wozu sonst würde deutsche Politik gemacht! Er verabscheute den Formalismus und den Immobilismus in Bonn. Schon in seiner Parlamentsrede im Dezember 1961 hatte W. B. gewarnt, die gescheiterte Wiedervereinigungspolitik den Vereinigten Staaten anzulasten. Er wusste, wie in Bonn über die Amerikaner gelästert wurde, und mahnte: Von den Freunden sei nicht zu erwarten, »dass sie sich den Kopf mehr zerbrechen, als wir es selbst tun.« Er bezog sich auf den Präsidenten, der gesagt hatte, dass gegen den Willen der Sowjetunion die Wiedervereinigung nicht erreicht werden könne, und folgerte daraus, dass wir uns »um eine Verbesserung der Beziehungen zur Sowjetunion zu bemühen« hätten. Er nannte eine solche Verbesserung zunächst aussichtslos und fand doch, dass man sich nicht täuschen lassen dürfe: »Die gegenwärtige Krise überlagert nur unsere Aufgabe, mit der Großmacht im Osten in ein Verhältnis zu kommen, das uns im vollen Einvernehmen mit unseren Verbündeten der Lösung der deutschen Frage auf dem Boden des Selbstbestimmungsrechts näher führt.«[59]

Dreiviertel Jahr später, Anfang Oktober 1962, als sich die Krise in Kuba zuspitzte und der Präsident ihn im Weißen Haus mit dem Ernst der Lage vertraut machte, hielt W. B. Vorlesungen in Harvard. Unter dem programmatischen Titel »Koexistenz – Zwang zum Wagnis« wurde die Summe

Die Vermessung des Himmels

Adenauers Reaktion auf den Mauerbau.
Plakat für die Bundestagswahl (1961)

der Berliner Erfahrungen gezogen und eine künftige deutsche Außenpolitik daraus abgeleitet.[60] Die Stärke und die Einigkeit des Westens ebenso wie die amerikanische Führung galten ihm als Voraussetzung jeder aktiven, gerade auch jeder aktiven deutschen Politik; die allerdings mahnte er umso entschlossener an, als Washington dazu ermutigte.

In Harvard umriss W. B. die »Koexistenz in Ost und West« wie die »Koexistenz in und mit Deutschland«. Und er gab eine »westliche Antwort« in Gestalt der europäischen Einigung. Er unterstrich, dass die deutsche Teilung Ausfluss der »dem Kriege folgenden Ost-West-Spannung« sei, und folgerte, dass die Selbstbestimmung nicht nur das nationale Recht der Deutschen sei, sondern auch den Frieden in der Welt sichern helfe. Er räumte ein, dass das deutsche Thema nicht bequem sei. »Aber die Welt hätte Grund zu ernsterer Beunruhigung über die Deutschen, wenn sie sich mit dem Zustand jenseits des Eisernen Vorhangs und der Mauer abfänden.« Er nannte Deutschland »die schwächste Stelle des sowjetischen Einflussbereichs« und forderte Selbstbewusstsein und eine »permanente Offensive«. Dazu zählte er nun auch »eine gewisse Normalisierung des deutschen Verhältnisses zu Polen« und zu anderen osteuropäischen Staaten. Er bezweifelte, ob man es »allein dem Ulbrichtregime überlassen darf, dort im allzu oft missbrauchten deutschen Namen zu sprechen«, und sah ein legitimes Interesse, »das Bild über Deutschland mitformen zu helfen«. Trotz des Gewichts, das er Polen und Osteuropa zumaß, wusste er auch 1962 schon, dass Bewegung in die Fronten nur mit der Sowjetunion zu schaffen sei: »Wir haben unseren Beitrag zu einer Entwicklung zu leisten, in deren Verlauf die Sowjetunion eines Tages erkennen wird, dass es besser ist, mit 70 Millionen Deutschen verträglich auszukommen, als einige wenige Freunde zu haben, die nur vorgeben, 17 Millionen Deutsche zu vertreten.«[61] Durch den Ausgang der Kuba-Krise fühlte sich W. B. ermutigt.

Am späten Abend des 22. Oktober 1962, wenige Augenblicke vor seiner Rede an die Nation hatte der Präsident die Regierungen befreundeter Staaten und den Regierenden Bürgermeister von Berlin unterrichten lassen. Die Welt stand am Abgrund. In seiner Rede nannte Kennedy die Verpflichtungen gegenüber Berlin zweimal. W. B. übermittelte sofort seinen Dank und setzte hinzu, dass der Weg richtig sei, zu dem der Präsident sich entschlossen habe. Das Risiko müssten wir sehen, und wir müssten bereit sein, die Konsequenzen zu tragen. Kennedy antwortete am Tag darauf: »Die Verwicklungen, die die Lage in Kuba mit sich bringt, gehen über unsere Hemisphäre hinaus, und die sich daraus ergebenden Entwicklungen werden wahrscheinlich bedeutsame Folgen für Berlin haben.« Deswegen sei des Bürgermeisters klare und eindeutige Haltung so erfreulich. W. B. bewunderte Kennedy für die äußerste Festigkeit und dafür, dass er unter den Bedingungen des atomaren Zeitalters »den mächtigen Gegenspieler nicht auf die Knie gezwungen« habe; den Weg für Verhandlungen sah W. B. geebnet.[62] Auch über Berlin. Auch über Deutschland. Gegen die Sowjetunion würde die Teilung nicht überwunden werden können.

Bewegung in die deutschen Dinge zu bringen setzte Entspannung zwischen den Weltmächten voraus. Und die Überzeugung, dass der Kommunismus und die kommunistischen Staaten nicht bleiben würden, was sie waren: »Es spricht viel dafür, dass die Enkel Chruschtschows sich möglicherweise noch Kommunisten nennen, aber in Wirklichkeit keine mehr sein werden.« Das deutsche Problem, so erkannte er nun, »hat eine weltpolitische Seite, eine europäische, eine der Sicherheit, eine menschliche und eine nationale«.[63] Dass keine Seite allein aufgeschlagen werden konnte, hatte sich ihm in aller Dringlichkeit beim Besuch des amerikanischen Präsidenten in Berlin, Juni 1963, mitgeteilt. Wenig später erhielt er jenen Brief, den er hütete:

»I tried in my various remarks in Berlin to make clear how deeply I was impressed by the welcome of the Berliners on June 26th, but to you I want to add a particular word of thanks not only for the extraordinarily good arrangements which were made under your direction, but also because of your immediate understanding of the meaning of the day. In all our talks in the last two and one-half years, I have been impressed by the degree to which we see these great issues alike... The day was memorable; your part in it was central; and I shall not forget your personal kindness to me throughout.«[64]

Vier Monate später versuchte der Regierende Bürgermeister, in die Trauerdelegation der Bundesrepublik Deutschland aufgenommen zu werden. Die Regierung war nicht geneigt und behauptete, die Amerikaner wollten die Zahl der Gäste begrenzen; sie luden ihn nun unmittelbar ein. An dem Empfang der Witwe im Weißen Haus nimmt W. B. nicht teil. Jackie, die ihn vermisst, lässt ihn ausfindig machen und zu sich rufen.[65] Am Abend sagt sie ihm unter vier Augen, was dem ermordeten Präsidenten der Besuch in Berlin gewesen sei und wie sehr er ihn, W. B., geschätzt habe. Sechs Wochen danach schreibt sie ihm von Hand: »In so many ways you are like my husband. Were not the two of you the only young men of your generation who were leaders in the West? Everywhere else old men who belong to the past.« Sie spottet über die Kritik, die W. B. wegen des weihnachtlichen Passierscheinabkommens erhalten habe, und versichert: »I know my husband would have done just what you did – because he cared about people – and so do you. The other people just care about facts – and they are not human.« Sie erinnert an die Worte in Berlin, blickt zurück und voraus: »Now he is gone – and it is so awful. I know there will never be anyone like him to lead our country. I hope that you will someday be the voice of your generation, and of the West, and lead your country as he led his.«[66] Am Jahrestag des Besuchs in Berlin widmete sie ihm das Buch mit Kennedys Reden – »The Burden and the Glory«.

Das Programm für die Außenpolitik steht und wird in immer neuer Form und mit immer gleichem Inhalt verkün-

Die Vermessung des Himmels

THE WHITE HOUSE
WASHINGTON

Kennedy

July 23, 1963

Dear Mayor Brandt:

On my return from Europe, my desk was crowded, and I am slow in finding an opportunity to write to thank you for my stay in Berlin. I have wanted to wait until I could get time to thank you as that day deserves.

I tried in my various remarks in Berlin to make clear how deeply I was impressed by the welcome of the Berliners on June 26th, but to you I want to add a particular word of thanks not only for the extraordinarily good arrangements which were made under your direction, but also because of your own immediate understanding of the meaning of the day. In all our talks in the last two and one-half years, I have been impressed by the degree to which we see these great issues alike, and I had this conviction confirmed again in reading your kind and thoughtful statement of July 5 about our day together in Berlin.

The day was memorable; your part in it was central; and I shall not forget your personal kindness to me throughout.

Sincerely,

[Signature: John F. Kennedy]

The Honorable
Willy Brandt
Governing Mayor
Berlin

Dankesbrief aus dem Weißen Haus
(1963)

Die Vermessung des Himmels

> January 3 1964
>
> Dear Mayor Brandt
>
> I was so touched by your letter – How fortunate it was that we could meet at my husband's funeral – How nearly we might have missed that chance
>
> In so many ways you are like my husband – Were not the two of you the only young men of your generation who were leaders in the West? Everywhere else old men who belong to the past
>
> I have been reading about how you negotiated so that the people of west Berlin could visit East Berlin at Christmas. And some people criticized you – saying it was a recognition of the Communist regime. I know my husband would have done just what you did – because he cared about people – and so do you. The other people just care about facts – and they are not human.
>
> How strange it is – sometimes I think that the words of my husband that will be remembered most – were words he did not even say in his own language "Ich bin ein

Jacqueline Kennedy blickt zurück und voraus (1964)

Die Vermessung des Himmels

Berliner" – And because the Germans understood through him – that the United States was committed to them. I am so proud – and grateful that at least he had the chance to do that.

Please know, dear Mayor Brandt, that I would love to come to West Berlin someday – and just see the place he spoke from. I will not leave this country for a year or do anything public. Then I do not know what my plans will be. But I must come someday, and I would like you to take me to that place – which you have named after him.

Now he is gone – and it is so awful – I know there will never be anyone like him to lead our country. I hope that you will someday be the voice of your generation, and of the West and lead your country as he led his –

I do send you my deepest gratitude, for all the honor you have done him, and for all your kindness to me

Sincerely
Jacqueline Kennedy

det. Der SPD, die zur Reformpartei geworden ist, winkt, wenn nicht die Macht, so doch die Teilhabe an der Macht. Vor der Bundestagswahl 1965 bekennt sich W. B. zum wissenschaftlichen und technischen Fortschritt und zu einer Politik, die »aus der Mitte des Volkes heraus« gemacht wird. Er will »alle aufbauenden und unverbrauchten Kräfte« im Volk wecken und zusammenführen und »gleiche Chancen für alle« schaffen.[67] Mit diesem Bekenntnis, das ihn bis in die Wortwahl hinein durchs Leben begleitet, das er aber nie durchbuchstabiert, lässt er's genug sein.

Die Macht strebt er um »einer mutigen Politik« willen an. Und die gilt es nicht im Innern zu führen, sondern im Äußeren. Seine außenpolitischen Ziele verfolgt er unbeirrt von innenpolitischen Wechselfällen. Was ist mutig? »Nationalbewusstsein« und ein eigener verantwortlicher Beitrag zum Frieden – »als erwachsener Partner, als verlässlicher Verbündeter, als ein Land mit Selbstvertrauen und Stolz«. Ein solches Land zeige weder mit dem Finger auf andere, auch in Vietnam nicht, noch spiele es den Musterschüler, »der jeweils nickt, wenn der amerikanische Präsident sich räuspert«. Er fordert das Gespräch mit der Sowjetunion, den Ausgleich mit den östlichen Nachbarn und menschliche Erleichterungen in Deutschland. »Die Wunden unserer Nation können nicht geheilt werden mit Autos und Kühlschränken.« Solange die Teilung anhält, werde man geduldig um Kontakte mit den Menschen im anderen Teil Deutschlands ringen – ohne Anerkennung des Zonenregimes und damit der Teilung: »Die Menschen beider Teile Deutschlands dürfen sich nicht aus den Augen, nicht aus dem Sinn verlieren.« Alle Politik sei »nichts wert, wenn sie nicht dazu dient, den Menschen im Rahmen des Möglichen das Leben leichter zu machen«. Doch müssten kleine Schritte an großen Zielen gemessen werden: Nationalbewusstsein »heißt Ja zu Deutschland«. Er verabscheut die Rufe nach der offenen Wunde, die nicht behandelt werden dürfe. Er zieht die Summe seiner Berliner Jahre seit 1948 und leitet das Programm für spätere Bonner Jahre daraus ab: »Fest gegen Drohungen, taub gegen Lockungen, aber nicht erstarrt im bloßen Anti.« Aber hat er nicht schon während des Chruschtschow-Ultimatums gesagt, dass Festigkeit nicht dasselbe ist wie Starrheit?[68]

In die Berliner Erfahrungen spielten die Passierscheine hinein. Nach dem triumphalen Vertrauensbeweis im Februar 1963 – in der Stadt 61,9 und im eigenen Weddinger Wahlkreis 75 Prozent – hatte sich W. B. stark genug gefühlt, eine Regelung herbeizuführen, die den Westberlinern den Verwandtenbesuch ermögliche. Zu Weihnachten 1963, nach 28 Monaten der Trennung, öffneten trotz Kälte und bürokratischer Nötigung 1,2 Millionen Berliner den winzigen Mauerspalt und gingen in den Ostteil der Stadt. Die Passierscheine wurden von Fall zu Fall neu verhandelt und standen immer auf der Kippe. Mehrfach gab der Regierende Bürgermeister seinem Unterhändler die Order, bei einer neuen Zumutung »Schluss« zu machen. Von Ulbricht hieß es, er befürchte eine »Aggression auf Filzlatschen«, und so war W. B. wenig überrascht, als Ostberlin 1966 die salvatorische Klausel – keine Einigung über Statusfragen – kassierte. Kleine Schritte auf kurzem Wege, so die Lehre, führten in eine Sackgasse. Ohne Macht in Bonn keine mutige Politik, auch in Berlin nicht. Fünf lange Jahre, bis 1971 im Berlin-Abkommen die Verhältnisse geregelt wurden, öffnete sich in der Mauer nicht einmal mehr ein Spalt.

1962 hatte Waldemar von Knoeringen das Amt des stellvertretenden Parteivorsitzenden schon wieder abgegeben. Er hatte Heimweh nach München, und vor allem sah er sich nicht in der Lage, mit Wehner zusammenzuarbeiten. Ollenhauer kam nun auf W. B. zu und forderte ihn auf, den Posten zu übernehmen. Die Spannungen des Übergangs hatten sich gelegt und einem Miteinander Platz gemacht. Ollenhauer ahnte nicht, die Ursache dafür gewesen zu sein, dass sich auch im Verhältnis zwischen Wehner und W. B. ein erster deutlicher Riss aufgetan hatte. Am Vorabend der 61er

Wahl war Wehner, unter vier Augen, das Wort herausgefahren: Der muss weg. W. B. zuckte zusammen: Das ist nicht die Sprache der Sozialdemokratie. Er sagt Nein und weiß im gleichen Augenblick, dass Wehner ihn von nun an für einen Feigling hält.

Den hundertsten Geburtstag der SPD im Mai 1963 feierte Ollenhauer im Gefühl, die Partei stehe an der Schwelle zur Regierungsverantwortung. Bald darauf wurde er krank. Erich Ollenhauer starb am 14. Dezember 1963. Auf einem außerordentlichen Parteitag zwei Monate später wurde W. B. zum Vorsitzenden gewählt. Seine einzige Bedingung war, das Amt in Berlin, das einer nationalen Aufgabe gleichkam, beizubehalten. Der Parteiapparat, den Wehner längst fest im Griff hatte, war kein Selbstzweck und kein Herrschaftsinstrument. Er baute auf die Wirkungskraft des Vorsitzenden. Und dass die Organisation ihn hindern könnte, der Partei das Gesicht zu geben, das er ihr geben wollte, fürchtete er nicht. W. B. wollte die Partei prägen und mit ihr das Land. Eine Umwälzung im Innern hatte er nicht im Sinn; er würde alles tun, um Vorrechte, die in Geburt und Besitz wurzeln, zu beschneiden und allen gleiche Chancen zu ermöglichen. Die Gemeinschaftsaufgaben, die er 1961 keineswegs nur aus taktischen Gründen propagiert hatte, hielt er weiterhin hoch. Aber sie erfüllten ihn nicht und trieben ihn nicht um. Im Sinn hatte er außenpolitische Gestaltungsmacht. Auch insoweit war die Wahl dieses Vorsitzenden ein Novum in der Geschichte der SPD.

Was hieß Außenpolitik für W. B.? Sie war das Streben nach Frieden, das seinen Grund in sich hatte, und das Mittel zum Zweck, Bewegung in die erstarrten deutschen Fronten zu bringen. Bewegung setzte den Willen zum Frieden voraus und damit den Verzicht auf Gewalt. Bewegung musste sein. Stillstand würde die Teilung versteinern, vertiefen, unüberwindbar machen. Das Bild des einen und freien Deutschland trug er in sich. Jetzt war die Zeit, es sichtbar zu machen und zu versöhnen mit jenem anderen

Bild, dem die Mehrzahl seiner Landsleute verhaftet war. Anlässlich des Volkstrauertages 1964 rief er in der Deutschen Oper auf, die eigene Geschichte zu tragen »und uns im Guten wie im Bösen zu ihr zu bekennen«. In den fast zwanzig Jahren seit dem Krieg sei manches versäumt und auch verdrängt worden. »Aber es ist Zeit, dass dieses Volk sich mit sich selbst und seiner Geschichte versöhnt.« Er weigerte sich, wie er sich gleich nach dem Krieg geweigert hatte und wie er sich immer weigern würde, »Tote und Tote« zu unterscheiden. Er gedachte der Toten beider Kriege, der Gaskammern, der Teilung. Später, als Außenminister und Bundeskanzler, prägte er die Formel vom Gedenken an die Opfer der Kriege und der Gewaltherrschaft. Jetzt, am Ende des Jahres 1964, als er jenseits der durch die Verbrechen gezogenen Grenze Versöhnung zwischen Nazis und Antinazis anmahnte, warf eine neue Front Schatten voraus. Zu einem neuen Meinungsbild hatten der Auschwitz-Prozess in Frankfurt und der Eichmann-Prozess in Jerusalem beigetragen. Zum ersten Mal wandte sich W. B. gegen die These von der Sühne: »Wir wissen, dass die Zerrissenheit dieses Landes ein Ergebnis des zweiten Weltkrieges ist. Aber ich weigere mich zu sagen, dass die Mauer und die Toten der Mauer und der blutenden Zonengrenze eine Sühne für vergangene Schuld darstellen.«[69] 1989 blieb er genau dieser Überzeugung treu.

Seine Art, um die innere Aussöhnung zu werben, half ihm wenig. Die Kübel, die im Wahlkampf 1965 über W. B., den Antinazi, ausgeschüttet wurden, waren so schmutzig wie vier Jahre zuvor. Damals hatte Strauß gefragt, wo W. B. zwölf Jahre lang gewesen sei. Jetzt arbeiteten NPD und CSU an einem Bild, das sich längst verselbständigt hatte: antideutsch, weil Norweger in Uniform; kommunistisch, weil Rotfrontkämpfer in Spanien; unseriös, weil den Namen gewechselt. Und für den Fall, dass die Mischung nicht hinreichend explosiv war, wurde W. B., wie immer in solchen Fällen, ein unsittlicher Lebenswandel angehängt.[70] Der Boden war immer noch fruchtbar, generationsbedingt, und sei es nur, weil man nicht daran erinnert werden wollte, auch selbst gegen Hitler gewesen sein zu können.

Die Wirkung der Kampagne auf das Wahlergebnis 1965 war in Zahlen nicht zu messen. Die SPD gewann wiederum hinzu, 3,1 Prozentpunkte, und rückte nahe an die Vierzig-Prozent-Marke heran. Doch sie hatte sich mehr erhofft. Erhard, der erst nach der Wahl ins Stimmungstief rutschte, konnte weiter regieren. Die Wirkung der Kampagne auf W. B. ist weder gemessen noch ermessen worden. Alle Erklärungen, Appelle, Prozesse, die er gewann, nutzten nichts. Er meinte, seinem Volk den eigenen Lebensweg nicht erklären zu können und seine Partei insoweit nicht länger beschweren zu sollen. Er schwor, sich einer solchen Kampagne nicht mehr aussetzen zu wollen, und wusste doch, dass der Wunsch der Vater des Gedankens war: »Ich gebe zu, ich bin nicht unversehrt aus dieser Kampagne herausgekommen.« Seine Nachsicht war so groß wie seine Resignation. Den eigenen Lebensweg konnte er seinem Volk nicht erklären. Was blieb einem wie ihm anderes als der Rückzug? Er erklärte, »Anwärter« auf das Amt des Bundeskanzlers nicht mehr sein zu wollen.[71]

Einen Rückzug führte W. B. immer nur so weit, wie es zur Selbstfindung nötig war, und nie über die Grenze hinaus, die der homo politicus zog. Er blieb Bürgermeister in Berlin, auch Parteivorsitzender und dachte nicht daran, etwas zurückzunehmen »von dem, was wir im Wahlkampf vertreten haben«. In seiner ersten Rede nach der Wahl äußerte er wieder diese eine Sorge – »die Sorge vor der Erstarrung der deutschen Teilung«. Und verband sie wieder mit der »Sorge vor dem Zurückbleiben der Bundesrepublik Deutschland hinter der internationalen Entwicklung«.[72] Die hohe Zeit des Kalten Krieges war vorüber, und er wusste, dass die Vereinigten Staaten trotz Vietnam ihr Verhältnis zur Sowjetunion zu entspannen suchten.

Der Zusammenhang zwischen Reformpartei und Außenpolitik blieb bestehen. Die Reformpartei durfte keinen Schaden nehmen. IG-Metall-Chef Otto Brenner, dem schon die Godesberger Wende nicht gepasst hatte und der den verfehlten Wahlsieg mangelnder Gewerkschaftstreue zuschrieb, wurde von W. B. kühl beschieden: »Eine Identifizierung mit der ›Politik der Gewerkschaften‹ stößt dann auf Schwierigkeiten, wenn diese mit der ›Politik der Partei‹ nicht auf einen Nenner zu bringen ist.«[73] Dass die Reformpartei keine Gewerkschaftspartei sein konnte, hatte er schon deutlich gemacht, als er 1960 die nationale Bühne betrat. Den selbstbewussten Ton schlug er umso leichter an, als der soziale und ideelle Zusammenhalt der Bewegung noch nicht in Frage stand.

Wer in der Arbeiterbewegung groß geworden war und den Fortschritt immer mit ihr verbunden hatte, konnte nicht darauf kommen, dass eine Umwälzung von Leuten getragen und betrieben wurde, deren Wurzeln kaum zu orten waren. Ein epochaler Bruch, wie er sich in den sechziger Jahren in allen Industrienationen auftat, wurde von den Zeitgenossen vielleicht erahnt, aber nicht erfasst. Die Gesellschaft, die in Mikroelektronik, Medienmacht und materieller Sicherheit gründete, die hierarchische Strukturen ebenso wie kollektive Bindungen der Industriegesellschaft aushöhlen sollte, zeichnete sich, wenn überhaupt, erst in Umrissen ab. Es bedurfte der Fähigkeit, hinter die Fassade der Provokateure und Gewalttäter zu sehen, um nicht sofort in Abwehr zu verfallen und darin zu verharren. In Inhalt und Form waren die aufbegehrenden jungen Leute W. B. fremd. Und er weigerte sich, ihnen ein höheres Recht zuzubilligen. Den Vergleich mit seiner eigenen Jugend lehnte er ab, auch wenn er es nicht sagte. Wer hätte – welche Hybris – die Zeiten vergleichen dürfen. Im übrigen fand er das Begehren, Verkrustungen aufzubrechen und Vorrechte abzubauen, sympathisch, unabänderlich. Der Aufruhr war eine Tatsache. Vor der durfte man nicht weglaufen, der hatte man sich umso eher zu stellen, als es die Jugend war, die aufbegehrte. Das Schreckgespenst einer Partei ohne Jugend war immer noch gegenwärtig. Jenseits der Frage nach Recht und Unrecht des Protests ärgerte ihn der Gegenprotest, zumal in der eigenen Partei, der rückwärtsgewandt war, kraftlos, auch ohne intellektuelle Kraft, kaum über das Anti hinauskommend. Als ob man nur wollen und auf den Tisch hauen müsse, und die Zeit wäre wieder in den Fugen. Dieser innerparteiliche Gegenprotest gab erfolgreich vor, rechts zu sein. Und W. B., der Parteivorsitzende, der sich in langen Berliner Jahren als rechts verstanden hatte, rechts im Sinne von offen, undogmatisch, aktivistisch, war es von nun an nicht mehr. Dabei blieb er einer der Härtesten, wenn der Staat angegriffen wurde.

Dem »lieben Freund Schütz«, inzwischen Regierender Bürgermeister von Berlin, schrieb er nach den Osterunruhen 1968, dass es nicht angehen könne, wenn Rädelsführer und SDS-Funktionäre »unbehelligt zu Gewalttätigkeiten« aufriefen und »eindeutig rechtsbrecherische Aktivitäten« vorbereiteten. Das Attentat auf Rudi Dutschke nutzte er, um sich noch einmal gegen Gewalttaten aller Art zu verwahren und zugleich jedem das Gespräch anzubieten, der zum Grundgesetz steht und die Rechtsordnung »unverletzt gewahrt wissen will«.[74] Hart gegenhalten, wenn nötig, und weich miteinander reden, wenn möglich, gehörten für W. B. nicht nur in der Außenpolitik untrennbar zusammen.

Die Bildung der Großen Koalition im Dezember 1966 hatte in der Logik einer Partei gelegen, die sich und dem Volk beweisen wollte, dass sie dazugehört. W. B. war nicht die treibende Kraft gewesen. Doch Vorbehalte, wenn es sie denn gab, überwand er rasch. Die Verlockung zu regieren war zu groß, als dass ihr zu widerstehen gewesen wäre. Dem Kanzler, Kurt Georg Kiesinger, den er gern einen Reichsschwaben nannte, war er in Respekt verbunden. Reibereien und Eifersüchteleien rührten daher, dass der eine den Posten nicht hergeben wollte, den der andere anstrebte. Bei seinem Tode 1988 erinnerte W. B. daran, unterschiedlicher

Standorte zum Trotz »Notwendiges und Nützliches für unser Volk und unseren Staat« bewirkt zu haben.[75] Er unterstellte dem Kanzler nicht, über das Mitgliedsbuch der NSDAP hinaus eine tadelnswerte Gesinnung gehabt zu haben; andernfalls wäre er in die Regierung nicht eingetreten, schon gar nicht als Vizekanzler. Und stand das Bündnis von Ex-Nazi und Antinazi nicht für genau jene Aussöhnung, die er wollte?

Sein Glaube an die Machbarkeit versetzte Berge. Die Wirtschaft kam wieder auf Touren, und manche Wohltat konnte verteilt werden. Die Entrümpelung des Strafgesetzbuches ging zügig vonstatten, Paragraphen aus der Kaiserzeit verschwanden oder erhielten eine zeitgemäße Fassung. Insoweit hatte W. B. recht, wenn er den Spieß umdrehte und den Kritikern, zumal in seiner eigenen Partei, sagte: »Nicht die Große Koalition hat die Dinge in Bewegung gebracht, sondern die Notwendigkeit ihrer Bildung war bereits Ausdruck einer neuen Entwicklung.«[76] Tatsächlich war die Große Koalition weder Ursache noch Folge dieser neuen Entwicklung, sondern deren Katalysator. In anderen Ländern wirkten andere Kräfte. Die Bewegung war Ausdruck eines Wandels, der weit reichen würde.

Mangels einer nennenswerten parlamentarischen Opposition setzten sich die jungen Deutschen als außerparlamentarische Opposition in Szene. Das Spiel fiel umso leichter, als sich die erdrückende Bundestagsmehrheit anschickte, jene Notstandsgesetze zu verabschieden, gegen die schon die marxistische, IG-Metall-nahe Linke Sturm gelaufen war. In dieser Anti-Notstands-Kampagne entstand das Bündnis zwischen der alten, autoritären und der neuen, antiautoritären Linken. Das Beben, das gewiss auch ohne diesen Bund ausgelöst worden wäre, musste die SPD erschüttern. Der Protest gegen die Große Koalition wuchs und veranlasste W. B., den Nürnberger Parteitag im März 1968 mit einem ungewöhnlichen Satz einzuleiten: »Ich bin für breite Mehrheiten, wo immer sie erzielt werden können.

Aber mehr noch als breite Mehrheiten brauchen wir in dieser Partei klare Entscheidungen.«[77] Die fielen, was die Große Koalition anging, denkbar knapp aus und waren mit der Haltung gegenüber der aufbegehrenden Generation nicht zu verwechseln. Hier konnte es ein Ja oder Nein nicht geben.

Die Rede war denkwürdig. Die innere Spannung, die sich den jungen Leuten mitteilen und die ihnen gefallen sollte, durchzog jeden Satz. Mit vorangegangenen Parteitagsreden hatte sie wenig gemein. Erst hatte er um die Volkspartei gekämpft, jetzt musste er sie verteidigen: »Jawohl, dieser Staat ist unvollkommen; er muss reformiert werden. Aber um ihn zu reformieren, muss man ihn erhalten.« Er ahnte, dass der studentische Zustrom, kaum dass er eingesetzt hatte, den inneren Zusammenhalt der SPD bedrohen würde. Aber sollte man auf »die Erweiterung des zahlenmäßigen und soziologischen Raumes unserer Partei« verzichten?[78] Um welchen Preis? Ihr bisheriger Raum würde nicht mehr wachsen, eher schrumpfen. Das Problembewusstsein wuchs rapide. Die Studenten waren anders groß geworden und von anderem Geist erfüllt als die Arbeiter und die wenigen Bildungsbürger, die bisher die SPD geprägt hatten. Als der Bundestag am 30. Mai 1968 die Notstandsgesetze schließlich verabschiedete, erinnerte W. B. daran, dass es im entscheidenden Augenblick ohnehin nicht auf die Paragraphen, sondern auf die Demokraten ankomme. Dann wandte er sich dem Protest zu: »An ein menschenwürdiges Dasein werden heute andere Bedingungen geknüpft als vor einer noch gar nicht lange zurückliegenden Zeit.« Ein sinnvolles Leben sei heute »ohne Mitdenken, Mitgestalten und Mitverantworten nicht mehr denkbar.«[79] Damit hatte er ausgerechnet aus Anlass dieser Gesetzgebung den Nerv der Zeit, die heraufzog, getroffen.

Am Tag vor der Bundestagsrede war General de Gaulle in Baden-Baden aufgetaucht; nach den Barrikadenkämpfen in Paris und dem tagelangen Generalstreik im Land stand die Fünfte Republik am Rande des Untergangs. Und der Staatspräsident sucht Zuflucht ausgerechnet bei seinen Truppen in Deutschland! Der Außenminister ist nicht wenig überrascht, als ihn der Anruf aus dem Hauptquartier erreicht und General Massu ihm Mitteilung macht. Auf die Vorgänge in Frankreich spielte er in seiner Rede an: »Wenn einmal das Volk aufsteht, gelten ungeschriebene Gesetze.« Man möge lernen, dass die Macht »nicht nur sinnvoll, sondern auch beizeiten« genutzt wird.[80] Bloße Abwehr würde im Umgang mit den jungen Menschen auch in Deutschland nicht reichen.

Kaum dass abgestimmt war, verschwanden die Notstandsgesetze aus dem öffentlichen Bewusstsein; viele Jahre hatten sie den Protest genährt. Außerparlamentarische Opposition und Studentenbewegung fächerten sich weiter auf und erregten abwechselnd W. B.s Sympathie, Unverständnis oder Zorn. Als Léopold Senghor, der senegalesische Staatspräsident und französische Dichter, im Herbst 1968 den Friedenspreis des Deutschen Buchhandels erhielt und vor der Paulskirche mit schweren Krawallen bedacht wurde, war er außer sich und tat es auch kund. Doch Radikalisierung und Sektenbildung täuschten ihn nicht darüber hinweg, dass bis weit in die liberale Mitte hinein die Zeichen der Zeit auf Wandel standen.

Dieser Wille zum Wandel äußerte sich symbolträchtig in der Außen- und Deutschlandpolitik; der Widerspruch zwischen Anspruch und Wirklichkeit war, was die Wiedervereinigung betraf, zu groß geworden. W. B., der die Spannungen zwischen Alt und Neu in sich auszutragen schien und gerade dadurch die Jugend faszinierte, bekam einen unerwarteten Trumpf in die Hand. Das Berliner Amt hatte er mit Herzblut geführt. Ein Bürgermeister arbeitete volksnah und sah den Lohn der Mühen. Vor allem hatte er viel Außenpolitik zu machen. Nur um einer nationalen Verantwortung willen gab er dieses Amt auf. Im Nato-Rat im Dezember 1966, dem letzten auf französischem Boden, war die Verblüffung groß, ebenso wie Anfang 1967 in Washington. Der neue deutsche Außenminister demonstrierte, dass er im Wissen um die Folgen des Hitlerkrieges handele und jeden Nationalismus bekämpfe, dass er aber auch mit neuem Selbstbewusstsein an die Arbeit gehe und die deutschen Interessen unbefangen zu vertreten gedenke.[81] Er sprach für ein Land, das die Verantwortung bejahte und jede Kontinuität verneinte. Junge Leute, alte Linke, Intellektuelle jeden Alters aber bestanden genau auf der Kontinuität, die in Nazideutschland begründet worden sei.

Sie sahen in der Teilung die Strafe für Auschwitz und in der DDR, seit dem Mauerbau uneinsehbar geworden, einen antifaschistischen Staat. Sie führten Widerstand vor. Und betrieben in allem das Gegenteil dessen, was W. B. vertreten hatte und vertrat. Antinazismus stand nach 1968 in keinem höheren Ansehen als zuvor. In den ersten beiden Jahrzehnten der Bundesrepublik galt das Mitlaufen und Mitmachen in der Nazizeit als Verhaltensnorm; ein Emigrant wich von dieser Norm entschieden ab. In der zweiten Hälfte unterstellten die Nachgeborenen, ob aus Überzeugung oder Lust an der Provokation, das deutsche Volk sei ein einig Volk von Nazis gewesen, unfähig, auch unwillig zum Widerstand, der doch möglich gewesen sei. Es bildete sich eine neue Norm heraus, und von der wich ein Antinazi wieder ab. Von W. B.s fast inbrünstigem, lebenslangem Glauben an das eine und freie Deutschland, das die Nazis verraten hätten, wussten die jungen Leute und Intellektuellen nichts. Sie wollten auch nichts wissen. Die Berliner Kalte-Kriegs-Rhetorik, deren Notwendigkeit und deren Untertöne, verstand keiner mehr. Die Berliner Zeit wurde ausgeblendet und die neue Politik als Neuanfang gedeutet, auch aus ihren inneren Zusammenhängen herausgelöst. Ein Neuanfang war die Ostpolitik, aber nicht im Denken W. B.s. Wie immer wenn der Augenblick des Aufbruchs gekommen ist, bündelten sich viele verschiedene und viele widersprüchliche Erwartungen. Niemand fragte nach dem Woher und erst recht nicht nach dem Wohin.

Seit der Blockade hatte W. B. Abwehrschlachten geschlagen und dabei aus seinem Herzen keine Mördergrube gemacht. Die Schandmauer muss weg, rief er so lange, wie die Zeit für Verhandlungen noch nicht gekommen war. Jetzt war die Zeit gekommen, und er baute zunächst auf die Einsicht auch der Union. Bei der Übergabe des Auswärtigen Amtes, Ende 1966, hatte es ihm der scheidende Staatssekretär, Karl Carstens, schriftlich gegeben: Es gehe nicht mehr um Schritte zu einer Wiedervereinigung, sondern nur noch um Schadensbegrenzung; die Bemühungen, dem anderen deutschen Staat die Anerkennung zu verweigern, seien gescheitert.[82] Doch Kiesinger, der neue Bundeskanzler, konnte sich zu einer außenpolitischen Wende nicht durchringen. Seine Redekunst stand in keinem Verhältnis zu seiner Entschlusskraft. Er sah die veränderten Realitäten, nannte den zweiten deutschen Staat dennoch ein »Phänomen« und weigerte sich unter dem Druck von Strauß, der Unterzeichnung des Atomwaffensperrvertrags, von Amerikanern, Briten und Sowjets vorgelegt, zuzustimmen. Auch der ungewöhnliche Weg, den die Nato 1967 mit der Gleichrangigkeit von Verteidigung und Entspannung einschlug, öffnete Kiesinger und der Union keinen neuen Blick. Dieser Weg ermöglichte immerhin die Politik des wechselseitigen Gewaltverzichts, die in die Europäische Sicherheitskonferenz münden und den Rahmen für einen neuen deutschen Kurs schaffen sollte. Der Außenminister tat alles, um die Weichen in diese Richtung zu stellen. Aber er ahnte bald, dass in der Koalition die Kräfte der Beharrung den Vollzug nicht erlauben würden. Dabei vertiefte sich die Teilung rapide; die DDR proklamierte eine eigene sozialistische Staatsnation und zettelte einen Nervenkrieg um Berlin an. Und der sowjetische Einmarsch in die Tschechoslowakei sprach, gerade weil er so grausam war, für die neue Weichenstellung. Keine Rechtsposition und keine Rhetorik hatten Moskau gehindert, den Frühling in Prag niederzuwalzen. Der Westen war auch 1953, 1956 und beim Mauerbau nicht darauf aus gewesen, der Sowjetunion Vorschriften für ihren eigenen Machtbereich zu machen.

Die Ahnung, dass die Große Koalition nicht weit führen würde, festigte sich, als Kiesinger der sozialdemokratischen Anregung, Georg Leber zum Bundespräsidenten zu küren, nicht folgen mochte; die Union bestand auf einem eigenen Mann. Leber, früher IG-Bau-Chef, jetzt Verkehrsminister und gerade in das Zentralkomitee der deutschen Katholiken berufen, erfreute sich W. B.s Sympathie. Gustav Heinemann, den die SPD schließlich nominierte, weckte Wohlwollen, aber keinen Überschwang der Gefühle. Doch kam es darauf an? Die Wahl des Sozialdemokraten zum Bundespräsidenten, März 1969, war ein großes Ereignis und ein Signal. Dennoch wäre die Bildung einer sozialliberalen Koalition nicht zwingend gewesen, hätte sich nicht zwischen SPD und FDP eine deutschland- und ostpolitische Übereinstimmung herausgebildet. In der Fernsehdiskussion drei Tage vor der Wahl ließen Walter Scheel und W. B. keinen Zweifel an ihrem Bündniswillen. Vorausgesetzt, die Mandate würden reichen.

Die SPD gewann wieder hinzu und landete bei 42,7 Prozent; in drei Bundestagswahlen war ihr Anteil insgesamt um über zehn Prozentpunkte gestiegen. Die FDP sackte ab. Die Koalition würde fünf Stimmen über der Kanzlermehrheit liegen. Schon bei der Kanzlerwahl aber verbuchte W. B. nur ein Plus von zwei Stimmen. Doch waren es drei Abgeordnete der neuen Koalition, die mit Nein votiert hatten, oder vielleicht mehr, und hatten Unionsleute für den Sozialdemokraten W. B. gestimmt? Alles war möglich. Und alles nicht wichtig angesichts der Möglichkeit, eine neue deutsche Politik zu machen. Um ihretwegen wäre W. B. fast jedes Wagnis eingegangen. Wehners Polemik gegen die Pendlerpartei und den Rettungsversuch für die Große Koalition ignorierte er. Kurz vor der Wahl hatte Wehner ihn in gereiztem Ton gemahnt, dass es »bei bestimmten Fragen die heimliche kapitalistische Koalition geben kann und wird«, und vermerkt, dass die Außen- und Deutschlandpolitik auch mit der FDP schwierig werde.[83] Den von Brandt und Scheel skizzierten Weg wollte er nicht gehen, enthielt sich aber jeden Hinweises, wohin er selbst steuern wollte. Welches Kalkül dahinter steckte, ob hier auf eine spätere Alleinregierung der SPD gebaut wurde, gleichviel. Wehner drehte bei, sobald die Entscheidung verkündet war.

W. B., der nicht einmal das formale Votum des Präsidiums abgewartet hatte, war von einer Sicherheit des Gefühls erfüllt wie selten zuvor. Jetzt oder nie. Stehen oder fallen. Kein Einwand und kein Hinweis auf welches Risiko auch immer konnten ihn aufhalten. Hatte er nicht zwei lange Jahrzehnte auf diesen Augenblick hingewirkt? Er entschied sich gegen nichts und gegen niemanden, das konnte er ohnehin nicht, sondern für den Versuch umzusetzen, was solange vorgedacht worden war. Dazu brauchte er die FDP, die dennoch mehr war und anderes als ein Mittel zum Zweck einer neuen auswärtigen Politik. W. B. wollte die SPD immer nach allen Seiten koalitionsfähig halten, und war auch selbst in der Lage, nach allen Seiten zu kooperieren. Aber die FDP stand ihm näher als andere. Auf die Frage, unter welchem Kanzler – Brandt, Schmidt, Kohl – liberale Prinzipien am ehesten hätten durchgesetzt werden können, antwortete Graf Lambsdorff einmal: »Vom Grundverständnis her war das bei Willy Brandt der Fall. Er hatte ein ähnliches Verhältnis zur persönlichen Freiheit.«[84]

Die SPD hatte mehr als hundert Jahre alt werden müssen, um den Rang einer Staatspartei einzunehmen. Endlich sichtbarer Teil des Ganzen. Die Genugtuung darüber währte nicht lange und wich der Aufgabe, die keinen Verzug duldete. Das Wagnis der Demokratie, das er in seiner Regierungserklärung am 28. Oktober 1969 beschwor, war der Tribut an die gesellschaftlichen Aufbrüche, die er, wo nicht verstand, so doch zur Kenntnis nahm. Die Notwendigkeit, die Strukturen zumal im Bildungs- und Ausbildungswesen zu reformieren, war unabweisbar. Wenn die Hierarchien fielen und die Bindungen rissen, musste der Ruf nach Teilhabe – Demokratie – laut werden. Die innenpolitischen Folgerungen waren diesem Ruf geschuldet und mehr noch der glänzenden wirtschaftlichen Lage. 1969 verzeichnete die Bundesrepublik bei marginalem Schuldendienst ein Wachstum von 8 und eine Staatsquote von 37 Prozent; hunderttausend Arbeitslosen standen 850 000 offene Stellen gegenüber. Aufgaben im Innern stellten sich genug; sie konnten so und auch anders angepackt werden, auch in den Augen des Kanzlers. Im Äußern aber gab es nur die eine nationale Frage, die zugleich die Frage des Friedens war. Hier ging W. B. mit Leidenschaft ans Werk; bis in die Sprache hinein war sie spürbar. Er wusste beizeiten, dass mehr als eine Weichenstellung in einem Leben nicht zu leisten war und dass er versuchen würde, die Weichen der deutschen auswärtigen Politik neu zu stellen. Das Wort von der Ostpolitik, das sich rasch verselbständigte, mochte er nicht. Er mochte es so wenig wie das Denken in Schubladen überhaupt; als könne man heute die eine und morgen die andere aufziehen. Die Bindung an den Westen hielt er für selbstverständlich, naturgegeben, die Verständigung mit dem Osten, die erst noch zu erreichen war, für die notwendige Ergänzung.

Der Plan für die praktische Politik lag bereit. Jene Politik, die zu führen sein würde, bis »die Fragen, die sich für das deutsche Volk aus dem zweiten Weltkrieg und aus dem nationalen Verrat durch das Hitlerregime ergeben haben,« in einer europäischen Friedensordnung beantwortet sein würden und auch die Deutschen ihr »Recht auf Selbstbestimmung« wahrnehmen könnten. Jene Politik, deren Aufgabe es sei, »die Einheit der Nation dadurch zu wahren, dass das Verhältnis zwischen den Teilen Deutschlands aus der gegenseitigen Verkrampfung gelöst wird«. In wenigen Sätzen, zu Beginn der ersten Regierungserklärung, bündelte der Bundeskanzler die Einsicht, die er in zwei Jahrzehnten gewonnen hatte: »20 Jahre nach Gründung der Bundesrepublik Deutschland und der DDR müssen wir ein weiteres

Auseinanderleben der deutschen Nation verhindern, also versuchen, über ein geregeltes Nebeneinander zu einem Miteinander zu kommen. Dies ist nicht nur ein deutsches Interesse, denn es hat seine Bedeutung auch für den Frieden in Europa und für das Ost-West-Verhältnis.« Der Schluss war zwingend: »Eine völkerrechtliche Anerkennung der DDR kann nicht in Betracht kommen. Auch wenn zwei Staaten in Deutschland existieren, sind sie doch füreinander nicht Ausland; ihre Beziehungen zueinander können nur von besonderer Art sein.«[85] Diese Formulierung sorgte für beträchtliche Unruhe. W. B. hatte sie nicht zur Diskussion gestellt und Scheel nur mitgeteilt. Den Einwurf von Bahr, der die Anerkennung erst später ausgesprochen wissen wollte, hielt er nicht für stichhaltig.

Mit Egon Bahr, dem Pressechef des Senats in Berlin und Planungschef des Auswärtigen Amtes in Bonn, war das Programm für die »praktische Politik« erdacht und erarbeitet worden. In die Freundschaft, die sich seit Mitte der sechziger Jahre entwickelt hatte, brachte Bahr, Jahrgang 1922, einen Verstand ein, dem analytische Kraft innezuwohnen schien. Er war W. B. zugetan und während der zweijährigen operativen Arbeit der ideale Gehilfe, gerade weil er eigenes Gewicht besaß. W. B. zweifelte nicht an seiner Loyalität, unterstellte aber, dass Egon Bahr auch auf eigene Rechnung agierte und ihn in Anspruch nahm, wo er nicht in Anspruch zu nehmen war. Einen Architekten seiner Politik sah er nicht in ihm. Er suchte den Rat, oft und gern. Ob und wann und in welcher Form er ihn befolgte, stand auf einem anderen Blatt.

W. B., Realist, der er war, wollte die Nachkriegsverhältnisse hinnehmen, um Frieden zu schaffen und Bewegung möglich zu machen. Wollte Egon Bahr Gleiches? Oder stellte sich diese Frage jetzt noch nicht? W. B., der sich anders als Bahr in Amerika wohl fühlte, war ein Mann des Westens. Eine Konstante in W. B.s Politik, nicht nur gegenüber Frankreich, war das Streben, die Amerikaner in Europa zu binden. In ihrem ersten Vieraugengespräch im April 1970 fragte Präsident Nixon seinen Gast nach den Gründen, die gegen einen wesentlichen Abbau der amerikanischen militärischen Präsenz in Europa sprächen. W. B. hielt fest: »Ich verwies in erster Linie auf die politisch-psychologischen Faktoren. Auch darauf, dass die von uns gemeinsam für notwendig gehaltenen Bemühungen um Entspannung der Verankerung in einem effektiven Bündnis bedürfen.«[86] Als ihn das Nachrichtenmagazin »Time«, Januar 1971, zum »Man of the year« kürte, nahm er die Ehre als Zeichen, gerade in Amerika verstanden zu werden.

W. B. grenzte den Westen nicht geographisch ein und verstand die westlichen Werte nicht als Vorrecht dreier Siegermächte. Freiheit und Demokratie empfand er den Deutschen so gemäß wie anderen Völkern auch. Die Weigerung, sich in Washington unterzuordnen, beantwortete Henry Kissinger, der im wesentlichen die amerikanische Politik seit Kennedy fortführte, mit einem klaren Verweis: »Wenn schon Entspannung, dann machen wir sie.«[87] Die amerikanische Vormacht kehrte Nixons Sicherheitsberater deutlich heraus. Er wollte gerade diesen Deutschen deckeln, der ihm ein wenig zu stolz erschien und in sein Deutschenbild nicht passte. Doch das war's nicht allein, was beide trennte. Jenseits der deutschen Frage war Kissinger jede auf Bewegung, zumal auf Bewegung von unten angelegte Politik verdächtig. Darin traf er sich mit Egon Bahr. W. B. nannte mal den einen und mal den anderen einen Metternich. Wenn sie nicht gerade einen aktuellen Status quo verteidigten, dann arbeiteten sie daran, eine neue stabile Ordnung herzustellen. Er sprach beiden die »Nase« ab und hielt sie für unfähig, neue Entwicklungen beizeiten zu erkennen. W. B. war der Anti-Metternich.

Für den Akteur lag die Anerkennung der Fakten in der Logik seines Denkens. Für den Zuschauer, der sich an die Fiktionen gewöhnt hatte, war die Überraschung groß. Doch auf einen solchen Effekt kam es W. B. so wenig an wie auf den Grundsatz, dass Grausamkeiten am Anfang begangen werden müssten. In solchen Kategorien dachte er nicht. Die frühe Anerkennung war der Einsicht geschuldet, dass die DDR ein Staat von sowjetischen Gnaden war und die innerdeutsche Tür nur mit dem Schlüssel zu öffnen war, der in Moskau lag. Seine Vorgehensweise hatte W. B. noch als Außenminister beschrieben und sich in einer Rede über Walther Rathenau gleichsam selbst offenbart: »Man kann den Interessen des eigenen Landes um so besser gerecht werden, je genauer man die Interessen anderer versteht, um dann die Punkte gemeinsamer Interessen zu finden. Eine solche Politik bedarf fester Grundsätze, einer zuweilen brutalen Aufrichtigkeit, der gleichen Sprache gegenüber allen Partnern und des Mutes zur Unpopularität im Innern.«[88]

Gemeinsame Interessen mit der Sowjetunion auch nur zu suchen setzte die Anerkennung der DDR voraus.[89] Aber erst als zu Jahresbeginn 1970 die Aussicht auf einen Gewaltverzichtsvertrag mit der Sowjetunion eröffnet war, konnte der Bundeskanzler den Ministerpräsidenten der DDR treffen. In Erfurt forderte er Stoph auf, die Gräben zuzuschütten, und erklärte, dass er »von der fortdauernden und lebendigen Wirklichkeit einer deutschen Nation« ausgehe.[90]

Jener 19. März 1970 ist ein emotionsgeladener und ein folgenschwerer Tag. W. B. fühlt sich wie benommen. Haben die eingesperrten Landsleute, die schon entlang der Eisenbahnstrecke Spalier gestanden haben und nun nach ihm rufen, sofort gespürt, worauf er hinauswill? Es ist ihm danach, die Arme hochzureißen und die Menge zu umarmen. Augenblicklich bezwingt er sich. Sich leicht auf die Fensterbank stützend sucht er durch ausgestreckte Hände zu besänftigen, Ruhe beschwörend, Einverständnis bedeutend. In den angespannten Zügen spiegeln sich Sorge und Freude. In den Augen blinzelt womöglich der Schalk. Er wird »Der Mann von Erfurt« – im Volk und im Apparat der Herrschenden.

Das Ministerium für Staatssicherheit ließ eine »Information« erstellen, in der »die provokatorische Demonstration« geschildert wird. In den Morgenstunden des 19. März hätten sich überall in der Stadt Ansammlungen von Jugendlichen gebildet. Auf dem Bahnhofsvorplatz seien schon vor der Ankunft Brandts 2000 bis 3000 Bürger versammelt gewesen, zweimal hätten sie die Absperrungen durchbrochen. »Es kam zu einer provokatorischen Kundgebung vor dem ›Erfurter Hof‹ für Willy Brandt, der mit Hurra-Rufen und Sprechchören, wie z. B. ›Willy Brandt‹ und »Willy Brandt ans Fenster‹ begrüßt wurde.« Als er sich am Fenster zeigte, sei er mit Hochrufen und Winken begrüßt worden. Auf acht weiteren Seiten wird zu erklären versucht, durch welche Missverständnisse, Fehlplanungen und Pannen es zu der Provokation kommen konnte. »Die Gefährlichkeit des Klassenfeindes« sei in jedem Fall unterschätzt worden.[91]

Fünf Tage nach dem Vorfall von Erfurt war der KGB-Mann, zu dem Bahr eine Verbindung hielt, bei Breschnew gewesen und hatte sofort dessen »Klartext« nach Bonn

Der Mann von Erfurt
(1970)

übermittelt: »Die Hauptsache, welche gegenwärtig die Ereignisse kompliziert, ist die Demonstration zugunsten Brandts in Erfurt. Die DDR ist durch diese Situation schockiert worden. Wir haben das Tor zu diesem Treffen geöffnet, und die Bundesrepublik ist hineingefahren, obschon die DDR Widerstand leistete.« Der DDR sei der Vorwand geliefert worden zu sagen, »dass wir im Unrecht gewesen sind, als wir auf diesem Treffen bestanden«. Nun komme es auf die Schlüsse an, die in der Bundesrepublik gezogen würden. Bahrs sowjetischer Geheimdienstler lässt selbst sagen, dass es interessant wäre, beim Gegenbesuch in Kassel »eine Situation entstehen zu lassen, bei der bestimmte Elemente im Sinne der DDR Gelegenheit zu Demonstrationen hätten. Auf diese Weise würde das Erfurter Ereignis lokalisiert und neutralisiert werden«.

In Kassel, wo zwei Monate nach Erfurt W. B. 20 Punkte vorlegte, die menschliche Erleichterungen und geordnete Beziehungen zum Gegenstand hatten, beherrschten tatsächlich Neo-Nazis die Szene. Der ahnungslose Bundeskanzler, außer sich vor Zorn über die eigenen Ordnungskräfte, musste dem Gast gegenüber mehrfach bedauern, dass für die Kranzniederlegung »die Polizei die Sicherheit und Ordnung« nicht habe garantieren können. Stoph hatte die Stirn, ihn an die Zusage zu erinnern, dass in Kassel »die gleichen Bedingungen« geschaffen werden sollten, wie sie ihm, Brandt, »in Erfurt gewährt wurden«. Der Bundeskanzler sah sich genötigt, den Kranz gemeinsam mit Stoph niederzulegen.

Zur weiteren Erläuterung übermittelte der KGB-Mann: »Zwischen uns und der DDR bestehen Meinungsverschiedenheiten in der Beurteilung der Situation in der DDR. Wir halten die Lage auf Grund unserer Präsenz in der DDR für ausreichend stabil. Die DDR-Führung (Honecker) ist der Meinung, dass die Lage noch so instabil sei, dass man nichts tun dürfe, was die Stabilität gefährde. Dieser Kreis hat durch das Vorkommnis von Erfurt Auftrieb erhalten und ist bei uns in diesem Sinne vorstellig geworden.«[92]

Der Kreml und sein Geheimdienst ließen diesen Bundeskanzler auch sonst nicht aus den Augen. Als W. B. am 13. Juli 1970 Papst Paul VI. aufsuchte und mit ihm die Ostpolitik wie die europäische Sicherheit erörterte, wurden die Ergebnisse in russischer Sprache festgehalten und anschließend von der Staatssicherheit übersetzt.[93]

Am 12. August 1970 unterzeichneten der Bundeskanzler und der sowjetische Ministerpräsident Kossygin jenen Vertrag, der allen anderen Verträgen vorausging. Beide Seiten verpflichteten sich zu ausschließlich friedlichen Mitteln und gelobten, »die territoriale Integrität aller Staaten in Europa in ihren heutigen Grenzen uneingeschränkt zu achten«. In einem Brief »zur deutschen Einheit«, den Außenminister Scheel übergab und den die Sowjetunion bestätigte, wurde möglichen Missverständnissen vorgebeugt: Der Vertrag stehe nicht in Widerspruch zu dem politischen Ziel der Bundesrepublik Deutschland, »auf einen Zustand des Friedens in Europa hinzuwirken, in dem das deutsche Volk in freier Selbstbestimmung seine Einheit wiedererlangt«.[94]

Es hing eines am anderen und alles miteinander zusammen. In den fünfziger Jahren hatte der Regierende Bürgermeister behutsam darauf hingewiesen, dass jedes Wiedervereinigungsstreben einen Ausgleich zwischen Deutschland und Polen bedinge und »mit zeitgemäßen Landkarten« gearbeitet werden müsse.[95] Doch als es soweit war und die Oder-Neisse-Grenze anerkannt werden musste, schnürte sich ihm, »im Schmerz um das Verlorene«, die Kehle zusammen: Der Vertrag »gibt nichts preis, was nicht längst verspielt worden ist«. Er erinnerte an »das Schlimmste«, das dem polnischen Volk zugefügt worden sei, und an »großes Leid« auch des eigenen Volkes. In der Anerkennung der Grenze sah er die Vertreibungen ausdrücklich nicht legitimiert: Nächst den toten Vätern, Söhnen, Brüdern »hat am bittersten für den Krieg bezahlt, wer seine Heimat verlassen musste«. Marion Gräfin Dönhoff war es nicht möglich gewesen, den Bundeskanzler nach Warschau zu begleiten, sie hatte in letzter Minute abgesagt. Ihren Brief beantwortete W. B. sofort, von Hand: »Seien Sie sicher, dass ich Sie gut habe verstehen können.« Was das »Heulen« angehe: »Mich überkam es an meinem Schreibtisch, als ich die Texte für Warschau zurechtmachte. Was ich dort und von dort nach hier sagte, ist wohl auch verstanden worden. Ich darf jedenfalls hoffen, dass Sie es verstanden haben und wissen: ich habe es mir nicht leicht gemacht.«[96]

Der Wille, die Kette des Unrechts zu durchbrechen, hatte ihn nach Warschau geführt. Dorthin, wo dieser Wille sich brach. Und dem wortreichen Schwur auf die Zukunft die wortlose Erinnerung an das Vergangene entgegenstand. Und die Unaufhebbarkeit dieses Widerspruchs gelebt und ausgedrückt werden musste. Was sollte einer wie W. B., der sich mit seinem Volk eins fühlte, anderes tun, als vor dem Mahnmal des Warschauer Ghettos die Knie beugen und einen Augenblick lang in der Geste der Demut verharren? Schweigend um Vergebung bitten? Er legte in den Kniefall hinein, was Thomas Mann 1945 »die Gnade« genannt hatte, die Gnade, die höher ist »als jeder Blutsbrief«. W. B. mochte es nicht, wenn er gefragt wurde, warum diese Geste und was er sich dabei gedacht habe. Diese Geste sprach aus sich selbst oder gar nicht.

Wenn einer fragte, war er es. Am Vorabend einer gemeinsamen Ehrung für den neunzigjährigen Hermann Kesten, Januar 1990 in Nürnberg, fragte W. B. Marcel Reich-Ranicki, der ihm für diese Geste, zwanzig Jahre zuvor, gerade gedankt hatte. Wie er überlebt habe? Reich erwähnte jenen Platz, an dem heute das Ghetto-Denkmal steht und der nun W. B.s Namen trägt. Hier hatten er und seine Frau zum letzten Mal die Eltern gesehen. In seinen Erinnerungen wusste Reich-Ranicki nicht mehr, wer geweint habe, er oder W. B.[97] Beide haben mit den Tränen gekämpft. Im Angesicht der Opfer und wenn er ihrer gedachte, kämpfte W. B. immer mit den Tränen.

Die Demut vor den Opfern und der Stolz auf sein Volk, das die Nazis verraten hatten. Der Widerspruch blieb unaufhebbar und gehörte zu W. B. Wenige Stunden nach dem Kniefall traf er Parteichef Gomulka und den polnischen Ministerpräsidenten Cyrankiewicz, der in Mauthausen gewesen war und dem sozialdemokratischen Teil der Arbeiterpartei entstammte. Beiden sagte W. B., es sei verfehlt, der Jugend anzulasten, wofür nicht sie, sondern die Generation ihrer Väter und Großväter verantwortlich war. Für ebenso verfehlt hielt er es, der Bundesrepublik schwere materielle Lasten abzufordern.[98] Die Art, wie Rentenansprüche, Kredite und Ausreisegenehmigungen immer mehr miteinander vermischt und hochgerechnet wurden, missfiel ihm.

Die junge Generation hatte nicht das Gefühl, ihr werde angelastet, was ihr nicht anzulasten war. Im Gegenteil. Sie gefiel sich mehr und mehr in der Pose der Selbstgerechten und meinte, die Geschichte bewältigen und vergegenwärtigen zu sollen. Und da sich im deutschen Westen nicht nur mit dem Faschismus, sondern auch mit dem Kapitalismus provozieren ließ, verstanden Studenten und Gesinnungsfreunde, die in die SPD geströmt waren, die Ostpolitik auf ihre Weise. Sie nahmen sie zum Anlass, die Grenze zwischen Sozialdemokratie und Kommunismus zu verwischen und die DDR, die sich als antifaschistisch und antikapitalistisch verstand, in ein helles Licht zu tauchen. Nur ein Jahr nach Bildung der sozialliberalen Koalition hatten sich die Führungsgremien der SPD genötigt gesehen, ein Papier über »Sozialdemokratie und Kommunismus« zu verabschieden und die Unvereinbarkeit zu betonen.[99] Welch ein Widersinn. Über die Reformpartei war die neue Außenpolitik möglich geworden. Jetzt sollte diese Außenpolitik herhalten, um der Reform- und Volkspartei den Garaus zu machen und das System zu überwinden.

Während das Bild vom Kniefall um die Welt ging, reiste W. B. nach Bremen und machte den Jusos seine Aufwartung. Die Parteijugend nutzte jede Gelegenheit, der Politik der Bundesregierung entgegenzutreten, die Überwindung des Systems zu propagieren und gegen den Leistungscharakter der Gesellschaft zu wettern; der Kongress würde entsprechende Beschlüsse fassen. Der Parteivorsitzende nahm sich viel Zeit, aber kampfeslustig war er nicht und hin- und hergerissen, ob er die klassenkämpferischen Parolen ernst nehmen solle oder nicht. Gewiss, er rechtfertigte seine Innenpolitik und erinnerte daran, dass die Gesellschaft nur reformieren könne, wer gleichzeitig deren Leistungen steigere. Auch der Hinweis auf die Notwendigkeit, Wahlen zu gewinnen, fehlte nicht.[100] Doch fiel es ihm nicht ein, für diese und andere Selbstverständlichkeiten auf die Barrikaden zu gehen und die jungen Leute, die so jung nicht mehr waren, in die Schranken zu weisen. Dass er die Jusos härter hätte anfassen müssen, gab er später gern zu. Aber dass mit Machtworten und Ultimaten das Rad hätte zurückgedreht werden können, glaubte er damals nicht und später auch nicht. Vielleicht wären der Partei jene Kräfte abhanden gekommen, die sie mangels anderen Zustroms noch hätte brauchen können. Der Blick über die Grenzen und das eigene Gespür sagten ihm, dass der Bruch weit und tief reichte. Die Klassenpartei in eine Volks- und Reformpartei zu verwandeln, war schwer, aber machbar gewesen; der Prozess fügte sich in die gesellschaftliche Entwicklung ein, und die Erfahrungswelten der Verfechter ähnelten einander. Aber jetzt? Mit Erich Ollenhauer hatte W. B. viel mehr gemein als mit dem Juso Eichel, jenem Systemüberwinder, den er in seiner Bremer Rede herabsetzend hervorhob. Und selbst wenn W. B. die Ziele der Jusos nicht für Phantastereien gehalten hätte, wäre er nicht in der Lage gewesen, ihnen eine eigene gesellschaftliche Vision entgegenzusetzen. Er hatte keine und wollte auch keine haben.

Die Jusos in die Schranken zu weisen wäre umso schwerer geworden, als Herbert Wehner, seit Bildung der sozialliberalen Koalition Fraktionsvorsitzender, sich demonstrativ zu ihnen bekannte. Für seine Bemerkung, dass es eben schwierig sei, »den klassenpolitischen Durchbruch in einem so kapitalistisch verfestigten Land zu schaffen«, dankten die Jusos mit einem Klatschmarsch. Überdies kritisierte er vor dem Kongress die Parteiführung, als gehöre er, der stellvertretende Vorsitzende, selbst nicht dazu. Namentlich Helmut Schmidt wurde vorgeführt.[101] Der wollte sich diesen »Akt öffentlicher Desavouierung« nicht gefallen lassen und schrieb um die Jahreswende an W. B.: Es handele sich nicht um ein persönliches Beleidigt-Sein, sondern »um die deutlich empfundene Besorgnis«, Herberts Verhalten deute »für seine Person eine Veränderung des persönlichen Kurses an«. Die Bremer Äußerung könne er noch eher hingehen lassen »als das zweimalige Verschweigen auf die in internem Kreise gestellte Frage, was denn eigentlich der Anlass zu seiner Verurteilung sei«. Im übrigen frage er sich immer wieder vergeblich, wer eigentlich die ständigen Berichte »über angebliche Zusammenstöße und Meinungsverschiedenheiten zwischen Dir und mir« erfinde und »immer wieder als glaubwürdig in die Welt setzen kann«.[102] Wenig später fiel in Moskau die Entscheidung, Ulbricht zu stürzen und Honecker an seine Stelle zu setzen; auf ihn war bereits in dem Erfurter KGB-Bericht Bezug genommen worden. Offiziell vollzog sich der Wechsel am 3. Mai 1971.

Kein Mensch kann an mehreren Fronten zugleich höchsten Einsatz leisten. Als die Jusos einen Kongress nach dem anderen abhielten und den Klassenkampf probten, als Ende 71 sogar zweimal zum außerordentlichen Parteitag gerufen wurde und die Parteiführung – W. B. hatte gerade den Friedensnobelpreis entgegengenommen – sich nur mit Mühe behauptete, war die Ostpolitik längst nicht unter Dach und Fach. Die Union kompensierte ihre Verdrängung von der Macht mit einer beispiellosen Hetze. Sie fiel weit hinter die Positionen zurück, die sie in der Großen Koalition vertreten hatte, und versuchte erfolgreich, »Brandt als Kanzler des Ausverkaufs«[103] die parlamentarische Mehrheit abzukaufen.

Auf die Ratifizierung der Verträge wurden Wetten kaum noch angenommen. Die Nebenschauplätze, die von der Opposition und der eigenen Partei bespielt wurden, beanspruchten höhere Aufmerksamkeit als der außenpolitische Hauptschauplatz. Aber wer hätte die Grenzen zwischen Innen- und Außenpolitik jetzt noch ziehen wollen?

Die Berlin-Gespräche, auf die schon während der Großen Koalition hingearbeitet worden war, kamen lange nicht voran. Zu weit klafften die Deutungen, die dem Status der Stadt unterlegt wurden, auseinander. Tatsächlich redeten die Vier Mächte nicht über die Stadt, sondern nur noch über deren westlichen Teil. Nicht erst seit dem Mauerbau war genau diese Einschränkung der Alptraum des Regierenden Bürgermeisters gewesen. Aber auch W. B. hatte erkennen müssen, dass die Amerikaner – auf Engländer und vor allem auf Franzosen kam es ihm in Berliner Zusammenhängen wenig an – zu weiterreichendem Einsatz nicht bereit waren. Auch Nixon hatte ihm im Frühjahr 1970 unmissverständlich bedeutet, dass es neben der »Freiheit West-Berlins« vor allem auf die Sicherheit der Zufahrtswege ankomme.[104] Immerhin, West-Berlin betreffend musste die DDR weit zurückstecken.

Das Junktim, das zwischen Ratifizierung der Verträge und Berlin-Abkommen hergestellt worden war, hatte Wunder gewirkt. Der Zugang nach Berlin, die Zugehörigkeit zum Bund und die Zusammengehörigkeit der Teile der Stadt wurden geregelt, wenn auch mit haarspalterischen Formeln. Die Botschafter der Westmächte in Bonn und der Botschafter der Sowjetunion in Ost-Berlin paraphierten das Abkommen am 3. September 1971. Es beflügelte einen Bundeskanzler, der zwanzig Jahre lang in Berlin den Prüfstein aller Entspannung zu sehen gelernt hatte. Als er sich drei Monate später für den Friedensnobelpreis bedankte, erinnerte er an die Krisenjahre in Berlin: »Leidenschaftliche Proteste waren berechtigt, auch notwendig, aber sie änderten nichts an der Lage. Die Mauer blieb; man musste mit ihr leben, und ich habe Polizei aufbieten müssen, damit junge Demonstranten nicht in ihr Unglück rannten. Die Behinderungen auf den Zufahrtswegen blieben. Der Graben, der Deutschland trennte, von Lübeck bis zur tschechoslowakischen Grenze, blieb und wurde tiefer. Das Spiel mit den Trümpfen, die keine sind, änderte nichts. Man musste die politischen Möglichkeiten neu durchdenken, wenn man für die Menschen etwas erreichen und den Frieden sicherer machen wollte.«[105]

Am 23. April 1972 gewinnt die CDU die Wahl in Baden-Württemberg hoch. Tags darauf bringt die Bundestagsfraktion ein konstruktives Misstrauensvotum ein und begründet es mit der Gefährdung der Sicherheit durch die Ostpolitik, zerrütteten Staatsfinanzen, Inflation und dem Ruin der sozialen Marktwirtschaft. Am 26. April verweist der Kanzler darauf, dass die Bundesrepublik eines der wirtschaftlich und sozial stabilsten Länder der Welt sei und die deutsche Politik mit den herrschenden internationalen Tendenzen in Einklang stehe. Am 27. April scheitert das Misstrauensvotum; Barzel hat 249 Stimmen gebraucht, mit 250 gerechnet, aber nur 247 erhalten. Wieviele seiner eigenen Kollegen ihm die Gefolgschaft versagt haben und wieviele Abgeordnete tatsächlich zwischen den Welten hin- und hergewandert sind, weiß niemand.

Im Jahr darauf behauptete der CDU-Mann Steiner, zu W. B.s Verblüffung, von Karl Wienand, dem Parlamentarischen Geschäftsführer der SPD-Fraktion und Vertrauten Wehners, 50 000 Mark bekommen zu haben. Ein Untersuchungsausschuss förderte 1973 Erkenntnisse nicht zutage. Doch die Aufregung war groß. W. B. ärgerte sich über die Scheinheiligkeit der rechten und noch mehr über die Scheinmoral der linksliberalen Presse. Tatsächlich war er sicher gewesen, dass der Antrag scheitert; er kannte die Union mittlerweile zu gut, um nicht zu wissen, dass Barzel Stimmen aus dem eigenen Lager fehlen würden. Vor allem hatte ihm Alfred Nau, der tüchtige Schatzmeister der SPD, ein Signal gesandt. W. B. mochte ihn und schenkte ihm unbedingtes Vertrauen. Ob im April 1972 von Alfred Nau Geld locker gemacht worden ist, hat W. B. nicht gewusst und nicht wissen wollen. Er ist aber wohl davon ausgegangen und hat nichts dabei gefunden; mit zu vielen unrechtmäßigen Mitteln, Geld und Geheimnisverrat, war seiner rechtmäßigen Regierung die Mehrheit entzogen worden. Zu Beginn der neunziger Jahre entnahm er den Fernsehnachrichten, dass anlässlich des Misstrauensvotums 1972 der CDU-Mann Julius Steiner 50 000 Mark von der Staatssicherheit der DDR erhalten habe. Er kam senkrecht aus seinem Sessel hoch, blieb mit offenem Mund vor dem Fernseher stehen, setzte sich wieder hin und sagte: Dann hat er doppelt kassiert.

Am 28. April wird bei Stimmengleichheit der Haushalt des Bundeskanzlers abgelehnt. Wie soll es weitergehen? Und was soll aus den Verträgen werden? Der Bundeskanzler regt eine Entschließung an, die formaljuristische Bedenken aufnimmt und vom Parlament zu billigen ist. In den kommenden zwei Wochen wird interfraktionell beraten, auch in Gegenwart des sowjetischen Botschafters, der nach dem Willen der Opposition die Entschließung entgegennehmen soll. Strauß erweckt den Eindruck, die Verträge durchs Parlament bringen zu wollen, und leistet konstruktive Formulierungshilfe. Nach außen verharrt er in Fundamentalopposition und fordert das glatte Nein der gesamten Unionsfraktion. Trotz der Entschließung droht sie auseinanderzufallen. Die Fraktionsspitze weiß keinen anderen Ausweg, als Enthaltung zu empfehlen. Am 17. Mai 1972 passieren die Verträge von Moskau und Warschau den Bundestag. Sie treten am 3. Juni in Kraft. Am selben Tag unterzeichnen die Außenminister der Vier Mächte feierlich das Berlin-Abkommen. Mit dem Transitabkommen, dem Verkehrsvertrag und der Besuchsregelung haben beide deutsche Staaten und der Berliner Senat zwischenzeitlich die praktischen Möglichkeiten ausgeschöpft. W. B. galt das

Berlin-Abkommen als Beweis: Es lohnt, gemeinsame Interessen auch unter Gegnern herauszufinden. Darauf deutete er, als ihm ein Jahr später, während des ersten Besuchs eines Bundeskanzlers in Israel, Ministerpräsidentin Golda Meir, erklärte, dass die Europäer die Lage im Nahen Osten nicht verstünden. Es gebe eben kein europäisches Land, das ein anderes zerstören wolle. Der Bundeskanzler antwortete, dass in Deutschland ebenfalls das Ziel der DDR gewesen sei, Westberlin verschwinden zu lassen. »Wir haben dem durch die Herbeiführung einer Vier-Mächte-Garantie entgegengewirkt.«[106]

Am 1. Mai 1972, drei Tage nach dem Misstrauensvotum, zieht W. B. nach Dortmund, dorthin wo das Herz der deutschen Sozialdemokratie immer noch kräftig schlägt. Der Niedergang der klassischen Industrien ist noch nicht ins Bewusstsein gerückt, und die Welt der Arbeiter scheint noch heil zu sein. Hunderttausend Stahlarbeiter strömen in den Westfalenpark und feiern ihren ersten Mann. Die Kundgebung bleibt ihm als die schönste überhaupt in Erinnerung. Die fälligen Neuwahlen würde er der Stimmung wegen gern schon im Frühsommer sehen. Aber die FDP fühlt sich noch nicht bereit.

Zu Beginn des Wahlkampfes setzte W. B. der Hetze der Union, zumal Barzels ewiger Gleichsetzung von SED und SPD, eine geschichtsträchtige, offensive Bestimmung des eigenen Standpunkts entgegen. Den 20. Todestag Kurt Schumachers am 20. August nimmt er zum Anlass, die Kampagne zu unterlaufen: Der demokratische Sozialismus ist nur ein anderes Wort für die soziale Demokratie und eine ständige Aufgabe, eine Aufgabe, die sich immer wieder neu stellt. Er hielt fest, dass die SPD von Kommunisten und »Rechtskreisen« zugleich angegriffen werde. Die Führung der SED proklamiere den Kampf gegen den »Sozialdemokratismus«, und die Führung der Unionsparteien inszeniere »einen agitatorischen Rummel gegen ein von ihr geschaffenes Zerrbild des demokratischen Sozialismus«. Er erklärt die »eine Sache« und die »andere Sache«, das Wesen auswärtiger Beziehungen und »die einander entgegenstehenden Grundsätze staatlicher und gesellschaftlicher Ordnung«. Durch die Friedenspolitik würden die grundsätzlichen Unterschiede zwischen Sozialdemokraten und Kommunisten nicht verwischt.[107]

Diese Unterschiede hatten zu Jahresbeginn auch die Ministerpräsidenten der Länder und der Bundeskanzler im Sinn gehabt, als sie beschlossen, Extremisten den Zugang zum Öffentlichen Dienst zu verwehren. Der Unsinn, zu dem der Erlass herhalten sollte, verdeckte seinen Ursprung. Die Ostpolitik hatte, angesichts der Deutungen, die ihr unterlegt wurden, eine klare Abgrenzung erforderlich gemacht.

Die Standortbestimmung, wie sie in der Schumacher-Rede vorgenommen wurde, fiel W. B. umso leichter, als die »Dreck-Kampagne« einem breiten Empfinden, nun bis weit in die Mitte hinein, widersprach und den Zuspruch noch steigerte. Strauß nannte den Bundeskanzler den »Partisan von Norwegen« und sprach vom »roten Faschismus«. Anonyme Plakate und Anzeigen überschwemmten das Wahlvolk.[108] Die wirtschaftliche Lage war immer noch gut und stand den Wahlchancen der SPD jedenfalls nicht entgegen. Als Karl Schiller, der populäre Wirtschafts- und Finanzminister, am 7. Juli zurücktrat und mitten im Wahlkampf die SPD verließ, verpuffte die Wirkung rasch. Aus Gründen, die kaum einer verstand, hatte er sich gegen das gesamte Kabinett gestellt. Der Bundeskanzler hielt ihn für unverträglich und forderte ihn auf, nicht den Kollegen anzulasten, dass er mit ihnen nur schwer habe zusammenarbeiten können. In einem persönlichen Nachsatz vergaß er aber nicht, an die gemeinsamen Berliner Jahre zu erinnern.[109] Helmut Schmidt übernahm das Doppelministerium, Georg Leber wurde dessen Nachfolger auf der Hardthöhe.

Die Reformpolitik stieß auch dort auf Billigung, wo alte

Strukturen aufgebrochen und überholte Normen neuen Verhaltensweisen angepasst wurden, wie im Ehe- und Familienrecht. Zur Abstimmung aber stand die Politik, für die W. B. 1969 gewählt worden war. Und die allen gegenteiligen Behauptungen zum Trotz nicht auf Kosten der Westpolitik gegangen war. Im Oktober 1972 tagten zum ersten Mal die Staats- und Regierungschefs der erweiterten Europäischen Gemeinschaft; der deutsche Wunsch, Großbritannien dabei zu haben, war sichtbar in Erfüllung gegangen. Vor allem aber hatten, nach Ratifizierung der Verträge und nach Unterzeichnung des Berlin-Abkommens, die beiden deutschen Staaten Gespräche über einen Grundlagenvertrag aufgenommen. Um sie zu beschleunigen, wandte sich W. B. unmittelbar an Breschnew: »Trotz beträchtlicher Fortschritte, die auch einer konstruktiven Haltung der DDR zu verdanken sind, kann das Werk noch immer scheitern, wenn die Faktoren des fehlenden Friedensvertrages und der Zugehörigkeit beider deutscher Staaten zu einer Nation keinen angemessenen Niederschlag im Vertrag finden.«[110] Als der Vertrag zwölf Tage vor der Wahl paraphiert wurde, zeigte sich W. B. zukunftsfroh: »Vieles wird möglich werden, was bis gestern unvorstellbar war.« Er gab seiner Hoffnung Ausdruck, dass sich das neue Verhältnis beider Staaten zum Segen für die Menschen auswirken werde. »Mit diesem Vertrag brechen wir das Eis auf, in dem das Verhältnis zwischen uns und der DDR für viele Jahre eingefroren war.«[111]

W. B. konnte, wenn er von einer Sache erfüllt war, wunderbare Formulierungen finden. Jetzt formulierte er, der den Kniefall getan hatte: »Deutsche, wir können stolz sein auf unser Land«. Das Plakat krönte einen Wahlkampf, in dem er 18 000 Kilometer zurücklegte und der mit fünf, manchmal sechs großen Kundgebungen am Tag immer mehr einem Triumphzug glich. Im eigenen Lager gediehen Neid und Missgunst, unsichtbar noch. Die destruktive Kampagne der Union überschlug sich und war auch durch das Kapital, das ihr in großem Umfang zufloss, nicht zu

Die Vermessung des Himmels

Heimkehr zu sich selbst
(1972)

retten. Barzel hatte dem Charisma des Kanzlers wenig entgegenzusetzen. Ihm fehlte auch das Programm, das die Mitte hätte anziehen können. Jene Mitte, die W. B. bewusst umwarb und die er demonstrativ auch die neue Mitte nannte.[112] Die Nachricht, dass er an den Stimmbändern operiert werden müsse, minderte den Einsatz nicht. W. B. war ein begnadeter und leidenschaftlicher Wahlkämpfer. Dass er sich unterwegs »zu Hause«[113] fühlte, hing allerdings damit zusammen, dass er ein Zuhause, einen Ort des Aufgehoben-Seins, nicht kannte. Einfühlsame Beobachter hielten fest, dass er übermüdet wirkte und einsam.[114]

Den Gedanken, aufs Ganze zu gehen und die absolute Mehrheit auch bei den Zweitstimmen anzustreben, verwarf er so schnell, wie er ihn gefasst hatte. Er wollte den Bund mit den Liberalen fortsetzen und die SPD zur stärksten Fraktion im Bundestag machen. Bei einer Wahlbeteiligung von 91,1 Prozent kam die Partei auf über 49 bei den Erst- und auf 45,8 Prozent bei den Zweitstimmen. W. B. empfand tiefe Genugtuung. Welch ein Weg. Von der Berliner Rede 1949 über »Die programmatischen Grundlagen« bis zur Volksbewegung 1972. Als er die SPD zum ersten Mal in einen Bundestagswahlkampf führte, hatte sie sich auf ein Drittel der Wählerschaft stützen können, jetzt, anderthalb Jahrzehnte später, war sie auf fast die Hälfte angewachsen.

Den Stolz auf das eigene – »unser« – Land zu plakatieren, hatte ihm ein wahlkämpferischer Sinn eingegeben. Diesem Sinn lag ein Gefühl zugrunde, ohne das ihm ein solcher Satz nicht aus der Feder geflossen wäre. Schon im Augenblick der Entgegennahme des Nobelpreises hatte er diesem Gefühl Ausdruck verliehen: »Deutschland hat sich mit sich selbst versöhnt; es hat zu sich selbst zurückgefunden, so wie der Exilierte die friedlichen und menschlichen Züge seines Vaterlandes wiederentdecken durfte.«[115] Eine Heimkehr zu sich selbst trotz Teilung? Die Möglichkeit, sie zu überwinden, dachte er mit, wenn er jetzt von Deutschland oder einfach seinem Land sprach.

W. B. war stolz auf die Bundesrepublik. Die Deutschen hatten nach dem Verrat durch Hitler eine Demokratie aufgebaut, die keinen Vergleich zu scheuen brauchte. Jetzt würden sie ihre Macht in den Dienst des Friedens stellen und helfen, Entspannung zwischen Ost und West zu schaffen; was gut war für Europa würde auch gut sein für dessen Mitte. In den Verträgen, die ihm so viel Ehre eingetragen hatten, sah W. B. keinen Selbstzweck, sondern ein Mittel zum Zweck, dem höheren Zweck der Selbstbestimmung. Um »den Gedanken an die eine Nation« zu wahren, beizutragen, dass dieser Gedanke »fortlebt und nicht nur ein Erinnerungswert bleibt«[116], mussten die getrennten Familien und mit ihnen die getrennten Volksteile zusammenfinden können.

Nach der Rückkehr aus der Emigration hatte Bertolt Brecht das »andere« Deutschland in dem »anderen« deutschen Staat verwirklicht gesehen. Dort ließ er sich nieder, wenn auch halbherzig. Eine solche Entscheidung hatte W. B. für sich ausgeschlossen, weil dieser andere Staat eine Diktatur war und weil der Anspruch auf ein anderes Deutschland nicht erhoben werden durfte. Die Selbstüberhebung, die diesem Anspruch zugrunde lag, war und blieb W. B. fremd, wesensfremd. Seine Vaterlandsliebe, die Liebe zur Patria, schloss den Kampf gegen die Tyrannis ein. Die Patria bürgte für die Freiheit. Aber auch Brecht litt unter der Teilung. Die dichterische Klage, die er anstimmte, widersprach den Äußerlichkeiten von Wohnsitz und Bekenntnis:[117]

> O Deutschland, wie bist du zerrissen
> Und nicht mit dir allein!
> In Kält' und Finsternissen
> Lässt eins das andre sein...

W. B. kannte die Klage. Es war auch seine Klage. Aber ihr trauriges Echo wollte er nicht in aller Ewigkeit hören müssen. Er glaubte nicht an die Ewigkeit, nicht an den Spuk der

Vergangenheit und nicht an den Schwur auf die Zukunft. Ihm galt es, das Heute in sein Recht einzusetzen und den Himmel zu vermessen. Dann würde seine Eroberung, vielleicht, einmal möglich werden. »In der Außenpolitik«, so hatte er beizeiten erkannt, »ist man als Realist ohne Fantasie ein Tropf«.[118]

Nach Moskau. Exkurs

Er holte tief Luft. So tief, dass in einem Atemzug ein ganzer Satz herausgepresst werden konnte. Der Satz enthielt zwei Mitteilungen. Die erste galt dem Zustand seiner Ehe, die zweite seinem Rücktritt als Bundeskanzler mehr als vier Jahre zuvor: Es waren Wehner und Honecker. Als der Satz heraus war an jenem Abend des 14. Juli 1978, im elsässischen Colroy La Roche, hellten sich seine Züge auf: Nun bin ich es los.

In den »Notizen zum Fall G«, die W. B. im Sommer 1974, bald nach dem Rücktritt verfasste, hatte er Verbindungen zwischen Wehner und Honecker schriftlich festgehalten.[1] Ihm waren Hinweise zugegangen, keine Beweise. Die suchte er nicht einmal. Zeit seines Lebens nicht. W. B. war ein Angler, kein Jäger. Es streikte auch die Fantasie. Die Annahme eines solchen Komplotts war ungeheuerlich, man malte es sich besser nicht aus. Außerdem hatte das Stück, das im Zeichen Guillaumes ein Jahr lang, von Mai 1973 bis Mai 1974 gespielt worden war, mehr als zwei Akteure. Schon im Untersuchungsausschuss des Bundestages hatte W. B. Innenminister Genscher, ohne ihn beim Namen zu nennen, eine tragende Rolle zugewiesen.

Und was galt Honecker ohne Moskau? In W. B.s Sicht der DDR war die existenzielle Abhängigkeit von der Sowjetunion immer eingeschlossen. Da sollte ohne Wissen Moskaus der Generalsekretär der SED mit dem Vorsitzenden der sozialdemokratischen Bundestagsfraktion konspirieren? Überdies stand Wehner im Geruch des Verräters, und Verräter wurden eher umgebracht als in Ehren empfangen. Und wie konnte umgekehrt ein Mann, der von sich sagte, mit dem Kommunismus gebrochen zu haben, ein solches Komplott schmieden? W. B. verweigerte sich dem eigenen Gedanken. Er ließ den Verdacht im Raum stehen und die Fragen nicht an sich heran, auch am Ende nicht, als es manchen Fingerzeig gab. Dass Wehner vielleicht auf zwei Schultern getragen habe, war das äußerste, was er für möglich hielt.

Heute, dreißig Jahre nach dem Rücktritt W. B.s vom Amt des Bundeskanzlers und bald fünfzehn Jahre nach dem Ende von DDR und Sowjetunion, ist immer noch nicht die Zeit schlüssiger Erklärung gekommen. Die politischen Fragen aber können nun gestellt und die archivalischen Aufträge adressiert werden. Der Nachlass Herbert Wehners ist weiterhin nicht zugänglich, in Teilen nicht einmal lokalisierbar.[2] Mehrere Dokumente, die in unmittelbarem Zusammenhang mit dem Rücktritt des Bundeskanzlers stehen, bleiben unauffindbar und werden der Forschung wie der Öffentlichkeit vorenthalten.[3] Schließlich gilt es, wenn W. B.s Hinweis ernst genommen werden soll, den Blick nach Moskau zu wenden. Und vielleicht auch nach Washington. KGB-Archivalien sind beizeiten in den Besitz der Vereinigten Staaten übergegangen. Die Amerikaner aber sind noch weniger auskunftsfreudig als die Russen. Befragt nach dem Rücktritt von Außenminister Genscher im Frühjahr 1992 und dem Grund dafür, sagte George Bush, damals Präsident, erst zögernd, dann lächelnd: That's a very good question.

Im November 2001 habe ich in Moskau den Föderalen Sicherheitsdienst, den vormaligen KGB, ersucht, mir aus dem eigenen Zentralen Archiv sowie aus benachbarten Archiven Dokumente zugänglich zu machen, die Willy Brandt in seiner Zeit als Bundeskanzler betreffen. Ich habe keinen Antrag gestellt, der sich auf dritte Personen bezieht, etwa Genscher oder Wehner. In mehreren Gesprächen ist mir bedeutet worden, dass drei Personen im engeren Umfeld des Kanzlers für die andere Seite gearbeitet hätten. Darüber hätten nur sehr wenige Leute in Moskau Bescheid gewusst. Nach einer schriftlich fixierten Zuständigkeit werde man vergeblich suchen; die Einbindung höchstrangiger Personen in sowjetische Strukturen sei auf keinem Papier festgehalten. Das Wirken Einzelner erschließt sich aber aus den Akten, den Zugang zu den Archiven vorausgesetzt. Dann wird der Schlachtruf von Historikern klingen wie der Sehnsuchtsruf von Anton Tschechows »Drei Schwestern«: Nach Moskau.

Im siebten Kellergeschoss der Lubjanka und sonstwo in Moskau lagern, W. B. betreffend, 185 Tonbänder und Kisten, jede mit 1000 Seiten gefüllt. Im Sommer 2003 habe ich eine Liste mit 500 Dokumenten erhalten, die sich auf die Jahre 1969 bis 1974 beziehen und 8000 Seiten umfassen. Sie entstammen den Archiven des Politbüros, des Sekretariats des Zentralkomitees der KPdSU und des KGB. Der überwiegende Teil scheint Alltägliches zu enthalten. Den Titeln nach versprechen nur 20 Dokumente aufschlussreich, vier wichtig und eines sehr wichtig zu sein. Eine »Kommission zum Schutz des Staatsgeheimnisses« ist tätig geworden und hat prinzipiell alle Dokumente freigegeben – bis auf die fünf wichtigen Stücke. Von dem einen Papier, das bisher unbekannte Gespräche Wehners mit Honecker im Beisein eines Russen bezeugt, heißt es sehr bestimmt: Njet. Immerhin deuten schon die Titel der ausgewählten Dokumente auf Verwicklungen, die oft erahnt, aber nie bewiesen und auch als Hirngespinste W. B.s abgetan worden sind.

Ist denkbar, dass W. B. seinem sicheren Gefühl nicht auf den Grund gehen mochte, weil er fürchtete sich hineinzusteigern? Wollte er ablenken von eigenem Unvermögen? Seinem ganzen Wesen nach war W. B. unfähig, einer fixen Idee zu huldigen oder Verfolgungswahn zu pflegen. Er hatte Distanz zu sich selbst, und immer stellte er das eigene Tun in Frage. Was immer sich einer hatte zuschulden kommen lassen, die Konsequenzen musste der selbst ziehen. Und wenn nicht? Bevor W. B. ihm die Verantwortung aufnötigte, trug er sie lieber selbst. Auch insoweit war sein Verhalten 1974 ihm gemäß, typisch und nicht den besonderen Umständen jener Tage geschuldet. Kraftgesten erlaubte er sich so wenig wie Ausflüchte. Er brauchte kein Amt, um Autorität auszustrahlen. Schätzte er das Amt deswegen gering? Empfand er es als Bürde? Gewiss nicht. Als er darauf verzichtete, war er weder erleichtert noch erlöst. Vielleicht widersprachen die landläufigen Gesetze des Machterhalts manchen Eigenheiten W. B.s. Es waren die gleichen Eigenheiten, die zwischen 1958 und 1972 seine Wirkung ausgemacht hatten. Die Wahlergebnisse, die er in Berlin und in Bonn zu verantworten hatte, sprachen für sich; zwischen seiner ersten und letzten Kanzlerkandidatur war die SPD um sechzehn Prozent stärker geworden.

W. B. fand nicht, dass sich Macht und Machterhalt nur nach den landläufigen Gesetzen bemessen ließen. Allerdings war ihm bewusst, dass jede Art des Führens an Voraussetzungen gebunden war. Er selbst brauchte Loyalität und einen Willen zum Konsens. In der Regierungserklärung, zu Jahresbeginn 1973, knüpfte W. B. an das Programm von 1969 an: Die Reformen, die er nüchtern aufführte, »brauchen einen langen Atem«. Den glaubte er auch selbst zu haben, seit der Rückkehr nach Deutschland 1946. Dabei wusste er, dass die Macht eines Bundeskanzlers sehr viel beschränkter war, als die Öffentlichkeit unterstellte. Gesellschaftliche Umwälzungen vollzogen sich, ob es einem passte oder nicht. Trotz Vollbeschäftigung, ausgeglichener Zahlungsbilanz und steigender Einkommen bekümmerten ihn die Verengung des Reformbegriffs auf das materielle Element und der Verlust von »Freiheit für den einzelnen«. Ein materielles Gerechtigkeitsstreben machte er sich nicht zu eigen. Aber er merkte auch, dass es fast unmöglich war, einen solchen Trend umzukehren: »Reformgerede, hinter dem sich nur Gehaltsforderungen tarnen, taugt wenig.«

Niemand solle glauben, wir könnten »mehr verdienen, wenn wir weniger leisten«.[4] Sein Verständnis von der Macht und sein Umgang mit ihr mögen ungewöhnlich gewesen sein, gewöhnungsbedürftig. An deutlichen Worten jedenfalls ließ es W. B. auch jetzt nicht fehlen. Er stehe für nichts anderes als vor der Wahl, sagte er auf dem Parteitag im Frühjahr 1973. Er kannte »kein Schema für die gesellschaftliche Ordnung« und beschwor, viel stärker als es Helmut Schmidt je tat, die »persönlichen und politischen Freiheitsrechte des einzelnen«.[5] Die Jusos, die eine wesentliche Strömung der 68er aufgenommen hatten, scherte es wenig. Den Wahlsieg nahmen sie als Auflassung für ebenso wüste wie wirre Parolen.

W. B. hat bisweilen gesagt, dass er in den Berliner Jahren zwischen sowjetischem Ultimatum 1958 und Kubakrise 1962 jeweils um fünf Jahre gealtert sei. Über die drei Kanzlerjahre zwischen Aufbruch 1969 und Wahlsieg 1972 hat er Mutmaßungen gar nicht erst angestellt. Das Wagnis, ohne verlässliche parlamentarische Mehrheit in der Mitte Europas die Weichen neu zu stellen, war nicht ohne Wirkung geblieben. Die Spannkraft musste nachlassen, erst recht angesichts der Kälte, die ihn zu Hause umgab. Am 4. Dezember, kaum dass die Geschwulst auf den Stimmbändern entfernt ist und er die Klinik verlassen hat, freut er sich auf den Urlaub: »Mir ist vor allem anderen daran gelegen, dass ich nicht nur zu etwas Sonne komme, sondern auch möglichst wenig Menschen – eigener und anderer Nationalität – begegne.«[6]

Für die Koalitionsverhandlungen sieht er, was den sachlichen Teil anlangt, keine Schwierigkeiten voraus. Am 5. Dezember aber notiert er, dass sein Vermerk vom 28. November »in der Aktentasche« von Wehner »begraben« sei und Helmut Schmidt, den anderen Stellvertreter im Parteivorsitz, »überhaupt nicht erreicht« habe.[7] Ihm selbst war ein striktes Sprechverbot auferlegt worden, deshalb konnte er nicht anders, als Hinweise zur Regierungsbildung schriftlich zu geben. Aber in der Mediendemokratie, die erste Blüten trieb, war eine auch noch so kurze Schonzeit nicht vorgesehen; sie ließ sich leicht umdeuten. Der Sieg wurde »schal«[8] und zur Last erklärt, noch bevor ihn jemand hatte auskosten können. Das Gerede von der Psychokrise und Dauerdepression verselbständigte sich. Der Eindruck schlechten und lustlosen Regierens setzte sich fest, bevor auch nur die Regierungserklärung abgegeben war. Wenn aber der Eindruck richtig gewesen und durch die Regierungstätigkeit bestätigt worden wäre, hätte Wehner dann recht getan, den Bundeskanzler, unter Einsatz welcher Mittel auch immer, vom Thron zu stoßen? Oder war das Bild vom ausgelaugten und abgeschlafften W. B. nötig, um den Sturz nicht näher begründen und untersuchen zu müssen?

»Die Tätigkeiten unseres prächtigen Willy Brandt verfolgst Du gewiss auch mit Befriedigung«, schreibt Katia Mann, die selten lobt, ihrem Bruder Klaus Pringsheim. Wenn es »den Schurken« nur nicht gelinge, ihn zu Fall zu bringen.[9] An welche Schurken denkt sie? Sohn Golo Mann, der Historiker mit Sinn für die Gefährdung atypischer Machtmenschen, gratuliert: »Der Sieg war groß, Ihnen vor allem zuzuschreiben, erstaunlich in seiner Größe; welche, neben neuen Möglichkeiten, wohl auch neue Probleme bringen wird. So ist die Politik.«[10]

Groß war der Sieg. Und groß war der Neid, den der Sieg gebar. Schon früh hatte W. B. in seiner Partei, auch in deren intellektuellem Umfeld, die Neigung ausgemacht, den Misserfolg moralisch zu finden und dem Erfolg einen anrüchigen Beigeschmack zu geben. Die Tradition nahm Gestalt an, als gewichtige Parteimitglieder den Sieg klein redeten. Keine Macht ohne Missgunst. Es war zuviel der Sonne, die auf den Vorsitzenden schien. Aufbruchstimmung, Ansehen weltweit, gipfelnd im Nobelpreis, und nun auch noch ein historisches Wahlergebnis. W. B. hielt fest: »Ich geriet nach dem Sieg unter Druck, nicht als wir verloren, sondern als und weil wir gewonnen hatten.«[11] Es mag sein, dass der Druck gar nicht erst versucht worden wäre, hätte der Sieger nach Siegermanier agiert und seine neue Amtszeit durch Befehl und Gehorsam zementiert. Aber dieser Sieger war dazu nicht gemacht. Helmut Schmidt, der noch im August 1972 eine deutliche Niederlage vorhergesagt hatte, beschäftigte sich, als es anders kam als gedacht, mit der Stärkung der eigenen Position als Nebenkanzler und ließ kaum eine Gelegenheit aus, dem Kanzler und Parteivorsitzenden die Führung schwer zu machen.

Während W. B. in der Bundesrepublik ins Meinungstief rutschte, strahlte sein Stern jenseits des Eisernen Vorhangs umso heller. Dieselben Blätter, die ihn im vorderen Teil schalten, rühmten weiter hinten »das Ostbild von Willy Brandt«, das »eher den Ikonen« gleiche.[12] Die Herrschenden im Osten packte die Angst. »Denn seit der Geist Willy Brandts umgeht in der Republik, fürchten die Genossen nichts so sehr wie das Gespenst des Sozialdemokratismus.«[13] Man nannte es auch das Gespenst von Erfurt. Heute hört man während der Aktensuche in Moskau: Was der Brandt gemacht hat, nach 1969, das war von uns so nicht vorgesehen. Mehrere Titel der 500 Dokumente sagen aus, dass W. B.s Auftritt und Rede in Erfurt vielfach untersucht worden sind. Nicht nur in Moskau.

Der Argwohn hatte die DDR früh erfasst. Nach den Treffen von Erfurt und Kassel wurde W. B. unterstellt, dass er nach »innerdeutschen Sonderbeziehungen« strebe; die aber stünden dem Ziel der Anerkennung der DDR entgegen. Später berichtete ein Informant aus Bonn: »Brandt unterstrich, dass es der Bundesregierung nicht um eine starre Formel – innerdeutsche Beziehungen oder staatsrechtliche Beziehungen –, sondern um die Legalisierung des Strebens nach Lösung der nationalen Frage in Deutschland gehe.«[14]

Schon im Sommer 1972 hatte die Staats- und Parteiführung das Volk befragen lassen und die Ergebnisse streng unter Verschluss genommen: 80 Prozent der DDR-Bürger sympathisierten mit W. B. und seiner Politik.[15] Den Grundlagenvertrag musste man noch unter Dach und Fach bringen, um zu erreichen, was man erreichen wollte – die Anerkennung. Danach würde man sich gegen die unangenehmen Folgen zu wehren wissen. Der Bundeskanzler verzichtete auf seine Absicht, den Vertrag im Januar 1973 selbst in Ostberlin zu besiegeln. Die Maßnahmen, mit denen jede Willensbekundung des Volkes unterbunden werden sollten, machten ihm die Reise unmöglich. Es unterschrieb Egon Bahr, jetzt Minister im Kanzleramt.

Zwei Monate später, am 8. März 1973, hielt Bahr in einem Vermerk »Nur für den Herrn Bundeskanzler« fest, was er dem sowjetischen Botschafter in Bonn, Falin, weitergegeben habe. Er bezog sich auf Informationen und Eindrücke, »wonach die DDR eine generell neue Linie in voller Wirksamkeit erst nach Ratifizierung des Grundvertrages einschlagen will: Zugunsten der CDU, gegen SPD und insbesondere Brandt und Bahr«. Hier entstehe, so Bahr, »eine weitreichende Sorge; denn natürlich könne man düpiert werden, wenngleich nur einmal«.[16]

Am 10. April 1973 schickte die sowjetische Botschaft in Bonn einen »Politischen Brief« an den KGB, Titel: »Über die Beziehungen der BRD mit der DDR in der gegenwärtigen Etappe«. Vier Tage zuvor, am 6. April, hatte sich KGB-Chef Andropow persönlich an das ZK gewandt und Angaben zur Person zweier enger Wehner-Vertrauter übermittelt – Karl Wienand und Eugen Selbmann. Auch diese beiden Dokumente, die auf der Liste stehen, werden nicht freigegeben.

Der Bundestag ratifizierte den Grundlagenvertrag am 11. Mai 1973. Einen Tag später erschien Leonid Breschnew zu einem Freundschaftsbesuch in Ostberlin. Die Vertragsgespräche der Bundesregierung mit der Tschechoslowakei waren unterdessen festgefahren. Wegen Berlin. Die Sowjetunion wollte es so. W. B. beharrte auf der Bundespräsenz, wehrte sich gegen Umdeutungen des Viermächte-Abkommens und blieb stur: Dann eben keine Reise nach Prag.

Berlin sollte ab sofort dem Fraktionsvorsitzenden der SPD als Aufhänger dienen, um die Deutschland- und Ostpolitik der sozialdemokratisch geführten Regierung zu attackieren. Je mehr die DDR mauerte, desto munterer wurde Wehner. In Verbindung mit dem Grundlagenvertrag sprach W. B. von einem »Wendepunkt« und einem Auftakt zum »Miteinander«, bei »grundsätzlichen Meinungsverschiedenheiten mit der DDR«. Vor allem bot ihm der Vertrag die Gewähr, dass »der Gedanke an die eine deutsche Nation« fortlebt.[17] Wenn die DDR gerade diese Gewähr nicht geben wollte und immer neue Blockaden errichtete, durfte man ihr gerade nicht entgegenkommen. Schon gar nicht in Berlin.

Wehner hatte sich die Ostpolitik, die W. B. verfolgte, nie zu eigen gemacht. Sie ging ihm in Form und Inhalt gegen den Strich. Dass Wehner noch in der Wahlnacht 1969 das sozialliberale Bündnis zu hintertreiben und die Große Koalition zu bewahren trachtete, hatte seinen Grund in der angekündigten Vertragspolitik und zugleich in der Person des künftigen Bundeskanzlers. Kiesinger glaubte er im Griff zu haben, W. B. nicht. Dem hatte er schon zu Berliner Zeiten Krisenfestigkeit und Führungsfähigkeit abgesprochen und neben einer proamerikanischen Haltung einen schlechten Charakter angehängt. Im Juli 1964 meldete ein Redakteur des Parteiblatts »Vorwärts« an die Staatssicherheit: Wehner habe W. B. in der Hand, weil er den Parteiapparat beherrscht und der neue Vorsitzende es nicht versteht, »Kader um sich zu sammeln«. Außerdem treibe »der hinterhältigste Gegner« W. B.s – Name geschwärzt – ihm Weiber zu, um »Wehners Dossiers« zu füllen.[18] Mussten die Weiber her, um die Dossiers zu füllen? Das abseitige Vergnügen, das Wehner daraus bezog, entsprach der Fäkalsprache, der er sich Zeit seines Lebens gern bediente. Die Staatssicherheit notierte mehrmals, dass Wehner alle Fäden in der Hand halte; im Frühjahr 1969, im Zusammenhang mit der Bundespräsidentenwahl in Berlin, sei es ihm gelungen, einen Brief

Ulbrichts an W. B., den Vorsitzenden der SPD, abzufangen. Vor und nach der Wahl zum Bundeskanzler sprach er W. B. die Befähigung rundum ab.[19]

Offene und verdeckte Angriffe hinderten Wehner nicht, wenn es ihm geraten erschien, Willfährigkeit zu demonstrieren. Weihnachten 1960 schrieb er fünf lange Seiten von Hand, halb werbend, halb drohend: »Wenn es Dir darauf ankommt, so wirst Du in mir immer einen Genossen und Freund haben, auf den Du bauen kannst. Ich bin durch andere Schulen und Lehrjahre gegangen. Vielleicht weiß ich gerade deshalb manches, was andere nicht wissen oder gering achten.«[20]

Was Wehner selbst bezweckte, welches Bild von Deutschland er in sich trug und welches von der Sozialdemokratie, ließ er im dunkeln. Keine Rede und keine Schrift geben Antwort. Nur mit viel Fantasie lässt sich das Ziel einer einheitlichen Arbeiterbewegung und eines sozialistischen Deutschland festmachen. Brauchte es dazu eine absolute SPD-Mehrheit? Wer sollte sie erringen? Mitten im Kampf um die Ratifizierung der Verträge, im Mai 1972, meldete sich ein Mitarbeiter: Wehner kritisiere, dass das Recht »der Selbstbestimmung der Deutschen« hochgezogen werde, und frage, was das solle.[21] Unmittelbar vor dem Wahltag 1972 erklärte Wehners Vertrauter, der außenpolitische Referent der Fraktion Eugen Selbmann, warum die absolute Mehrheit in den nächsten zwei bis drei Legislaturperioden nun doch nicht erreicht werde. Der Hauptgrund sei der Bundeskanzler selbst. Unter Berufung auf Wehner nannte er auch Regierungssprecher Ahlers und Kanzleramtschef Ehmke: »Herbert Wehner hätte schon seit langem versucht, den Galgen aufzuziehen, um solchen Typen wie Ehmke das Genick zu brechen.«[22] Schuldige, warum etwas nicht lief, wie es angeblich laufen konnte, fand Wehner immer. Vor allem fand er jenen Schuldigen, dem er eine Art »Urhass« entgegenbrachte – W. B. Dieses Wort hat Klaus Harpprecht in einem psychoanalytischen

Porträt geprägt.[23] Es ist richtig und trifft doch nur die halbe Wahrheit, weil die politische Dimension des Verhältnisses außen vor bleibt.

Herbert Wehner. Jahrgang 1906, einer Dresdner Arbeiterfamilie entstammend, Volks- und Berufsschule, Kontoristentätigkeit. 1923 Sozialistische Arbeiterjugend. Suche nach der Tat und dem klaren Feindbild, Hinwendung zum Anarchismus und Bekanntschaft mit Erich Mühsam, dem er 1926 nach Berlin folgt. Krach und Rückkehr nach Dresden, Aufnahme in die KPD, Heirat mit Lotte Löbinger, einer Schauspielerin. Trennung zwei Jahre später, rückblickend nennt er ab 1929 Charlotte Treuber, eine »technische Parteiarbeiterin«, seine Frau.[24] Atemberaubender Aufstieg in der KP. Berufsrevolutionär. 1930, 24 Jahre jung, Mitglied im Sächsischen Landtag. Ausfälle gegen die Sozialfaschisten von der SPD: Köpfe werden rollen, die der besitzenden Klasse. Verherrlichung der Sowjetunion. KPdSU, Komintern und herrschende »Linie« werden nicht hinterfragbare »Instanzen«.[25] 1930 Berlin. Organisator und Kontrolleur. 1932 Technischer Sekretär des Politbüros. Schalt- und Schlüsselstellung inmitten der Macht- und Fraktionskämpfe. Einflussnahme auf den Militärapparat der KPD, zuständig auch für die Zersetzung von SPD und Gewerkschaften. Und Einflussnahme auf den mörderischen Ifland-Apparat, der so geheim ist, dass fast niemand von seiner Existenz etwas ahnt. Verhaftung Thälmanns am 3. März 1933. Die Reihen lichten sich. Die Denunziationen gehen weiter. KPD-Auslandsleitung in Paris. Wehner hält in Berlin die Stellung. Der Kampf um die Saar. Im Juni 1934 wird Wehner abkommandiert. Plötzliche Änderung der Generallinie: Einheitsfront mit der SPD. Den Kurswechsel setzt Wehner durch, von einem Augenblick zum nächsten. Bekanntschaft mit dem Funktionär des Kommunistischen Jugendverbandes, Erich Honecker. Die Rückfahrt nach Berlin endet in Prag. Fünf Wochen Haft und Abschiebung durch Polen an die sowjetische Grenze. Zum ersten Mal in Moskau. Hotel Lux und Schwarzes Meer. Erholung mit Frau Charlotte, der Zweiten. Phänomenales Namensgedächtnis. 1935 Zuarbeit für die Kaderabteilung der Komintern und Lehrtätigkeit an deren Lenin-Schule. Vorbereitung des VII. Weltkongresses, 25. Juli bis 20. August 1935. Delegierter mit beratender Stimme – »als sei durch diese Glut alles zu läutern und aller Schmutz zu verbrennen«.[26] Auf der anschließenden KPD-Konferenz, in der Nähe Moskaus, Mitglied im fünfzehnköpfigen Zentralkomitee und Kandidat zum Politbüro. Rückkehr nach Paris. Westarbeit. Sammlung und Überprüfung der Freiwilligen, die nach Spanien ziehen. Erster Schauprozess in Moskau, August 1936. Mitteilungen an Wehner. Überprüfung und Säuberung der kommunistischen Emigranten. Einbestellung von Wehner und Ulbricht nach Moskau, Hotel Lux. Zweiter Schauprozess im Januar 1937. Zusammenspiel von staatlicher Terrormaschine, dem NKWD, mit Kommunistischer Internationale und KPD. Wehner ist viel zu lange dabei und selbst nur mit dem Fuß im Nacken des anderen aufgestiegen, um nicht zu wissen, welche Informationen zu welchen Zwecken benutzt werden. Er schreibt und schreibt. Rezensionen, Gutachten, Briefe, Vermerke. Wie den »für Gen. Pieck« vom 2. Februar 1937. Darin nennt er namentlich die guten Bekannten und Parteifreunde W. B.s: Paul Frölich, Rosi Wolfstein, Walter Fabian, Max Diamant, dessen Eltern in Leningrad verschwinden. Diese Gruppe trete »schroff gegen unsere Partei auf« und wolle auch die militärische Niederlage der Sowjetunion hinnehmen; die Trotzkisten in der Führung der SAP müssten eingekreist werden. Im Mai lieferte er »streng vertraulich« auch die von ihm erstellte, mit Namen versehene »Information über Berichte aus Deutschland, in denen trotzkistische Einflüsse oder Unklarheiten enthalten sind, die von Trotzkisten ausgenutzt werden können«.[27] Unterzeichnung von Ausschlusslisten; wer aus der KPD verbannt wird, überlebt in aller Regel nicht. Gleichzeitig mit den Demonstrationen der Dazugehörigkeit wird

Wehner selbst Gegenstand von Untersuchungen. Eine Kommission der Internationale nimmt, ungewöhnlich, ihre Tätigkeit auf und verkündet, auch ungewöhnlich, den Freispruch im August 1937. Ein neues Verfahren wird eröffnet und im Juni 1938 eingestellt. Wehner genießt offenkundig die Rückendeckung von Dimitroff. Fortsetzung der Schreibtätigkeit, Vernichtungsvokabular. Hymnen auf den Sozialismus und die Stadt Moskau: »Hier bin ich Mensch, hier darf ich's sein«.[28] Im Juni 1939 nochmals das gleiche Spiel, ein neues Dossier und ein neues Gütesiegel. Wehner gehört zur Kleinen Kommission der KPD und zur Kontrollkommission der Internationale und entscheidet über das Schicksal kommunistischer Emigranten, aufspürend, bewertend, nachsetzend. Berichte in Serie. Er genießt das Vertrauen Ulbrichts und Piecks. Er weiß viel, ist produktiv und wendig. Vor allem wendig. Wenn die Linie zickzack macht, macht er es auch.

Nichtangriffspakt zwischen Nazi-Deutschland und der Sowjetunion. Im Augenblick der Unterzeichnung beginnt Wehner mit programmatischer Arbeit. Er beschwert sich bei Pieck, dass er nicht hinreichend einbezogen sei in die Führung, und bemängelt die unzulängliche Reaktion der Partei zum Pakt: Es handele sich »um die Schädlingsarbeit von Lumpen, die innerhalb unseres Apparats oder der mit ihm verbundenen Apparate ihr Unwesen treiben«. Viel zu lange habe man »mit der Unschädlichmachung dieser Elemente gezögert«. Gründlich sei zu untersuchen, »welche große Bedeutung die Freundschaft der SU mit Deutschland für die Zukunft des deutschen Volkes hat«.[29] Wehner wendet sich an Pieck als »Vorsitzenden des ZK der KPD«, und doch kann er sich den zurechtweisenden Ton leisten und die Kaderpolitik kritisieren. Durch wen ist er autorisiert? Schon eine Woche später, am 9. Oktober 1939, wird festgestellt, dass die Führung jetzt aus allen in Moskau befindlichen ZK-Mitgliedern besteht, Wehner eingeschlossen. Zusammen mit Ulbricht wird er beauftragt, den Kommunisten in Deutschland die neue Linie per Brief zu erklären. Im Jahr 1940 schreibt Wehner eine Studie über die Entwicklung der deutschen Wirtschaft, ein paar wüste Pamphlete gegen die Sozialdemokratie und eine Hymne auf »Ein Jahr Nichtangriffsvertrag«. Sonst ist nichts? Nichts, das bekannt wäre. Moralische Zerstörung? Was kann noch zerstört werden, wenn einer so weit gekommen ist? Will Ulbricht ihn loswerden? Will Wehner raus? Seit wann zählt ein eigener Wille? Oder hat jemand Großes mit ihm vor und schult ihn für neue Aufgaben? Das Exekutivkomitee der Komintern »kommandiert Genosse Funk, Kurt in dienstlichen Angelegenheiten nach Tallin. Dauer der Kommandierung vom 2. 2. bis 12. 2. 1941. Genosse Funk, Kurt hat fünfhundert Rubel bei sich«.[30] Genosse Funk alias Herbert Wehner reist illegal nach Schweden ein. Noch im Februar 1941 kommt er in Stockholm an. Lotte Treuber, die er in all den Jahren als seine Frau bezeichnet hat, bleibt in Moskau zurück und muss in den Ural weiterziehen, nach Ufa; einige wenige Male werden, in Briefen an Pieck, noch Grüße ausgerichtet.

Wehners Auftrag lautet auf Überprüfung der Arbeit von Karl Mewis, dem KP-Leiter für Skandinavien, und auf Reorganisation der KPD in Deutschland, deren Führung damit Wehner übertragen ist.[31] Sein Gehilfe, »Partisanen«-Richard Stahlmann alias Arthur Illner, ist schon vor ihm in Stockholm angekommen. Er will nicht, dass jemals für eigene Leute die Hand ins Feuer gelegt wird: »Pass auf: die eine Hand ganz und von der anderen drei Finger. Zwei Finger muss man im Klassenkampf immer noch haben, um abdrücken zu können.«[32] Wehner betreibt die Untersuchung gegen Mewis und andere Kommunisten. »Was mich aber abstieß und erschreckte, das war die Maßlosigkeit dieses Mannes in der Beurteilung von Menschen«, sollte der eher einfältige Mewis später schreiben.[33] Als im Frühjahr 1941 vier Instrukteure in Deutschland verhaftet werden, beschuldigt Wehner Mewis. Und schickt selbst welche los. Auch Josef Wagner, für den er des Lobes voll ist. Wagner, Jahrgang 1898, vor '33 Lehrer in Hamburg, KP-Mann seit 1928, mit geheimem Auftrag zur Zersetzung der SPD, Absolvent einer Parteischule in Paris, Leiter der Kaderschulung in Stockholm, bittet Wehner, bevor er Ende April 1941 aufbricht, »seine Frau Frieda in der politischen Arbeit nicht zu sehr zu belasten«.[34]

Nach Hitlers Überfall knüpft die Sowjetunion ihr geheimes Netz in Schweden noch enger, als es ohnehin schon ist. Die sowjetische Gesandtschaft, an der 1942 der Deutschland-Spezialist und spätere Botschafter Semjonow tätig wird, die Komintern, der NKWD, dessen militärischer Geheimdienst und auch dessen allergeheimste Spezialtruppe Smersch[35], die losgelöst von allen Parteistrukturen operiert, sind in Schweden aktiv. Der Funkverkehr ist lebhaft. Mewis, Stahlmann, alle haben sie irgendwelche Verbindungen nach Moskau. Und ausgerechnet Wehner, der so hoch gestiegen ist, soll keine haben? Wagner, dessen Schiff auf See umgekehrt ist und der ein weiteres Mal aufbricht, kommt nun zwar bis Hamburg, kann hier aber nichts ausrichten. Als er am 19. Oktober 1941 wieder an Land gehen will, nimmt die schwedische Polizei ihn fest. Wehner kann fortfahren, sich um Frieda Wagner zu kümmern; jeder weiß, dass sie polizeilich beobachtet wird. Seit 1929 kennt Wehner die Regeln der Konspiration. Kennt er sie nicht besser als irgendeiner sonst? Die Verbindungen nach Deutschland, die zu schaffen Wehners Auftrag ist, reißen ab. Werden sie in Moskau überhaupt noch gewünscht? Meint Wehner, nun selbst gehen zu müssen? Hat er einen Befehl? Welchen? Vielleicht soll er gerade bleiben? Die Nacht vom 17. auf den 18. Februar 1942 verbringt Wehner wieder bei Frieda Wagner. Am frühen Morgen wird er verhaftet, unter Friedas Bett, wie die Schweden feststellen. Einige Zeit später findet die Polizei jede Menge Unterlagen in Wehners Wohnung und auch bei Kontaktleuten. Die Umstände der Verhaftung und die Folgen sind so unerklärbar wie die Aussagen im Prozess, der durch zwei Instanzen geht. Hat Wehner Genossen verraten? Ist die Nennung von Namen, die der Polizei vielleicht schon bekannt sind, nicht auch Verrat? Am 29. April 1942 wird Wehner schuldig gesprochen. Nachrichtentätigkeit für eine fremde Macht; Tätigkeit im Auftrag der Komintern gilt als Spionage. Ein Jahr Gefängnis. In Falun muss er Tüten kleben und Säcke nähen. In Moskau wird auf Grund von Informationen – oder Instruktionen? – Verrat festgestellt und Wehner am 6. Juni 1942 aus der KPD ausgeschlossen. Der Beschluss ist als »streng geheim« gekennzeichnet.[36] Warum streng geheim?

Das schwedische Berufungsgericht verwertet neues Material und verschärft das Urteil im November 1942. Ein Jahr Zwangsarbeit. Wehner macht Aufzeichnungen: »Damit das Volk wieder gesund werde, bedarf es der Selbstbesinnung und Selbstkritik.« Das deutsche Volk müsse wieder Bruder von anderen Völkern und in erster Linie von den Völkern der Sowjetunion genannt werden wollen.[37] Distanz zur KP? Nicht die Spur. Der Text ist unpersönlich, von keiner Reflexion durchzogen und keiner Erfahrung gesättigt. Mewis, der nur ein halbes Jahr interniert ist, sammelt im Oktober die deutschen Kommunisten in Schweden. Wehner hat die Strafe verbüßt, er wird ausgewiesen, was in Schweden Internierung bedeutet. Am 18. September 1943 rückt er ins Lager Smedsbo ein. Am Jahrestag der Oktoberrevolution 1943 schreibt er an Kurt Mineur, der ihm zunächst Quartier geboten hat: »Ich weiß, wie Du, mein lieber Freund, unsere Brüder, die den Sozialismus errichtet haben, liebst. Und ich gestatte mir, Dir gerade heute in Gedanken die Hände zu reichen, um Dich zu grüßen und zu bekräftigen, dass wir, jeder auf seine Weise und auf seinem Platz, das Beste tun werden, um dem historischen Fortschritt zum Sieg zu verhelfen.«[38] Wehner muss Kuverts kleben. Die Lagerleitung hält ihn nicht nur für organisiert und intelligent, sondern auch für verschlagen, gefährlich, kommunistisch, und verhindert die Entlassung lange, bis sie im Juli 1944 schließlich froh ist, Wehner loswerden zu können.

Er wird Textilarbeiter in Boras. Unterdessen ist ihm die Bekanntschaft mit Charlotte Burmester vermittelt worden, der Witwe eines im KZ umgebrachten Kommunisten. Und er hat auch die Mitgliedschaft im Freien Deutschen Kulturbund, einer kommunistischen Tarnorganisation, erworben. In seiner Korrespondenz beschimpft und beschuldigt er unentwegt die Kameraden, einen nach dem anderen, seine Lage verursacht zu haben. Gegen Mewis führt Wehner, mit dem inzwischen aus der Haft entlassenen Wagner zur Seite, einen mit dunklen Verratsvorwürfen gespickten Kampf um die Vorherrschaft. Im Namen des Kommunismus.

Der Moskauer Parteiausschluss ist nirgends bekannt, jedenfalls erweckt niemand den Eindruck, davon zu wissen, auch der Betroffene selbst nicht. Die sowjetische Präsenz in Schweden ist massiv, 1944 mehr denn je zuvor. Kann ausgerechnet Wehners Treiben in Moskau unbemerkt bleiben? Noch im Februar 1945 wird in einer Denkschrift für die schwedische Sicherheitspolizei vor Wehner, einem »der intelligentesten und gefährlichsten internationalen Kommunisten«, gewarnt: »Erwiesenermaßen« unterhalte er gute Verbindungen mit führenden Kreisen der Sowjetunion.[39] Vor Parteileuten in Boras, Ende Oktober 1944, setzt sich Wehner nicht etwa mit der deutschen Zukunft auseinander, sondern erklärt seine »Haltung gegenüber einigen Verleumdungen und ihren Urhebern« und warum er sich am Parteileben nicht beteilige: »Volles Vertrauen, dass die Sache schließlich geklärt wird. Nicht ich habe mich zu verteidigen.« Er bezieht sich auf einen »Auftraggeber« und die »von der Komintern« vorgegebene politische Linie. Ein Bolschewik habe nicht nur Disziplin, sondern auch Wachsamkeit zu üben.[40] Die übt vor allem Josef Wagner, der Anstellung in Uppsala gefunden und Wehner längst ermuntert hat zu folgen. Der Bibliothek am Rassenbiologischen Institut schickt Wehner einen Lebenslauf, der von unentwegter schriftstellerischer Tätigkeit, aber von keinem einzigen politischen, geschweige denn kommunistischen Einsatz handelt. Er wird eingestellt, erhält die Aufenthaltsgenehmigung aber erst nach Kriegsende.

Das Verhältnis zwischen Wehner und der von Mewis gesteuerten Partei bleibt in der Schwebe. Der Ausschluss findet weiterhin keine Erwähnung. Auf einer Landeskonferenz der deutschen Kommunisten in Schweden, Ostern 1945, wird aber gegen nur eine Stimme parteischädigendes Verhalten festgestellt und eine »Einreihung Wehners in die Parteiarbeit« für unmöglich erklärt.[41] Aus Berlin, wo die Gruppe Ulbricht zu wirken beginnt, hört Wehner nichts. Und aus Moskau? Nichts, das bekannt wäre. Fallen gelassen? Einfach so? Unter schwierigen Bedingungen, in kleinen Gruppen, können die kommunistischen Emigranten zurückkehren, in die Sowjetisch Besetzte Zone. Nur Josef Wagner ist schon im Sommer 1945 die Fahrt nach Hamburg gelungen. Seine Frau Frieda folgt ihm in den ersten Januartagen 1946. Jetzt gibt sie Wehner Sachen in Verwahrung und vereinbart, dass er und Lotte Burmester in Hamburg zunächst bei ihnen wohnen werden. Woher weiß man zu diesem Zeitpunkt, dass es auch für Wehner nach Hamburg gehen könnte? Er glaubt doch an die »Sache der Arbeiterklasse« und hat die KP nicht abgeschrieben. Erich Honecker wird sich später an eine Reisegenehmigung erinnern, die ihm das Politbüro der KPD erteilt hat. Er sollte in Frankfurt führenden Genossen die Einladung zum 70. Geburtstag von Wilhelm Pieck am 3. Januar 1946 überbringen. »Außerdem erhielt ich den Auftrag, bei Herbert Wehner vorzusprechen mit der Bitte, mich mit ihm treffen zu können, falls er schon in der britischen Zone sein sollte.«[42] In den ersten Februartagen 1946 erhält Wehner Post von Wagner, dem nun frisch gebackenen Mitglied der SPD und Redakteur des »Hamburger Echo«. Wagner winkt mit einem Posten auch für Wehner und versichert: Seine Ansichten und Überzeugungen seien dieselben geblieben, jedoch biete die SPD die »einzige Wirkungsmöglichkeit«.[43]

Wirkungsmöglichkeit? Wofür und für wen? Für Wehner?

Wie hat der KP-Mann Josef Wagner so umstandslos in der SPD Fuß fassen können? Die Sozialdemokraten glauben, dass einer es ernst meint, der zur Partei stößt. Keine Nachfragen oder gar Nachprüfungen. Josef Wagner ist Kandidat zur ersten Bürgerschaftswahl am 13. Oktober 1946; in seinem Lebenslauf gibt er an, in der sozialistischen Bewegung tätig gewesen zu sein, deshalb hätten ihn die Nazis aus dem Schuldienst entlassen. Um drohender Verhaftung zu entgehen, sei er ins Ausland geflohen und habe bis 1945 in Schweden gelebt. Nichts weiter. Wagner wird ein ehrenwertes Mitglied der SPD und hält besonders gern Reden über Russland und den scheußlichen Klassenkampf.[44] Ein Bruder im Geiste mag jener legendäre Paul Laufer sein, der in Berlin, nach Rückkehr aus der Gefangenschaft, erst fragt, ob er wieder in die SPD solle, die er schon am Ende der Weimarer Republik unterwandert hat, oder jetzt gleich in die KPD. Er bekommt den Bescheid, »dass es zweckmäßig sei, weiter in der SPD zu bleiben und von dieser Position aus den Kampf um die Herstellung der Einheit der Arbeiterklasse zu unterstützen«. Ein Jahr später landet er, infolge Zwangsvereinigung, in der SED, wird Abwehr- und Spionagemann und entdeckt Erna Boom, Tochter Christel und einen gewissen Günter Guillaume, die er schult und auf die Spur setzt. Der Agent hat Paul Laufer ein Denkmal gesetzt: In ihm hätten »sich die ruhmvollen Traditionen des konspirativen Kampfes unserer Partei« verkörpert.[45]

Unterdessen hat Wehner, der einen Bruch mit der KP weiterhin nicht angedeutet hat, mit einem Günter Reimann, den er kaum kennt, Kontakt aufgenommen. Einst Wirtschaftsredakteur der »Roten Fahne« hat dieser Reimann es in Amerika verstanden, unter Beibehaltung seiner kommunistischen Gesinnung zu viel Geld zu kommen. Wehner versucht keine Standortbestimmung und stellt auch keine Fragen. Wie es in der Welt aussieht, will er nicht wissen. Er gibt in den zehn Briefen dieses einen Jahres 1946 nicht zu erkennen, was er denkt und was er will. Aber die

Selbststilisierung ist vollendet. In die Abgründe will er schon immer hineingeblickt haben, seit 1932. Und warum ist er dabei geblieben? Aus Selbstaufopferung! Am 20. April 1946, jenem Tag, an dem im Ostberliner Admiralspalast KPD und SPD zwangsvereinigt werden, schreibt er: »Auch bin ich nicht grün oder blind genug, um vielleicht zu denken, es könne sich eventuell ein nochmaliger Versuch lohnen.« Dass sich die Sozialdemokraten »gegen die östliche Gleichschaltung« zur Wehr setzen, findet er nun gut, auf wesentliche Unterschiede aber kommt er nicht zu sprechen. Sollte eine Unabhängigkeit von Moskau alles sein? In den wenigen Monaten, in denen er die Verbindung noch pflegt, wettert er gegen »Leute, die man einfach als Fremdenlegionäre für irgend eine westliche Macht qualifizieren kann«, und rühmt die »neuen Kräfte« der Arbeiterbewegung. Welche das sein werden, behält er für sich. Am 16. Mai, in seinem dritten Brief, berichtet Wehner über »Notizen«, die zu schreiben er begonnen habe. Zwei Monate später meldet er, sie seien 200 Seiten lang und abgesandt. Im Augenblick seiner Abreise am 18. September 1946 – vormittags schreibt er Reimann noch rasch einen Brief – macht er keine Andeutung, dass er sich einer anderen Partei anzuschließen gedenke.[46] Zuvor hat er zu verstehen gegeben, dass die Partei in Berlin, die SED also, sich gemeldet hätte, wenn sie sich hätte melden wollen. Und hätte sie sich gemeldet, dann wäre er dem Ruf nach Ostberlin gefolgt? Vielleicht wartete die Partei – im Auftrag Moskaus – nur ab, wie sich die Dinge in Deutschland entwickelten. Könnte eine Karriere Wehners im Westen nicht auch nützlich sein?

Am 23. September 1946 kommen Herbert Wehner, Charlotte Burmester und deren zwei Kinder in Lübeck an und fahren nach Hamburg weiter. Seine spätere Stieftochter Greta wird von jetzt an ihr Leben in Wehners Dienst stellen. Charlotte, die Dritte, nennt er wie zuvor Charlotte, die Zweite, seine Frau, obwohl er von Charlotte, der Ersten, noch lange nicht geschieden ist. Wehner und seine neue

Familie nehmen vereinbarungsgemäß Quartier bei Frieda und Josef Wagner.

Am 8. Oktober 1946 wird Herbert Wehner Mitglied der Sozialdemokratischen Partei Deutschlands. Nur zwei Wochen später, am 25. Oktober, hält er seine erste Rede vor der Sozialistischen Arbeitsgemeinschaft; dieses innerparteiliche Forum für »geistige Impulse« hat Wagner überhaupt erst gründen helfen. Wehner, dessen KP-Vergangenheit zu bekannt ist, als dass er sie hätte verschweigen können, und der nun lautstark unter ihr leidet, befasst sich mit der Einheit der Arbeiterbewegung und totalitären Tendenzen und redet einer »nicht opportunistischen sozialistischen Bewegung« das Wort, »die nicht geschmiedet ist an die sogenannten Tagesfragen des Arbeiterkampfes, die aber diesen Arbeiterkampf auf das Intensivste fördert«.[47] Der Sinn der Rede ist, wie nun immer wieder, dunkel. Durch vieldeutige Wendungen und unentwirrbare Schachtelsätze weckt er den Eindruck, im Besitz geheimer strategischer Weisheit zu sein. Ein Landesvorsitzender wird später sagen: »Die Basis der Partei glaubt, wenn Wehner was sagt, hat das Hand und Fuß.«[48]

Der Redner rückt sich ins Licht: »Derjenige, der nur die deutschen Erfahrungen hat, hat vom Totalitarismus nur 49% erfahren. Wenn er 100% erfahren will, muss er die 51% des russischen Totalitarismus auch noch kennenlernen.«[49] Wehner suggeriert, ohne eigene Schuld ein grausames Schicksal ertragen zu haben, und beginnt, sich als Gebrannten zu geben. Auch die Sache mit den zwei Fehlern, die er begangen habe, wiederholt er immer wieder, selbst als er längst zu hohen Ehren gekommen ist: »Der erste, Kommunist geworden zu sein, und der zweite, als ich es nicht mehr sein konnte und wollte, anzunehmen, dass man dennoch politisch im Gemeinwesen« mitwirken könne. »Dies geht nicht«, dies habe man »zu büßen zeit seines Lebens«.[50] Das Büßertum, das Wehner zelebriert, wirkt in Verbindung mit der Furcht, die er verbreitet. Kaum dass er seinen Fuß in die SPD gesetzt hat, schreibt er alles mit, alles was um ihn herum gesprochen wird. Er bleibt bis zum Ende aller Sitzungen, schüchtert ein, auch durch Brüllen, auch durch Arbeitswut. Er demonstriert die Hingabe an die Sache der Partei, gibt sich uneitel, dem einfachen Leben zugetan, erhaben über alle Statussymbole. Sicherheitsbeamte? Er hat ja Greta, die ihn fährt und überhaupt immer um ihn ist. Nur sie soll und darf wissen, wann er wen aufsucht oder empfängt. Binnen weniger Jahre gelingt ihm die Stilisierung zum Zuchtmeister der deutschen Sozialdemokratie. Und warum lassen sich so viele Sozialdemokraten, so viele frei gewählte Abgeordnete die Behandlung gefallen? W. B. antwortet einmal: Wehner befriedigt die menschliche Neigung zum Masochismus.

Partei, Parlament und öffentlicher Meinung impft Wehner permanent ein schlechtes Gewissen ein: »Wer einmal Kommunist war, den verfolgt ihre gesittete Gesellschaft bis zum Lebensende. Das weiß ich. Das ist so. Und deswegen habe ich damals zu Kurt Schumacher gesagt: Die werden mir doch die Haut vom lebendigen Leibe abziehen. Da hat er mir gesagt: Und Du bist einer, der das aushält. Und Du musst hier sein.«[51] Bei anderen ein schlechtes Gewissen zu erzeugen war fortan die beste Gewähr, sich viel, sehr viel leisten zu können.

Sein Aufstieg in der SPD war so rasant wie einst der in der KPD. Schon 1949 rückte er in den ersten Bundestag ein und suchte sich den Ausschuss, der ihm genehm war – den Ausschuss für Gesamtdeutsche Fragen. Er übernahm den Vorsitz und knüpfte Kontakte. Kontakte zu den Kommunisten, mit denen er gerade gebrochen haben wollte und die ihn als Verräter ansahen. Markus Wolf datiert die ersten Verbindungen ins Jahr 1951, hergestellt mit dem Segen Ulbrichts und nie abreißend.[52] Schon in den fünfziger Jahren reist Wehner gern nach Belgrad. Dennoch sammelt die Staatssicherheit schwedisches Material gegen Wehner, setzt eine Kampagne aber nur ansatzweise in Szene. Als er 1966

Minister wird und damit noch wichtiger als zuvor, liefert Moskau Munition aus den dreißiger Jahren ans MfS.[53] Warum? Es kann nie schaden, Druckmittel in der Hand zu haben, und außerdem bleibt offen, wer über Wehner tatsächlich Bescheid weiß.

Wehners Ministerium für Gesamtdeutsche Fragen bietet Motiv und Vorwand für geheime Treffen aller Art. Rechtsanwalt Wolfgang Vogel erscheint auf dem Plan und wird der bevorzugte Kontaktmann. Er ist der Vertraute Honeckers, der de facto schon 1970, unmittelbar nach W. B.s Besuch in Erfurt, zum ersten Mann in Partei und Staat aufsteigt. Wehner wird persona gratissima; die schwedische Verräterrolle weist die DDR jetzt Mewis zu. Den Sturz Ulbrichts hat Erich Honecker, der Mann von der Saar, in Moskau eingefädelt und besiegelt. Und da soll man im Kreml und in der Lubjanka nicht gewusst haben, dass der neue starke Mann der DDR lebhaft mit Wehner korrespondiert? Briefe und Botschaften, offenbar in herzlichem Ton gehalten, befördert Wolfgang Vogel. Markus Wolf meint, aus den konspirativen politischen Kontakten seien zu Beginn der siebziger Jahre »geheime persönliche Beziehungen« geworden.[54] Ein Weggefährte wird später sagen, dass man gegenüber Wehner etwas habe gutmachen wollen.[55] Aber was?

Seit der Wahl von 1972 betreibt Wehner, Vorsitzender der Bundestagsfraktion der SPD, offene Obstruktion gegen den Bundeskanzler und Parteivorsitzenden. Gegen die Person und die Politik. Im März 1973 lässt er W. B. und Helmut Schmidt zu beider Überraschung wissen, dass er nicht mehr stellvertretender Parteivorsitzender sein wolle. Er macht gesundheitliche Gründe geltend. Doch hindern ihn seine hohen Zuckerwerte nicht, eine rege Reisetätigkeit Richtung Osten zu entfalten. Warum auch immer nur Briefe schreiben?

Er fühlt sich stark. So stark, dass er am 29. Mai 1973 eine Einladung der SED-Fraktion der Volkskammer aktiviert und in die DDR aufbricht. W. B., den er an diesem Tag telefonisch informiert, kann nicht erkennen, ob Wehner schon unterwegs ist. Er kann auch nicht erkennen, warum ein Fraktionsvorsitzender, noch dazu einer mit KPD-Vergangenheit, eine solche Reise macht. Ohne Auftrag, ohne Zugehörigkeit zur Exekutive, damit auch ohne Verantwortung gegenüber dem Parlament. Trieb ihn Sorge um den Stillstand der deutsch-deutschen Beziehungen? Welche Sorge? Und mit welcher Perspektive? Wen macht Wehner für den Stillstand verantwortlich? In den geheimen Niederschriften der Gespräche werden humanitäre Fragen nicht einmal erwähnt. Dafür beschuldigt er die Opposition, die Regierung und namentlich den Regierenden Bürgermeister und Vertrauten W. B.s, Klaus Schütz, sich »noch nicht mit der neuen Lage« zurecht gefunden zu haben.[56] Aber was sind Niederschriften wert, wenn die beiden Akteure im Garten spazieren gehen und niemand auch nur mithören kann? Schon vor dem Abendessen mit Abgeordneten der Volkskammer am 30. Mai, erst recht am langen Vormittag bis zur Nachmittagsrunde am 31. Mai hatten Wehner und Honecker alle Zeit zu besprechen, was zu besprechen war. Erst zu Kaffee und Kuchen in der Schorfheide fand sich auch FDP-Fraktionschef Mischnick ein, ebenfalls ein Dresdner. Das Foto – Honecker, die beiden Herren aus Bonn, Greta – war eine Sensation. Wer fragte nach dem Grund der Reise! Warum überhaupt und warum so plötzlich?

Mutmaßlich am 23., spätestens am 25. Mai ist der Präsident des Bundesamtes für Verfassungsschutz, Günter Nollau, von seinen Beamten informiert worden, dass Günter Guillaume und Frau Christel im Verdacht der Agententätigkeit stehen. Darüber hat Nollau am 29. Mai Innenminister Genscher in Anwesenheit von dessen Büroleiter Kinkel unterrichtet, sehr unvollständig, wie sich im Untersuchungsausschuss herausstellen wird, und ohne irgendwelche Akten zu übergeben. Genscher fragt auch nicht danach. Kinkel hält nur fest, dass niemand ins Bild gesetzt werden solle, auch der Bundeskanzler nicht.[57] Nollau, Jahrgang

1911, in Dresden aufgewachsen, 1950 nach Westberlin geflüchtet, gilt als das Geschöpf Herbert Wehners. Unter dessen Druck ist er am 1. Mai 1972 zum obersten Herrn des Verfassungsschutzes aufgestiegen; sein Vorgesetzter Genscher weiß um das besondere Verhältnis. Im Bundestag wird der Vorsitzende des Untersuchungsausschusses, der CDU-Abgeordnete Walter Wallmann, nachweisen, dass sich Nollau vor dem Gang zum Innenminister »mit einem Dritten« abgesprochen und dass dieser Dritte – Herbert Wehner – »vor seiner Reise zu Honecker« über die Entwicklung im Fall Guillaume Bescheid gewusst hat. »Warum wurde Herbert Wehner unterrichtet, während der Bundeskanzler nach der Empfehlung Dr. Nollaus von der Kenntnis über den Agenten ausgeschlossen bleiben sollte?«[58]

Diese Empfehlung war selbst Genscher zuviel. Am späten Abend des 29. Mai suchte er den Bundeskanzler auf. Später hat W. B. dem Untersuchungsausschuss darüber ausführlich Rede und Antwort gestanden. Er sei mit den Empfehlungen, Guillaume zu beobachten, aber Zuständigkeiten und Verhaltensweisen nicht zu ändern, einverstanden gewesen. Den Verdacht habe er »nicht auf die leichte Schulter genommen« und deshalb auf die vorgesehene Reisebegleitung in die norwegischen Sommerferien hingewiesen. Diese Frage beantwortete Genscher in einem zweiten Gespräch am 30. Mai: Auch daran solle nichts geändert werden. Wallmann wird später sagen, erst in dem souveränen Auftritt vor dem Untersuchungsausschuss sei ihm die Größe W. B.s aufgegangen.[59]

Der Bundeskanzler informierte, wie er es Genscher angekündigt hatte, den Chef des Kanzleramts, Horst Grabert, und seinen Büroleiter, Reinhard Wilke; es lag nahe, dass sie von Amts wegen mit dem Fall befasst würden. Auch Charismatiker können Glück haben in der Auswahl ihrer Mitarbeiter, wie W. B. mit Schütz in Berlin. Im allgemeinen haben sie Pech. Es ist ihrem Unvermögen zur Härte im Umgang mit Menschen geschuldet. In seiner Umgebung brauchte W. B. Leute, die selbstständig dachten und agierten und doch vollkommen loyal waren. Diese Mischung gibt es in der Politik nur sehr selten. Grabert, der nach der Wahl '72 den schneidigen, auch effizienten, aber eher lauten Ehmke abgelöst hatte, und Wilke waren Leichtgewichte mit geringem politischen Verstand und ohne eigene Initiative. Die Brisanz des Falles für W. B. erkannten sie zu keiner Zeit.

Der Verdacht gegen Guillaume, seinen Referenten für die Verbindung zu Partei und Gewerkschaften, hat W. B. belastet. Von dem Augenblick an, da er ihn zur Kenntnis nehmen musste. Aber was ist eine Last im Leben dieses Bundeskanzlers? W. B. fuhr nach Israel, wo noch keiner seiner Amtsvorgänger gewesen war. Auf »normale diplomatische Beziehungen« legte er Wert, aber er wusste, dass die Besonderheit des Verhältnisses damit nicht erfasst war. Sie bestand im gemeinsamen Erleiden einer Menschheitskatastrophe. Er sprach von der Hölle, die auf Erden möglich ist, »denn sie war Wirklichkeit«. Und er sprach von der Ausrottung, »in der das Bild des Menschen verletzt worden ist, den wir als Ebenbild Gottes begriffen«. In Warschau hat er an das Ende erinnert. Mit dem Kniefall. In Jerusalem will er den Anfang beschwören. Mit jenem Alten Testament, das Deutsche und Juden gemeinsam haben. Nicht Versöhnung ist sein Thema. Erbarmen. Er findet den 103. Psalm. Dem poetischen Text Luthers fügt er wenige Ausdrücke aus der Hebräischen Bibel hinzu. Er legt den Kranz vor die Steinplatte in Yad Vashem, verharrt und liest mit fester Stimme: »Wie sich ein Vater über Kinder erbarmt, so erbarmt sich der Herr über die, so ihn fürchten.«[60]

Anfang August kehrte W. B. aus Norwegen zurück. Wie hätte er davon ausgehen sollen, dass Guillaume nicht observiert worden war; schließlich hatte ihn der Innenminister in aller Form um seine Einwilligung gebeten. Er hörte nichts. Und so ließ er im September nachfragen, durch Grabert. Einmal, zweimal, dreimal. Als sei eine Information die Holschuld des betroffenen und gefährdeten Bundeskanzlers.

Die Antwort, die Grabert erhielt, lautete: Es liegt nichts vor, »nichts Neues«.[61]

So werden zwei Reisen vorbereitet. Wehner will nach Moskau und W. B. nach New York. Beide deutsche Staaten werden in die Vereinten Nationen aufgenommen. Der Bundeskanzler zieht die Summe seiner Politik und wählt Worte, wie er sie in der Regierungserklärung 1969 verwandt hat: »Ich spreche zu Ihnen als Deutscher und als Europäer. Genauer: Mein Volk lebt in zwei Staaten und hört doch nicht auf, sich als eine Nation zu verstehen.« Er dankt den Freunden: »Wir werden nicht vergessen, auf wen wir uns verlassen konnten.« Und versichert, dass man nicht hierher gekommen sei, um die Vereinten Nationen als Klagemauer für die deutschen Probleme zu betrachten. »Wir sind vielmehr gekommen, um – auf der Grundlage unserer Möglichkeiten – weltpolitische Mitverantwortung zu übernehmen.«[62] Das Echo auf die Rede ist noch nicht verklungen, als W. B., der nach Washington weiterreisen will, hört, was Wehner auf sowjetischem Boden von sich gegeben hat. Vor den UN hat W. B. unterstrichen, auch in Erinnerung an seine Bürgermeisterzeit, dass West-Berlin »der Wahrnehmung seiner Interessen durch die Bundesrepublik Deutschland und des Schutzes durch die Drei Mächte sicher« sei. Gleichzeitig hat Wehner in Rufweite von Kreml und Lubjanka über die eigene Regierung gesagt, dass sie in der Berlin- und Deutschlandpolitik überziehe und draufsattle. Zum ersten Mal macht er öffentlich, in der Sowjetunion, was er, sinngemäß und hinter den Kulissen, über »die Nummer Eins« schon viele Jahre geäußert hat. Es ist die Rede vom lauen Baden, vom Schaumbad, vom Abschlaffen und dem Kopf, der der Regierung fehle.[63]

Es war Wehners freier Wille gewesen, sich der Delegation des Bundestages anzuschließen. Die FDP war durch ihren Fraktionsvorsitzenden Mischnick vertreten, die Union nicht; sie entsandte die Abgeordneten Weizsäcker und Stücklen. Gegenteilige Bekundungen – »Ich wünschte, mich träfe

Nach Moskau. Exkurs

Ein großer Augenblick. Aufnahme der Bundesrepublik in die Vereinten Nationen (1973)

der Schlag, damit ich gar nicht erst nach Moskau müsste«[64] – gehörten zu Wehners Instrumentarium, um Mitleid zu erwecken und sich einen größtmöglichen Freiraum zu verschaffen. Wehner reist als Mitglied der Delegation. Aber das Sekretariat des ZK der KPdSU fasst zwei Beschlüsse – am 29. September »Über den Empfang H. Wehners« und am 5. Oktober »Über die Information an E. Honecker und die Führung der Deutschen Kommunistischen Partei über das Gespräch des Genossen B. N. Ponomarjow mit H. Wehner«.[65] Beide Beschlüsse werden aktenkundig gemacht. In den dreißiger Jahren war Ponomarjow Wehners Kollege in der Komintern gewesen. Jetzt zeichnete er als Leiter der Internationalen Abteilung der KPdSU, in der die Komintern aufgegangen war.

Das Treffen der beiden Veteranen war bekannt. Nicht bekannt war, was über offizielle Mitteilungen hinaus beredet wurde und wen Wehner in Moskau sonst noch traf. Wjatscheslaw Keworkow, der mit Egon Bahr einen in der Diplomatie üblichen back channel, einen inoffiziellen Kanal, betrieb, zitiert später aus einem Papier jener Internationalen Abteilung. KGB-Chef Andropow hat es ihm selbst überreicht und hinzugefügt, dass der begeisterte Empfang in Erfurt 1970 Brandt niemals verziehen werde. Keworkow kommentiert: »Mit dieser eitlen Geste hatte er seine Neider und Gegner in beiden Teilen Deutschlands zusammengeführt.«[66]

Dem Papier zufolge hatte Wehner in Moskau über die Trunksucht und die Schürzenjägerei des Bundeskanzlers Willy Brandt Klage geführt, der als Politiker »am Ende« sei. Diese Meinung teile auch Honecker, zu dem er »ständig vertrauliche Kontakte« unterhalte. Keworkow, der selbst im Rang eines Generalmajors des KGB stand, vermerkt, dass Wehner »ein ganz reales Komplott« mit Honecker geschmiedet und Andropow persönlich die Folgen für den Kanzler vorausberechnet habe.[67] Keworkow schreibt aber auch, Breschnew, der Freund W. B.s, habe von allem nichts gewusst. Der KGB-Chef ja, der Generalsekretär nein? Was heißt, dass Breschnew den Deutschen nett fand? Heute, bei der Aktensuche in Moskau, wird einem von Leuten, die es wissen müssen, aber sich so wenig bekennen mögen wie die Archivare, gesagt: Keworkow, der Partner Egon Bahrs, habe von Guillaume gewusst und davon, dass der als »eine Zeitbombe« plaziert gewesen sei. Wie auch hätte er sonst von dem »ganz realen Komplott« zwischen Wehner und Honecker schreiben können!

In Bonn lösten Wehners Ausbrüche gegen die Politik der Regierung und vor allem gegen deren Chef ein mittleres Erdbeben aus. W. B.s Züge versteinerten nun vollends, die Ringe unter den Augen wurden noch tiefer, der Blick richtete sich noch mehr nach innen. Von fremdem Boden aus nationale Kritik zu üben ist sogar für die Opposition ungehörig. Wehners Injurien aber durften sein? W. B. wurde durch das Echo in der eigenen Sozialdemokratischen Partei und deren publizistischem Umfeld in der Gewissheit bestärkt, dass Wehner nicht 'rauszuschmeißen war und die Partei zerbrechen würde, stellte er sie vor die Wahl – Wehner oder Brandt. Der Vorstand bestand sogar auf einer Abstimmung, obwohl W. B. klarmachte, dass die Außenpolitik der Bundesrepublik nicht durch Parteibeschlüsse festgelegt werde. Die Moskauer Kritik an der Deutschland- und Ostpolitik der Regierung wurde mehrheitlich gebilligt.[68]

W. B. war nicht der Mann, der einen Zweikampf ausgefochten hätte. Jetzt beschlich ihn auch noch die düstere Ahnung, dass Kräfte am Werk waren, die sich der Ratio entzogen. Die Ahnung versuchte er zu bekämpfen, auch dadurch, dass er Wehner zu Hause empfing und mit ihm Rotwein trank. Jahre später hörte ich W. immer wieder sagen: Mit dir wäre mir das so nicht passiert. Wirklich nicht? Zwischen dem Mai 1973, der Information über Guillaume und der Wehner-Reise zu Honecker, und dem Mai 1974 verhielt sich W. B., wie es seinem Wesen gemäß war. Gegen persönliche Anwürfe wehrte er sich nie. Er zog sich zurück. Im einzelnen aber wäre vieles anders gekommen; Wehner hätte er gewiss nicht zu Hause empfangen. Und überhaupt. Was wäre gewesen, wäre jemand da gewesen, mit dem er hätte reden mögen? Wenn im einzelnen vieles anders gekommen wäre, hätte es vielleicht auch ein anderes Ende gegeben. Vielleicht. Die Vermischung von persönlichen Anwürfen mit politischen Vorwürfen war jedenfalls neu.

Es bedrückte W. B., dass im Osten nichts mehr lief. Der Vertrag mit der Tschechoslowakei wurde abgeschlossen, mit Mühe, und die Reise nach Prag fand statt, in aller Kürze. Die Vorboten des Stillstands, die sich im Frühjahr angekündigt hatten, machten sich im Herbst 1973 massiv bemerkbar. Der Bundeskanzler selbst wies den sowjetischen Botschafter auf eine nochmals verhärtete Haltung der DDR hin, so als wolle er nicht richtig glauben, dass die Vormacht dahinter stecke. Zum Jahreswechsel schrieb er Breschnew, dass ihm das Verhältnis zur DDR »besondere Sorgen« mache, und verwies auf die Verdoppelung des Mindestumtauschs, die eine Halbierung der Besucherzahlen bewirkt hatte. »Wir stehen unter dem Eindruck, dass die DDR seit ihrem Beitritt zu den Vereinten Nationen kaum noch geneigt ist, irgendwelche Anstrengungen zu machen, um zu einer Normalisierung mit der Bundesrepublik Deutschland zu kommen.«[69]

Unterdessen hatten andere Sorgen die deutschen Schwierigkeiten wenn nicht verdrängt, so doch überlagert. Der Yom-Kippur-Krieg war mit einer ernsten Krise im deutsch-amerikanischen Verhältnis einhergegangen. Die USA verfügten über deutsches Territorium, als sei es ihr eigenes. Der Kanzler verwahrte sich gegen Vorwürfe und schrieb dem Präsidenten: »Dass wir nicht gleichgültig waren und dass wir wissen, wer unser Hauptverbündeter ist, haben wir mehr als einmal bewiesen. Aber es ist ein anderes Thema, wenn vom Boden der Bundesrepublik Deutschland aus – ohne dass man die Bundesregierung auch nur vollständig informiert, geschweige denn vorher fragt – über amerikanische Materialien verfügt wird, zu Zwecken, die eben nicht Teil der Bündnisverantwortung sind.«[70] Die diplomatische Verwicklung wurde beigelegt. Die ökonomische Verwerfung blieb.

Zum ersten Mal setzten die arabischen Förderländer das Öl als Waffe ein und machten auch den Deutschen ihre Abhängigkeit bewusst. Ein Gefühl für die Endlichkeit der Rohstoffe griff um sich, eine Ahnung vom Ende des Überflusses und des ewig wachsenden Wohlstands. Der drastische Preisschub beim Öl reichte weit und veränderte das gesellschaftliche, auch das reformerische Klima. Die neue Erfahrung teilten die Deutschen mit ihren europäischen Nachbarn. Es gelang der Regierung nicht, die Interdependenzen zu verdeutlichen. Das zweimalige Sonntagsfahrverbot stieß auf wenig Verständnis. Man fing an, sich in Verteilungskämpfen zu üben und mit Arbeitslosen zu rechnen, für 1974 mit einer halben Million.

Die Fluglotsen streiken und die öffentlich Bediensteten ebenfalls. Als sich der Bundeskanzler zu Jahresbeginn 1974 gegen eine zweistellige Lohnforderung wandte, fielen ihm nicht nur sozialdemokratische Bürgermeister in den Rücken, sondern auch sein eigener Finanzminister. Helmut Schmidt flog in die USA und ließ wissen, er trage jedes Ergebnis mit; hinterher schimpfte er umso lauter. Verfolgte der unbestrittene Kronprinz eine Strategie? Kaum. Das Bild vom bröckelnden Denkmal, das der »Spiegel« zu W. B.s 60. Geburtstag im Dezember 1973 verbreitet hatte, unter betonter Bezugnahme auf Wehners Ausfälle, setzte sich fest. Im dazugehörigen Artikel wurden Sachzwänge und Leistungen durchaus gewürdigt; auch fehlte nicht der Hinweis, dass der Kanzler sich nicht unterstützt fühlen könne. Immerhin wurde erstmals die Möglichkeit eines Sturzes erwähnt.[71] Mit beachtlichem Echo.

Schlechte Meinungsumfragen bestätigten sich in mehreren Kommunalwahlen und im März 1974 in Hamburg; die SPD verlor kräftig und landete bei nur noch 45 Prozent.

Der Hamburger Abgeordnete Helmut Schmidt kannte die Ursache und teilte sie öffentlich mit: In Folge der laxen Führung würden sich Stamm- wie Wechselwähler von der Partei zurückziehen. Tatsächlich hatte die SPD in großen Städten schon 1972 weniger gut abgeschnitten, als das überragende Gesamtergebnis vermuten ließ. Die Wähler verhielten sich wechselhaft. Auch darin spiegelte sich der gesellschaftliche Wandel. Mit flotten Sprüchen war ihm schlecht beizukommen.

Nach dem Juso-Kongress im Januar hatte der stellvertretende Vorsitzende Schmidt dem Parteichef den »Bericht des von mir entsandten Beobachters« übermittelt. Die Form war provokativ, der Inhalt durchaus unstrittig: Die meisten Delegierten seien weder Demokraten noch Sozialisten, die Beschlüsse »reine Rabulistik«.[72] Doch wie damit umgehen? Von Kraftworten ließen sich diese Jusos nicht beeindrucken. Um sie auszuschließen wie einst den SDS, waren sie zu viele geworden.

Als W. B. zu Jahresbeginn 1964 den SPD-Vorsitz übernommen hatte, zählte die Partei 650 000 Mitglieder; davon starben in den neun Jahren, die folgten, 350 000. Als er in Hannover, im Frühjahr '73, vor die Delegierten trat, sprach der Vorsitzende aber für eine Million Sozialdemokraten. Von den 670 000, die in den wenigen Jahren neu in die Partei geströmt waren, zählten zwei Drittel weniger als 35 Jahre und kamen nicht mehr aus der Arbeiterschaft. Die Verwerfungen waren zwangsläufig, den traditionellen Sozialdemokraten aber nicht zu erklären und mit einer Arbeitsgemeinschaft für Arbeitnehmerfragen, im selben Jahr 1973 gegründet, nicht zu heilen. Die Weimarer SPD war eine Partei ohne Jugend gewesen und auch deshalb gescheitert. Sollte man die Jugend jetzt fernhalten, weil sie dummes Zeug redete? Um welchen Preis? Und mit welcher Perspektive? Helmut Schmidt meinte nach der Hamburger Wahl, auch in den achtziger Jahren werde die SPD von jungen Arbeitnehmern und nicht von Akademikern geprägt sein, »sonst würde sie nämlich gar nicht mehr bestehen«.[73] Helmut Schmidt hatte kein Gespür für die Ursache des gesellschaftlichen Wandels. Die Meinung, man müsse der Partei nur Disziplin verordnen und Mikrophone wie Kameras blieben abgeschaltet, war weltfremd und wenig seriös; er selbst bediente sich der Medien mit großer Meisterschaft.

W. B. war schlechter Stimmung. Nicht wegen der Wahl in Hamburg und der mageren 45 Prozent. Er war ein zu erfahrener Wahlkämpfer, um nicht zu wissen, dass solch ein lokaler Denkzettel auch wieder wettzumachen wäre. Die schlechte Stimmung hatte einen sehr viel ernsteren Hintergrund.

Am Abend des 1. März 1974 war der Innenminister, dieses Mal in Begleitung des obersten Verfassungsschützers, erschienen. Die Botschaft lautete: Es liegen konkrete Anhaltspunkte gegen Guillaume vor, der Fall kann an die Bundesanwaltschaft abgegeben werden, die Verhaftung erfolgt in zwei bis drei Wochen. In den unendlich langen Monaten, die seit dem 30. Mai 1973 vergangen waren, hatte der Bundeskanzler – außer den Mitteilungen, es liege nichts Neues vor – über den Fall »Null Komma Null« gehört.[74] Warum war jetzt Bewegung in die Sache gekommen? Genscher hatte am 30. Januar Nollau ein Ultimatum gestellt: Entweder würden binnen vier Wochen konkrete Anhaltspunkte geliefert oder die Verdachtsmomente zu den Akten gelegt. Welche neuen Erkenntnisse man zwischen dem Ultimatum Genschers an Nollau und der Information des Bundeskanzlers gewonnen hatte, behielten beide Herren für sich.

Als in Bonn beraten wurde, saß Minister Bahr in Moskau und diktierte einen Vermerk, der dem Gespräch im Kreml zwei Tage zuvor galt. Zu Beginn hatte Breschnew ihn gefragt, wie es dem Bundeskanzler gehe und ob der etwa zurücktreten wolle. Egon Bahr, der die Anspielung nicht verstand, war um die Antwort nicht verlegen: Nichts habe so sehr geschadet wie die Schwierigkeiten in der Ostpolitik.

Man wolle Entspannung, unumkehrbar, und ersticke stattdessen im kleinen Ärger des Alltags. »Zuweilen habe man den Eindruck, dass die DDR sich daran freue.« Schlimmer noch: Die DDR habe begonnen, nun auch »persönliche Angriffe gegen den Bundeskanzler zu richten«.[75]

Der Fall Guillaume ist noch an einem weiteren Ort beraten worden. Den eigenen Angaben zu Folge hat Nollau am 18. Februar 1974 ein »drittes« Gespräch mit Wehner geführt und ihn ins Bild gesetzt: »Wir arbeiten jetzt am Abschlussbericht, um die Sache zu Ende zu bringen.«[76] Vier Tage später, am 22. Februar, beschreibt der sowjetische Botschafter in Ostberlin, Jefremow, viel Papier. Der Adressat ist der Generalsekretär des ZK der KPdSU, L. I. Breschnew. Derselbe Breschnew, der am 27. Februar Egon Bahr fragt, ob Brandt vielleicht zurücktreten wolle. Worüber geht das viele Papier? »Über die Kontakte E. Honeckers mit dem SPD-Fraktionsvorsitzenden im Bundestag, H. Wehner, zu Fragen der Normalisierung der zwischenstaatlichen Beziehungen zwischen der DDR und der BRD.« In der Anlage, insgesamt 44 Seiten, werden Materialien »zu den vertraulichen Kontakten« Honeckers mit Wehner (Gesprächs- und Protokollnotizen, Briefe u. ä. m.)« aufgeführt. Von eben diesem Dokument heißt es heute in Moskau: Jetzt nicht und vorerst überhaupt nicht kann mit seiner Freigabe gerechnet werden.

Es ist oft vermutet worden, dass Wehner 1973/74 nicht nur an jenem 31. Mai 1973 in der DDR war, als er mit Honecker Kaffee trank. Einschlägige Meldungen tauchten immer wieder auf. Das Mitglied des SED-Politbüros, Alfred Neumann, spricht von vier bis fünf weiteren Geheimtreffen; dem Politbüro sei nie darüber berichtet worden. Die Bremse habe Moskau gezogen, nach Erfurt und mit Hilfe von Honecker.[77] Wie viele Male Wehner auch gereist sein mag, in russischer Regie oder nur mit russischem Wissen, in jedem Fall hat er, folgt man den sowjetischen Dokumenten, auch den neuen Bundeskanzler Helmut Schmidt belogen. Als Wehner nach dessen Amtsübernahme das eigene

Nach Moskau. Exkurs

ПЕРЕЧЕНЬ № 3

документов по теме: "Политическая деятельность канцлера ФРГ В.Брандта и его правительства в 1969-1974 гг."

№№ п/п	Дата и № документа	Название документа	Кол-во листов
276.	22.02.1974 г. № 07849	Записка посла СССР в ФРГ М.Т.Ефремова генеральному секретарю ЦК КПСС Л.И.Брежневу о контактах Э.Хоннекера с председателем фракции СДПС в бундестаге Г.Венером по вопросам, касающимся нормализации межгосударственных отношений между ГДР и ФРГ.	1
		Приложение: Материалы о конфиденциальных контактах Э.Хоннекера с Г.Венером (записи бесед, записки, письма и др.).	7 1 9 3 2 7 1 10 3 1

Die Liste des KGB mit Dokumenten zum Thema »Politische Tätigkeit des Kanzlers der BRD W. Brandt und seiner Regierung 1969–74«. Die Nr. 276 bezieht sich auf Kontakte zwischen Herbert Wehner und Erich Honecker. Die Abkürzung am Ende der ersten Zeile ist ein Schreibfehler: Jefremow war Botschafter in der DDR

Vorgehen begründete, forderte er, »nicht in der Weise, wie vorher in Erfurt und Kassel« zu reden, und listete seine Kontakte auf; das oder die Treffen, über die der sowjetische Botschafter an Breschnew berichtet, finden darin keine Erwähnung.[78]

Am 7. März 1974 wird der Abschlussbericht im Fall Guillaume der Bundesanwaltschaft übergeben. Sie hält das Material für unzureichend. Neue Beweise werden gesucht, nicht nur während der Privatreise des Agenten nach Frankreich. Als am 21. März die drei Wochen verstrichen sind, nach denen Guillaume spätestens hat verhaftet werden sollen, wird der Bundeskanzler erneut stutzig; die falschen Angaben, die ihm Genscher und Nollau über zwei Kinder des Agenten gemacht haben, nähren zusätzlich Zweifel. Bis zur Verhaftung mehr als einen Monat später wird er wieder nichts hören, null komma null. Dem erneuerten Rat, an den Verhältnissen nichts zu ändern, hat er sich auch jetzt nicht widersetzt. So begleitet ihn Guillaume noch auf eine Wahlkampfreise nach Niedersachsen, Anfang April. Zwei Wochen später reist W. B. nach Ägypten. Auch hier ist kein Bundeskanzler vor ihm gewesen. Staatspräsident Sadat sagt, die Ostpolitik werde ihre Auswirkungen hinsichtlich »einer deutschen Wiedervereinigung nicht verfehlen«, und gibt der Hoffnung Ausdruck, dass die Bundesrepublik nun auch im arabischen Raum Verantwortung übernehme.[79]

Am frühen Morgen des 24. April wird Guillaume festgenommen; der Beschluss ist zwei Tage zuvor gefasst worden. Der Bundeskanzler wird erst bei seiner Rückkehr am Mittag des 24. ins Bild gesetzt; Genscher und Grabert haben sich zum Flughafen begeben. Guillaumes Aussage, Bürger der DDR und deren Offizier zu sein, befreit von den Sorgen, ihn mangels Beweismitteln wieder freilassen zu müssen. War das Bekenntnis tatsächlich ein spontanes Versehen, wie der Agent und der Agentenführer bekunden sollten?[80]

W. B. widmet dem Vorgang nicht mehr Aufmerksamkeit, als er einer gewöhnlichen Regierungspanne gewidmet hätte.

Am 25. April eröffnet er die Hannover-Messe: »Ich sage: Die Bundesrepublik Deutschland wird weder ein Gewerkschaftsstaat noch ein BDI- oder Unternehmerstaat. Sie geht weiter ihren Weg zum modernen freiheitlichen und sozialen Bundesstaat, dessen Wirtschaft am Markt orientiert bleibt.«[81] Am 26., einem Freitag, bekennt er in einer Aktuellen Stunde des Bundestages: »Es gibt Zeitabschnitte, da möchte man meinen, dass einem nichts erspart bleibt.« Der Agent sei von ihm mit Geheimakten nicht befasst gewesen; dass es in den norwegischen Ferien anders gewesen sein könnte, ist ihm zu diesem Zeitpunkt nicht gegenwärtig. Er hatte ihn auf fachlichen Rat hin mitgenommen; und dass Guillaume entgegen der Ankündigung dort nicht beschattet wurde, hätte ihm auch dann nicht in den Sinn kommen können, wenn er ein misstrauischer Mensch gewesen wäre. Er spricht von seiner »tiefen menschlichen Enttäuschung«. Ein solches Ausmaß an »Verstellung und Vertrauensmissbrauch« kommt ihm »ungeheuerlich« vor.[82] Wer sich selbst nicht verstellen und andere nicht missbrauchen kann, dem fehlt insoweit jede Fantasie. Später an jenem 26. April spricht er im Bundestag zum Paragraphen 218; die Rede hat er in der Nacht zuvor ausgearbeitet.

Am Wochenende geht es ihm gesundheitlich schlecht; am Montag werden auch noch zwei Zähne gezogen. Harpprecht wird später meinen, bei gutem Wetter und in guter Verfassung hätte sich der Fall anders entwickelt. Nein, hätte er nicht, jetzt nicht mehr. Die Gespräche, auch über die lange geplante Kabinettsumbildung, gehen weiter und schleppen sich hin. Der Fall fängt an, sich wie Mehltau über alles andere zu legen. Er schläft fast nicht mehr. In der Nacht von Montag, dem 29., auf Dienstag, den 30., sagt W. B. zu Ehmke, er übernehme die Verantwortung dafür, dass Guillaume eingestellt und auf seinem Posten belassen worden sei. Er weiß, dass Ehmke und Genscher verantwortlich sind. Aber wenn sie sich nicht bekennen? Unter keinen Umständen hätte er sie dazu gezwungen. W. B. geht davon aus, dass Leute, die ihres Amtes walten, es gewissenhaft tun. Und wenn nicht? Einer muss die Verantwortung tragen – in einem geordneten Staatswesen. An Rücktritt denkt W. B. deshalb nicht. Nicht im Traum. Wie soll er ahnen, dass Guillaumes Einstellung und Verbleib nur noch am Rande interessieren? Und der Stoff schon seit Wochen, als man ihn noch mit dem Agenten herumziehen ließ, neu eingefärbt und aufbereitet wird?

Bevor W. B. am Dienstag, dem 30. April, zu einer Kundgebung nach Saarbrücken fliegt, erscheint der Justizminister. Gerhard Jahn ist ein Vertrauter Wehners. Er gebraucht zum ersten Mal die Worte, die nun leitmotivisch werden und dem Fall Guillaume erst Flügel verleihen: Der Agent könne ihm »Mädchen zugeführt« haben.[83]

Mit Guillaume als politischem Agenten wäre W. B. fertig geworden. Schon in seiner ersten Erklärung im Bundestag hatte er den »SED-Staat« gegeißelt. Die antikommunistische Karte zu ziehen hätte die Kraft immer noch ausgereicht, und vielleicht hätte es ihm sogar Spaß gemacht. Aber ein Ostagent, der »Mädchen zuführt«? Er denkt und sagt: Wie lächerlich. Später findet er, dass er Jahn hätte anweisen sollen, diesen Unsinn sofort einzustellen. Von einer solch rationalen Überlegung ließ er sich aber nie leiten, wenn er selbst, der Mensch W. B., betroffen war. Er hatte sich nicht einmal, obwohl es so einfach gewesen wäre, gegen die Verunglimpfung mit der unehelichen Geburt gewehrt. Hier, in dieser Eigenart, liegt seine schwache, nicht unbedingt verwundbare Stelle. Anwürfe zur Person hatte er über sich ergehen lassen, schweigend, ohne nachhaltigen politischen Schaden. Verwundbar wurde W. B. erst, als die Ehrabschneidung die besondere politische Note erhielt.

Am Morgen des 1. Mai teilt der Innenminister dem Bundeskanzler mit, sein Referent überbringe ein Schriftstück. W. B. liest es nach der Kundgebung, in einem Zimmer des Hamburger Gewerkschaftshauses, und traut seinen Augen noch weniger als tags zuvor seinen Ohren. An jenem

30. April, während Jahn über den Agenten und die Mädchen spricht, hat der Chef des Bundeskriminalamtes, Herold, auf Anforderung des Innenministers die unterstellte Zuführung der Mädchen durch Guillaume festgehalten und an drei Fällen illustriert – einer Stern-Redakteurin, einer Jugoslawin, einer Schwedin; dieses Werk muss nun zur Kenntnis genommen werden. Den slawischen Namen, ausdrücklich nur »phonetisch« als Vukic wiedergegeben, hat W. B. noch nie gehört.[84] Mit der schwedischen Fernsehjournalistin ist während der jüngsten Wahlkampfreise in Niedersachsen ein Gespräch geführt worden. Es dient der Vorbereitung eines Interviews, das acht Tage später, am 17. April, 17.15 bis 17.45, im Kanzleramt stattfindet. Dem Terminkalender kann der Name der Schwedin entnommen werden: Frau Larsson. Auf der Reise durch Niedersachsen ist Guillaume nochmals dabei gewesen. Jetzt wird daraus im Hinblick auf die Schwedin: Der Bundeskanzler weiß von den Ermittlungen und lässt sich immer noch von ihm Frauen zuführen. Richtig unangenehm wird die Sache durch die Erwähnung der Stern-Redakteurin. Sie kennt W. B. seit vielen Jahren; aus der Verbindung hat er, wie es seine Art ist, keinen besonders großen Hehl gemacht. Zu Genscher wird er nach der Lektüre sagen, neben viel Quatsch stehe auch Wichtiges darin.[85]

Heli Ihlefeld kennt und mag er seit Mitte der sechziger Jahre. Sie ist gemeint, wenn W. B. von der »lieben Freundin« schreibt oder spricht. Beide sehen sich selten und verlieren sich doch nie aus den Augen. Ungefähr ein Jahr, nachdem W. und ich uns zusammengetan haben, vielleicht 1980, treffen wir sie, zufällig, auf einer Veranstaltung in Bonn. W. stellt sie mir vor. Später, zu Hause, sagt er: Sie ist die Frau, die ich lange Jahre sehr gern gehabt habe. Als ich ihr jetzt diese Begebenheit erzähle, findet sie, aus der Anonymität heraustreten zu sollen: Ich möchte helfen, von dem Bild eines so geradlinigen und wunderbaren Menschen etwas von der Beschädigung zu nehmen, die es durch die Ereignisse und deren Deutung bekommen hat.

Der Ton des Vermerks, den W. B. Kinkel zurückgibt, ist unappetitlich. Nicht nur wegen des Anspruchs auf »Tatsachen« und »Wahrheit«. Er gipfelt in dem Hinweis, dass Guillaume – »außerhalb des Protokolls« – auf die persönlichen Verhältnisse des Bundeskanzlers angesetzt gewesen sei, und in der Unterstellung, »dass er Wahrnehmungen des beschriebenen Inhalts an seine geheimdienstlichen Auftraggeber – möglicherweise mit lauschoperativer Dokumentation – weitergeleitet hat«.[86] Was mag der auf die persönlichen Verhältnisse angesetzte Guillaume geliefert und was der Auftraggeber daraus gemacht haben? Und was davon ist westwärts zurückgeflossen, als höhere Stellen ein Interesse signalisierten?

W. B. hat in seinen Erinnerungen 1989 einige Dinge deutlich benannt und bewertet, vor allem die fast komplottartige Aushebelung eines Verfassungsorgans, »wenn Sicherheitsintriganten mit dem Blick durchs Schlüsselloch spielten und hysterische Reaktionen auslösten«.[87] BKA-Mann Herold fühlt sich gekränkt und verlangt eine Ehrenerklärung; schließlich habe W. B. immer noch weiter an Ansehen gewonnen. Er übersendet Aufzeichnungen über »die angefallenen Tatsachen« und liefert Einblick in die Produktion eben dieser Tatsachen, nicht nur jener drei, die er mit dem Namen Guillaume in unmittelbare Verbindung gebracht hat, sondern auch unzähliger anderer »Intimverhältnisse«.[88] Herold bezieht sich auf »informatorische Befragungen«, Befragungen außerhalb des Protokolls. Sie basieren auf »Vorhaltungen«, deren Herkunft im dunkeln bleibt. Herold zitiert einen Beamten, der von anderen Sicherheitsbeamten gehört haben will, wie Guillaume prahlte – mit einem Kanzler, der »spitz« sei, der eine bekannte Journalistin »erst im zweiten Anlauf geschafft« habe und für den Callgirls bezahlt worden seien. Unter Berufung auf einen Sicherheitsbeamten teilt Herold auch mit, dass der Bundeskanzler Prostituierte aus Hotelhallen habe beschaffen lassen; er sorgt sich prompt um die Staats- und die Parteikasse. Auch einem

Kollier wird nachgespürt und es wechselnden Trägerinnen angehängt. Mehrfach erinnert Herold daran, am Abend des 30. April, als er schon fleißig gesammelt, aber zunächst nur die drei sogenannten Fälle in Berichtsform gegossen hat, zur Pflichterfüllung angehalten worden zu sein. Auf den Gedanken nachzufragen kommt Herold nicht. Glaubt er an »die Tatsachen«, die er auf Papier bringt? Glaubt der Innenminister daran?

Der Eifer ist groß. Angefeuert durch seinen Dienstherrn Genscher erstellt Herold am 2. Mai einen ausführlichen, vermutlich zehnseitigen Vermerk über die sogenannten informellen Befragungen – aus zweiter und dritter Hand oder woraus auch immer. Können Vernehmungsprotokolle nicht eingesehen werden, weil es sie nicht gibt? Jedenfalls nicht in gehöriger Form? Der Chef des Bundeskriminalamts hält fest, was ihm vor und nach dem 30. April zugetragen worden ist. Der Leiter des Begleitkommandos des Bundeskanzlers, Bauhaus, wird am 2. Mai einbestellt und einvernommen. Als alles vorbei ist, schickt er W. B einen Brief.

»Meine Kollegen und ich werden das Gefühl nicht los, dass bei den Vernehmungen durch die Kollegen der Abtlg. Staatsschutz bewusst gewisse Spielregeln vorsätzlich verletzt wurden und wir unter dem Druck beamtenrechtlicher Pflichten zu Aussagen gezwungen wurden, deren Sinn wir bis heute nicht begriffen haben. Ich muss unterstellen, dass die vernehmenden Beamten auf höhere Weisung gehandelt haben.« Bundesanwalt Träger habe ihm erklärt, dass der Präsident des BKA, Herold, uneingeschränkte Aussagegenehmigung erteilt habe und alle Aussagen lediglich Licht in das Dunkel des Falles bringen sollten. »Bundesanwalt Träger schien sehr ungehalten über meine Weigerung.« Erst nachdem Träger ihm eine richterliche Vernehmung ankündigte, »notfalls die Beugehaft«, habe er »auf alle Vorhaltungen« eine entsprechende Aussage gemacht. »Ich war überrascht, wie weit die Vorhaltungen gingen.« Nach Rücksprache mit den Kollegen aus dem Kanzlerkommando sei er zu der Überzeugung gekommen, »dass sie als Quellenangabe nicht in Frage kommen«. Er gehe davon aus, »dass den am Fall beteiligten Nachrichtendiensten Kopien der streng geheimen Vernehmung ausgehändigt wurden«. Bauhaus bekräftigt, »nur auf Vorhalte« Aussagen gemacht und »zu einigen Aussagen genötigt« worden zu sein.[89]

An diesem 2. Mai, als er seinen zweiten Vermerk schreibt oder schon geschrieben hat, wird dem BKA-Chef die Idee eingegeben, angeblich durch einen Kriminaldirektor, sich mit Nollau zu besprechen. Denn, so fasst er zusammen, »zum Umfang dessen, was nach Weisung des Ministers« zu erledigen war, »gehörte auch, sich Klarheit über die Frauen zu verschaffen, die an den Kanzler herangeführt worden waren«. Die Aufgabe von Nollau war schließlich »die Personenabklärung«. Unter den sogenannten drei Fällen waren die Schwedin ohne Namen, die Jugoslawin mit nur phonetisch bekanntem Namen, den niemand kennt, und eben – Heli Ihlefeld. In aller Treuherzigkeit gibt Herold zu, er habe Nollau um Rat fragen wollen, wie er sich weiter verhalten solle. Ausgerechnet Nollau.

Am Freitag, dem 3. Mai, nachmittags sitzt Herold bei Nollau im Büro und sagt: »Auf Weisung des Ministers« hätte er sich »um Klärung außerhalb der Akten bemüht«.[90] Er liest ihm sodann seinen ausführlichen Vermerk vor. Nollau gerät »außer Fassung« und findet, wie von Herold erwartet, dass er nun zu Wehner gehen solle. Als Nollau die Botschaft überbracht hat und das Haus auf dem Heiderhof wieder verlässt, eröffnet ihm Wehner beim Hinausgehen, dass in der Bibliothek Anwalt Wolfgang Vogel sitze. Der Vertraute Honeckers.[91] Der Kreis schließt sich.

Am 27. Februar 1975 debattiert der Deutsche Bundestag den Abschlussbericht des Untersuchungsausschusses Guillaume. Herbert Wehner meldet sich erst nach Schluss der Debatte zu Wort. Zu einer persönlichen Erklärung. Er nimmt sich Wallmann vor, der ihn die »zentrale Figur« in der Behandlung des Falles genannt hat. Wehner holt aus: »Hier geht es um Bezichtigungen des Abgeordneten Wallmann, die ein Kettenglied einer Kampagne sind, durch die mir bewusst – mit allen Konsequenzen gemeint – der Stempel des Landesverrats aufgedrückt werden soll.«[92] Wehner selbst setzt das Wort in die Welt – Landesverrat. Darauf musste erst einer kommen.

Nach der Lektüre des Schriftstücks am 1. Mai hat W. B. einige Telefonate und Verabredungen getätigt. Tatsächlich sagt ihm in diesem Augenblick noch nicht sein Verstand, wohl aber seine innere Stimme, dass er sich nicht zur Wehr setzen wird. Die Turbulenzen in der Welt und zu Hause sind groß gewesen. Gewiss hätte der Bundeskanzler ihnen kraftvoller begegnen und überhaupt entschlossener regieren können. Aber auch in ruhigem Fahrwasser und bei bester Verfassung hätte er nicht gekämpft. Gegen wen und was hätte er kämpfen sollen?

Von Hamburg aus macht W. B. einen Abstecher nach Helgoland. Hat er je an Selbstmord gedacht? Wer hätte in einer sehr düsteren, vor allem undurchschaubaren Lage nicht schon daran gedacht. Tatsächlich bewahrt ihn gerade die Fähigkeit, sich zurückzuziehen, vor ernster Gefahr; dass es ausweglose Situationen nicht gibt, ist keine Meinung, sondern eine Haltung. Am 2. Mai absolviert er eine Reihe von Wahlkampfveranstaltungen im nördlichen Niedersachsen, die gut verlaufen. Am Morgen des 3., als Herold sich langsam auf den Weg zu Nollau macht, sagt W. B. zu Helmut Schmidt, die Kanzlerschaft könne rasch auf ihn zukommen. Am Nachmittag empfängt er Mario Soares, den Sozialistenführer aus Portugal, wo der Übergang zur Demokratie auf der Kippe steht. Soares dankt für die Unterstützung; er sollte W. B.s letzter Besucher im Kanzleramt sein. Im weiteren Verlauf des Tages und Abends wird geredet und immer wieder geredet. Mit diesem und jenem. Rücktritt? Es wird zugeraten und abgeraten. Seinen eigenen Ausweg, einen Rückweg zu sich, hat W. B. längst gefunden. Die Gerüchte über das angebliche Liebesleben des Kanzlers verselbständigen sich und finden Eingang in die Presse, zuerst in den »Spiegel«, dessen Bericht schon vor dem Wochenende des 4./5. Mai bekannt wird. Zwei Wochen später fragt die »Welt«, ob es eine Absicht gegeben habe, »das gestürzte Denkmal noch so zu besudeln, dass es sich nicht mehr erheben konnte? Hat jemand den Sturz von langer Hand vorbereitet, die Information an die Stellen lanciert, auf deren Kooperation man sich verlassen konnte?« Es wird darauf hingewiesen, dass die SPD-eigene »Hamburger Morgenpost« androhte, »bis in die intimsten Bereiche auszupacken«.[93] Das Blatt ist bekannt dafür, dass es nicht einmal einen Wetterbericht ohne Wehners Segen veröffentlichte.

Als er am Mittag des 4. Mai nach Münstereifel fährt, wo Spannungen zwischen Partei und Gewerkschaften erörtert werden sollen, weiß W.B., welche Entscheidung er treffen wird. Börner hat ihm mitgeteilt, dass Wehner Bescheid wisse, durch Nollau, und ihn auf die privaten Vorgänge ansprechen wolle. Was wird unter vier Augen geredet? Nicht viel. Wehner erwähnt eine schmerzliche Nachricht und schmückt sie aus. Mit zehn Seiten Damenbekanntschaften und einem Kollier. Mit Guillaume, dem alles bekannt sei, und Nollau, der die Erpressung für möglich und den Rücktritt für nötig halte. Soll er darauf eingehen? Oriana Fallaci hat ihr Interview mit W. B. vor dem Ereignis geführt, es aber erst hinterher bewertet: Nie zuvor habe sie eine solche Bescheidenheit und eine solche Zurückhaltung erlebt. Sie empfindet ihn als »tough, solid, hard as iron« und als Feind all dessen, was unnötig ist.[94] Er findet unnötig, auf Wehners Vorhaltungen einzugehen.

Den Rückzug hat er lange angetreten. Lange bevor Wehner ihn zu treffen meint und die Entscheidung am 5. formuliert und am 6. kundgetan wird. Den Rückzug wohin? Ins Innerste. Wo er unberührbar ist, frei, sich nicht beugt. Auch vor dunkler Nacht nicht. Wo die Kraft des Weitermachens ruht und auch die Hoffnung. Über Deutschland kann das letzte Wort noch nicht gesprochen sein. Der Freund

und Philosoph Manfred Riedel wird W. B. als den Unbeugsamen und zugleich als den Hoffenden verstehen.[95] Nicht alles werde vermengt und nicht alles sei vergeblich: Non omnis confundar.

Deutschland. Eine Leidenschaft

Am Mittag des 20. August 1989 sendete das französische Fernsehen einen Bericht aus Sopron, einem Ort an der Grenze zwischen Österreich und Ungarn. Während eines »Paneuropäischen Frühstücks« am Tag zuvor hatte sich die Kunde verbreitet, ein Tor im Grenzzaun sei offen und nicht bewacht. Siebenhundert DDR-Deutsche, genau diesen Augenblick ersehnend, waren durch das Tor und in den Westen gestürmt. Die erste Massenflucht seit dem 12. August 1961. W., der den Bericht schweigend angesehen hat, steht auf und sagt: Ja, und was soll nun noch die Mauer?

Als er diesen Satz sagte, war Egon Bahr gerade abgefahren. Er hatte zwei Tage bei uns in den Cévennen verbracht. Durch den Ernst der Gespräche war die heitere Stimmung nicht getrübt worden. Oder doch? Ein Gefühl der Entfremdung wollte nicht weichen. Man hatte sich nicht, wie üblich, besprochen über diese Information oder jene Taktik. Vielmehr waren Gefühlsregungen ausgetauscht worden, emotionale Standpunkte über die deutsche Frage. Hier saßen zwei Männer, die einander, jeder auf seine Weise, zugetan waren. Auf der Suche nach Antworten hatten sie einst die Ostpolitik erdacht und umgesetzt. Jetzt weckten sie den Eindruck, als entstammten sie zwei verschiedenen Welten. Sie redeten aneinander vorbei. Die Freude ob der Bewegung, die Europa und dessen deutsche Mitte durchzog und die zu erleben er nicht mehr gehofft hatte, blitzte aus seinen Augen, als W. B. feststellte: Wo zwei Ausreiseanträge bewilligt sind, folgen zwanzig nach, und überhaupt, zwei Millionen sind weg, zwei Millionen sitzen auf gepackten Koffern. Egon Bahr unterbrach ihn ungerührt: Aber vierzehn Millionen bleiben da! Und die werden sich ihren Staat nicht wegnehmen lassen!

W. B. schwieg und schüttelte den Kopf, wie er es in den nächsten Monaten noch öfter tun sollte. Er war von keinem Zweifel angerührt, nicht beeinflussbar, seiner Sache sicher. Die Bewegung, die jetzt die Fronten aufbrach, musste weitergehen. Darauf kam es an, nicht auf die Bedenken und erst recht nicht auf die Huldigung eines Status quo, der hingenommen worden war, um Wandel möglich zu machen.

Die Zeit der Arrangements und Kompromisse war abgelaufen. Seit dem Frühjahr 1989 wollte er Rücksichten nicht mehr nehmen, je größer die Risse im Ostblock, desto weniger. Redeten die Realitäten nicht endlich eine neue Sprache? Es konnte geschehen, dass er unvermittelt innehielt und sich erinnerte: Habe er nicht schon mal gemutmaßt, dass »das Rad nicht so laufen« werde, wie es sich die Kommunisten dächten? Ja, 1966, als ein Redneraustausch zwischen SPD und SED am Veto der Sowjets gescheitert war.[1] Im März 1989 mahnte er sozialdemokratische Parteiführer aus aller Welt, »den neueren Entwicklungen in den Ländern des Ostens Mitteleuropas und in Südost-Europa« den gebührenden Rang einzuräumen.[2] Im Mai richtete sich die Aufmerksamkeit auf die Kommunalwahl in der DDR. Nicht weil die Wahl gefälscht war, sondern weil darüber erstmals laut geredet wurde. Ende Mai hatte er mir 23 Seiten auf den Tisch gelegt, auf denen das siebte Gespräch zwischen Hans-Jochen Vogel, dem Vorsitzenden der SPD, und Honecker protokolliert war: Warum muss er jetzt noch mit ihm reden? Solange die Lage es erforderte, musste geredet werden, ja. Auch jetzt noch? W. B. meinte: Nein, die Vorzeichen haben sich geändert! Vor allem ärgerte ihn, dass Honecker die SPD eingeladen hatte, »mit einer Delegation am Parteitag der SED 1990 teilzunehmen«, und ihm dafür auch noch der Dank des Vorsitzenden Vogel ausgesprochen worden war.[3]

Am 29. und 30. Mai kam der amerikanische Präsident nach Bonn. George Bush hatte W. B. empfangen, als er selbst Vizepräsident war und der Präsident, Ronald Reagan, ihn nicht vorließ. W. B. freute sich auf den Besuch, die Begegnung, das Bankett. Gleichzeitig fand, zum ersten Mal auf DDR-Boden, ein Forum über »Erfahrungen deutscher Arbeiterbewegung« statt; wegen meines Buches über Bebel war ich auf die Einladungsliste geraten. Meine Frage »Bush oder Bebel?« wurde umstandslos entschieden: In die Redoute gehe ich allein, und Du wirst den Brüdern da drüben tüchtig Bescheid sagen; die Einvernahme Bebels durch die SED hatte ihn immer schon geärgert. Was den Präsidenten und seine Administration anging, so hatte er sich überzeugt, auch bei einem Besuch in Washington, dass Kissingers Wort im Weißen Haus nicht mehr viel galt und dessen Deutung der sowjetischen Politik nicht geteilt wurde. Der vormalige amerikanische Außenminister hatte Gorbatschow vorgeworfen, sich in einem gemeinsamen europäischen Haus selbst zum Hausherrn machen und auf diese Weise Europa von Amerika lösen zu wollen. W. B. sah »reine Theorie« am Werk und verwies auf »die massive ökonomische Verflechtung«, die durch eine gesamteuropäische Entwicklung nicht weniger werde: »Wer hat denn hier solide Interessen über das militärische Bündnis hinaus? Wer hat denn in Deutschland und im übrigen Westeuropa erheblich investiert? Ist denn die Sowjetunion hier durch die multinationalen Gesellschaften präsent?«[4]

In diesem Frühsommer 1989 kreiste W. B.s Denken um die Zusammenhänge zwischen westeuropäischem Binnenmarkt, der sich vollenden würde, um die gesamteuropäischen Aufbrüche und um die Wiener Abrüstungsverhandlungen, die ohne die USA gar nicht geführt werden könnten. Eine europäische Friedensordnung, in der dann auch die Deutschen zusammenfinden würden, bedurfte des Zusammenwirkens von West und Ost und der Garantie der »halbeuropäischen« Großmächte, »der uns verbündeten

USA und der uns nun auch nicht mehr so fremden UdSSR«. In einem solchen Augenblick lief ein Film rückwärts: Zur Sowjetunion sei das Verhältnis auch nach Aufnahme der diplomatischen Beziehungen 1955 »schwierig und unterkühlt« geblieben. »Das ging durchaus nicht nur auf deutsches Konto, aber es war ja auch einiges voraufgegangen, nicht nur die Teilung Europas.«[5]

Zwei Wochen nach dem amerikanischen Präsidenten erschien Gorbatschow in Bonn. Am 15. Juni, dem letzten der drei Besuchstage, begleitete ihn ein sichtlich aufgekratzter W. B. im Zug nach Dortmund; der russische Gast redete vor der Belegschaft von Hoesch. Am 16. Juni debattierte der Bundestag. W. B. nannte den Besuch »inhaltsvoll«, begrüßte die Ergebnisse und betonte, es sei ein Vorteil, wenn »über einen wichtigen Vorgang der auswärtigen Politik« nicht gestritten werde. Auf einen Zettel hatte er notiert, was er einflocht und was wieder einen dieser Filme in Gang setzte, einen, der zurücklief in den November 1956, als er die Studenten am Marsch in den Ostsektor hatte hindern müssen. Er wäre, so das Eingeständnis, heute gern in Budapest dabei, »wenn auf demonstrativ-bewegende Weise einer der schlimmsten Justizmorde der europäischen Nachkriegszeit jedenfalls symbolisch überwunden wird«. Er meinte die feierliche Bestattung von Imre Nagy, den Anführer des Aufstands von 1956, der zwei Jahre später hingerichtet und in einem Massengrab verscharrt worden war. Die traurigschöne Reminiszenz verband er mit einem Gruß an alle, die jetzt den Weg »von Recht und Freiheit« gehen. Und noch ein Film lief ab. Einer, der mehr als andere von ihm selbst handelte und der ihn in diese heitere Stimmung versetzte; sie teilte sich dem Hause mit, wie die Bilder und der Beifall festhielten. W. B. schlug den Bogen: »Ohne unsere Ostpolitik keine Überwindung des Kalten Krieges. Ohne Moskauer Vertrag keine Konferenz für Sicherheit und Zusammenarbeit in Europa.«[6]

Die KSZE war das Ende der Ostpolitik gewesen und

hatte den Anfang gesetzt, hin zu einer Entwicklung, die sich gerade beschleunigte. Sie bildete den Rahmen, innerhalb dessen der Wandel friedlich vonstatten gehen konnte, und war jene Instanz, auf die sich, überall im Sowjetblock, Dissidenten berufen durften. Ursache und Wirkung aber galt es auseinanderzuhalten. Für W. B. gründete die Entwicklung im Freiheitsdrang der Menschen, der sich endlich Bahn zu brechen schien, und in der Ökonomie. Der technologische Wandel war von »selbstherrlichen Planungsbehörden« verschlafen worden, ihre Gängelei hatte jede »Kreativität und Initiative« und jeden Markt erstickt.[7] Die Mikroelektronik erforderte das Gegenteil einer zentralen Lenkung. Die Wirtschaftskraft sank in gleichem Maße, wie der gesellschaftliche Zusammenhalt schwand und der staatliche Zugriff nachließ. Ideologie und Imperium waren auf dem Rückzug. Die Angst der Völker wich.

Den Besuch Gorbatschows nannte W. B. »einen Erfolg der Bundesregierung, zu dem wir gratulieren – zumal sie sich die früher heftig umstrittene, nein: angefeindete Ostpolitik zu eigen gemacht hat, wozu wir *auch* gratulieren; das ist eine Wende, zu der wir Glück wünschen«. Er richtete den Satz unmittelbar an die Regierungsbank, und weil er es ohne Zeigefinger und Rechthaberei, offenen Blickes und ehrlichen Herzens tat, erntete er, was ihn, nächst der Bewegung mitten in Europa, auch beglückte – den »anhaltenden Beifall bei allen Fraktionen«.[8]

Was aus den Deutschen würde, wollte W. B., auch darin mit dem Bundeskanzler einig, »der Fantasie der Geschichte«[9] überlassen. Doch mussten die letzten Seiten seiner »Erinnerungen« geschrieben und abgegeben werden, und die vertrugen keine Ausflüchte. Dem Papier vertraute er an, was er, Ende Juni 1989, öffentlich noch nicht hätte sagen mögen. Rückblick und Ausblick gingen ineinander über. In seiner Schrift über den 17. Juni, »Arbeiter und Nation«, hatte er 1953 »nationalrevolutionäre Energien« beschworen, von keinem pervertierten deutschen Nationa-

Deutschland. Eine Leidenschaft

lismus zu ersticken. Unter den Umständen des Kalten Krieges waren sie nur auf Eis gelegt worden. Jetzt schmolz das Eis, auch dank eigenen Dazutuns, und die nationalrevolutionären Energien würden sich entladen. W. B. vermutete, in diesem Frühsommer 1989, »dass der Ort des Geschehens jener Teil des gespaltenen Deutschland wäre, in dem die Menschen weniger saturiert sind als in dem anderen. Warum, mit welchem Recht und auf Grund welcher Erfahrung ausschließen, dass eines Tages in Leipzig und Dresden, in Magdeburg und Schwerin – und in Ostberlin – nicht Hunderte, sondern Hunderttausende auf den Beinen sind und ihre staatsbürgerlichen Rechte einfordern? Einschließlich des Rechts, von einem Teil Deutschlands in den anderen überzusiedeln?« Er malte aus, nicht ohne Schadenfreude, wie dann nicht nur »die Russen«, sondern auch die Alliierten »in einige Verlegenheit« kämen. Und wie dann vielleicht auch sonst keine Rücksicht genommen würde »auf jenen Typus selbstgefälliger Landsleute im Westen, der alles lieber täte, als mit denen zu teilen, die bei Kriegsende das kürzere Los gezogen hatten«.[10]

Als am Ende des Sommers die Fluchtbewegung anschwoll und der Druck auf die Grenzen immer noch wuchs, sprach er aus, was länger schon Ahnung gewesen war: »Ich will offen meinem Empfinden Ausdruck geben, dass eine Zeit zu Ende geht.«[11] Die Bundestagsrede am 1. September 1989, dem 50. Jahrestag des Kriegsausbruchs, hatte er in den französischen Ferien entworfen und hohe Sorgfalt darauf verwendet. Erbetene und unerbetene Ratschläge gingen ein. Günter Grass forderte »verantwortungsvolle Vorkehr, damit Polen nach jahrzehntelanger ideologischer Abhängigkeit nicht abermals in Abhängigkeit, diesmal vom westlichen Kapital gerät«.[12] Am Vorabend der Rede versuchte Bahr, ihm den entscheidenden Satz von der zu Ende gehenden Zeit auszureden. W. B. ließ sich oft Sätze abhandeln, Sätze, die man so und auch anders sagen konnte. Nach einem launigen Bericht über die Anmutung versicherte er so-

Deutschland. Eine Leidenschaft

gleich: Ich werde sagen, was ich sagen will. Wie immer wenn er andern Tags im Bundestag redete, arbeitete er bis in den späten Abend hinein am Text und las ihn mir dann vor.

Mit dem Wort vom Ende einer Zeit bezeichnete W. B. das Ende der Politik der kleinen Schritte. Jener kleinen Schritte, durch die der Zusammenhalt der getrennten Familien und damit der Nation hatte gewahrt werden sollen. Er hütete sich, von einem nun möglichen großen Schritt zu sprechen. Aber schon Mitte September, auf dem Parteitag der niedersächsischen SPD, fand er, dass der Flüchtlingsstrom »auch neue Fragen nach dem Verhältnis zwischen den Teilen Deutschlands« auslöse: »Wird, wenn das so weitergeht, der Ruf nach einem gemeinsamen deutschen Staat lauter werden, als man dies noch vor kurzem für möglich gehalten hätte?«[13] Noch deutete nichts darauf hin, dass die Sowjetunion ihre deutsche Kriegsbeute herausrücken würde, warum sie also provozieren. Aber dass das ganze Europa in den Blick rücken musste und Deutschland mit ihm und dass es nicht bleiben konnte, wie es war, sprach er vor dem Bundestag deutlich aus. Den Landsleuten in der DDR sollte nichts vorgeschrieben und auch nichts verbaut werden. Über die Landsleute in der Bundesrepublik, zumal in seiner eigenen Partei, die Ressentiments gegen Übersiedler schürten, ärgerte er sich maßlos. An ihre Adresse war die Mahnung gerichtet, die er noch oft wiederholen sollte: »Im Bewusstsein unserer Menschen wachzuhalten, dass die Nachbarn im anderen Teil Deutschlands zwar das kürzere Los gezogen, aber den Krieg nicht mehr als wir verloren haben, bleibt ein Gebot der Stunde.« Er bekräftigte: »Ein Gebot unserer Selbstachtung«. Und schlug unter dem Beifall wiederum des ganzen Hauses den Bogen. Lebensliebe nannte er das Geschenk an die Überlebenden des Krieges. »Um Lebensliebe und Freiheitswillen zu bitten – das ist die Pflicht, die uns die Erinnerung an den September '39 vermittelt.«[14] Anfragen um Interviews und Beiträge häuften sich, aus Deutschland und aus aller Welt. Er nahm sie wahr. Mit Vergnügen.

Einen Anschluss der DDR an die Bundesrepublik wollte er sich nicht vorstellen, eine Erneuerung derselben aber erst recht nicht. Die hielt er schon jetzt, September 1989, für abwegig. Jede innere Reform musste früher oder später das Recht auf Meinungs- und Bewegungsfreiheit einschließen und das Ende dieses Teilstaates einläuten. Sein Herz schlug mit den Massen. Sie verhielten sich nicht anders als vor dem Mauerbau, und so, wie sie sich danach jederzeit verhalten hätten, wäre es nur möglich gewesen.

Die Staatsräson der DDR lag dort, wo sie immer gelegen hatte – in Moskau. Die DDR war und blieb ein Staat, der aus sich heraus nie bestanden hatte und nie bestehen würde. Unter Gorbatschow erschien die Gefahr eines gewaltsamen sowjetischen Zugriffs weniger bedrohlich; der Ausreisedruck stieg in gleichem Maße. Die Flucht in die Prager Botschaft bildete nur einen vorläufigen Höhepunkt. Auch die Westreisen von DDR-Bürgern und keineswegs nur von Rentnern hatten sich am Ende der achtziger Jahre vervielfacht. Das Leben im geteilten Land war leichter geworden und das Zusammengehörigkeitsgefühl jedenfalls nicht geschwunden. Bundeskanzler Kohl hatte den ursprünglichen Impuls der Deutschland- und Ostpolitik aufgenommen und eine Politik betrieben, die W. B. – abzüglich einer ihm oft fremden Ausdrucksweise – billigte. Die DDR entzog sich, aus Selbsterhaltungstrieb, dem Reformdruck. Sie wandte sich von der Sowjetunion ab, ohne ihre existentielle Abhängigkeit leugnen zu können. In der Bundesrepublik fand sie materielle Hilfe, allerdings gegen den Preis menschlicher Erleichterungen. Dieser Preis wurde immer höher.

Die Friedens- und Bürgerrechtsgruppen, die sich mehr und mehr zusammenfanden und innere Reformen forderten, beschleunigten den Zerfall staatlicher Autorität. W. B. respektierte ihren Mut. Wer gegen die Diktatur anging und Risiken auf sich nahm, wer Licht auf die Zustände werfen und den Zerfall beschleunigen half, durfte auf Respekt rechnen. Aber der sektiererische Zug, der vielen Gruppen anhaftete, gefiel ihm nicht. Er hatte Bärbel Bohley empfangen, als sie zu Jahresbeginn 1988 ausgewiesen worden war. Wider Willen bestätigte sie ihn in der Überzeugung, dass die DDR sich nicht erneuern und nicht aus sich selbst heraus bestehen würde. Die spätere Lesart der Bürgerrechtler, 1989 die Verhältnisse umgewälzt zu haben, fand er absonderlich: Ja, ja, so habe ich mir immer die Revolution vorgestellt, mit der Kerze in der Hand. W. B. misstraute dem akademischen Streben der »Neuen Kräfte«, Zeit zu gewinnen und eine Reihenfolge nächster Schritte festzulegen: »So spielen sich geschichtliche Umbrüche in aller Regel nicht ab. Wer nicht improvisierend die Herausforderung anzunehmen entschlossen ist, riskiert leicht, am Wegesrand zurückgelassen zu werden.«[15] W. B. freute sich an den Bildern, die Massen von Menschen zeigten – in den Städten der DDR und auf den Straßen in Richtung Westen.

Die Gründung einer ersten Oppositionspartei, noch dazu am 40. Jahrestag der DDR, lag in der Logik der Ereignisse. Aber musste es eine sozialdemokratische Partei sein, in einem Pfarrhaus von Pfarrern aus der Taufe gehoben? Noch dazu mit einem Namen, SDP, der Nähe und Ferne zur SPD anzeigte? W. B. begriff, dass man weltliches Handeln nicht mit christlichen Zusätzen verbrämen wollte und schon deshalb einen sozialdemokratischen Bezug im Namen suchte. Er wunderte sich: Was es alles gibt! Aber vor allem ärgerte er sich. Die Parteigründung von Schwante am 7. Oktober durchkreuzte die Gedanken, die ihn seit längerem umtrieben: Warum rufen wir die SPD nicht einfach im Ostsektor Berlins wieder aus? Die haben wir doch nie wirklich aufgelöst! Dann sehen wir mal, was daraus wird.

Im April 1946 waren KPD und SPD in der sowjetisch besetzten Zone und im sowjetisch besetzten Teil Berlins zwangsvereinigt worden. Einen Monat später verfügte die Alliierte Kommandantur, unter Einschluss der Sowjets, dass in allen vier Sektoren der Stadt SED und SPD zugelassen würden. Den Sozialdemokraten im Ostteil blieb es verwehrt, an Wahlen teilzunehmen, ihr Organisationsleben aber konnten sie pflegen. Mit der Partei im Westen der Stadt und in der Bundesrepublik war sie eng verbunden; auch zwei Bundestagsabgeordnete kamen aus ihren Reihen. Erst als die Volkspolizei in den Tagen nach dem Mauerbau die acht Kreisbüros besetzte und die über 5300 Mitglieder schwerstem Druck ausgesetzt wurden, hatte dieser Zustand ein Ende. Der Parteivorsitzende Ollenhauer bekundete sein Einverständnis, dass »die Partei ihre im Osten ansässigen Mitglieder aus ihren Verbindlichkeiten« entlässt, und fügte unter Berufung auf den Viermächtestatus hinzu: »Der Parteivorstand hält an dem Recht fest, die SPD im Ostsektor wiederherzustellen.« Am 23. August 1961 fasste unter W. B.s Leitung der Landesvorstand den entsprechenden Beschluss: »Die Entpflichtung ihrer ehemaligen Mitglieder, die im Ostsektor Berlins ansässig sind, entpflichtet die Partei nicht davon, jederzeit treu zu ihren Freunden zu stehen. Wir danken allen. Wir vergessen keinen. Wir vergessen nichts.« Diese Sätze wiederholte der Landesvorsitzende W. B. vor aller Öffentlichkeit; er unterstrich das Recht auf Wiederherstellung der SPD auch im Ostsektor.[16] Jetzt im September 1989, 28 Jahre später, erinnerte er sich bis in die Wortwahl hinein dieses Vorgangs. Die Dokumente, die er sich kommen ließ, zeigten, dass er sich richtig erinnerte. Mit wem hätte er sich besprechen sollen? Der SPD-Vorsitzende Vogel wollte von derlei Überlegungen nichts wissen. Auf dem Parteitag in Berlin, Ende Dezember 1989, kam W. B. darauf zurück. Die Pfarrer wollte er nicht verletzen, und so beschränkte er sich auf den Hinweis: Die Gründung der SDP habe die Möglichkeit, die eigene Partei auszurufen, vereitelt.[17]

Die Windungen und Wendungen der Parteiführung in Bonn mochte der Ehrenvorsitzende W. B. nicht kommentieren. Vielleicht waren sie ihm auch nicht wirklich wichtig. Man wollte es mit der SED nicht verderben und sich mit der Partei der Pfarrer nicht identifizieren; Vogel nannte sie noch bis weit ins Jahr 1990 hinein eine »Schwesterpartei«.[18] Die hatte die SPD in fremden Ländern. Aber in der DDR? Schon gar nicht traute W. B. dieser SDP zu, der Einheitspartei das sozialdemokratische Erbe zu entreißen. Er fing plötzlich an, von Gustav Klingelhöfer zu erzählen, jenem alten Kämpfer aus Metz, der 1919 auf den Barrikaden der Münchner Räterepublik gestanden hatte und später Reuters Stadtrat für Wirtschaft war, als es 1948 galt, die Währungsreform auch in Berlin durchzuführen. Klingelhöfer hatte nach Ende des Krieges Otto Grotewohl, den ostzonalen SPD-Führer, begleitet und war Zeuge geworden, wie ihn die Russen in der Nacht vom 20. auf den 21. Dezember 1945 nach Karlshorst brachten und umdrehten – mit sehr viel Wodka und einer für Deutschland vorteilhaften Perspektive. Am andern Morgen war Grotewohl ein unbedingter Anhänger des Zusammenschlusses mit der KPD. In der Sozialdemokratie fand fast nirgends eine freie Abstimmung statt; die Delegierten für den Vereinigungsparteitag bestimmte die Besatzungsmacht. W. B. wollte keine Rache, aber Recht und Genugtuung und das Ende der Einheitspartei. Die Sozialdemokratische Partei sollte aufnehmen, wer sich über die Mitgliedschaft hinaus in der SED nichts hatte zuschulden kommen lassen.

An jenem 7. Oktober, da in Schwante eine sozialdemokratische Partei gegründet wurde, ließen Bürger auf den Straßen Ostberlins Gorbatschow hochleben. Er hatte sich anlässlich der Feierlichkeiten zum 40. Jahrestag in die DDR begeben und seiner Unzufriedenheit mit dem Regime deutlich Ausdruck verliehen. Besaß er Vorstellungen, wie es weitergehen sollte? Gab es Pläne, der Entwicklung ein gewaltsames Ende zu machen? Die DDR-Führung würde nie einen Schießbefehl ohne den Segen der Sowjets erteilen. Schließlich saßen in den höheren Rängen der NVA einige Dutzend Offiziere der Besatzungsmacht. Nach den Massendemonstrationen am 7. in Berlin und vor allem am

Montag, dem 9. Oktober in Leipzig, reifte in W. B. die Gewissheit, dass die Sowjets der DDR jedenfalls mitgeteilt hatten, die eigenen Soldaten und Panzer in den Kasernen zu belassen.[19] Der Zufall wollte es, dass er im Sommer die Ehrendoktorwürde der Lomonossov-Universität angenommen hatte, zum ersten Mal in einem Land des Ostblocks, und die Verleihung für den 16. Oktober festgesetzt worden war.

In Moskau sprach W. B. über »Neues Denken – Chancen für Europa und die Welt«. Er beschwor neue Formen der Zusammenarbeit zwischen westeuropäischer Gemeinschaft und mittel- und osteuropäischen Staaten: »Im dichtbesiedelten Europa haben wir keine andere Wahl, als im wirtschaftlichen und technologischen Bereich aufs engste zusammenzuarbeiten.« Dieses Europa ist auch notwendig, unverzichtbar, wenn die deutsche Frage beantwortet werden soll. Er führte seine Landsleute ins Feld, die eine europäische Friedensordnung nicht gefährden würden. »Aber sie meinen auch, dass sich das Recht auf die Selbstbestimmung mündiger Bürger und auf nationalen Zusammenhalt hiermit vereinbaren lassen können muss. Dies mache ich mir ausdrücklich zu eigen.« Er hatte den Eindruck, dass die Russen den Satz besser verstanden als seine Reisebegleiter, Egon Bahr und Gerhard Schröder.

Deutschland und Europa und ihre wechselseitige Bedingtheit, so lautete das eine Thema. Und das andere? »So wenig abgestandener Nationalismus in die Landschaft passt, so wenig auch eurozentrische Nabelschau.« Dem Nord-Süd-Thema blieb er treu. Nichts davon hatte sich erledigt, weil sich in Europa die Dinge zum Besseren wendeten. Er beschrieb »die zunehmend interdependente Welt«; Autarkie nannte er einen »Irrweg« und Abschottung »das Projekt von Ewiggestrigen«. Allein wegen der vielfältigen Abhängigkeiten würden auch die Bindungen an die USA nie gekappt werden können.[20] Die armen Länder des Südens hatten das Nachsehen, wenn sie vom Welthandel aus-

Deutschland. Eine Leidenschaft

geschlossen wurden oder sich selbst ausschlossen. W. B. schränkte seine internationalen Verpflichtungen nicht einmal ein; noch im Oktober reiste er nach Korea. Auch die Universität von Seoul verlieh ihm eine Ehrendoktorwürde.

Bevor er Moskau verlässt, wird W. B. am Nachmittag des 17. Oktober von Gorbatschow empfangen. Der sowjetische Staats- und Parteichef sagt: Morgen wird Honecker durch Krenz abgelöst. Als die Nachricht am 18. bekannt wird, sitzt W. B. neben Helmut Schmidt in der Redoute in Bonn. Der Festredner Vogel erinnert daran, dass zwanzig Jahre zuvor die sozialliberale Koalition gebildet worden ist. W. B. steht der Sinn weniger nach Rückblick als nach Aktualisierung dessen, was damals begonnen worden ist.

Am 7. November hält W. B. einen Vortrag in Amsterdam, auch der lange vereinbart: »Need for a radical change in international cooperation«.[21] Als er am 8. nach Unkel zurückkehrt, ist der Umzug auf den Rheinbüchel vollbracht. Mit einem kleinen Rosenstrauß steht er, endlich, in einem eigenen Haus, auch auf deutschem Boden, und freut sich. Am anderen Morgen, dem 9. November, fährt er zur üblichen Stunde ins Büro. Er empfängt Hertha Däubler-Gmelin, die ihn oft aufsucht, den ungarischen Botschafter, einen italienischen Kommunisten und auf eine halbe Stunde wieder Hans-Jochen Vogel. Während der namentlichen Abstimmungen am Abend erreicht den Bundestag die Nachricht, dass Schabowski Reisefreiheit für alle DDR-Bürger verkündet hat. Die Abgeordneten, unter ihnen W. B., stimmen die dritte Strophe des Deutschlandliedes an. Was aus der Ostberliner Ankündigung werden würde, ahnen sie nicht. Als W. bald nach 21 Uhr nach Hause kommt, fragt er, ob ich wisse, was geschehen ist. Ich weiß es nicht und will es auch nicht wissen, Schmutz und Unordnung haben eher noch zugenommen, der Fernseher ist nicht angeschlossen und das Radio in einer Kiste verschwunden. Wir improvisieren einen Imbiss und schlafen den Schlaf der Gerechten, bis irgendwann zwischen vier und fünf das Telefon klingelt.

Ein freundlicher Mensch vom Hessischen Rundfunk fragt nach W. B., der doch damals, damals als die Mauer gebaut wurde, Bürgermeister in Berlin gewesen sei. Er muss über meine seltsame Reaktion verblüfft gewesen sein: Wissen Sie denn gar nicht, was los ist? Die Massen strömen durch die Mauer! Ich wecke W. B.: Da ist jemand, der sagt, die Mauer sei auf, und will Dich sprechen. Er ist augenblicklich wach, springt aus dem Bett und geht ans Telefon. Seine Antworten kommen mir vor, als sei er nicht überrascht. Er legt auf, lächelt verschmitzt und sagt: Das ist es.

Am frühen Morgen des 10. fährt er ins Büro. Um Viertel vor elf bringt ihn eine britische Militärmaschine nach Berlin. An Bord kämpft er mit Erinnerung und Emotion. Wieder läuft ein Film rückwärts und gleich wieder vorwärts, schneller als zuvor werden Sequenzen transportiert, zum Beispiel die vom Mauerbau: »Was in Ostberlin geschehen ist, das ist der Einmarsch einer Armee in ein Territorium, in dem sie nichts zu suchen hat.«[22] Wie oft hatte er von der Mauer gesprochen, die »gegen den Strom der Geschichte« steht![23] Und wie oft, zuletzt in seinen »Erinnerungen«, hatte er beklagt, dass auseinandergerissen werde, was doch zusammengehört! Der Erwägung, dass den Deutschen ein gespaltenes Land zuträglicher sei als ein vereinigtes, war er schon 1956 mit dem Hinweis entgegengetreten, »dass es Grundrechte im Zusammenleben der Völker gibt und dass dazu das Recht gehört, möglichst sinnvoll wieder zusammenzufügen, was reichlich sinnlos auseinandergerissen wurde«.[24]

In Berlin angekommen, fährt er zum Rathaus Schöneberg, lädt den Regierenden Bürgermeister ein, Momper, einen anderen hat er nicht, und begibt sich ans Brandenburger Tor. Hier redet er in viele Mikrofone und gießt, mit einer Stimme, die manchmal schwach wird, Vergangenheit und Gegenwart, Altes und Neues in die Worte: »Jetzt wächst zusammen, was zusammengehört.«[25] Er denkt an die Stadt und das Land, und er denkt daran, dass Staat, Nation und

Demokratie nun auch auf deutschem Boden eine Einheit werden.

Vor dem Rathaus Schöneberg am späten Nachmittag nimmt W. B. auf, was vor seinem inneren Auge vor- und zurückgelaufen ist. Er sieht sich an derselben Stelle stehen, am 16. August 1961, drei Tage nach dem Mauerbau, nicht wissend, wie und womit er die aufgebrachte Menge besänftigen soll; die Mauer müsse weg, ja, aber Berlin trotzdem leben. Er sieht sich, zwei Jahre später, die kümmerlichen Passierscheine aushandeln, »jeden möglichen kleinen Schritt« suchend, um »den Kontakt zwischen den Menschen zu fördern und den Zusammenhalt der Nation nicht absterben zu lassen«. Auch der Ton der Regierungserklärung von 1969 unterlegte die Bilder des Films. Jetzt stellt er so nüchtern wie irgend möglich fest, was er gerade im Zusammenhang seiner »Erinnerungen« vorausgeahnt hat: »Berlin wird leben, und die Mauer wird fallen.« Auch im Freudengefühl gestattet er sich wenig Überschwang. Halb wiegelt er ab: Keiner wisse genau, was werde. Halb trumpft er auf: Nichts werde, wie es war. Mal bezieht er sich auf die Teile Europas, die zusammenwachsen, mal auf die nationalen Gründe; ein Leerraum dürfe jedenfalls nicht entstehen. Wenn Europa zusammenfindet, warum dann nicht auch Deutschland! Erst gegen Ende der Rede lässt W. B. seinen Gefühlen freieren Lauf. Er rühmt die »Volksbewegung«. Und die könne sich nun wirklich nur »in freien Wahlen« erfüllen.[26] Das Verlangen nach freien Wahlen nennt er »elementar«. Es kann nicht »auf Eis« gelegt werden. Selbstverständlich würde vor der Wahl das Machtmonopol der SED abgeschafft sein.[27]

Freie Wahlen beschwört W. B. auch in dem Brief, den er tags darauf an Gorbatschow richtet: »Ich registriere aufmerksam die neuen Akzente, wie sie von der veränderten DDR-Führung gesetzt wurden. Gleichwohl meine ich, dass der Dialog mit den anderen politischen und gesellschaftlichen Gruppen nicht lange auf sich warten lassen sollte. Freie Wahlen werden folgen müssen.« Die aber setzten das

Deutschland. Eine Leidenschaft

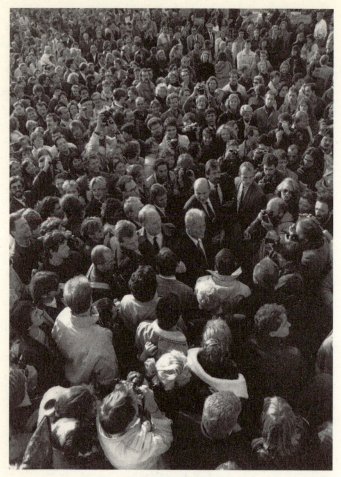

*Am Brandenburger Tor,
10. November 1989, mittags*

Einverständnis der Besatzungsmacht voraus. So sicher er über einen Wahlausgang war, so unsicher war W. B. über die sowjetischen Absichten. Er versicherte dem Staats- und Parteichef: »Sie können sicher sein, dass wir, auch künftig, die Realitäten sehen, die strategischen Interessen aller Beteiligten kennen und wissen, wie wichtig, nein entscheidend es ist, die sicherheitspolitische Stabilität zu erhalten, ohne die das Europäische Haus nicht gebaut werden kann.«[28]

Welche Absichten hatte die Sowjetunion? Am Abend des 10. November, als die Kundgebung längst vorüber war, erreichte W. B. und Bundeskanzler Kohl eine fast gleichlautende Botschaft des Parteichefs Gorbatschow. Vor dem Hintergrund der »Massenbewegungen« – ungefähr dem Schlimmsten, was einem gelernten Kommunisten widerfahren kann – bittet er W. B. eindringlich, »guten Willen und Ihre Autoriät voll einzusetzen, um jeglichen unerwünschten oder dramatischen Wendungen« vorzubeugen. Emotionen und Leidenschaften würden angeheizt, um »die Existenz von zwei deutschen Staaten« aufzuheben und »die Situation in der DDR zu destabilisieren«.[29] W. B. zog aus der Botschaft, die er vor der Kundgebung hatte lesen sollen, ihn tatsächlich aber erst am späten Abend erreichte, den Schluss, dass der erste Mann in Moskau schlecht oder gezielt falsch informiert worden war und man auch insoweit Vorsicht walten lassen musste. Politische Rückschläge blieben möglich, militärische Maßnahmen auch. Zwangsläufig würde sich nichts zum Guten wenden.

Das Verlangen des Volkes war sein Verlangen. Ihm galt es Ausdruck zu geben – unbeschadet der Rücksicht auf die Sowjetunion, die zu nehmen der Verstand gebot. W. B. nutzte eine fremde Umgebung und eine fremde, wenn auch ihm geläufige Sprache, um seinen Gefühlen Ausdruck zu geben. Vor dem Rat der Sozialistischen Internationale, dem Abgesandte aus aller Welt beiwohnten, sprach er von den Begegnungen »in my own city« und bekannte, dass die Ereignisse »belonged to the most moving part of my political

*Stichworte zur Rede vor dem Schöneberger Rathaus,
10. November 1989, abends*

W.B. 2

Da. [...] reden die D. vereinigen
sich [...] anders, als es die meisten
von uns erwarten

+ keiner sollte in dies. Augenblick
so tun,

konkret wüsste er genau, in welcher
Form die Menschen in den beiden
d. Staaten in ein neues Verhältnis
zueinander gelangen werden

Nun kann ich sichen: Nichts wird
wieder so werden, wie es war

Die Winde der Veränderung, die
über Eu ziehen, [...] hoben aber
an DDr vorbeigezogen können

Es [...] [...] meine Überzeugung (wie u immer)
dass die betonierte Teilung gegen
den Strom d. Geschichte steht

+ habe noch in dies. Sommer in
meinen »Erinnerungen« geschrieben:
»Ben wird leben, u. die Mauer
wird fallen«

86

life«.[30] Für nichts war er empfänglicher als für die Spontaneität, den Ernst und die Fröhlichkeit einer solchen Volksbewegung. Mitten in Deutschland.

Und was tat sich im Westen? Europa sollte zusammenwachsen, gleichzeitig aber die westeuropäische Gemeinschaft für die Bundesrepublik lebenswichtig bleiben. Wie fügte sich beides zusammen? Am 14. November fuhr W. B. nach Brüssel, um der Einladung zu einer königlichen Privataudienz zu folgen und Karel van Miert und Jacques Delors, Mitglied und Präsident der Kommission, zu treffen. Mit dem Belgier war er seit langen Jahren befreundet, mit dem Franzosen pflegte er kein enges, aber ein gutes Verhältnis. Er wollte antideutschen Einflüsterungen wehren und Delors dem Einfluss des bremsenden Parteifreundes im Elysée entziehen. Es ging W. B. aber nicht nur um das osteuropäische Problembewusstsein der EG, sondern um die DDR und deren rasche Einbeziehung, über einen Handelsvertrag hinausreichend: Damit würde »einer zusätzlichen, uns hilfreichen Einbettung der deutschen Dinge in die gerade für uns so wichtigen europäischen Zusammenhänge« entsprochen.[31] Diese Zusammenhänge waren wesentlich. Die Vorbehalte Frankreichs und Großbritanniens waren es nicht. Unter den Siegermächten waren zwei gleicher als andere.

Seit es wieder deutsche Politik gab und die Bundesrepublik ein geachteter Partner im westlichen Bündnis war, hatte W. B. gemeint, dass die Kategorie von Sieger und Besiegtem nicht mehr trägt. Seine Ostpolitik hätte er ohne diese Überzeugung, die er nicht verbarg, kaum gewagt. Und da sollte die Bundesrepublik ausgerechnet jetzt, da die Fronten endlich aufbrachen, die Rolle des Besiegten spielen? W. B. erfreute sich plötzlich der Besuche des britischen Botschafters, der die deutschen Absichten zu erkunden hatte. Aber wozu sich mit einer Premierministerin befassen, die den Deutschen das Recht auf Selbstbestimmung vorenthalten wollte? Er begnügte sich mit dem gelegentlichen

Hinweis auf die Charta der Vereinten Nationen und die Schlussakte von Helsinki, die auch für Deutschland gültig seien. Mitterrand kannte er zu gut, um dessen Verirrungen ernst zu nehmen und beeindruckt oder gar besorgt zu sein. Mit Amüsement hörte er, dass der Präsident einer Siegermacht honoris causa nun auch Kohl gegenüber sein »Si j'étais Allemand...« vorbrachte.

Unter dem Beifall des Bundestages, auf Unionsseite stärker als auf der eigenen, erklärte W. B. am 16. November: »Bei allem Respekt vor den Statusmächten, auch nach Jahrzehnten, die vergangen sind: Das ist ja wohl nicht denkbar, dass wir noch einmal wie Ende der fünfziger Jahre eine Situation bekommen, wo die Vier etwas verhandeln und irgendwelche Deutschen an Katzentischen Platz nehmen; das ja wohl nicht.«[32] Er konnte nun sarkastisch werden und von den »verehrten vier Mächten« oder den »Statusdiplomaten« reden, auch von dem »Anachronismus« ihrer Vier-Mächte-Verantwortung. Die jahrzehntelangen Bekundungen zugunsten der deutschen Einheit waren doch nicht etwa in der Erwartung abgegeben worden, »niemandem werde die Probe aufs Exempel abverlangt«? Wesentlich war ihm, dass »die tatsächliche oder sogenannte deutsche Frage nicht durch das Ausklammern Deutschlands zu beantworten ist«.[33] Über Deutschland sollte nicht mehr verfügt werden können. Was dann aber auch hieß, dass die Deutschen selbst wissen mussten, was sie wollten, und es auch sagten. Und bis auf weiteres loyale Partner innerhalb der Blöcke blieben, die sich mit den Realitäten insgesamt veränderten. »Jedenfalls darf und wird die Bundesrepublik keinen Zweifel daran lassen, dass sie ein loyaler Partner der Gemeinschaften und des Bündnisses ist, zu denen sie gehört.« Die Vereinigten Staaten, die Weltmacht, auf die es ankam, würden eine offene Sprache verstehen. W. B. unterstellte Präsident Bush und seinem Außenminister, James Baker, Wohlwollen und nannte ihre Haltung »sympathisch«.[34] Darauf kam es an. Gerade in Moskau. Die Sowjets würden sich an die Amerikaner halten.

Als Bundeskanzler Kohl am 28. November seinen Zehn-Punkte-Plan verkündete und sagte, was die Deutschen sich vorstellen könnten, war W. B. in Berlin. Ein Senator aus Massachusetts hatte sich angesagt. Edward Kennedy wollte von W. B. empfangen und begleitet werden. Dem war der Wunsch ein Befehl und Anlass, einmal mehr den Bogen zu schlagen: In John F. Kennedy hätten die Berliner »den Herold einer besseren, nicht mehr zerklüfteten Welt« gesehen. Nun erfülle sich die Vision von den Winden der Veränderung. »Wir werden nie vergessen, wer uns in schwerer Zeit geholfen hat.« Er nannte Amerika ein »Schutzdach« und versicherte: »Deutschland wird seinen Freunden fest verbunden bleiben.«[35] Das Zutrauen, das W. B. gerade jetzt in die Vereinigten Staaten setzte, wurzelte in den Berliner Erfahrungen. Der Senator, der seinem Gastgeber die drei Bände der »Public Papers of the President« schenkte, dankte, als er wieder zu Hause war: »All the Kennedy Brothers have been moved by your presence in Berlin. It was an honor to join you now in witnessing the triumph of your efforts over the last quarter century. Thank you for making my visit a success and it meant a great ideal to me and my family. You have always been an inspiration.«[36]

Den Zehn-Punkte-Plan des Bundeskanzlers, der ihn tags darauf zu einem Vier-Augen-Gespräch empfing, hielt W. B. für richtig: »Gegen das, was dort skizziert wird, kann man eigentlich nichts sagen.« Er hielt den Plan für selbstverständlich. Die Vorwürfe Lafontaines, die Verbündeten nicht konsultiert zu haben, fand er abwegig.[37] Vor der Bundestagsfraktion der SPD warnte er, sich in Gegensatz zu den Zehn Punkten zu stellen, und nannte Gemeinsamkeit in der deutschen und auswärtigen Politik einen Vorteil. Auf den Prozess der Um- und Neugestaltung müsse konstruktiv eingewirkt werden, ohne Perfektionismus und ohne Rechthaberei.

Rechthaberei kannte und mochte er nicht und Missgunst erst recht nicht. W. B. wurde jetzt öfter gefragt, ob es ihn nicht wurme, dass andere die Früchte der Arbeit ernteten. Überhaupt nicht, pflegte er ehrlichen Herzens zu sagen. Er wisse, »durch das furchtbar mühsame Geschäft mit den kleinen Schritten« und die Vertragspolitik beigetragen zu haben, dass das Volk »nicht auseinanderdriftete« und dass dadurch Voraussetzungen für den Wandel in Osteuropa geschaffen worden seien. Gorbatschow aber habe niemand erfunden. Er fügte gern hinzu: »Dass sich Helmut Kohl auf seine Weise bemüht, wer wollte das bestreiten?«[38] Er nannte das Verhältnis entspannt. Es hatte sich wie von selbst ein Gleichklang in der Reaktion auf die Ereignisse herausgebildet: Die Volksbewegung aufnehmen, die Sowjetunion nicht brüskieren, die Amerikaner bei Laune halten und ansonsten improvisieren: Kommt Zeit, kommt Rat. Anders konnte man in einem revolutionären Prozess nicht bestehen.

Das Volk und das eine Volk sind in W. B.s Denken eine Einheit, bevor ihr die Masse Ausdruck gibt. Anderes kann und will er sich nicht ausmalen: Was denn sonst! Besorgte Fragen unterläuft er durch Witz: Ein Volk? Man könne sicher sein, dass zwischen Mecklenburgern und Vogtländern ebenso wie zwischen Bayern und Holsteinern »ein erheblicher Unterschied« bestehen bleibe.[39] Was habe man sich denn vorgestellt? Er wunderte sich keinen Augenblick, dass der Druck auf die Grenzen immer noch wuchs; dieser Staat hatte aus sich selbst heraus doch nie existiert! Er schlug immer wieder den Bogen zur ersten Passierscheinregelung, 36 Jahre zuvor, die Hunderttausende in Anspruch genommen hätten, aller Unbill und aller Schikane zum Trotz. Und würde es die europäische Zukunft belasten, wenn fünfzehn Millionen Deutsche mehr unter einem staatlichen Dach lebten? Doch wohl nicht. Er reagierte gereizt, wenn er gefragt wurde, wie er sich fühle, als Westdeutscher, und wurde ungnädig: Ich bin kein Westdeutscher, ich bin Norddeutscher.

Wenn die Teile Europas zusammenfänden, würde das Land in der Mitte nicht ausgespart werden. Nun hatte die

Bewegung in Europa Bewegung auch in Deutschland ausgelöst. Sollten die Deutschen »auf einem Abstellgleis zu verharren haben, bis irgendwann ein gesamteuropäischer Zug den Bahnhof erreicht hat«? W. B. wollte die Züge koordiniert wissen, das Ansinnen, einen Fahrplan einzuhalten, nannte er »unvernünftig, unrealistisch«.[40] Deutschland konnte er sich nur als europäisches Deutschland vorstellen, aber war er deshalb zuerst Europäer? Schon 1973 hatte er die Frage von Oriana Fallaci beantwortet: »No, I'm German.«[41]

Wenn es für diese nationale Unbefangenheit noch eines Anstoßes bedurft hätte, W. B. hätte ihn in Rostock empfangen. In einem Bericht über den 6. Dezember heißt es: »In der Marienkirche befanden sich etwa 8000 Menschen. Vor der Kirche, um die Kirche herum und in den angrenzenden Straßen und Plätzen hatten sich etwa 40 000 Menschen vor den Lautsprechern versammelt. Sie wollten dem Menschen zuhören, der wie kein anderer durch sein politisches Wirken den Weg geebnet hat, auf dem wir heute gehen.« In seiner Rede in der Kirche, wo ihn Pfarrer Joachim Gauck begrüßt, und abends in einer ZDF-Live-Sendung in Warnemünde beschwört W. B. den »Aufbruch des Freiheitlichen« und das Neue, »das wir schaffen müssen«. Er besinnt sich seiner mecklenburgischen Wurzeln; zuletzt sei er vor 63 Jahren in Rostock gewesen, von Klütz aus, wo er die Sommerferien verbracht hat. Er will nicht als »Parteimann« sprechen, aber »die Wahrheit der Geschichte muss auf den Tisch«.[42] Nur in Rostock hatte es die SPD 1946 noch geschafft, eine eigene Versammlung abzuhalten, und sich am 6. Januar einstimmig gegen die Vereinigung mit der KPD gewandt, unter Führung von Willi Jesse, der nach dem 20. Juli als Zivilgouverneur von Mecklenburg vorgesehen und 1946 wegen seines Widerstandes gegen die Einheitspartei vier Jahre in ostzonale Gefängnisse und vier Jahre nach Sibirien gewandert war. Auch unter Berufung auf Jesse sprach W. B. von der »Gefangennahme« oder der »Zwangsvereinnahmung« durch die Kommunisten. Über den neuen Namen, den sich die SED am 8. Dezember geben würde, machte er sich lustig, deren Jagd auf Sündenböcke fand er »altstalinistisch und widerwärtig«. Ein sozialdemokratisches Erbteil aber würde sie vielleicht doch ausspucken? Der Gedanke, der auch ein Gedanke an die sozialdemokratische Massenpartei ist, wird nicht ausgesprochen, er geht ihm aber nicht aus dem Sinn. Dass SPD und Nachfolge-SED in ein engeres Verhältnis kommen könnten, sieht er nicht: »Die bitteren Erfahrungen lassen sich nicht so einfach auslöschen.« Träumereien von einem Dritten Weg verspottet er: Wozu, wenn sich doch einer der beiden Wege als »Sackgasse« erwiesen hat?[43] Aber ausgrenzen, wer sich nichts hat zuschulden kommen lassen und neu bemühen will?

In Rostock geht er eine Wette auf die Zukunft ein und sagt, woran er ein Jahr später, anlässlich der ersten gesamtdeutschen Wahlen, nicht gern erinnert werden mochte: »Die deutsche Sozialdemokratie ist wieder da, nicht nur im deutschen Westen, sondern in Deutschland.« Am Ende nimmt er das »Deutschland, einig Vaterland« auf und verbindet es mit »Einigkeit und Recht und Freiheit für das deutsche Vaterland«.[44] Ingo Richter, der Kinderarzt, der den Sozialdemokraten der Stadt vorsteht, schreibt ihm drei Tage später, er schäme sich nicht der Tränen, die er während der Rede in Rostock nicht habe halten können. »Der Rückblick – Jahre der Ohnmacht, der Depression, der Unmündigkeit, der Verzweiflung scheinen in solchen Momenten nicht mehr legitim, nicht mehr notwendig.«[45]

»Der revolutionäre Prozess« oder »die deutsche Sache«, wie er abwechselnd sagt, verleihen W. B. Flügel. Alle Zweifel fallen von ihm ab. Er ist von einer unglaublichen Selbstsicherheit. Als er 1987 den Parteivorsitz abgab, hatte er gemeint, für den nächsten Bundestag, vier Jahre später, nicht mehr antreten zu sollen. Jetzt, da niemand wusste, unter welchen Vorzeichen der nächste Bundestag gewählt werden würde, teilte er mit, auch an die Adresse seiner Partei: Er werde wieder Spitzenkandidat in Nordrhein-Westfalen sein.[46] Als er wenige Tage später der Einladung Wolf Lepenies' ins Wissenschaftskolleg folgte und, wie vor langer Zeit – in einer anderen Zeit – vereinbart, »Reaktionen auf globale Herausforderungen« skizzierte, stellte er eine einleitende Betrachtung über Reuter an. Dessen hundertster Geburtstag lag ein halbes Jahr zurück, aber die Bezüge, die nahelagen, reichten ihm jetzt nicht. Er sprach auch über sich, als er sagte: »Sein Leben hat die einzige Art von Vollendung erreicht, die sterblichen Menschen möglich ist – die Geschlossenheit der Persönlichkeit, die vorbildlich weiterwirkt.«[47] Die nationalrevolutionären Ereignisse empfand er, als schließe sich sein eigener Lebenskreis. Was die globalen Herausforderungen betraf, sie thematisierte er auch, wenn er in der DDR auftrat. Nabelschau stand der Nation nicht an.

Wes' das Herz voll ist, dem fließt der Mund über. Der versucht Zeichen zu setzen und beschwört die SPD in Deutschland. Für eine Sozialdemokratische Partei Westdeutschlands war in W. B.s Vorstellung kein Raum. Beschweren oder beirren ließ er sich nicht. Er ging seinen Weg weiter, ohne sich nach Begleitern umzusehen. Die Zögerlichkeiten, Zweideutigkeiten und offenen Widerreden nahm er zur Kenntnis, ließ sie aber noch nicht an sich heran. Hätte er die Parteiführung nun wieder an sich ziehen müssen? Oder hielt er die Partei für nicht wichtig genug angesichts dessen, was im Begriff war zu geschehen? Als alles vorbei war, stellte er sich genau diese Fragen.

Schon auf dem Rückweg von Berlin, am 11. November, hatte er entgegen seiner sonstigen Gewohnheit an der Sitzung des Parteivorstands teilgenommen und gemahnt, der Situation im Bewusstsein gesamtstaatlicher Verantwortung zu begegnen und sich in der Frage der nationalen Einheit nicht zu verheddern.[48] Unterstützung, uneingeschränkt, fand er nur bei einem Mitglied, Klaus von Dohnanyi. Der Vater, Hans von Dohnanyi, und der Onkel, Dietrich Bonhoeffer, waren von den Nazis ermordet worden, den Geist des deutschen Widerstands hatte Klaus verinnerlicht. War es Zufall, dass er, dem der Antinazismus so vertraut war, ohne Wenn und Aber den Weg in Richtung Einheit gegangen wissen wollte? Und war es zwingend, dass gerade ein deutscher Antinazi die Einheit seines Landes bejahte? Klaus von Dohnanyi kam nach Unkel und zitierte seinen Bruder Christoph: Was wir dürfen, dürfen andere noch lange nicht. W. B. sann darüber nach, einen ganzen Abend lang, und widersprach: Wir stehen für das neue, antinazistische Deutschland und teilen unseren Stolz mit allen, die es aufgebaut haben. Hatte er nicht mit dem Kniefall Vergebung erbeten für sein Volk? Hatte er jetzt nicht das Recht und auch die Pflicht zu helfen, dass dieses Volk in dem einen und freien Deutschland lebte? »Noch so große Schuld einer Nation«, so sagte er jetzt an die Adresse der Einheitsgegner, »kann nicht durch eine zeitlos verordnete Spaltung getilgt werden«.[49]

Drei oder vier Tage nach dem Mauerfall hatte ich einem verblüfften Fernsehmoderator in München geantwortet: Ja, ich bin für die deutsche Einheit. So stellten sich mir die Dinge dar, und so hatte ich es zu Hause gehört. Daraufhin ging aus Frankfurt die Bitte ein, die Aussage in Artikelform zu bringen. Ich schreibe acht Blatt herunter, ohne einen Schluss, den ich wie fast immer nicht finde oder nicht finden will. W. nimmt sich den Text sofort vor, redigiert ein wenig, lässt die Polemik auch gegen Egon Bahr stehen und vollendet den angefangenen letzten Satz: »Von der Linken wird etwas verlangt, was sie 1948 nicht leisten konnte und vierzig Jahre später nur schwer leisten kann – Einsicht zu nehmen in die Unwägbarkeiten des nationalen Massenbewusstseins.« Er überlegt und gibt das Blatt zurück: Schreib – »die Unwägbarkeiten der Volksseele«.[50]

Die Volksseele drohte in der zweiten Dezemberhälfte, als die SPD ihren Parteitag abhielt, überzukochen. In der DDR sackte die Produktion ab, die D-Mark wurde Zweitwäh-

Deutschland. Eine Leidenschaft

Brigitte Seebacher-Brandt

(Vom Umgang der Linken mit der Deutschen Frage)

Der SPD-Führung ist die Demonstration 800.000 Mark wert. Soviel nämlich kostet die Verlegung des Parteitages nach Berlin (West). Doch damit nicht genug des Tributs, der der Deutschen Frage gezollt wird. Die Beratung über das neue Programm erhält einen deutschlandpolitischen Vorlauf am Tage, nachdem die Sozialistische Einheitspartei in Berlin (Ost) ihr vorläufiges Schicksal besiegelt hat; mit dem ersten Sonderparteitag in ihrer Geschichte wird der Anfang vom Ende der aus Zwang erwachsenen SED eingeläutet sein. Ob die räumliche und zeitliche Nähe beider Kongresse zum nationalen und ideologischen Brückenschlag einlädt? Ob jenes verwandtschaftliche Band aufgeknüpft wird, das mit soviel Leid und Opfer durchwirkt ist? Oder bleibt weiterhin vergessen, wie 1946 eine dreiviertel Million Sozialdemokraten erst verführt, dann vergewaltigt und schließlich in die SED verwiesen wurden? Was bedeutet es, wenn Christa Wolf und Stefan Heym von dem einen Ort des Geschehens zum anderen eilen?

Die Entschließung, die die SPD in Berlin fassen wird, inspiriert und entwirft Egon Bahr. Längst nicht mehr umstritten, gibt er doch weiterhin den Ton an – weit über die eigene Partei hinaus. Gegenpositionen mit Aussicht auf Echo zeichnen sich nicht ab. So läßt sich vorhersagen, daß die Zweistaatlichkeit fest- und die Nichteinmischung in die An-

- 2 -

Die Linke und die Einheit. Entwurf für einen Zeitungsartikel (erste und letzte Seite) mit Änderungen von W. B. (November 1989)

Klaus von Dohnanyi meint, die Linke vor der Wiederholung eines folgenschweren Fehlers warnen zu sollen. Das Nein zur sozialen Marktwirtschaft habe sie auf lange Zeit die Mehrheit gekostet, das Nein zur deutschen Nation werde sie aufs neue von der Macht verbannen. Handelt es sich tatsächlich nur um Fehler? ~~Fehler~~, die ~~korrigiert~~ werden können? ~~Nein~~. Von der Linken wird etwas verlangt, was sie 1948 nicht leisten konnte und ~~und 1989 nicht~~ leisten kann. Die ~~Einsicht in~~ [illegible] Unwägbarkeiten das nationalen Massenbewußtseins anderseits.

Zwanzig Jahre später nur schwer

– Einsicht zu nehmen in die Unwägbarkeiten der ~~[illegible]~~ der Volksseele.

rung, und die staatliche Ordnung löste sich auf. Täglich siedelten 2000 Leute in den Westen über. Den Parteitag hatte die SPD einmal einberufen, um ein neues Programm zu verabschieden. Ein Programm, das W. B. einst angestoßen hatte, das nun aber niemanden mehr aufregte, am wenigsten ihn selbst. Er feierte seinen 76. Geburtstag und wollte sich, zu Beginn seiner Rede, einen Hinweis an die Jüngeren, die ihm alt, unbeweglich vorkamen, nicht versagen: »Als Pablo Casals, der große Cellist, 90 wurde, hat ihn jemand gefragt, ob es stimme, dass er noch jeden Morgen zwischen vier und fünf Stunden übe. Er hat gesagt: Ja, weil ich herausfinden und versuchen will, ob ich nicht hier und da noch ein bisschen besser werden kann. Also, lasst mich versuchen.« Er sprach bestimmt, entschieden, zupackend, alle Elemente zusammenfügend, die sechs Wochen nach dem Mauerfall ein klares Bild ergaben. W. B. hatte nun die Sicherheit, dass wir »der deutschen Einheit näher sind, als dies noch bis vor kurzem erwartet werden durfte. Die Einheit wächst, und sie wird weiter wachsen«. Irrationale Ausschläge, die gegen die Entwicklung verwendet wurden, ließen ihn kühl, unbeeindruckt: »Wo demokratische Energien freigesetzt werden, bleibt Abfall zurück.«[51] Früher schon hatte er gewarnt, »auf angebräunte Spatzen mit Kanonen zu schießen«.[52] Die breite Abwehr der SPD gegen den Weg, der zur Einheit führte, überging er. Er tat, als sei sie nicht vorhanden, beschwor die »freiheitliche Sozialdemokratie« und deren lange, stolze Geschichte. »Ich wünsche mir meine Partei ein weiteres Mal als einigende Kraft in unseren Landen und als demokratische Gewährsmacht für Europa in Deutschland.«[53]

Nach ihm sprachen, unter der Regie des Parteitagspräsidenten Gerhard Schröder, Egon Bahr und, als Gast, Günter Grass. Bahr berief sich, wie so oft in den Wochen zuvor, auf die Identität, die sich die DDR-Bürger nicht nehmen lassen würden. Auch und gerade W. B. wollte das Selbstwertgefühl der Menschen wahren; es wurde sein Thema im neuen Jahr.

Aber er löste die Tüchtigkeit der Menschen ab von dem Staat, in dem sie gelebt hatten und der nun vor aller Augen zerfiel. Bahr rühmte auch jetzt noch »die vorbildliche enge Zusammenarbeit beider Staaten« und forderte, vor allem anderen, Abrüstung; die Einheit könne nur das Ergebnis eines europäischen Sicherheitssystems sein.[54] Auch Grass, dessen Einlassungen W. B. jetzt mehrfach die Schamröte ins Gesicht getrieben hatten, wusste genau, was die DDR-Bürger zu wollen hatten. Dieser Hochmut stieß W. B. am meisten ab. Er ließ sich nichts anmerken, auch nicht, als Oskar Lafontaine, bereits als Kanzlerkandidat gehandelt, am Tag darauf diesen Hochmut auf die Spitze trieb und einen Auftritt hinlegte, in dessen Wirrniss nur eine Botschaft erkennbar blieb: Wozu Einheit? Wir müssen »soziale Gerechtigkeit in der DDR und in der Bundesrepublik organisieren«.[55] Als W. B. ihn im Januar 1990, vor einem gemeinsamen Auftritt im saarländischen Wahlkampf, besuchte, um auszuloten, ob Lafontaine lernfähig sei, hörte er die gleichen Sätze wie vor Jahresfrist. Und W. B. hörte noch mehr: Er, Oskar Lafontaine, wisse nicht, wo Leipzig und Rostock liegen, und wolle es auch nicht wissen, er kenne Mailand und Paris, und diese Städte seien ihm nun einmal nahe. Auf der Rückfahrt verschaffte sich W. B. Luft und scherzte: Ach was, diese Saarländer sind ja gar keine richtigen Deutschen.

In Berlin erhielt Lafontaine für seine lautstarke Rede den gleichen langen Beifall, wie ihn der Ehrenvorsitzende für seine Einheitsrede am Tag zuvor erhalten hatte. W. B. ließ auch diese Bekundung nicht an sich heran. Unbeirrt fuhr er nach Magdeburg; Gerhard Schröder nahm er mit. Doch auch der zeigte sich erlebnisresistent. Am 19. Dezember hielt W. B. seine erste Massenkundgebung auf DDR-Boden ab. Blumen und Herzen fliegen ihm zu: Mensch, Willy, dass ich das noch erlebe, sag', wo's langgeht. Ein nachträgliches »Happy Birthday« ertönt. In Magdeburg schwenken 70 000 Menschen schwarz-rot-goldene Fahnen und sind begeistert. W. B. sagt, was zur gleichen Stunde Helmut Kohl in

Dresden ausspricht: Die Einheit ist nicht mehr die Frage des Ob, sondern des Wie und Wann.

Weihnachten sieht W. B. im französischen Fernsehen, wie Leonard Bernstein Beethoven, die neunte Sinfonie, dirigiert. Er ist hoffnungsfroh. Vielleicht hat er den Jungbrunnen der Massenaufläufe schon im Gefühl und den Zuruf in Gotha, vier Wochen später, schon im Ohr: Mach's gut, alter Junge.

Er war längst entschlossen, große Kundgebungen auf DDR-Boden abzuhalten, allerdings nicht als Wahlkämpfer.[56] Als ihm die Landsleute zujubelten, sprach er »über die Dinge, die wir über Parteigrenzen hinweg anpacken müssen«.[57] Den Ehrenvorsitz hatte er nie als eine Funktion betrachtet oder gar als Pflicht, einer Führung zu Diensten zu sein, jetzt machte deren Kurs in der deutschen Frage den Schulterschluss unmöglich: »Ich spiele keine von irgend jemandem mir zugedachte Rolle, sondern ich sage in dieser Phase der Entwicklung und meines eigenen Lebens das, was ich für richtig halte, egal, ob es in ein Parteikonzept hineinpaßt oder nicht.«[58] Lafontaine, der wie ein Kanzlerkandidat auftrat, widersprach in allem Wesentlichen, während sich Vogel, der Vorsitzende, neutral verhielt. In den meinungsbildenden Funktionärskreisen löste W. B. kein Echo aus, jedenfalls kein zustimmendes. Die breite Mitgliedschaft schätzte er anders ein, und die hatte er im Sinn, als er meinen Hinweis, dass er die Partei nicht mehr würde hinter sich bringen können, abtat: Hast du 'ne Ahnung!

Tatsächlich wurde den Sozialdemokraten in der DDR nun Hilfe aus dem Westen zuteil. Manch einer, der sich längst auf's Altenteil zurückgezogen hatte, packte wieder an. Im Januar noch sagte Kohl zu W. B.: Sie haben es gut, Sie haben eine Partei drüben, unverbraucht, nicht kompromittiert, der massiv geholfen werden kann. W. B. hörte es gern und war doch nicht überzeugt. In Saarbrücken, Mitte des Monats, hatte er Lafontaine auch gefragt, ob ihm bekannt sei, dass die Wiege der SPD in Thüringen stehe und die Partei in Sachsen groß geworden sei. Ein gelangweilter Blick war die Antwort gewesen. Sollte er sich dadurch beschweren lassen? In der Aussicht auf eine Reise, die ihn wie eine Heimkehr anmutete, überstand er sogar den Staatsakt für den verstorbenen Herbert Wehner am 25. Januar 1990 ohne größere Gefühlsregungen.

Unter dem Druck der Mitglieder rückten die Pfarrer die Buchstaben zurecht. Auch auf DDR-Boden hieß die Partei nun so, wie sie heißen musste. Aus Gotha kam die Bitte, am 26. Januar die SPD in aller Form ins Leben zurückzurufen. Hier hatte 1875 Bebel seine eigene Partei, sechs Jahre zuvor in Eisenach gegründet, mit den Lassalleanern vereinigt. Die »Randglossen«, mit denen Karl Marx das Gothaer Programm heruntermachte und die in der Geschichte von Sozialismus und Kommunismus noch wichtig werden sollten, hatte Bebels Freund und Gefährte, der Gefühlsmensch Wilhelm Liebknecht, in seiner Tasche verschwinden lassen. Es galt, die »wirkliche Bewegung« nicht zu gefährden.[59] Die wirkliche Bewegung, um die war es auch W. B. zu tun. An historischer Stätte gab er der Partei seinen Segen. Aber er war nicht nur ihretwegen gekommen. In Eisenach sprach er zu 30000 und in Gotha zu 120000 Menschen, mehr als doppelt so vielen, wie die Stadt Einwohner zählte. Er wurde »mit orkanartigem Beifall« bedacht und »Willy, Willy«-Rufen umjubelt.[60] Leute kamen, die ihm tränenreich versicherten, 1970, im März, an der Strecke gestanden zu haben, als er mit dem Zug nach Erfurt fuhr.

Zu- und Hochrufe kamen aus dem Chaos, in dem die DDR zu versinken drohte. Sie waren Ausdruck der Suche nach einem neuen Anfang. W. B. verstand die Übersiedler. Wäre er selbst jung, zwischen zwanzig und dreißig, so hätte auch ihm der Gedanke der Übersiedlung kommen können. Aber sie löste ja die deutsche Frage nicht, spitzte sie nur weiter zu. Es musste eine Perspektive geboten werden, für die es lohnte zu bleiben. W. B. sprach der DDR, an die Adresse der Russen, die »nicht immer« da sein würden, die

»innere Notwendigkeit« ab. Sie durfte »nicht künstlich am Leben erhalten« werden.[61] Er glaubte nicht mehr, dass sich der 8. Mai, der für die Wahlen zur Volkskammer vorgesehen war, halten ließe. Also wurde auf's Tempo gedrückt. Auch dafür war die Masse ihm dankbar.

Je dramatischer die Lage und je drängender die Einheit, desto dicker das Fragezeichen hinter den Absichten der Sowjets. Schon in Eisenach und in Gotha hatte W. B. bemerkt, dass zwei deutsche Staaten vielleicht in einer europäischen Wirtschaftsgemeinschaft sein könnten, aber nicht ein deutscher Staat in zwei Bündnissen. Die militärische Neutralität eines vereinten Deutschland schloss er aus: Wie käme die Bundesrepublik dazu, aus der Nato auszutreten! Außerdem sprachen Lage, Bevölkerungszahl und Wirtschaftskraft gegen eine Neutralität. Aber warum jetzt schon, wo alles noch im Fluss war, sich auf eine Formel festlegen? Er pokerte hoch, als er diese Selbstverständlichkeit aussprach. Er pokerte immer hoch, wenn er das sichere Gefühl hatte, einer gewünschten Entwicklung den nötigen Schub geben zu können. Während der gesamten Nachkriegszeit, im Kalten Krieg in Berlin, aber auch in der Zeit der Entspannung in Bonn, war die Vorstellung, die großen Mächte könnten sich auf deutsche Kosten oder auch nur an Deutschland vorbei verständigen, sein Alptraum gewesen. Jetzt, da der Druck im Innern des Kessels stieg und ihn die Ahnung beschlich, dass aus dem Chaos nichts Gutes entstehen werde, durfte die Regelung der äußeren Verhältnisse nicht auf die lange Bank geschoben und das Land nicht hingehalten werden. Die Sorge, der Augenblick könne vorübergehen, ohne genutzt zu werden, trieb ihn um. Sein Ton, dass die Deutschen nicht auf Europa warten könnten, wird schärfer. Er erinnert daran, »dass es nicht nur Verträge gibt, die deutsche Rechte einengen, sondern auch Verträge, durch die andere den Deutschen etwas in Aussicht gestellt haben«.[62]

Auch in Moskau wird der Verfall der DDR zur Kenntnis genommen. Gorbatschow hat schon 1987, in seinem Buch

Deutschland. Eine Leidenschaft

über die »Perestroika«, verkündet, dass jede Nation einen Anspruch darauf habe, »den Weg ihrer Entwicklung selbst zu wählen«.[63] Seither ist er viele Male darauf zurückgekommen. Müssen die Deutschen nicht endlich selbst die Richtung weisen, in die sie gehen wollen? Am 30. Januar ist er froh, aber nicht überrascht, als Modrow, der Ministerpräsident der DDR, in Moskau weilt und plötzlich von etwas spricht, von dem er noch nie gesprochen hat – »Deutschland, einig Vaterland«. Gorbatschow sendet klare Signale aus; er hat grundsätzlich keine Einwände mehr. Einen Tag später verkündet W. B. in Tutzing: »Die Sache ist gelaufen.«[64]

Klare Signale? Was ist im Kreml klar? Als am 10. Februar der amerikanische Außenminister Moskau verlässt und der deutsche Bundeskanzler gerade ankommt, hält W. B. einen Brief in Händen, der ihn, jedenfalls für kurze Zeit, verwundert. Gorbatschow versichert, »weder einst noch jetzt« sei es sowjetische Ansicht gewesen, in der Spaltung Deutschlands »die Endstation der Geschichte« zu sehen. Die Vorrede gipfelt im Bekenntnis zur Selbstbestimmung; Deutschland müsse »einen würdigen Platz in der Familie der friedliebenden Völker« einnehmen. Im Hauptteil des ungewöhnlichen Schriftstücks wird »der militärisch-politische Status des künftigen einheitlichen Deutschland« verhandelt. Dieses »Schlüsselproblem« dürfe nicht zum Nachteil der Sowjetunion gelöst werden. Er preist eine militärische Neutralität Deutschlands und warnt vor Bestrebungen, das ganze Deutschland in die Nato zu bringen und die strategischen Positionen der Sowjetunion zu übersehen; damit werde die Spaltung fortbestehen. Gorbatschow bezieht sich auf das frühere Einvernehmen und spielt den Getäuschten, auch den Enttäuschten: »Ich weiß nicht, ob Sie mir zustimmen werden, doch neige ich persönlich zu der Ansicht, dass die grundlegende Frage, nämlich die, wie Deutschland und Europa sein müssen, nicht auf Kundgebungen, im Gejohle der von Emotionen übersättigten Menge, in einer Atmosphäre des Psychoterrors, die von Massenmedien und nicht ohne Mitwirkung politischer Parteien der BRD geschaffen wurde, entschieden werden kann.« Man mische sich »massiv« in die inneren Angelegenheiten der DDR ein und lasse sie »ausbluten«. Am Ende des fünfseitigen Schreibens provoziert der Russe, der immer noch einer Kommunistischen Partei vorsteht, den deutschen Sozialdemokraten mit dem Hinweis auf die Zeit vor 1933. Damals hätten die Kommunisten nicht in den Nazis, sondern in der SPD den Hauptfeind gesehen: »Ich bitte Sie, sich auch diesen Aspekt des Problems gründlich zu überlegen.«

W. B. nahm das Dokument nicht über Gebühr ernst und mutmaßte: Den hat er als Alibi geschrieben – gegenüber seinen Widersachern zu Hause, vielleicht ist der Brief ihm auch aufgenötigt worden, unter welcher Einflussnahme auch immer. Er wartete mit der Antwort, bis Kohl aus Moskau zurück ist, und dankte nun für die Entwicklung, die laut Brief gerade hatte verhindert werden sollen: Sie haben »in aller Form klargemacht, dass die Verwirklichung der Einheit Deutschlands nicht an der Sowjetunion scheitern wird. Das ist von der deutschen Öffentlichkeit sehr positiv aufgenommen worden, und ich zögere nicht, Ihnen meinen Respekt und meine Zufriedenheit mit diesem Stand der Dinge zum Ausdruck zu bringen«. Er bezog sich auf den Moskauer Vertrag von 1970 und nannte ausdrücklich den Brief zur Deutschen Einheit. Warum? Er wollte festgehalten wissen, dass der äußere Status eines vereinten Deutschland ausgehandelt und bestätigt werden müsse, nicht aber die innerdeutsche Grenze; niemand, auch eine Regierung im Westen nicht, sollte hinter Positionen zurückfallen, die von der Sowjetunion schon damals, 1970, aufgegeben worden waren. Höflich, aber bestimmt verwahrte er sich gegen eine Neutralität und gegen alle Versuche, »einen unzumutbaren Zeitgewinn« zu erzielen. Was die Kundgebungen anbelangte, und da war W. B. wieder bei seinem Thema, belehrte er den Kommunisten: »Man kann nicht das Volk außen vor lassen, wo es um dessen Schicksal geht.« Die Veranstaltungen seien von großer Disziplin getragen. »Aber gewiss, Emotionen sind mit im Spiel – auch bei mir –, wenn es um die Überwindung der Teilung geht.« Die Bewegungsfreiheit seit dem 9. November »hat eine neue, elementare Realität geschaffen.« Gorbatschows Bemerkung »über die geschichtliche Belastung« im Verhältnis zwischen Sozialdemokraten und Kommunisten habe er gut verstanden. »Sie ändert allerdings nichts an der schweren Belastung«, die das Ergebnis des SED-Regimes sei. Im übrigen wäre es gut, in engem Kontakt zu bleiben – »wenn nicht jetzt, wann dann?«[65]

Der Satz von der Sache, die gelaufen war, hatte nicht nur den Sinn, den Mächten Beine zu machen. Der Satz sollte zugleich das Publikum in Tutzing provozieren. Linke, liberale und evangelische Leute aus Ost und West machten keinen Hehl aus ihrer Abneigung; die deutsche Einheit wollten sie nicht. Volkes Stimme wurde geringgeachtet. Deshalb erinnerte W. B. an jenen amerikanischen Präsidentschaftsbewerber, der sich der Stimmen der Intelligenz sicher war, aber doch lieber die Mehrheit gehabt hätte.[66] Zumal Günter Grass, der mit der kurzen Rede »eines vaterlandslosen Gesellen« kokettierte und auch Furore machte, ließ sich nicht beirren. Einst hatte er für W. B. getrommelt, jetzt missfielen ihm Volksverbundenheit und Einheitsdrang. Grass nannte, da »die Sache« nun lief, den Grund, warum sie keineswegs so laufen durfte: »Wer gegenwärtig über Deutschland nachdenkt und Antworten auf die deutsche Frage sucht, muss Auschwitz mitbedenken.« Der Ort des Schreckens schließe einen Einheitsstaat aus, denn der sei »die früh geschaffene Voraussetzung für Auschwitz« gewesen.[67]

W. B. war persönlich enttäuscht, aber nicht gewillt, Zeit auf diese Einlassungen zu verwenden. Auch politisch ließ er sich nicht anfechten. Die Argumentationslinie hatte er schon auf dem Berliner Parteitag, vor Jahresfrist, zu kappen gesucht. Seine immer gleiche Überzeugung, dass Hitler der Verräter des einen und freien Deutschland gewesen war, hatte er auch anlässlich der 50. Wiederkehr der Reichskristallnacht, 9. November 1988, bekundet: Die »Täter« hätten ihre Schuld »Deutschland als Ganzem aufgeladen«.[68]

Der hohe Ton, der in Tutzing bestimmend war, behagte ihm nicht. Er verstand sich mit Kurt Masur, und sonst? Von Natur aus mochte er die Selbstgerechten nicht. Immer wenn er sich mit der Nazizeit auseinandersetzte, hatte er sich gegen »moralische Überheblichkeit« gewehrt: »Selbstgerechtigkeit ist gewiss ein schlechter Ratgeber.«[69] Jetzt da in der DDR die Menschen aufstanden, die den Krieg nicht weniger verloren hatten als ihre glücklicheren Landsleute im Westen, ging ihm dieser Ton noch mehr auf die Nerven als zuvor. Er hörte ihn auch beim Bundespräsidenten heraus, der in Tutzing anwesend war und der in manchen Gesprächen, auch im Fernsehen, sein Wort vom Zusammenwachsen umgemünzt hatte: Es dürfe nichts zusammenwuchern. Darin schwang, neben allgemeinem Unbehagen, ein Vorwurf mit, der immer lauter wurde und den W. B. aufnahm: »Man hat mich dieser Tage gefragt, ob ich nicht erkenne, dass die Landsleute drüben, wenn sie Einheit rufen, eigentlich Wohlstand meinen. Aber was ist daran eigentlich Schlechtes? Das eine kann und muss mit dem anderen verbunden sein.«[70] Der Bundespräsident übte, was »die Sache« anging, die gelaufen war, deutliche Distanz. W. B. wunderte sich nicht. Es lagen Welten zwischen ihnen, was die Volksverbundeheit anlangte; ein Weizsäcker konnte gar nicht anders, als auf die Masse herunterzusehen. Aber auch im Verhältnis zum eigenen Land tat sich ein Bruch auf. Während W. B. fand, dass Deutschland nun mal nichts dafür könne, zu liegen, wo es liegt, sah Richard von Weizsäcker in Europa »die Möglichkeit, aus der Mittellage erlöst zu werden«.[71] Das Echo, das der Bundespräsident mit seiner Rede zum 40. Jahrestag des Kriegsendes, 8. Mai 1985, auslöste, hatte W. B. gewundert, auch bitter gestimmt. So als habe erst ein Weizsäcker kommen und die Auseinandersetzung mit dem NS-Regime führen müssen. War nicht alles von ihm, dem Antinazi W. B., gewogen und gewichtet wor-

Deutschland. Eine Leidenschaft

den? Oder trug sein doppeltes Erbe von Scham und Stolz nicht? Geradezu wütend war er gewesen, dass in der Rede keine Gruppe ausgelassen wurde, derer es zu gedenken galt, und dass ausdrücklich auch die Kommunisten Erwähnung fanden, dass Richard von Weizsäcker aber für die Sozialdemokratie kein einziges Wort hatte finden mögen.[72] Immerhin war sie die einzige Kraft gewesen, die schon im Reichstag nein gesagt hatte.

Ein schmallippiger Opportunismus lag in der Familie. W. B. kam immer wieder darauf zurück. Überdies hatte der Bundespräsident, anlässlich der schönen Geburtstagsfeier, nur die halbe Wahrheit über ihn verbreitet.[73] W. B. zweifelte und zögerte gern und oft, richtig. Aber in den großen Augenblicken, wenn es um Wesentliches ging, wie in der Abwehr der Bedrohung in Berlin oder in der Ergreifung der gestalterischen Möglichkeit in Bonn, war W. B. von spontaner, zupackender Kraft. Gesegnet mit der Gabe, dem Augenblick die massenwirksame Macht des Wortes zu verleihen, sah er dann auf Zweifler und Zögerer herab. Drei Wochen nachdem sich Richard von Weizsäcker und W. B. in Tutzing getroffen hatten und einander fremd gewesen waren, sah ich den Bundespräsidenten auf einer Veranstaltung der Atlantik-Brücke. Er kam auf mich zu, nahm meine Hand und sagte ernst, fast feierlich, aber ohne Bedauern: Ich möchte, dass Sie wissen, ich bin mit Ihrem Mann jetzt sehr weit auseinander, aber es wird eine Zeit kommen, da wird es auch wieder anders sein. Zu Hause löste der Bericht ungläubiges Staunen aus: So hat er es gesagt?

W. B. wusste wohl, dass die Widerrede gegen die deutsche Einheit nicht generationsbedingt war. Auch unter jungen Leuten im Westen fand er viel Zuspruch. Eine Studentenversammlung im völlig überfüllten Hörsaal 10 der Bonner Universität machte ihm soviel Freude, dass er darüber die Tutzinger Enttäuschung vergaß.[74] Zum anderen erinnerte ihn der Piper-Verlag daran, dass auch in der Frühzeit der Bundesrepublik schon erlauchte Geister auf den Plan getreten waren und Gedanken an die Einheit verworfen hatten. »Freiheit und Wiedervereinigung«, Karl Jaspers' Schrift von 1960, sollte neu herausgegeben werden. Klaus Piper bat um ein Vorwort von W. B.: »In den letzten Wochen und Monaten haben Sie in einer Weise, die Ihnen den Respekt aller Demokraten eingebracht hat, das ausgesprochen, was für die Menschen jenseits tagespolitischer Differenzen wichtig ist.«[75] W. B. hatte die Urteile des Philosophen, zumal über das nicht zu haltende Berlin, noch im Kopf, und er stöhnte: Ausgerechnet. Aber er fühlte sich auch geehrt und sagte umstandslos zu.

Wenn sein Kopf nein sagte und sein Herz sich zusammenzog, schwieg er und wartete ab. Bis sich die Gelegenheit zum deutlichen, wenn auch fast immer höflichen, von der Person losgelösten Widerspruch ergab. Das Vorwort zu Jaspers' Schrift, die er las, obwohl er keine Zeit mehr zum Lesen hatte, war so eine Gelegenheit. Immer, sein Leben lang, hatte er den Nationalsozialismus als anti-national empfunden. Es war die Konstante seines Denkens und Fühlens. Je nach Umständen brachte er sie in dieser oder jener Weise zum Ausdruck. Jetzt schrieb er gegen Jaspers und an die Adresse von Grass und Weizsäcker und manch anderer Bedenkenträger: »War es wirklich nur der (übersteigerte) Nationalstaatsgedanke oder waren es nicht vielmehr in den Besitz der Macht gelangte und durch einen allzu großen Teil des Volkes geförderte politische Verbrecher, die Europa soviel Böses zufügten und das eigene Land bis an den Rand des existentiellen Abgrunds führten?«[76] Mit zunehmender Deutlichkeit mahnte er jetzt auch: »Die Berufung auf Europa darf nicht dazu herhalten, die Flucht vor eigener Verantwortung zu camouflieren.«[77]

Es kam vor, dass er sich fragte, an welcher Front er eigentlich kämpfe. Die Lage in der DDR wurde unhaltbar, und die Regierung Modrow tat, was sie tun musste, sie verlegte die Volkskammerwahlen vor. Unter dem Druck des nahenden 18. März suggerierte der Bundeskanzler und

CDU-Vorsitzende, der die gleichnamige Blockpartei in einer »Allianz für Deutschland« verschwinden ließ, dass es »Ohne Kohl keine Kohle« gebe und sich die Probleme in einem Anschluss schon regeln würden. Einen Anschluss aber mochte sich W. B., der glühende Befürworter der Vereinigung, einer Neuvereinigung, gerade nicht vorstellen. Auch in diesen Wochen und Tagen wetterte er gegen das »Wieder«. Warum auch hätte er jetzt gut finden sollen, was er schon 1953, nach dem Aufstand des 17. Juni, für abwegig erklärt hatte: »In Hunderten von Betrieben wurde die Forderung nach freien Wahlen und nach der deutschen Einheit in Freiheit erhoben. Daraus folgert nicht, die mitteldeutschen Arbeiter hätten lediglich für den ›Anschluss‹ der sowjetisch besetzten Zonen an das westliche Bundesgebiet demonstrieren wollen. Ihre Vorstellungen waren vielmehr von dem Gedanken getragen, dass die Existenz eines wiedervereinigten Deutschland gemeinsam neu zu begründen sein wird. Und nichts wäre kurzsichtiger, als den Männern und Frauen des 17. Juni nicht die Fähigkeit zur Mitgestaltung zuerkennen zu wollen.«[78]

W. B. wollte, dass die Landsleute, die in der DDR gelebt hatten, neu anfingen und doch ihr Selbstgefühl wahrten. Das werdende Deutschland würde am westlichen Maß ausgerichtet und doch ein neues Deutschland sein, um ein Drittel kleiner als 1937, demokratisch, europäisch, global eingebunden. W. B. war überzeugt, dass die Bundesrepublik große Lasten würde schultern können und wollen, aber dass die Kosten aus laufenden Einnahmen zu decken seien, hielt er für nicht glaubwürdig. Er war nicht überzeugt, dass der Westen sein Sozial- und Rechtssystem einfach übertragen solle, wusste aber auch, dass der Zeitdruck einer gesamtstaatlichen Erneuerung nicht günstig war. Aus reformerischem Instinkt heraus und aus Gründen, die im Wesen dieser Vereinigung lagen, wollte er im Ostteil des Landes den Stolz wecken und im Westteil das Bewusstsein für den Wandel stärken. Vor allem dachte er an die Symbolik, die der neue Staat brauchte: Die neue gemeinsame Verfassung, auch wenn sie noch so sehr dem Grundgesetz glich, wird »hüben wie drüben ihre Bestätigung durch das Volk finden müssen«.[79]

»Die Einheit ist da«, verkündete W. B., als der Wahlkampf in der DDR begann. Der Nebensatz, dass »Vorstellungen über einen bloßen Anschluss« der Sache nicht gerecht würden,[80] war ihm wichtig, aber nie so wichtig wie der Hauptsatz. Die Einheit war der Zweck, der erfüllt werden musste, solange die Umstände günstig blieben. Die Frage, ob Anschluss oder Zusammenschluss, galt dem Mittel und war sekundär. Er hätte sie stärker ins Bewusstsein gehoben, wäre nicht die Sorge gewesen, das große Ziel könne verdunkelt werden, und wäre nicht Lafontaine gewesen, der das Verhältnis von Mittel und Zweck umdrehte. Auf ihrem Gründungsparteitag, 24. Februar 1990, kürte die SPD in der DDR W. B. auch zu ihrem Ehrenvorsitzenden. Und was tat Lafontaine, der schon wie der Kanzlerkandidat der SPD auftrat? Er polemisierte gegen alle, die von der Einheit redeten, aber nicht sagten, von welcher. Welche Einheit er selbst wollte, sagte er nicht. W. B. nahm ihm ernste Sorgen um Kosten und soziale Verwerfungen nicht ab. Vielmehr deutete er die Argumentation als Ausflucht: Vielleicht ist der Saarländer unfähig, sich einer Verantwortung im Großen zu stellen, und redet deshalb im Kleinen dagegen an. Öffentlich brachte er es nicht über sich, den Kandidaten anzugreifen oder auch nur zurechtzuweisen. Seine eigene Rede auf dem Leipziger Parteitag war schön, dem Anlass gemäß, aber verhalten, ohne Feuer. Das entfachte er anderntags auf dem Augustusplatz, auf dem Balkon der Oper stehend, das Gewandhaus vor sich und 250 000 Menschen unter sich. Ein Plakat lachte ihm entgegen: »Wo ein Willy ist, ist auch ein Weg«.

In den Wochen bis zum 18. März hatte er, wo immer er in der DDR auftrat, riesigen Zulauf. Auf Ansichtskarten notierte er Stichworte, nach denen er redete. Zwischen zwei

Deutschland. Eine Leidenschaft

Rundreisen folgte er einer dringlichen Bitte Mitterrands, zu einem Gespräch nach Paris zu kommen. Auch dem Wunsch des britischen Außenministers Hurd, ihn in Bonn zu treffen, kam er gern nach. Die Aufgabe, die ersten freien Wahlen auf DDR-Boden bestehen zu helfen, erfüllte ihn. Seine heitere Stimmung blieb ungetrübt, obwohl er bemerkte, wie die Stimmung kippte, weg von der SPD, hin zur CDU. Die Leute sagten oder schrieben: Ja, Sie, Sie sprechen uns aus dem Herzen, aber Ihre Partei, die will uns nicht! Kohls »Allianz« führte einen Kampf, als klinge das Geld schon im Kasten. W. B. fand die Grenze zur »Scharlatanerie«, die als staatsmännische Weisheit feilgeboten wurde, erreicht.[81]

Die SPD hätte es jetzt sowieso schwer gehabt. Mit einer Führung, der die ganze Richtung nicht passte, aber war es unmöglich zu gewinnen oder wenigstens ehrenvoll zu verlieren. Am Ende hatte W. B. das Gefühl, einer der »interessantesten Wahlkämpfe« durchlebt zu haben: »Vieles daran war bewegend.« Das eindeutige Ergebnis, die SPD kam auf

Leipzig.
25. Februar 1990

Deutschland. Eine Leidenschaft

Rückseite einer Postkarte mit Stichworten für die Leipziger Rede (Februar 1990)

ganze 21,8 Prozent, aber setzte ihm zu. Die Banane, die Otto Schily in die Kameras hielt, bedrückte ihn. Er freute sich, dass die Wahl stattgefunden hatte und ein wesentlicher Schritt auf dem Weg zur Einheit getan war. Was seine Partei betraf, so schwankte er zwischen Zorn und Ratlosigkeit. Er registrierte, dass die sozialdemokratische Tradition in Thüringen und Sachsen nicht mehr trug. Eine Entschuldigung für den desaströsen Wahlausgang wollte er darin nicht sehen. Am Tag nach der Wahl flog er von Berlin nach Bonn zurück und begab sich in den Parteivorstand. Sein behutsamer Hinweis, dass »unsere Verantwortung für das Ganze nicht geringer geworden« sei, fruchtete nicht. Oskar Lafontaine nahm nun in aller Form die Kanzlerkandidatur an und erklärte, dass »gerade nach der Wahl in der DDR« die SPD »eine realistische Chance« habe, die Bundestagswahl zu gewinnen.[82] Am Rande der Sitzung frohlockte er, die Bundestagswahl werde im Westen entschieden und deshalb sei das Ergebnis in der DDR unerheblich, vielleicht sogar nützlich. Mit solchen Winkelzügen hätte sich W. B. auch dann nicht angefreundet, wenn sie erfolgversprechend gewesen wären. Als einen Monat später das Attentat auf Lafontaine verübt wurde, besuchte W. B. ihn noch in der Klinik; er übernahm auch Redeverpflichtungen. An den anschließenden Wallfahrten nach Saarbrücken beteiligte er sich demonstrativ nicht; Lafontaine ließ sich bitten und beknien, die Kanzlerkandidatur aufrechtzuerhalten.

Von der Qual, die ihm seine Partei bereitete, wurde er durch die Ereignisse befreit. Der Übersiedlerstrom riss am Tag nach der Volkskammerwahl ab. Die Zwei-plus-Vier-Gespräche über den äußeren Status eines geeinten Deutschland kamen in Gang und auch voran. Vor allem beglückte ihn eine Reise nach Prag und Preßburg; Václav Havel hatte eine persönliche Einladung ausgesprochen und Alexander Dubček, nun Präsident des Parlaments, sich ihr angeschlossen.

In der Tschechoslowakei war W. B. Ende 1936, Anfang

1937 gewesen, auf dem Weg von Berlin und nach Barcelona. Jetzt enthüllte er eine kleine Gedenktafel an der Prager Krizikova 26, wo der Exilvorstand der SPD von 1933 bis 1938 residiert hatte. Dann war W. B. 1947 wieder dort gewesen. Und 1973, als der wegen der sowjetischen Einflussnahme so schwierige Vertrag mit der Tschechoslowakei unterzeichnet wurde. Die Atmosphäre hatte sich 1985, als wir zusammen dort waren, nicht aufgehellt. Immerhin, in seiner Rede in der Karls-Universität erinnerte W. B. jetzt daran, dass die Freunde von der »Charta« ihn nicht entmutigt hätten und er ihnen, in dem einen oder anderen Fall, auch habe beistehen können. Václav Havel, der Staatspräsident und vormalige Chartisten-Führer, pflichtete bei. In Prag kreuzten sich viele Erinnerungen mit vielen Erwartungen.

W. B., der Außenminister war, als der Prager Frühling niedergewalzt wurde, hatte im späten Herbst 1989 mit angehaltenem Atem verfolgt, wie Alexander Dubček im Hauptquartier der Revolution, der Laterna Magica, auftauchte und aussah, »als sei er direkt aus einer Schwarz-Weiß-Fotografie von 1968 gestiegen«.[83] In einem seiner vielen Interviews, rund um den 75. Geburtstag Ende 1988, als weder eine samtene noch sonst eine Revolution in Sicht war, hatte W. B. Alexander Dubček einen glücklichen Menschen genannt. Warum? Weil der Slowake kurz zuvor mit dem Bekenntnis herausgekommen war, »alles genau so« wie früher tun zu wollen, könne er noch einmal anfangen. W. B. hatte keinen Zweifel: »Er ist auf seine Weise immer ein Kommunist geblieben.« Und der kam, darauf wollte er hinaus, leichter durch's Leben als ein Sozialdemokrat. Dubček habe immer geglaubt, der Kommunismus müsse zu seiner Rettung »nur von Schlacken, von Rückschlägen, Fehlschlägen, Irrtümern befreit werden«.[84] Aber als Alexander Dubček während dieser ersten Begegnung in Prag und dann wieder auf heimatlichem Boden in Bratislava Tränen in den Augen hatte, war auch er gerührt.

Deutschland. Eine Leidenschaft

Václav Havel rührte ihn nicht, er faszinierte ihn. W. B. wusste, dass der junge Schriftsteller sich 1968 ferngehalten hatte, weil er das System nicht reformieren, sondern abschaffen wollte. Die Begegnungen, einschließlich eines gemeinsamen Theaterbesuchs, gegeben wurde ein Havel-Stück, verliefen voller Harmonie. Václav Havel, der Intellektuelle im Gewand des Staatspräsidenten, wusste die Kraft der Rede und der Überzeugung zu würdigen, die W. B. eigen war. In der Karls-Universität, die ihm ihre Friedensmedaille verlieh, redete der Gast über »Europäische Perspektiven«. Er machte keinen Hehl aus seiner »unverhohlenen Freude« über den Mauerfall und dessen Folge. Er wich auch sonst nicht aus: »Die wahllose Vertreibung von Millionen Deutschen war nicht in Ordnung, für viele bedeutete sie bitteres Unrecht.« Er dankte dem Präsidenten, der ein offenes Wort dazu schon gesagt hatte. Václav Havel fand Gefallen an der Weite des Blicks, in die W. B. die Rede münden ließ: »Sollte ich noch einmal studieren können, ich würde mich auf alles stürzen, was mit den Interdependenzen in dieser Einen Welt zu tun hat.«[85]

Auch jetzt, gerade jetzt, da die Einheit Gestalt anzunehmen begann, brauchte er den Blick über den deutschen Tellerrand. Wären die internationalen Verpflichtungen nicht gewesen, er hätte sie erfinden müssen. Jetzt freute er sich auf Nelson Mandela, der nach Bonn kam. Vier Jahre zuvor hatte das Rassistenregime W. B. den Besuch im Gefängnis verwehrt. Fast auf den Tag genau ein Jahr zuvor hatte er in einem Südafrika-Hearing des Bundestages in Erinnerung gerufen, was Apartheid bedeute – »die Verweigerung von sozialen, politischen und wirtschaftlichen Menschenrechten, systematisch und auf Dauer«.[86] Jetzt, in diesem Juni 1990, empfing W. B. Nelson Mandela, der 27 Jahre lang in Haft gesessen hatte: Hier »ist einer gekommen ohne Hass, ohne Feindschaft, ohne das Bewusstsein nach Rache, sondern mit dem Wunsch, den Teufelskreis von Unterdrückung und Gewalt zu durchbrechen«.[87]

W. B. brauchte den weiten Blick, der den festen Standpunkt voraussetzte. Auf die Verbindung von nationaler und globaler Perspektive kam es an. Vor dem DGB-Kongress gab er gern zu, dass »wir (die Deutschen) gegenwärtig mit uns selbst beschäftigt sind«, fand aber nichts dabei: »Wir dürfen es ohne allzu schlechtes Gewissen sein«[88], vorausgesetzt man ist nicht nur mit sich beschäftigt. Gerade die Gewerkschafter sollten den weltweiten Kampf gegen Hunger und Elend auf ihre Fahnen schreiben und die Vorteile weltweiter Grenzöffnung erkennen. Die Zweifel und Unklarheiten in Deutschland bekümmerten ihn, er fand, sie würden die Nabelschau noch begünstigen.

Die Unlust, über den Tellerrand hinauszublicken, machte er an einer »sich banausenhaft breitmachenden Krämermentalität« fest. Sollte denn alles käuflich sein und gleichzeitig nichts kosten? »Nach dem Aufflackern der Emotionen machte sich eine Stimmung breit, die weniger an einen geschichtlichen Umbruch erinnerte als an das Vorfeld von Tarifverhandlungen.«[89] Drei Wochen vor Herstellung der Wirtschafts- und Währungsunion flüchtete W. B. in einen seltenen Sarkasmus: »So ungefähr hatte ich mir die Nutzanwendung aus vielen zur äußerlichen Pflicht erstarrten 17. Juni-Reden vorgestellt.«[90] Aber Unmutsäußerungen waren dem Augenblick geschuldet. Es entsprach seinem Wesen und nun auch seinem Alter, Wichtiges von weniger Wichtigem zu trennen. Niemand, so sagte er im Bundestag, habe wissen können, dass die staatliche Einheit so rasch komme. »Diejenigen, die hier Regierungsverantwortung tragen, werden nicht ernsthaft bestreiten wollen, dass sie in den hinter uns liegenden Monaten weniger Herren des Verfahrens waren, eher Getriebene des Prozesses, der Europa und unser Land erschüttert. Dies kreide ich niemandem an, ich halte es lediglich fest – auch, um späterer Legendenbildung vorzubeugen.«[91] Gerüchte, dass die Währungshüter in Frankfurt den Umtauschkurs für falsch hielten, fand er sehr ärgerlich: Wenn der Präsident der Bundesbank meint, den

Deutschland. Eine Leidenschaft

Kurs nicht verantworten zu können, wird er es ja wohl laut und öffentlich sagen. Pöhl schwieg.

Zeit seines politischen Lebens war es W. B. um »die Lebensfragen als Volk, als Staat, als Nation« gegangen. Nur wenn die richtig beantwortet würden, so hatte er schon 1959, auf dem Höhepunkt des Berlin-Ultimatums, gewusst, könne man »wirtschaftlich und sozial« erreichen,[92] was man erreichen wolle. Auf diese Rangfolge kam es an. Den gleichen schlichten Gedanken kleidete er jetzt in die Formel: Was politisch richtig ist, kann ökonomisch nicht falsch sein.

Der Einführung der D-Mark würden weitere Schritte folgen müssen. Immer noch einmal: Das Grundgesetz würde nicht nur den neuen Gegebenheiten angepasst werden. Die Genehmigung »durch die drei Hochkommissare muss abgelöst werden durch die demokratische Legitimierung einer freien Verfassung durch ein freies Volk«.[93] Wie keiner sonst drängte W. B. auf die Ablösung der alliierten Vorbehaltsrechte und auf die Klärung des völkerrechtlichen Status.

Seit dem frühen Februar hatte er die Frage nach einem Austritt aus der Nato gestellt, um sie zu verneinen: »Wie käme die Bundesrepublik dazu?« Dabei stand fest, dass wegen des Warschauer Pakts, einem »Papiertiger«, die Nato nicht bleiben werde, was sie war. Doch auch in einer veränderten Welt wollte er »die Verklammerung mit den Amerikanern nicht zur Disposition stellen«.[94] Die Sensation, dass sich die Sowjetunion der Mitgliedschaft des vereinten Deutschland in der Nato nicht länger widersetzt, teilte sich ihm mit, als wir schon in die deutlich kürzeren Sommerferien aufgebrochen waren. W. B. zeigte sich zufrieden, aber wenig überrascht. Ob er sich dieses Ausgangs sicher gewesen sei? Nicht sicher, aber sein Gefühl habe ihm deutliche Signale gegeben.

Der Staatsvertrag war wichtig: »Wer immer hier regiert hätte, wäre an der Notwendigkeit, die Währungseinheit zu machen, nicht vorbeigekommen.«[95] War die SPD nicht wichtig? Lafontaine in Schutz zu nehmen kostete W. B. auch deshalb keine Überwindung, weil das Stück, das der Saarländer gemeinsam mit Gerhard Schröder, dem neuen niedersächsischen Ministerpräsidenten, aufführte, so absurd war, dass er die Augen schloss und die Ohren verstopfte. Eine Möglichkeit, Hans-Jochen Vogel, der keine Richtung vorgab, diese Aufgabe abzunehmen, sah W. B. umso weniger, als unter Führung von Schröder eine starke Gruppe Lafontaine bedrängte, schon jetzt den Vorsitz zu übernehmen. Er fragte allerdings, ob er der Partei das schmückende Beiwerk des Ehrenvorsitzes nicht nehmen solle. Ich hatte Angst, er würde sich sein Leben beschweren, das doch gerade so heiter geworden war, und riet leise ab: Lass' es, wie es ist.

Seit der gewonnenen Wahl in Niedersachsen verfügte die SPD zum ersten Mal über die Mehrheit im Bundesrat, der dem Staatsvertrag zustimmen musste. Der Kanzlerkandidat verlangte, dass im Bundestag die SPD-Fraktion die Wirtschafts- und Währungsunion ablehne und im Bundesrat alle SPD-Länder nein sagten – mit Ausnahme Hamburgs; auf diese Weise hätte die SPD Farbe bekannt, aber der Vertrag trotzdem Gesetzeskraft erlangt. Tatsächlich stimmte die Mehrheit der Fraktion, die sich im Debattenredner W. B. wiederfand, für den Vertrag. Im Bundesrat taten sich das Saarland und Niedersachsen hervor. Lafontaine und Schröder lehnten die für die staatliche Einheit unverzichtbare Währungsunion ab.

Während der Groteske in der Länderkammer, als habe eine gütige Hand den Kalender geführt, ist W. B. Zeuge, wie der Checkpoint Charlie abgebaut wird. Die Außenminister der vier Siegermächte haben ihn eingeladen, er ist mit Genscher nach Berlin geflogen. Welch ein Gefühl! Hier waren nach dem Mauerbau amerikanische und sowjetische Panzer aufgefahren. Ein Funke hätte genügt, und der dritte Weltkrieg wäre entzündet worden. Unter den vielen glücklichen Tagen seit dem Herbst 1989 ist dieser 22. Juni einer der glücklichsten.

Um solcher Momente willen wurden die Tiefen klaglos durchschritten. Das Ausmaß der Debatte um die deutsche Hauptstadt ahnte er noch nicht. Die nordrhein-westfälische SPD, deren Spitzenmann für die gesamtdeutsche Wahl er gerade geworden war und die in Bonn die einzige Lösung sah, erinnerte er höflich, aber bestimmt daran, dass ohne die Selbstbehauptung Berlins »die deutsche Einheit als reales Thema nicht auf der Tagesordnung geblieben« wäre.[96] Tatsächlich mochte er zunächst nicht glauben, dass Berlin überhaupt in Zweifel gezogen würde: »Im November '89, als die Mauer fiel, habe ich mir ein Zusammenwachsen an der Hauptstadt Berlin vorbei nicht träumen lassen.«[97] Spätestens seit dem Einigungsvertrag war er außer sich vor Zorn; die Möglichkeit, dass Berlin eine Hauptstadt ehrenhalber bliebe, war gegeben. Soviel Unverfrorenheit hatte er nicht erwartet. Hatte das Bekenntnis zur deutschen Hauptstadt Berlin nur solange gegolten, wie es nicht eingefordert wurde? Was war das für ein Staat, der seine eigenen Gelöbnisse nicht ernst nahm?

Vier Jahrzehnte lang hatte er einen nationalen und keinen karitativen Kampf um Berlin geführt. Berlin war Dreh- und Angelpunkt der Ostpolitik gewesen. Dass sich in Berlin der Ernst des deutschen Ringens erweise, war ein Satz, den W. B. jahrzehntelang wiederholt hatte. Wie oft, und manches Mal am existentiellen Abgrund der Stadt, hatte er verlangt, erst an Reuters Seite, dann allein, Berlin die Hauptstadtfunktion zurückzugeben. W. B. erinnerte sich an Reuters Frage, wie sich wohl andere Völker in einer solchen Lage verhalten würden, Italiener, die sogar um Triest kämpften, oder Franzosen. Aus dieser Erinnerung heraus wies er, als der Bundestag schließlich abstimmte, auf Vichy hin.[98] Nie wäre er auf den Gedanken verfallen, Bonn, wo er selbst regiert hatte, schlechtzumachen. Die Zeiten waren andere geworden, und Bonn konnte nicht Hauptstadt bleiben, wenn die sowjetische Besatzungsmacht aus Berlin abrückte. Dabei assoziierte er mit Vichy, wo wir gewesen waren, nicht zuerst das Regime, sondern die Idylle; er sprach vom »relativ idyllischen Vichy«. Berlin war das Gegenteil – heroisch. Immerhin, als ich beim Vorlesen der Rede einwarf, der Hinweis sei sehr hart, gab er in scharfem Ton zurück: Das soll er auch sein. Über Art und Dauer der Hauptstadtdebatte war er ungewöhnlich reizbar geworden.

So einzigartig die Zeit war, in der das Herz schnell und freudig schlug, auch sie hielt die Erfahrung bereit, dass Höhen und Tiefen zusammengehören und bisweilen ineinander übergehen. Am 21. September wird ein einstündiges Gespräch aufgenommen, das Helmut Kohl und er »Über Deutschland« führen und das die ARD am 30. September ausstrahlt. Dazwischen liegen Glanz und Elend der SPD und ein Vereinigungsparteitag, den sich der zweifache Ehrenvorsitzende viel »eher gewünscht« hätte.[99] Eine schwere Erkältung, die auf die Augen geschlagen war, trieb ihm die Tränen noch mehr in die Augen, als es ohnehin der Fall gewesen wäre. Er war aufgewühlt: »Am Beginn dieses Parteitages zu sprechen, der die einheitliche Sozialdemokratie in und für Deutschland Wirklichkeit werden lässt, gehört – ich räume es ein – zu den mich am stärksten bewegenden Begebenheiten eines nicht mehr ganz kurzen politischen Lebens.«[100]

Obwohl krank, trat er am Abend des 27. September in Dessau auf. Andern Tags hörte er Lafontaines laute Rede und dessen wiederkehrende Formeln von sozialen Verwerfungen und europäischen Versäumnissen. Er fand: Das darf alles nicht wahr sein. Auf dem Weg nach Hause machte er in Potsdam Station. Hier fiel ihm ein, wie er im Spätsommer Manfred Stolpe begegnet war; in den achtziger Jahren hatte er ihn nur zwei- oder dreimal getroffen. Jetzt kam der einstige Kirchenmann auf ihn zu, fröhlich rufend: Hallo, Willy. Der zuckt zusammen und denkt: Wieso duzt der Dich? Es klickt, und geistesgegenwärtig fragt W. B. zurück: Wie kommst denn Du in die SPD? Die Antwort verblüfft noch einmal: Helmut Schmidt und Rau haben mich da reingebracht.

Zu Hause blieb er nur kurz. Der 3. Oktober nahte. Vor dem Reichstag stand er neben Bundespräsident, Bundeskanzler, Außenminister. Er war ernst gestimmt und auch ein wenig fröhlich. Seit der Rückkehr nach Deutschland, 1946, hatte er mit der Teilung gelebt und versucht sie erträglich, überwindbar zu machen. Am 4. Oktober, vor dem erweiterten Bundestag, wandte er sich an den Bundeskanzler: Wer wollte »Ihnen das Glück missgönnen, dessen Sie teilhaftig wurden, als eine grundlegende veränderte außenpolitische Lage Chancen bot, die vorher nicht gegeben waren. Ich kann mir ausmalen, wieviel Befriedigung es einer Regierung verschaffen muss, die Früchte von Ost-West-Entspannung und europäischer Umwälzung ernten zu können«. W. B. begnügte sich mit knappen historischen Hinweisen. Die großen Gefühle wollte er jetzt nicht nochmals in große Worte kleiden. Er wollte auch nicht nachtreten und versagte sich den Hinweis auf den Einigungsvertrag; darin sah er einen Sieg der bürokratischen über die praktische Vernunft. W. B. sprach über den neuen Alltag, die neue Chance und das neue Deutschland: »Hier wird nichts wieder, wie es einmal war.«[101]

Der Alltag war wenig alltäglich. Wegen des Wahlkampfes, des ersten gesamtdeutschen, und wegen der Zuspitzung der Lage im Irak. Saddam Hussein hatte Kuweit besetzt und machte keine Anstalten, es zu räumen. Mehr noch, er nahm Hunderte westlicher Geiseln, die im Land arbeiteten. Zwei Abgeordnete des Europäischen Parlaments eröffneten Anfang November die Möglichkeit, dass W. B., der sich mit Kohl besprach und dem das Auswärtige Amt das Flugzeug zur Verfügung stellte, einen großen Teil der deutschen Geiseln herausholte; andere Länder hatten ihre Geiseln bereits in Sicherheit gebracht. Die humanitäre und zugleich nationale Aufgabe wollte er unbedingt erfüllen und bei gleicher Gelegenheit Friedenschancen ausloten. Von Saddam Hussein, den er zweimal traf, bekam er »den Eindruck eines harten, sehr harten Mannes«, ausgestattet »mit einer erheblichen Neigung zur Fehleinschätzung« und »besessen« von der Idee, Führer, auch Märtyrer der arabischen Massen zu werden. Enzensbergers Vergleich mit Hitler nahm er höchst interessiert zur Kenntnis: »Vielleicht hat Enzensberger die intellektuelle Kraft, sich hineinzufühlen in die eine Figur und die andere. Ich kann das nicht, weil jeder zu einfache Vergleich mit Verhältnissen und Figuren aus unserem Teil der Welt mit einem anderen Kulturkreis leicht in die Irre führt.«[102]

Am Abend des 9. November 1990, dem ersten Jahrestag des Mauerfalls, kehrte W. B. mit 138 deutschen, 51 anderen europäischen und 5 amerikanischen Geiseln aus Bagdad zurück; in der Tasche steckte ein schmaler goldener Armreif, den er auf dem Basar für mich erstanden hatte. Am anderen Morgen, einem Sonnabend, fuhr er in aller Frühe nach Bonn, um Vernon Walters, den amerikanischen Botschafter, zu unterrichten. Der Presse teilte er später mit, er habe dem Generalsekretär der Vereinten Nationen, der eigenen Regierung »und einigen anderen Interessierten« Bericht erstattet.[103]

Keinen Augenblick hatte W. B. einen Zweifel gelassen, dass der Irak »für die Eskalation« verantwortlich war und die UN-Resolution erfüllen musste. Aber diese Zuweisung enthob nicht der Pflicht, den friedlichen Weg zu versuchen und, wenn der Rückzug nicht zu erreichen und der Kriegsfall eingetreten war, über das Ziel »einer auf das Militärische eingeengten Option« hinauszudenken.[104] Als der Krieg im Gange war, beschäftigten ihn eine Friedensordnung für den Nahen Osten und die Stärkung der Vereinten Nationen. Er mahnte aber auch: »Wer in New York etwas bewegen will, muss wissen, wo Washington liegt.«[105]

Der Konflikt am Golf, der geregelt sein musste, bevor die Friedensordnung in Angriff genommen würde, spielte auch auf einem Nebenschauplatz. Die Staaten der Europäischen Gemeinschaft verfolgten sehr unterschiedliche Interessen; dass man sich »nicht in die Tasche« lüge, hatte W. B. schon

Deutschland. Eine Leidenschaft

zu Beginn der Krise gesagt und von »einer schwer verdaulichen Doppelbödigkeit« Frankreichs gesprochen.[106] Gerade deshalb durfte sich das frisch vereinte Deutschland nicht kleiner machen, als es war. Es musste sein Gewicht einbringen – für eine Politik, in der das Militärische nur ein Element unter anderen wäre. In der Scheckbuchdiplomatie, die er unerträglich und würdelos fand, sah er die Kehrseite des Provinzialismus: »Wir sind in der Gefahr, aus jedermanns geldspendendem Liebling zum aller Leute bekrittelten Armleuchter zu werden.« Er plädierte, darin seine Linie von 1988 fortführend, für eine deutsche Teilhabe an künftiger Friedenssicherung. »Dem kann sich Deutschland auf Dauer nicht entziehen.«

Die beiden europäischen Sitze im Weltsicherheitsrat müssten innerhalb der Gemeinschaft rotieren: »Warum sollen wir dann nicht auch dabei sein?« Schon als Bundeskanzler hatte er gemeint und nach dem Mauerfall bekräftigt, die Kategorie der Siegermächte gelte nicht mehr. Jetzt sprach er von den Vetomächten und fand, auch das sei man nicht »für alle Generationen«.[107] Ohne deutsches Drängen jedenfalls würde Europa keine Macht werden. Drängen aber würde Deutschland nur, wenn es mit sich selbst einig ist, seiner selbst gewiss. Es hing eben eins am anderen. Das »Ja zum europäischen Deutschland«[108] wollte er nicht zum Lippenbekenntnis verkommen lassen.

Der Wahlkampf verlief, wie er verlaufen musste. Der Spitzenmann der SPD, Oskar Lafontaine, tat, als sei die Einheit des Landes eine Angelegenheit, die schlimmste Befürchtungen weckt. W. B. war mit seinen eigenen Versammlungen zufrieden, aber was hieß jetzt – zufrieden? Am 30. November fuhren wir gemeinsam nach Lübeck. Zwischen Pressekonferenz am Mittag und Kundgebung am Nachmittag gingen wir durch die Stadt; wieder einmal ließ er sich von der backsteingotischen Pracht seiner Marienkirche überwältigen. Mehr als sechzig Jahre zuvor hatte er ihren Turm erklettert und kleine Betrachtungen angestellt.

Wieviel Zerstörung und Aufbau in der Zwischenzeit! Am Abend ging es weiter, nun ohne jedes politische Programm, nach Schwerin und am anderen Morgen, dem 1. Dezember, in das Klütz seiner Kindheit und nach Wismar. Hier, auf dem Marktplatz, hatte er vor der Volkskammerwahl im März eine riesige Versammlung abgehalten. Die Stadt war ihm, wie jedem nicht mehr ganz jungen Lübecker, vertraut. Von heimatlichen Gefühlen erfüllt, lachte er über mich, als ich erstaunt feststellte, wenn man sich den Verfall wegdenke, sehe alles so aus wie in Lübeck: Was denn sonst!

Über das Wahlergebnis, das er zu Hause zur Kenntnis nahm, war er »betroffen«, aber »nicht überrascht«. Tatsächlich packte ihn eine kalte Wut. 33,5 Prozent im vereinten Deutschland, und im alten Bundesgebiet auch nur 35,7. Am Morgen des 3. Dezember notierte er noch beim Kaffee, was er Lafontaine unter vier Augen und was er dem Parteivorstand sagen würde: »Zu wenig ist zu wenig.«[109]

In den ersten Wochen nach dem Mauerfall hatte W. B. an die Wiederauferstehung der SPD geglaubt. In Sachsen und Thüringen war sie nicht nur groß geworden, hier hatte sie, eine Folge der industriellen Strukturen, jene Massenbasis gehabt, die ihr 1946 gewaltsam entzogen wurde. Der Glaube war der euphorischen Stimmung geschuldet und nicht von langer Dauer. W. B. begriff rasch, dass die Lockrufe der Regierenden in Bonn der SPD abträglich waren und die Partei sich selbst das Leben schwer machte. Und doch ahnte er, dass es andere Gründe geben musste. Er registrierte, dass auch im benachbarten Mittel- und Osteuropa, zumal in einem Stammland wie der Tschechoslowakei, die sozialdemokratische Renaissance ausblieb. Ein Lafontaine hätte sich als Kanzlerkandidat nie durchsetzen, geschweige denn halten können, wäre auf dem Boden der DDR eine geschichtsmächtige sozialdemokratische Kraft entstanden. Mehr als vierzig Jahre waren vergangen seit Auslöschung der SPD und Kappung der Traditionslinien. Wie viele wohlgesonnene Menschen hatten ihm von den

*Am Morgen nach der ersten gesamtdeutschen Bundestagswahl.
Stichworte für die Sitzung des Parteivorstands (1990)*

Großeltern erzählt, die einmal mit der SPD verbunden gewesen waren!

Aber hatte er nicht auch vor dem großen Umbruch schon von »neuen Herausforderungen« gesprochen, die »nach neuen Antworten verlangen«?[110] War bisher, vor allem in Nord-Süd-Zusammenhängen, von den Interdependenzen die Rede gewesen, so benannte er nun eine Globalisierung, die sich in geographischen Kategorien nicht erschöpfte. Die Sozialistische Internationale, in der er operative Verantwortung trug, weitete er zielstrebig zu einem globalen Parteienbündnis aus: Man müsse »die historisch begründete europäische Schlagseitigkeit hinter« sich lassen.[111] Gegen den Eurozentrismus und die Neigung sich abzuschotten zog er auch sonst zu Felde. Keine Gemeinschaft erstarkt, wenn sie sich abschottet: »Zum ersten Mal in der Geschichte können wir von einer wirklichen Globalisierung der Probleme sprechen: Verkehr und Telekommunikation, Wirtschaftsbeziehungen, Geld- und Kapitalströme. Nie zuvor haben Entwicklungen an einem Ende der Welt so unmittelbare und nachhaltige Auswirkungen überall auf dem Globus gehabt.« Auch vor dem Hintergrund des Irak-Krieges, kam er auf unbekannte Entwicklungen in der Technik, der Zivilisation überhaupt zurück. Und da sollte sich die Sozialdemokratie nicht neu orientieren müssen? Formationen, die sich im Kampf gegen die Auswüchse des Kapitalismus herausbildeten, hätten der Verteilung von Kapitalerträgen nun mal mehr Aufmerksamkeit gewidmet als deren Zustandekommen.[112] Vor dem Hintergrund der neuen Gegebenheiten warb W. B. dafür, die der Sozialdemokratie innewohnende Spannung zwischen Gerechtigkeit und Freiheit neu zu bestimmen. Die Freiheit nannte er, die Rede beim Abschied vom Parteivorsitz durchaus im Sinn, »ein Kernelement des sozialdemokratischen Wollens«.[113] Es stand nicht zur Disposition welcher Kandidaten auch immer.

W. B. dachte nicht daran, das Ergebnis der Bundestagswahl zu erklären oder gar zu entschuldigen. Eine Partei, die

Wert darauf legte, die Partei der Einheit gerade nicht zu sein, musste verlieren, jenseits allen materiellen und ideellen Wandels, und da wieder ankommen, wo sie zuletzt 1957 gewesen war. Damals allerdings hatte die SPD keine anderen Ansprüche gehabt, als die Arbeiterschaft und damit nur ein Drittel der Wähler zu vertreten.

Es ist W. B. nicht leicht geworden, vor dem Parteivorstand die Bedeutung der drei Buchstaben S-P-D ins Bewusstsein rücken zu müssen: Sozialdemokratische Partei Deutschlands. Schweren Herzens wies er auch darauf hin, dass vor der Einheit die Wahrnehmung des Rechts auf Selbstbestimmung stand. »Sozialdemokratische Tradition und nationale Selbstbestimmung sind geschichtlich nicht voneinander zu trennen«, hatte er auf dem Vereinigungsparteitag ausgerufen und ergänzt, dass für Selbstbestimmung auch unseres Volkes wir seit vielen Jahren – »wem sage ich es eigentlich hier in Reuters und meinem Berlin!« – hart gerungen haben.[114] Die Bemerkung, dass mit Unheilsbotschaften noch nie eine Wahl gewonnen worden sei, fügte er an jenem 3. Dezember nur der Vollständigkeit halber hinzu. Auch darauf hatte er schon immer hingewiesen.

Die Aufregung war beträchtlich. Der »Stern« fragte, ob er die Harmonie habe stören wollen. W. B. antwortete: »Der Ehrenvorsitzende hat die Ehre, da hinzugehen oder nicht. Dieses Mal bin ich hingegangen.« Ob der Großvater den Enkel enterbt habe? Nein, er habe sich nicht mit dem Kandidaten, sondern mit der SPD auseinandergesetzt. Ob der Vorwurf Lafontaines richtig sei, niemand könne die SPD gegen Brandt führen? Das nannte W. B. »eine weit übertriebene Freundlichkeit«. Vielleicht habe er nur sagen wollen, »dass es sich manchmal lohnt, meinen Rat einzuholen«. Soviel subtilen Spott leistete sich W. B. selten, vielleicht nur, wenn ihn kalte Wut überkam. Das Thema blieb. Ein Jahr später wurde nachgefragt, ob er noch Ehrenvorsitzender sei oder doch der heimliche Vorsitzende.[115] Dass er mit dem Ehrenvorsitz gehadert hatte, war nicht verborgen geblieben.

W. B. war kein heimlicher Vorsitzender und wollte auch keiner sein. Entweder in aller Form oder gar nicht. Am Abend des 3. Dezember, nach jener denkwürdigen Parteivorstandssitzung, hatte W. B. ein Vier-Augen-Gespräch mit Oskar Lafontaine geführt und nochmals an die Reihenfolge erinnert: Erst die Selbstbestimmung, dann die Einheit. Und nun wollte W. B. ausgesprochen und auch festgehalten wissen: »Dass ich daran erinnere, ist doch wohl besser, als wenn ich darum gebeten hätte, mich als Ehrenvorsitzender der SPD zu entlassen.«[116]

Für nachfolgende Generationen hatte W. B. viel Verständnis; er fand nicht, sie müssten Politik machen, wie er sie gemacht hatte. Aber wenn ihn der Eindruck überkam, mit den ernsten Dingen des Lebens werde gespielt, dem Schicksal des eigenen Landes und dem Recht auf Selbstbestimmung, hörte die Nachsicht auf. In privaten Kreisen hatte er schon 1990 resigniert: Man sollte an die Lernfähigkeit und Lernbereitschaft derer, die nachfolgen, nicht übertriebene Erwartungen knüpfen. In zeitlichem und emotionalem Abstand, als er im Sommer 1991 den Freund aus Emigrationstagen, Richard Löwenthal, zu Grabe trug, erwähnte er, traurig, die Kluft, die zwischen der alten und der jetzigen Partei lag: »Ich weiß, es ist nicht mehr ganz leicht, den Nachwachsenden zu erklären, was das für unsereins bedeutete – ›deutsche Arbeiterbewegung‹. Und wieso man in ihr seine geistige Heimat finden konnte. Das war kein bilderstürmendes Aussteigertum, sondern der Wunsch, gesellschaftliche Erneuerung voranbringen zu helfen und sich durch kein anmaßendes Denkverbot und keine feiste Selbstgefälligkeit daran hindern zu lassen.«[117] Er wusste, dass Selbstgefälligkeit den Frevel begünstigte.

Es war auch jetzt nicht W. B.s Sache, Zorn, auch Enttäuschung nach außen zu kehren. Ohnehin hielt die Stimmung nicht an. Er hatte Lafontaine nicht zurechtgewiesen und die Parteiführung machen lassen, was sie, seines Rats und Beispiels zum Trotz, machen wollte. Er hatte sich selbst aber auch nicht zurückgenommen. Wie auch? Die Frage der deutschen Einheit in Freiheit war nicht verhandelbar und keine Frage, die so oder auch anders hätte beantwortet werden können. Er wäre nicht der deutsche Sozialdemokrat gewesen, der er war, hätte er sich nicht jetzt diese eine Frage gestellt: Warum habe ich die Partei nicht anders angefasst? Nach der Antwort musste er nicht lange suchen: Ich hätte die Führung wieder an mich ziehen müssen, in aller Form, aber dazu fehlten mir die Kraft und vielleicht ja auch die Lust. Der Abstand war groß geworden.

Als wir am Vorabend des Bremer Parteitages, Ende Mai 1991, durch die Stadt bummelten, meinte er, seine Rede über das europäische Deutschland und dessen ernste Pflichten werde die Stimmung der Delegierten nicht treffen: Aber das ist nun auch nicht mehr so wichtig. Den Zeigefinger hatte er nie erhoben, das fing er jetzt auch nicht mehr an. Wenn sein Beispiel nicht fruchtete, sei's drum. Er mochte sich nicht mehr rechtfertigen und sich nicht mehr erklären müssen. Die Fragen, was er denn nun sei, rechts oder links, national, europäisch oder weltbürgerlich, moralisch, visionär oder realistisch, amüsierten ihn wenig. Er genoss die Freiheit, er selbst zu sein, eine Größe aus eigenem Recht. »Ich stehe dort, wo ich stehe. Warum muss ich mich auf meine alten Tage noch anderen zuordnen lassen?«[118]

Er war dankbar, das Wunder, das sich die Geschichte erlaubt hatte, noch zu erleben, und frei von jeder Bitterkeit. Den Witz pflegte er, jetzt auch zum Schutz gegen sentimentale Anwandlungen. Bevor das Jahr 1990, dieses wunderbare Jahr, zu Ende ging, würde er, als der älteste Abgeordnete, den ersten gesamtdeutschen Bundestag eröffnen. Welch ein Zufall mit welchem Sinn! Vorher musste er in Wiesbaden reden. Den Anlass der Feierstunde fand er belanglos – die 40. Wiederkehr der ersten Wahl von Georg August Zinn zum Ministerpräsidenten. Mit den Gedanken schon ganz in Berlin erzählte er, wie Zinn ein ganzes Jahrzehnt lang damit beschäftigt gewesen war, sein Land »zu arrondieren«. Wie er in Bonn drohte, in Karlsruhe klagte und in Rheinhessen wie in Montabaur »für die Wiedervereinigung Hessens« trommeln ließ. Eines Tages, die Kampagne war in vollem Gange, erschien W. B. in Mainz, bei einem, dem etwas genommen werden sollte. Oberbürgermeister Jockel Fuchs begrüßte ihn mit den Worten: »Wir verstehen Sie, Herr Regierender Bürgermeister, denn was für Sie der Ulbricht, ist für uns der Zinn.«[119]

Er konnte so schöne Geschichten erzählen, weil er nicht in der Geschichte lebte, sondern mit ihr. Woher sonst sollte Gestaltungskraft kommen? Vor den Abgeordneten des einen deutschen Parlaments, die ihm, einig wie nie, eine kleine Ovation darbrachten, rühmte er »alte und schöne Traditionen«. Er bezog sich auf die Nationalversammlungen von 1848 und 1919 und stellte fest: »Wir sind dem Erbe des deutschen Widerstands verpflichtet. In dieser Stunde denke ich an Julius Leber und an den Grafen Stauffenberg.« Und W. B. erinnerte, wann hätte es je einer getan, an die 200 Mitglieder des Reichstags, die in Konzentrationslager und Gefängnisse verschleppt worden waren, und an die mehr als 100 Abgeordneten, die ihr Leben ließen?[120] Dem moralischen Erbe des Widerstands, unabhängig von dessen begrenzter Wirkung, sollte, stellvertretend für das Volk, das gesamtdeutsche Parlament verpflichtet sein.

Dieses Erbe kam von weither. Wenn »wider alle Wahrheit« Berlin als der Inbegriff deutschen Unheils abgemalt wurde, machte W. B. »eine liberale, soziale und demokratische Gegenrechnung« auf.[121] In Berlin war Hitler nie mit einer Mehrheit ausgestattet worden. Er selbst hatte die Stadt 1936 nicht als nazistisch wahrgenommen, sie war ihm gerade in dieser Zeit ans Herz gewachsen. Und hatte nicht hier der deutsche Widerstand, der antinazistische wie der antikommunistische, sein Zentrum gehabt?

Wirtschaftliche Nöte und soziale Sorgen waren W. B. bekannt, und er verschwieg sie nicht. Aber er hängte sie auch nicht höher als geboten. »Alles dies ist zu schaffen«,[122] wenn

Deutschland. Eine Leidenschaft

das Land sein Erbe hütet und es keine Fiktionen rekonstruiert, wenn es sich selbst nicht mehr feindlich ist und neues Leben gedeihen lässt. Das Land seiner Herkunft, die Patria, hielt er im Kern für unversehrt. Auch aus verwittertem Mauerwerk wächst ein neuer Baum hervor und bildet neue Jahresringe. Und hatte nicht auch Heinrich Heine, in seiner »Geschichte der Religion und Philosophie in Deutschland«, hinter dem »offiziellen, verschimmelten Philisterland« der Metternichzeit das »große, geheimnisvolle, sozusagen anonyme Deutschland des schlafenden Souveräns« wahrgenommen? Der Blick musste geweitet, vielleicht erst geöffnet werden.

Seit W. B. von Christo und seinem Plan gehört hatte, war er gebannt. Der Plan, den Reichstag zu verhüllen, ihn auch wieder zu enthüllen, ging ins Jahr 1971 zurück. W. B. wurde sein Förderer, vielleicht einer der größten. Er war nun einmal erfüllt von der Vorstellung, dass Altes nicht wiederkommen, sondern sich in ein neues Gewand hüllen müsse. Er

Die Verhüllung wird diskutiert.
Mit Christo in New York (1981)

schrieb Briefe und Einlassungen, empfing Christo in Bonn und besuchte ihn in New York.[123] Er hatte das untrügliche Gespür, dass der Reichstag, ein Haus, das wir zu kennen meinen, einen neuen Blick auf sich ziehen würde. Wie auf eine Skulptur, deren Geheimnis man ergründen möchte.

Die Entscheidung über die Hauptstadt Berlin am 20. Juni 1991 empfand W. B. als die äußere Krönung des Einigungswerks. Als Christo den Reichstag verhüllte und ein millionenfacher Blick darauf geworfen wurde, wäre ihm das Herz aufgegangen. Das Herz eines Menschen, der 1913 geboren war. Er hatte mit den Gegensätzen und Widersprüchen der Moderne gerungen und doch um deren innere Harmonie gewusst.

Unvollendet. Vollendet

Der Sommer 1991 versprach schön zu werden. In den letzten Tagen des Juni, die Abstimmungsschlacht um Berlin war geschlagen, erfüllten wir uns einen Wunsch und fuhren nach Island. In der Universität von Reykjavik erklärte W. B., was zu erklären er nicht müde wurde. Europa vertrug kein Entweder-Oder und musste in die Breite und in die Tiefe zugleich wachsen. Die Erweiterung nach Osten war politisch geboten. Für die Vertiefung führte W. B. ökonomische Gründe ins Feld, globale Zwänge.[1] Der Hinweis Kohls auf den Krieg, der erst durch die gemeinsame Währung gebannt werde, kam W. B. nicht in den Sinn. Keine Währung der Welt entschied über Krieg und Frieden. Über Jugoslawien verdüsterte sich der Himmel trotz des gemeinsamen Dinar: Was gewaltsam und zu lange »unter der Decke« oder unter dem »Deckel«, wie er auch sagte, gehalten wird, bricht hervor, »auf schreckliche Weise«.[2]

Die Marotte Mitterrands, dass die Mark, das Symbol deutscher Vormacht, verschwinden müsse, behandelte W. B. eher mitleidig: Wer sich an der Mark stößt, muss die gemeinsame Währung schaffen helfen. Die hielt er seit 1969 für wünschenswert und nun für notwendig: Ein Binnenmarkt, der sich entfalten soll, braucht die einheitliche Währung. Rücksichtnahme auf das Prestige in Paris kostete insoweit nichts.

Die drei Tage von Island waren fröhlich, unbeschwert. Die prickelnde Luft und die nächtliche Helle erzeugten eine Art Champagnerlaune. W. war amüsiert: Jetzt ahnst Du mal, warum die Norweger außer sich geraten, wenn die Sonne hoch steht. Am 1. Juli brachen wir Richtung Süden auf. Cévennen, Le Mezy. Sieben französische Wochen lagen vor uns. W. widmete sich Haus und Hof, seinem kleinen Gemüseanbau, den Marktgängen, der Küche. Er hielt Verbindung zum Büro, bereitete sich auf herbstliche Pflichten vor, schrieb und las. Immer schleppte er Bücher hin und her, vorzugsweise Historisches, auch Anekdotisches, und immer das jeweils neueste Werk von Gabriel García Márquez; W. kannte alle seine Romane. Die Zeit floss dahin, gleichförmig, friedensvoll. Ninja besuchte uns mit Mann und Kind und blieb zehn Tage. Erich Böhme, den wir schon in seinem Haus in der Dordogne besucht hatten, kam und machte ein Interview; vierzig Jahre zuvor war die Mauer gebaut worden.[3] Alles war wie immer. So schien es, und so wollten wir es selbst glauben.

W. hatte Schmerzen im linken Bein. Sie kamen und gingen, manchmal waren sie so stark, dass er nicht bei Tisch sitzen konnte. Plötzlich? Vielleicht waren sie vorher, solange die Anspannung wirkte, nur unterdrückt worden? Jetzt lenkte das Bein ab von dem allgemeinen Befinden, das nicht gut war. Aus seinen Zügen wich die Entspanntheit, die zu Le Mezy gehörte. Er versprach, die Sache mit dem Bein zu ergründen und sich nach Rückkehr untersuchen zu lassen.

Ein erster Arztbesuch, zu Beginn des September, verlief zufriedenstellend; die Ergebnisse waren, vorläufig, gut. W. nahm alle Termine wahr und blieb rege. Der Putsch in Moskau versetzte ihn in große Erregung. Jetzt bewunderte er Jelzin für seinen Mut. Am 24. September folgten wir einer Einladung von Götz Friedrich in die Deutsche Oper; dreißig Jahre zuvor, bald nach dem Mauerbau, hatte der Regierende Bürgermeister den Grundstein in der Bismarckstraße gelegt. Die »Zauberflöte« war schön, alles an diesem Abend war schön. Anschließend bestritt W. zwei Wahlkampftermine in Bremen und reiste nochmals nach Berlin. Am 2. Oktober empfing er in Bonn Kim Dae Jung, den koreanischen Oppositionspolitiker, der trotz jahrzehntelanger Verfolgung den Kampf nicht aufgab, und Timothy Garton Ash, der ihn zur Vorgeschichte der Einheit befragte. W. fand, der Historiker aus Oxford verstehe vom östlichen Europa viel, von Deutschland aber leider nur wenig; der Sinn für die nationale Frage gehe ihm ab.

W. fühlt sich, er gesteht es nun ein, schlecht. Dennoch ist er bei Biolek, am Vorabend des 3. Oktober, munter und bei der Sache. Den ersten Jahrestag der Einheit verbringt er zu Hause. Die Stimmung ist gedrückt. Am 4., einem Freitag, fährt er zur abschließenden Untersuchung wieder nach Wiesbaden. Um zwölf ruft mich der Arzt an und sagt: Da ist ein Tumor im Darm, wenden Sie sich an Professor Pichlmaier in der Universitätsklinik Köln. Als mir W. eine Stunde später die wenigen Meter vom Auto entgegenhumpelt, sehe und weiß ich: W. ist krank, sehr krank. Er setzt sich in seinen Sessel, ich lasse mich auf dem Fußboden nieder. Nach einer langen Weile sagt er: Da ist ein Tumor. Ja, antworte ich, der ist dazu da, dass man ihn beseitigt. Er streicht über meinen Kopf. Ein zaghaftes Lächeln huscht über sein müdes Gesicht.

Am Sonntagmorgen sind die Schmerzen im Bein so groß, dass ich seinen Hausarzt in Erpel anrufe. Dr. Arthur Konopatzky, Typ des bärtigen 68ers, den wir dennoch beide schätzen und mögen, weist ihn in die Universitätsklinik ein, Orthopädie. Hans Simon, der W. B. seit dem Einzug ins Auswärtige Amt, Dezember 1966, fährt, eilt herbei und bringt uns nach Köln. W. fühlt sich rasch besser, den Schmerzen wird abgeholfen. Über diese Diagnose muss er schmunzeln: Verschleiß zwischen zwei Wirbelknochen, ausstrahlend ins linke Bein.

Professor Pichlmaier erscheint. Er verbirgt seine Güte hinter der Strenge des Ausdrucks und sagt nur, was gesagt werden muss. W. wird in die Chirurgie überführt und am frühen Morgen des 10. Oktober operiert. Noch vor neun Uhr ruft der Professor an und klingt erleichtert: Der Tumor ist – »im Gesunden« – entfernt, man könne guter Dinge sein.

Auf der täglichen Fahrt ins Krankenhaus, an den Ampeln in Klettenberg und Lindenthal, kann ich vom Auto aus die Schlagzeilen des »Express« lesen: Wie W. B. – unter grünen Tüchern – auf die Station überführt worden ist und was sonst noch so passiert. Vor der Zimmertür werden Sicherheitsbeamte postiert, um Neugierige und Sensationsreporter abzuwehren. Der Professor ist erschrocken, der Patient, der sich rasch erholt, eher belustigt. Er wird am 19. Oktober, einem Sonnabend, aus der Klinik entlassen. Am Dienstag danach ruft Professor Pichlmaier an und bittet mich, ihn am Nachmittag aufzusuchen. W. merkt sofort auf und erahnt den Anrufer. Ich rede nicht drum herum, mache ihm und mir aber Mut: Sicher solle nun ein abschließendes Gespräch geführt werden. Ich bin froh, dass am Abend Peter kommen würde; er war auch schon im Krankenhaus gewesen.

In seinem Büro, ohne weitere Vorrede und ohne erkennbare Gemütsregung, das Gesicht über dem weißen Kittel noch strenger geschnitten als sonst, berichtet der Professor über das Ergebnis der Gewebeprobe: Der Tumor ist ungewöhnlich aggressiv gewesen, die Wahrscheinlichkeit des Weiterwirkens hoch. Er erläutert eine mögliche Therapie, die sich über lange Zeit erstrecken und Kraft kosten werde, und schließt, in äußerster Sachlichkeit die Frage an: Wie ist Ihre Entscheidung? Ich horche in mich hinein, blicke dann auf mein Gegenüber und sage: Nein. Als es heraus ist, entspannen sich seine Züge, und mit fast weicher Stimme, aber doch sehr bestimmt sagt er: Sie haben richtig entschieden.

Als ich zu Hause ankomme, sitzen Vater und Sohn auf dem Sofa und gucken mich an. Unterwegs habe ich mich zweimal verfahren und es nicht fertiggebracht, klare Gedanken zu fassen und zu überlegen, welche Botschaft ich weitergeben würde. Jetzt, noch im Mantel, lässt mich ein guter Geist ausrufen: Wir können frohen Mutes sein. In diesem Augenblick habe ich vergessen, was mir mitgeteilt worden ist.

Wir leben, als müsse W. nur wieder zu Kräften kommen, und sind tatsächlich frohen Mutes. Als Otto Rehhagel und Willi Lemke hereinschauen, vor einem Werder-Spiel in Leverkusen, ist er ganz aus dem Häuschen. Am 4. November würde er wieder ins Büro gehen und dann sehen, welche Zusagen er vor Jahresfrist noch einhält.

Am letzten Sonntag im Oktober erschien Hans-Jochen Vogel in Unkel; die Partei führte jetzt Björn Engholm. Vogel machte Mitteilungen über Wehner und kündigte zugleich an, seinen Verzicht auf eine Wiederwahl als Fraktionsvorsitzender anderntags öffentlich machen zu wollen. W. B. vermutete einen Zusammenhang zwischen beiden Informationen; er unterstellte Vogel ohnehin einen besonderen Draht zu den Diensten. Als der Gast gegangen war, wirkte er nachdenklich, zugleich aufgemuntert, nicht wirklich überrascht. Kopfschüttelnd ging er im Zimmer auf und ab: Da hat der Kerl, auf dem Weg in sein schwedisches Haus, tatsächlich in der DDR Station gemacht! Und nicht nur Station – hat er sich mit ihr eingelassen? Nachfragen habe ich jetzt nicht stellen mögen. Das Sein war leicht geworden und die Scheu, es zu beschweren, groß. Wenn der Tod angeklopft hat, werden sie rar, die Anfechtungen der Welt. Bald schwinden sie ganz. Eitelkeit, Geltungsdrang, Selbstbehauptung. Von allem befreit. Unser Leben war immer vom politischen Gespräch durchzogen gewesen, und doch hatte es nie vorgeherrscht. Gefragt und erzählt wurde, wie es sich ergab. Ohne Plan. Ohne Kalkül. Nie wäre ich auf die Idee gekommen, auch nur die kleinste Notiz zu machen. Wir lebten in der Gegenwart. Jemand wollte wissen, wie es sich mit einem Denkmal lebe. Ich antwortete entgeistert: Aber ich kenne kein Denkmal.

Die einzige Rede, die W. B. in diesem Jahr noch hielt, war Julius Leber gewidmet, der am 16. November 1991 hundert Jahre alt geworden wäre. Er spitzte nun zu, was ihn mehr und mehr beschäftigte: Es kommt wesentlich auf den Einzelnen an. W. B. erinnerte an Adam von Trott und dessen Besuch in Stockholm, Juni 1944. Wenn die Geschichte dieser schrecklichen Zeit geschrieben werde, soll es wenigstens heißen: »Und es gab noch Männer...« Er zitierte auch Alan Bullock, dessen gerade erschienenes Buch über »Hitler und Stalin« er las: Es habe Menschen gegeben, »die bewiesen, zu welcher Größe der Einzelne sich zu erheben vermag«.[4]

Als W. an der Rede schrieb, hatte er innegehalten und Führungsgremien seiner eigenen Partei Revue passieren lassen: Wer würde sich wie verhalten in Zeiten, die existentielle Entscheidungen forderten? Den Glauben, dass der Mensch von Natur aus gut sei und es allein darauf ankomme, diese Natur freizulegen, seinen »Kinderglauben«, wie er es nannte, hatte W. B. früh abgelegt. Er glaubte nicht, dass man die Menschen ändern könne, »ummodeln«, wie er gelegentlich spottete. Eine anthropologische Substanz, aus der die ideale Gesellschaft abgeleitet werden könne, erschloss sich ihm nicht. W. B. teilte die Menschen, zerrissen wie sie waren, nicht in gute und böse ein; in aller Regel gehe der Schnitt »durch die Menschen hindurch«.[5] Wohin sich die Waagschale im Ernstfall senken würde, fand er nicht vorhersagbar. Ob rechts oder links, konservativ oder fortschrittlich, das Etikett hielt keinen Hinweis bereit. Linke Menschen waren nicht die besseren Menschen. Wenn sie sich dafür hielten und auch noch ein fleckenreines Gewissen beanspruchten, wandte W. B. sich ab. Er dachte über Personen nach, Mitglieder des Präsidiums einst und jetzt, und zweifelte. Nur auf Holger Börner wollte er wetten: Der würde sich eher totschlagen lassen, als... W. B. glaubte an die »Veränderbarkeit menschlicher Verhältnisse«. Wofür sonst machte er Politik. Ob der Mensch sich selbst zum Raubtier wurde oder nicht, darüber entschied die Ordnung, in der er lebte. Der zivilisatorische Firnis war dünn, wehe, wenn er abblätterte. Für einen Fortschritt hielt er, »wenn mehr von den Interessen als von der Ideologie gesprochen wird«[6] und es gelingt, eigene Interessen einzubetten in Wünsche und Vorlieben, die andere auch haben.

Sein Kinderglauben an das absolute Gute hatte die Vorstellung von einer Welt ohne Krieg eingeschlossen. Auch sie hatte sich beizeiten verloren. Geblieben war die Gewissheit, dass man die Welt nicht dem Selbstlauf überlassen dürfe. Und nicht den Wahrheitsfanatikern. 1990 hielt er mehr für möglich als je zuvor möglich gewesen war. Aber das Gerede von der neuen Weltordnung nahm er nicht ernst. Er war wenig überrascht, als sich eine neue »Weltunordnung« breit machte und Saddam Hussein nicht allein nach »nuklearem Know-how« suchte.[7] W. B. dachte nicht in der Kategorie von Systemen. Er kannte keine ewige und absolute, sondern immer nur eine relative Wahrheit. Er hasste die Maßlosigkeit und verweigerte sich der Hybris. Nie würde die Einheit zwischen Mensch und Welt vollkommen und nie die Welt nur friedlich sein. Aber daran arbeiten musste man. Immer wieder. Immer wieder neu. Mit der Radikalität von Nuancen, kleinen Schritten. Inbrünstig. Unermüdlich. Wie Sisyphus. In dem Werk von Albert Camus, Jahrgang 1913 wie er selber, fand er sich wieder. In seiner Abschiedsrede vom Parteivorsitz 1987 hatte er darzulegen versucht, was Hoffnung ist, und sich auf Camus bezogen: Wir dürfen »uns Sisyphus sogar als einen glücklichen Menschen vorstellen«.[8]

Es war nicht auszumachen, ob er jetzt mehr Zeit für alles brauchte oder ob er sie sich nahm. Er blätterte in Briefen Lebers. Unter dem Datum des 16. November 1933, dessen 42. Geburtstag, las er und zitierte: »Liebe wächst nur durch Menschlichkeit und Gerechtigkeit. Und ohne Liebe gibt es eben kein Vaterland.« Bald nach der Rede und einem Zeitungsaufsatz, den ich selbst beigesteuert hatte,[9] erhielten wir Post von der Tochter Carl Goerdelers, jenes nationalkonservativen Widerständlers, der als Reichskanzler vorgesehen war, wenn auch nicht von Stauffenberg. Sie schickte uns die Kopie eines Briefes, den Ernst Reuter, im Exil in Ankara, 1942 an Carl Goerdeler geschrieben hatte: »Die gemeinsame Liebe zu dem Lande, für das wir ein Leben lang gearbeitet und nach bestem Wissen und Gewissen unser Bestes gegeben haben, ist das Band, das alle die verbindet, die seiner Zukunft dienen zu können glauben.«[10] W. B. war berührt ob des gemeinsamen Empfindens und fragte, ob man es schöner sagen könne. In der existentiellen Grenzerfahrung zählte die politische Herkunft nicht.

Am 1. Februar 1992 würde ihm der Dolf-Sternberger-Preis verliehen werden, und er fühlte sich verpflichtet, in den Schriften Sternbergers zu lesen. Wer die Nation als Schicksal begriff, konnte den Begriff des Verfassungspatriotismus nicht mögen. Jetzt suchte W. B. ihn zu verlebendigen und vor dem Hintergrund der staatlichen Einheit zu beseelen. Das Grundgesetz als Glücksfall? Aber ja. »Das heißt dann auch, dass unser Verständnis von Vaterlandsliebe von der Verpflichtung auf Freiheit und Demokratie nicht mehr zu trennen« und Patriotismus »Voraussetzung für Weltbürgertum« ist.[11] Er hätte auch sagen können, dass so zusammenwächst, was zusammengehört. Zur Preisverleihung kam die Tochter Goerdelers in die Heidelberger Universität.

Früher als gewöhnlich fuhren wir in die französischen Weihnachtsferien. Eine Kur, eine Art Zwangspause, war nicht in W.s Sinn gewesen, und auch der Professor hatte ihn bestärkt: Zu Hause ist's am besten. Zum ersten Mal machten wir in Lyon Station, mitten in der Stadt. War er weniger neugierig als früher, ging er schleppend? Vielleicht. Ich passte mich an, ohne darüber nachzusinnen. In den Cévennen war alles wie immer, nur alles noch viel ruhiger als sonst, unaufgeregt, besinnlich. Einige Tage vor Weihnachten suchte W., wie alle Jahre, seine Säge und zog los, auf der Suche nach einer kleinen Zeder, die als Tannenbaum diente. Er brachte auch dieses Mal mehrere Modelle zur Auswahl. Das Wetter war schön, sonnig. Sylvester verliefen wir uns in den Bergen, vom südlichen Licht geblendet oder einfach nur verträumt. Die Dämmerung brach schon herein, als wir bei einem wildfremden Bauern klopften. Mühsam beschrieben wir den Standort unseres roten R 5; er fuhr uns hin.

»Politik ist für mich nicht etwas, woraus man sich pensionieren lassen kann.« Er könne ja auch nicht aufhören, Bücher zu lesen. »Die Politik hat mich, seit ich erwachsen bin, und ein bisschen davor, immer beschäftigt.«[12] Beschäftigt? Das war eine seine Untertreibungen, die er sich leistete, wenn es um ihn selber ging. Die Politik war sein Leben. Die Politik, wie er sie verstand. Wer ihn jetzt fragte, ob er sich nach der Operation zurückziehe, hatte wenig von W. B. verstanden. Von einem politischen Amt konnte er sich zurückziehen. Aber von der Politik? In einem Fernsehgespräch fragte Ernst Elitz, ob ihn all die »Unappetitlichkeiten«, mit denen er konfrontiert gewesen sei, der unehelichen Geburt, der Emigration, dem Namen, nicht hätten bewegen können, der Politik abzuschwören. W. B. antwortete milde lächelnd: »Nein, eigentlich nicht.« Er meinte, seine Reaktion hätte anders, weniger »defensiv«, ausfallen sollen. Doch im Grunde seines Herzens wusste er genau, dass die stille Hinnahme aller Anwürfe ihm gemäß war und kein Grund, mit sich zu hadern. Der einfühlsame Elitz wollte wissen: »Schreiben Sie noch gern?« Worauf W. B. fast emphatisch sagte: »Ja. Mit der Hand.«[13] Früher hatte er die Frage nach dem Grund seines Schreibens eher lakonisch beantwortet: »Weil es zu meinem Leben gehört.«[14]

»Auch Reden sind Taten«, hatte Dolf Sternberger einst verkündet. Wenn in seinem Namen ein Preis vergeben werden sollte, musste nicht W. B. ihn erhalten? Er war überrascht gewesen, über die Ehrung und noch mehr über den Laudator, Joachim Fest. Auf der Fahrt nach Heidelberg fragte W. fast ein wenig ängstlich: Was er wohl sagen wird? Tatsächlich ist W. B. selten so gut verstanden und so einfühlsam gewürdigt worden wie an jenem 1. Februar 1992. Bedurfte es dazu einer Distanz, wie Fest sie hatte? Oder einfach nur eines geistigen Horizonts, wie er diesem Redner eigen war? W. B. dachte darüber nach und ließ die Antwort offen.[15]

»Wie in fast allen Biographien von Bedeutung ist die Persönlichkeit schon vorhanden, bevor es, dem bloßen Lebensalter nach, die Persönlichkeit gab.« Wäre es anders gewesen, W. B. hätte kaum »schon in jungen Jahren die Wendung gegen die Jahrhundertpsychose der Despotie« vollziehen und, als er nach Deutschland zurückkehrte, so vollkommen frei von allen Ressentiments sein können. Joachim Fest beobachtet richtig: Ihn hat »in der Wirklichkeit des Nachkriegs-Deutschland, in dem ja weit mehr als die Städte zerstört waren, nicht einmal ein Anflug davon gestreift«. Der Historiker Fest bewundert W. B.s »untrügliches Gespür« für die Wendepunkte im historischen Prozess und erinnert an die Rede vom 1. September 1989, als W. B. die Politik der kleinen Schritte für beendet erklärte und den Beginn einer neuen Zeit ansagte: »Wir alle waren Zeuge.« Wohnt diesem Gespür die Neigung inne, unablässig neu anzufangen? Vielleicht. Jedenfalls hat W. B. bei allen Neuanfängen »nie den Eindruck des Schwankens in den Grundsätzen gemacht«. Darin sieht Joachim Fest sogar einen der auffälligsten Züge des Politikers W. B. Selbst entschiedene Gegner hätten nicht in Zweifel gezogen, dass W. B. ein Mann des Westens war. Es ging »aus seinem ganzen Wesen, seinen Überzeugungen und Maßstäben hervor«. Seinem Wesen? W. B. sei »bis zum Außenseiterischen« immer er selber geblieben. Hier liegt der Grund, dass er sich in keiner Sache, so leidenschaftlich er auch kämpfte, je verloren hat und in keinem Amt, so gern er es auch mochte, je aufgegangen ist. Der Abstand war immer spürbar, auch zur eigenen Partei. Abstand bedeutet Reflexion. Wer sich die leistet, handhabt die Macht ohne »gewollte Härte«, nicht unmittelbar. Und übt Anziehungskraft aus, zumal auf die jüngere Generation. Joachim Fest unterstreicht die einzigartige Gabe des Tribunen W. B., Emotionen herauf-, aber auch herabzustimmen. Die Politik verlangt Extrovertiertheit. Wie kann ein solcher Einzelgänger so hoch steigen und so viele Einverständnisse zur breiten

Öffentlichkeit herstellen? Womöglich ist Joachim Fest dem Geheimnis der Wirkung W. B.s hier nahegekommen.

Der politische und der schreibende, der redende und der reflektierende Mensch W. B. waren ein und derselbe, immer, in jeder Lebenszeit, mochten sich auch die Gewichte verschieben. Schon im Sommer 1991, kaum dass sich die deutschen Dinge beruhigten und die Terminzwänge lichteten, hatte er wieder Filzstift und Papier zur Hand genommen. Was daraus werden würde, wusste er noch nicht. Wichtig war das Schreiben, mit der Lektüre, die dazu gehörte, als Akt der Selbstverständigung. Worüber? Über 1989, wie es dazu kam und was es bedeutete.

Dabei hätte er nun auch einen Faden wieder aufnehmen können, der aus Zeitmangel im Zuge der Einheit liegengeblieben schien. Der Gedanke, seine Witzesammlung, eine Art Perpetuum mobile, herauszugeben, hatte ihn über Jahrzehnte begleitet. Es war gesammelt und sortiert und beizeiten auch der Titel gefunden worden – Lachen hilft. Darin steckte die Maxime eines Menschen, der immer auch neben sich steht, sein Tun reflektiert. Die Witze, eher kleine Geschichten, witzige Weisheiten, Sottisen, wie er selbst gern sagte, dienten als Ventil. Hier konnte er der Schwerkraft des politischen Geschäfts entfliehen und der Verletzungen Herr werden. Hier konnte sich die Spannung des Augenblicks entladen. Manche Stellen zeugen von tiefer Traurigkeit. Auch 1989 hörte er nicht auf, in der Schublade mit Blättern und Schnipseln, auch bekritzelten Speisekarten, zu wühlen. Aber Neues fügte er nicht mehr hinzu. Die Zeit war den Witzen nicht günstig, und W. brauchte sie vielleicht auch nicht mehr. Die Sammlung, die er hinterließ,[16] gleicht einem Spiegel. Wer hineinsieht, bemerkt jene Heiterkeit, die den Schmerz verhüllt.

Auf insgesamt hundert Seiten, die immer nur in Teilen zusammenhängen,[17] spürt er den Ursachen für den sowjetischen »Zerfall« nach, solchen, die von weither kamen, und solchen, die jüngeren Datums waren. Er erinnert sich an die eigene Jugend. Eine Jugend ohne Radio und Fernsehen, ohne Kühlschrank und Waschmaschine und auch ohne Flugzeug. Zum ersten Mal war er 1945, als er nach Deutschland heimkehrte, geflogen. Müssen die Umwälzungen nicht auch das Bewusstsein prägen? Gerade in unseren Tagen, da sie sich beschleunigen? Die Wirkungen der Technik, zumal der Mikroelektronik veranschlagt er hoch. Voller Zustimmung zitiert er Jean Monnet und dessen frühe Vorhersage, dass der Computer Ideologie und Imperium der Sowjetunion untergraben werde. Immer wieder kreisen die Gedanken um Gorbatschow, der zu einem »unverfälschten Lenin« zurückkehren wollte. Der Versuch konnte nicht gelingen. Denn das spätere Grauen war doch »im Kern« im Bolschewismus, also bei Lenin, angelegt! Gorbatschow ließ ihn nicht los. Vor dem ZK der eigenen Kommunistischen Partei hatte der Mann noch im Dezember 1989, mehr als einen Monat nach dem Mauerfall, die DDR einen »strategischen Verbündeten« genannt und die zwei deutschen Staaten eine »Realität«. Wo rollen die Kugeln hin, die einer anstößt? Wie kann man es wissen? Hatten nicht Honecker und Breschnew die Schlussakte von Helsinki in dem Gefühl unterzeichnet, dass ihre Herrschaft gesegnet und gesichert sein würde?

Hinter der Frage nach 1989 steckte die Frage nach den Wirkungsmächten der Geschichte. W. B. kam, »nach einem langen politischen Leben«, zu dem Schluss: »Das Unvorhergesehene ist nicht die Ausnahme, sondern die Norm.« Noch einmal machte er sich lustig über die Leute, die immer zu wissen vorgaben, was wann und warum geschehen werde, und landete noch einmal einen kräftigen Seitenhieb auf die Geheimdienste. Sie hielt er für noch unfähiger als je zuvor. Mit dem Satz vom Unvorhergesehenen hatte er die Erfahrung seines Lebens ausgedrückt: Die Geschichte kennt kein letztes Wort.

Seine Betrachtungen hatte er, noch bevor die erste Zeile geschrieben war, unter einen Titel gestellt, der keine Grenzen zog, weder räumlich noch zeitlich noch gedanklich: Europa. Es machte ihm jetzt Freude auszugreifen und gleichzeitig zu den Wurzeln zurückzukehren, ins Herz Europas. In einer Skizze vermerkte er nicht einfach nur Deutschland. Ausdrücklich wandte er sich gegen die These von dessen »Sonderweg«; sie war ihm immer verdächtig vorgekommen. Jetzt spann er den Gedanken weiter, in einer Rede in Dresden, sie sollte seine letzte zum Thema werden: »Deutschland, wo es liegt, wie es ist und werden sollte – diese Hoffnung lasse ich mir nicht nehmen, und ich möchte sie gern weitergeben helfen. Dieses Deutschland hat jetzt die Chance, nach all dem Unsäglichen, was es sich selbst und der Welt zugemutet hatte, in eine Normalität zu finden, zu der andere auf ihre Weise auch finden mussten. Nicht eine ›Sonderrolle‹ ist das Thema, sondern gute Nachbarschaft – im Innern und nach außen.«[18] Das verstand sich nicht von selbst.

Mit Flucht und Massenwanderungen hatte er sich viele Male befasst, in Nord-Süd-Zusammenhängen und auch vor dem Hintergrund offener Grenzen im Osten. Die Verknüpfung mit dem deutschen Asylrecht brachte ihn in Rage. Er habe doch selbst in einem fremden Land Aufnahme gesucht, so müsse er doch dafür sein, dass Deutschland die Arme weit, weit öffnet, so und ähnlich lautete die Anmutung. W. B. fühlte sich unangenehm berührt, vielleicht auch in seinem antinazistischen Stolz verletzt; politische Flüchtlinge, die ihr Land unfreiwillig verlassen hatten und so schnell wie möglich zurückkommen wollten, ließen sich nicht mit Armutsflüchtlingen unserer Tage gleichsetzen. Was damals in das Grundgesetz hineingeschrieben worden war, fand er schön, aber nicht hilfreich. Welche Vorstellungen hinter dem Asylrechtsartikel steckten, wusste er nicht zu sagen: Damals, nach dem Ende des Nazireichs, habe man lange suchen müssen, um jemanden zu finden, den es ins zerbombte Deutschland zog. W. B. hatte auch jetzt das untrügliche Gespür für den Wandel der Zeiten und hielt auf die Trennung von Asyl und Armut: So sehr sich ihm manche Gastfreundschaft eingeprägt habe, »so wenig taugen damals gemachte Erfahrungen, um die uns heute gestellten Fragen vernünftig zu beantworten. Heute sind europäische Antworten geboten«. Westeuropa war, ob es gefiel oder nicht, Einwanderungsgebiet und konnte doch nicht »allen Geplagten dieser Erde zur Heimstatt« werden.[19] Die Staaten der Europäischen Gemeinschaft, die in Maastricht gerade die Umwandlung zur Union beschlossen hatten, mussten dem Regelungsbedarf nachkommen. In rassistischen Krawallen sah er keine deutsche Besonderheit oder gar eine Folge der Einheit. W. B. wusste einfach zu viel von der Welt, um Deutschland noch wichtiger zu nehmen, als es war. Und ohne wirtschaftliche Fortentwicklung in den Gegenden, die so viele Menschen verließen, würden Armutswanderungen nie begrenzt werden können.

Die eine Frage nach dem Selbstverständnis fächerte sich in viele Fragen auf. Wie und wie schnell die Deutschen zusammenwachsen würden, blieb ein Thema. W. B. mochte den larmoyanten Unterton nicht und wies die zurecht, »die nur herummosern, während wir doch miteinander dafür sorgen sollten, dass die Dinge so gut und so rasch wie möglich vorankommen«. Seine große Sorge war, dass wir über all der Wehleidigkeit »zum Gefangenen der Vergangenheit« werden, zum Gefangenen auch der Juristerei, und den Neubeginn verpassen.[20] 1945, als Berichterstatter vom Nürnberger Prozess, hatte er zwischen dem politisch Wesentlichen und dem juristisch Korrekten unterschieden. Diese Unterscheidung war W. B. eigen. Auch jetzt. Er vermisste die offene Sprache über Kosten, die bezahlt, und über Kräfte, die geweckt werden müssten. Stattdessen sah er Pharisäertum um sich greifen und Selbstgerechtigkeit. »Verfolgt das kleine Unrecht nicht zu sehr«, hatte er in Anlehnung an ein Brecht-Wort schon früh, im Wahlkampf zur Volkskammer, gemahnt. Später widersprach er den »Moralrichtern« und fragte, wer sich berufen fühle, »seines Bruders Richter zu sein«.[21] Zurechenbares Unrecht, auch solches der Bereicherung, sollte verfolgt und ansonsten »Aussöhnung« groß geschrieben werden.[22] Kein Wort zitierte er so oft und so gern wie das von Abraham Lincoln: »A house divided against itself cannot stand.« Auch insoweit blieb er sich treu. W. B. plädierte, bis in die Wortwahl hinein, für die gleiche Nachsicht, die er für die Zeit der Hitlerdiktatur hatte walten lassen. Jetzt bezog er sich sogar auf Adenauer und ergänzte: »Wir wären damals nicht wieder auf die Beine gekommen, wenn wir nicht Bereitschaft zum inneren Ausgleich gezeigt hätten.«[23]

Damals, nach 1945, war der Ausgleich insoweit leicht, als sich die Grenze zwischen Nazi-Verbrechern und anderen Deutschen ziehen ließ. Wo aber waren die DDR-Größen einzuordnen, mit denen er selbst, aber auch seine Nachfolger Umgang gehabt hatten? Honecker war in Bonn in allen Ehren empfangen und herumgereicht worden. Als er verhaftet wurde, wandte sich W. B. dagegen, »einzelnen Personen alle Schuld« zuzuschreiben.[24] Später fragte er Bundeskanzler Kohl, ob Gorbatschow keine »Liste« überreicht habe. Eine Liste mit den Namen der Leute, die in sowjetische Obhut genommen werden sollten. Kohl verneinte: Er habe die Frage von sich aus angeschnitten und demonstratives Desinteresse geerntet. W. B. billige Modrow, der nun im Bundestag saß, und vielleicht auch Krenz zu, dass sie sich in den entscheidenden Tagen und Wochen verhalten hatten, wie es das nationale Interesse gebot. Er wisse, so sagte er im Februar 1992, wie überall der Beifall aufbrauste, wenn man den Namen Gorbatschow nannte. »Wenn ich mich recht erinnere, war der einmal Kommunist, wie Modrow. Auch der ungarische Außenminister Gyula Horn, der den Karlspreis bekommen hat, war Kommunist. Modrow hat mitgeholfen, unblutig über die schwierige Übergangszeit von 1989/90 hinwegzukommen. Bei anderen Völkern würde das gewürdigt. Warum nicht auch bei uns?«[25]

Auf Markus Wolf mochte er seine Großmut nur bedingt ausdehnen. Dessen vierseitiger Brief, unmittelbar vor dem

3. Oktober 1990 eingegangen, hatte ihn in abwehrendes Erstaunen versetzt. Guillaumes Vorgesetzter entschuldigte sich für den 1974 »zugefügten persönlichen Schmerz« und rückte sich selbst in ein freundliches Licht: Schon damals sei ihm »entgegen den bei unserer Führung noch vielfach vorhandenen Wertungen« die Bedeutung seiner, W.B.s, Politik bewusst geworden. Nun sollte gerade W. B. ihn vor einer neuerlichen Emigration bewahren helfen. »Zu einer einwandfreien juristischen Klärung« gehöre »eine entsprechende politische Atmosphäre«. W. B. hat den Bittsteller nicht selbst beschieden und ihn durch einen Mitarbeiter, zwei Monate später, nur wissen lassen, dass er mit dem Bundespräsidenten gesprochen habe.[26] Auch die »Troika«, sein erstes Buch, das Wolf mitgeschickt hatte und das ihm früher schon von Egon Bahr ans Herz gelegt worden war, mochte W. B. nicht lesen: Lies Du es mal.

W.B. hätte nie nur schreiben mögen. Auch jetzt nicht. Er blieb ein Akteur. Zumindest einer, der sich den Akteuren verbunden fühlte und ihnen nahe sein wollte. Er war enttäuscht, fast ein wenig verwirrt, als er eines Abends im März 1992 nach Hause kam und von einer Zufallsbegegnung erzählte. Auf dem Flur des Bundeshauses hatte er Gerhard Schröder getroffen und ihn rufen hören: Man müsste sich doch mal wieder sehen. – Aber ja, melde Dich doch. – Ich bin jetzt Ministerpräsident von Niedersachsen und habe keine Zeit mehr. Es sollten die letzten Worte sein, die Gerhard Schröder an W. B. richtete.

Noch zu Beginn des April absolvierte W. B. zwei Wahlkampfauftritte in Heilbronn und in Mannheim. Und er nahm die Fahrt nach Lübeck auf sich, um traditionell die letzte Kundgebung vor der Landtagswahl am 5. April zu bestreiten. Im März hatte er, auf Einladung der nordrhein-westfälischen Bundestagsabgeordneten, die »Perspektiven« der SPD bis 1994 beleuchtet und ein »sichtbares Ringen um Erneuerung« empfohlen.[27] Er war noch immer Präsident der Sozialistischen Internationale; das Amt würde er auf dem Kongress im September abgeben. Solange er es innehatte, war er mit Ernst und mit Freude dabei. Nach Madrid, wo er jetzt eine Präsidiumssitzung leitete, fuhr er gern. Wegen Felipe und wegen des Königs, der ihn wieder einmal zu sich bat. Vor der Reise hatte er Gorbatschow in Bonn gesehen. Kaum dass er zurück war, empfing ihn der jordanische König Hussein, auf Staatsbesuch in Deutschland. Es schien, als tue er alles, was er tat, jetzt langsam, bedächtig, aber eben auch gern. Lange hatte sich die kleine Runde, die sich alle ein bis zwei Jahre, stets auf rheinland-pfälzischem Boden, zusammenfand, nicht mehr getroffen; der deutschen Einheit waren so manche Vergnügungen zum Opfer gefallen. Jetzt war es endlich einmal wieder soweit. Am 20. März versammelten sich Jockel Fuchs, Reinhard Appel und W. B. in Koblenz. Bei Heimkehr war W. leicht angeheitert und lustig; die Gedanken an die erste Kontrolluntersuchung, die fünf Tage später stattfinden sollte, waren verflogen. Für einen Augenblick.

Der Schatten, den der Termin vorauswarf, war dunkel, machte melancholisch. W. wirkte wehmütig, aber auch wach. Eine ernste Wendung stellte ich mir nicht vor. Ein Kuchen wäre sonst auch kaum gebacken worden. Er rief aus dem Auto an, sehr bestimmt: Du kannst die Torte anschneiden. Am Abend des 30. März ließ der polnische Staatspräsident Walesa, zu Besuch in Bonn, die katholische Tradition hochleben, von Adenauer zu Kohl. W. B.s Ärger war tags darauf vergessen. Mittags gab Björn Engholm, Vorsitzender der SPD, ein Essen zu Ehren von Egon Bahr, der 70 geworden war. Beim Kaffee kam Valentin Falin auf W. B. zu und bat um ein Gespräch.

Was der Russe W. B. in dessen Bundeshausbüro eröffnete, wurde mir am frühen Abend, noch im Flur, wiedergegeben. W. B., erregt, berichtete über Falins Verhältnis zu Wehner sowie über Karl Wienand und dessen Verbindungen zum KGB. Wienand beschäftigte ihn nur am Rande: Du weißt, Wienand ist ohne Wehner nicht denkbar.

Am nächsten Morgen schon, dem 1. April, rief er Hans-Jochen Vogel zu sich; Vogel war kein Partei- und auch kein Fraktionsvorsitzender mehr. Aber W. B. hielt ihn nun mal für kundig in Angelegenheiten der Geheimdienste und bat ihn, Konrad Porzner zu fragen, den Chef des BND, zuvor lange Jahre ein bekanntes Mitglied der Fraktion. Mit der Abfassung eines Vermerks über das Falin-Gespräch wollte er warten, bis Vogel die Antwort brachte.

Am 6. April fuhren wir ins französische Haus. Zwei Wochen fast wie immer. Am Ostersonntag Besuch von einer Freundin und deren amerikanischem Mann. Es wurde gegessen und getrunken, und W. war aufgekratzt. Am Ostermontag brach er zusammen.

W. wollte nichts mehr unternehmen und war unleidlich. Er mochte kaum noch essen und legte sich immer wieder hin, trotz Sonne in eine Decke gehüllt, das Gesicht fahl. Zwischenzeitlich bäumte er sich auf. Das Untersuchungsergebnis war so wunderbar eindeutig gewesen, dunkle Gedanken überkamen uns noch immer nicht. Am Donnerstag nach Ostern fuhren wir nach Hause, er bestand auf dem Weg über Burgund. Die Nacht in Auxerre war grauenhaft. Unerträgliche Schmerzen im Bauch. Zu Hause angelangt, kam der Arzt und verschrieb, wovon man meinte, es helfe. In der Woche sagte W. zwar eine Reise nach Berlin ab, ging aber ins Büro, auch in den Bundestag, und gab Interviews. Die Schmerzen kamen wieder, vor allem nachts. Am Vorabend des 1. Mai hielt er, weil es doch versprochen war, eine launige Rede zu Ehren des Geschäftsführers der Bonner SPD: »Was wäre unsere Partei ohne ihre Sekretäre.« Die müssten immer den Kopf hinhalten.[28] Am Montag, dem 4. Mai, fuhr er, zögerlich und doch gern, nach Luxemburg. Empfang beim Großherzog und eine Rede, die er sorgfältig vorbereitet hatte: »Zur Architektur Europas«.[29] In den Tagen danach wieder Büro. Er war von großer Sanftmut, wenn die Schmerzen wegblieben. Wenn... Am Sonntag, dem 10. Mai, frage ich ihn nicht mehr und rufe den Arzt. Einweisung nach Köln.

Mehrere Organe scheinen betroffen zu sein. Untersuchung und Vorbereitung der Operation ziehen sich hin. Zweimal nehme ich ihn für zwei oder drei Tage wieder mit nach Hause. Der Mai ist warm, sonnig, wie er es mag. W. sitzt im Garten und wirkt jetzt nicht ernsthaft krank. Rau und Koschnick kommen zu Besuch. In der Klinik fragt Professor Pichlmaier leise, wie das halbe Jahr seit jener ersten Operation gewesen sei. Ich schließe die Augen: Schön. Er gestattet sich ein kurzes Lächeln und kündigt an, dass die Operation lange dauern werde. Den Termin setzt er auf Freitag, den 22. Mai, fest.

Als noch vor sechs Uhr morgens das Telefon klingelt, habe ich das sichere Gefühl einer schrecklichen Nachricht. Der Professor teilt in knappen, fast abgehackten Sätzen mit, dass man gar nicht erst zu operieren begonnen und den Bauch sofort wieder zugenäht habe. Wegen der starken Narkose werde er lange schlafen, ich möge am Nachmittag in der Klinik sein. Er ruft bald wieder an: Ich möge eher kommen, wegen der Erklärung an die Presse.

W. fragt, als er wach wird, ob alles gutgegangen sei. Ich verberge die Träne im Kissen und streiche über sein Gesicht. Er lächelt und schläft wieder ein. Am anderen Morgen sitzt er in einem Sessel, ich auf der Lehne, einen Arm um ihn gelegt, eine Hand haltend, als der Professor ihm seinen Zustand erklärt. Werde ich nie wieder...? Der Satz bricht ab. Der Professor sagt, man wisse es nicht.

Schon in den Tagen zuvor war der Weg vom Parkplatz zur Chirurgie ein Spießrutenlaufen gewesen. Zeitungs- und Fotoleute und Neugierige aller Art machen sich bemerkbar. Jetzt hat ein Hausmeister ein Einsehen und weist mir den Weg in die Tiefen des Klinikums; von dort kann ich unbemerkt die Intensivstation erreichen. Der Kampf gegen das öffentliche Sterben hat begonnen.

W. würde ungefähr eine Woche im Krankenhaus bleiben. Der lange Schnitt musste zuwachsen. Dass ich ihn nach Hause hole, habe ich ihm früh gesagt, ohne Nachdenken.

Er wendet ein: Weißt Du, was ich Dir zumute? Nein, diese Frage gilt nicht. Er bekommt Morphium, zunächst kleine Dosen, und verweigert das Essen. Man setzt ihm eine Apparatur auf die Brust, zwecks künstlicher Ernährung. Als wir am Sonnabend, dem 30. Mai, die Klinik verlassen, sein Fahrer Hans Simon schüttelt die Verfolger ab, begleitet uns ein Auto jenes Dienstes, der für die häusliche Pflege von Krebspatienten eingerichtet worden ist. Es ist vollgepackt mit Gerätschaften und Astronautennahrung. Täglich würde jemand kommen. Von Lindenthal nach Unkel brauchte man mehr als eine Stunde, und auch sonst, so sagte einem die innere Stimme, könne eine solche Versorgung nicht sinnvoll sein. Am Sonntag erschien eine unfreundliche Pflegedame und herrschte W. an. Als sie weg war, zog er die Stöpsel aus dem Kasten auf seiner Brust: Warum esse ich nicht selber? Bring mir doch mal was. Am Montag fuhr er fort: Ruf da an, sie sollen den ganzen Krempel wieder abholen. Der Hausarzt, dem Professor Pichlmaier und sein Kollege Diehl von der Onkologie die Unterlagen hatten zukommen lassen, war einverstanden, sogar erleichtert. Er befreite W. von dem lästigen Apparat.

Von der Großmedizin abgenabelt, sind wir nun ganz auf uns zurückgeworfen. Im Juni und im Juli verändert sich der Zustand kaum. Er leidet unter den Nebenwirkungen vor allem des Morphiums, und wehe, wenn die Zeit der Einnahme nicht eingehalten wird. Der Arzt, den wir unter uns nur Arthur nennen, kommt einmal die Woche und verschreibt die Medikamente. Von zwei Menschen wissen wir, dass sie da sind, wenn sie gebraucht werden. Waltraud Meisenbach im Haushalt und Hermann Müller im Garten helfen uns seit vielen Jahren und sind uns vertraut. W. sieht in Hermann, einem hochqualifizierten Stahlprüfer, der sich auf jedes Handwerk versteht, den Inbegriff des deutschen Facharbeiters. Er mag ihn.

W. steht im Laufe des Vormittags auf und richtet sich in seinem Sessel ein, fernsehend, lesend; gelegentlich geht er in den Garten. Abends essen wir gemeinsam. Auf Zeitungen mag er nicht verzichten. Freund Harpprecht schafft Lesestoff heran, auch Bruno Brehms Romantrilogie über den Untergang der Donaumonarchie, die W. verschlingt. Er findet hier Hintergründe der jugoslawischen Tragödie ausgeleuchtet. Auch Thomas Mann wird zur Hand genommen. »Königliche Hoheit«. Und immer wieder Heine:

> »In meinem Hirne rumort es und knackt,
> Ich glaube, da wird ein Koffer gepackt.
> Und mein Verstand reist ab – o wehe –
> Noch früher als ich selber gehe.«

Dazwischen liegen die Augenblicke, in denen der Schmerz des Abschieds hervorbricht: Ich habe viele Fehler gemacht, aber Dich getroffen zu haben ...

Das Haus verlässt er nicht mehr. Ich gehe nur in den Ort, um einzukaufen oder Medikamente zu holen. Ein einziges Mal fahre ich noch nach Köln, ratlos. Hans-Jürgen Wischnewski, Ben Wisch, hat W. besucht und ihm berichtet, dass Fidel Castro über Wunderpillen verfüge und diese auf dem Weg seien. Ich bin außer mir, fühle aber, dass ich es nicht zeigen darf, und entlocke ihm nur das Versprechen, die Tabletten vor Einnahme in Köln prüfen zu lassen. Heraus kommt, dass sie zwar kein neues Leid verursachen, sondern überhaupt keine Wirkstoffe enthalten.

Warum fahren wir nicht nach Frankreich? Ich habe die Frage erwartet und befürchtet. Ich möchte ihm den Wunsch erfüllen und weiß doch, dass er nicht erfüllbar ist. Ablenkung wird versucht. Am Rhein sei es doch so schön. Es fällt schwer. Die Neigung, die Flucht zu ergreifen, ist groß. Es erscheinen Fotos, die offenkundig von der Rückseite des Hauses in das Wohnzimmer hineingeschossen worden sind; in der Hecke hat es verdächtig oft geraschelt. Vor dem Haus ist ein Wohnmobil aufgefahren. Manchmal verschwindet es für einige Tage. Dann ist es wieder da. Die Polizei kommt und erzwingt eine Verlegung des Standorts um drei Meter, vor und zurück. Die Insassen, so erzählt man sich im Ort, duschen bei den Leuten, die bei uns in der Nähe wohnen.

Noch pflegt W. die Verbindung in sein Büro. Einmal in der Woche erscheinen der Leiter Klaus Lindenberg oder, seltener, Manfred Bauer, der eine treue Seele ist und ein gerader Charakter; für keinen Vorteil würde er auch nur den kleinsten Verrat begehen. W. B. übergibt Lindenberg den Vermerk, den er schließlich über Falins Mitteilungen vom 31. März anfertigt – »betr. HW und Karl W.«. Die Order ist, das Papier in seinem, W. B.s, Tresor im Bundeshausbüro zu verwahren. Eine Kopie, die er sich bringen lässt, übergibt W. B. im September Johannes Rau.

Hans-Jochen Vogel war am 17. Juni endlich erschienen. W. bemerkte, dass der nicht immer so lange brauche, um einen Bescheid einzuholen. In der Sache hatte er die Antwort erwartet: Porzner könne »hierzu nichts sagen«. So hielt es W. B. in dem Falin-Vermerk fest.[30]

W. freute sich über Besuch, vorausgesetzt er war nicht anstrengend. Wenn mehrere Tage keiner kam, sehnte er sich nach Unterhaltung. Aber bestellt hätte er, außer seinen Mitarbeitern, niemanden. Ich machte eine Ausnahme und schickte einige Zeilen an Helmut Schmidt. Er kam sofort, und W. freute sich. Rau wurde selbst krank. Koschnick kam, Börner, Egon Bahr immer wieder, Klaus Harpprecht bis fast ans Ende. Rudolf Scharping, Ministerpräsident von Rheinland-Pfalz, rief an und kam, als er hörte, dass W. sich freuen würde. Der Parteivorsitzende Engholm war sehr früh zu einer kurzen Visite erschienen, dann ließ er nichts mehr von sich hören. Theo Waigel richtete über einen gemeinsamen Bekannten herzliche Grüße aus. Am Nachmittag des 29. Juli kam, ohne jedes Aufheben, Richard von Weizsäcker. W. genoss die Geste des Bundespräsidenten und die Stunde, die sie unter dem Kirschbaum verbrachten. Der Rhein glitzerte durch das Grün hindurch. Hätte man den Anlass des Besuches vergessen können, der Frieden wäre vollkommen gewesen. Es war der letzte Tag, an dem W. hatte nach draußen gehen mögen.

Peter kam, und es kamen auch Lars und Matthias, die mehrere Jahre gemeint hatten, den bekannten Vater meiden zu sollen. Ninja war schon früh da gewesen; im August, als es W. sehr viel schlechter ging, kam sie mit Mann und Kind. Er fühlte sich zunehmend überfordert. Die Dosis Morphium wurde heraufgesetzt, er stand seltener auf und aß weniger, bald gar nicht mehr. Künstliche Ernährung lehnte er jetzt ausdrücklich ab. Hermann merkte, dass auch ich aufhörte zu essen, und kam nun jeden Abend mit einem Topf: Sie müssen essen, Liesel, meine Frau, kocht.

Eines Morgens im August nahm W. B. sich den »Stern«, als ich in den Ort ging. Bei Rückkehr lag er wie erschlagen im Bett, es schien, als kämpfe er mit den Tränen, und stieß hervor: Guck nicht rein, bitte. In großer Aufmachung begann der Vorabdruck von Erinnerungen, die seine geschiedene Ehefrau zu Papier gebracht hatte. Vor dem Hintergrund der Krankheit wurden sie interessant. Schon im Winter zuvor, als Peter ihm das norwegische Manuskript gegeben und von seiner Übersetzertätigkeit berichtet hatte, war er unangenehm berührt gewesen: Ich habe nicht die Absicht, es zu lesen. Jetzt, in diesem Elend, ging der Zorn auf Peter nieder, der das hätte verhindern können: Ich will ihn nicht mehr sehen. Die Versöhnung kostete Mühe.

Helmut Kohl hatte schon vor seinem Urlaub wissen lassen, dass er W. B. besuchen wolle. Nach Rückkehr meldete er sich sofort und kam am späten Nachmittag des 27. August. Er hatte diese unbefangene, warmherzige Art, mit einem kranken Menschen umzugehen. Leid und Tod gehörten zum Leben, warum also den Kopf senken. W., dessen Zustand schlecht war, hatte darauf bestanden, sich anzuziehen, und zu dem Gast gesagt: Ich werde doch nicht liegen bleiben, wenn mein Bundeskanzler kommt. Beide tauschten Geschichten aus, vor allem über verstorbene Größen beider Richtungen, und lachten miteinander. Auch W.

lachte. Als ich Helmut Kohl nach draußen begleitete, legte er den Arm um mich und sagte, im Ton des Beschützers: Wir wissen beide, wie es steht. Rufen Sie morgen früh Frau Weber an und lassen Sie sich alle meine Nummern geben. Ich bin für Sie da. Er war der erste und einzige Besucher, der ein Wort auch für mich hatte. Er hatte etwas Tröstendes an sich. Abends erzählte ich W., ich musste es einfach erzählen, dass der Bundeskanzler sich der Dinge annehmen werde, die da kämen. W. lächelte und ließ den Kopf in die Kissen sinken: So ist es richtig und gut.

Ob W. selbst die Idee hatte oder sie ihm eingegeben worden war, gleichviel. Ich war sehr erschrocken, als er noch im Juli mitteilte, nach Berlin reisen zu wollen. Hier würde der Kongress der Internationale stattfinden und er das Präsidentenamt abgeben. Die Welt würde zu Gast sein und der israelische Ministerpräsident reden: Stell Dir vor, Rabin im Reichstag! Ich verstand den Schmerz, gerade hier nicht mehr dabei sein zu können. Aber ich wollte um keinen Preis ein Spektakel. Und ein Bild, das dann das letzte wäre, mit einem todkranken W. B. in einer Sänfte. Als die Zeit der Krankheit über den Plan hinwegging, hatte er ihn auch schon selbst aufgegeben. Ein kleines Lächeln war in seine Züge eingedrungen und meine Hand festgehalten worden, als ich ihn leise fragte, welches Bild die Welt in Erinnerung behalten sollte, und ihm zu helfen versprach, wenn er ein Grußwort schreibe. Das wurde fällig, als der Zustand sich dramatisch verschlechterte. Für den Besuch Helmut Kohls hatte er sich noch einmal aufgebäumt, am Tag danach konnte er nicht mehr aufstehen. Der Arzt war jetzt häufig da.

Er versuchte im Bett zu schreiben. Es war ihm immer noch möglich, die Fernsehnachrichten aufzunehmen und Egon Bahr anzuhören, der über die Serben und Milosevic redete. Eigene, konzentrierte Gedanken aber konnte er nicht mehr fassen. Wir hatten die Betten getauscht, damit der Tropf auch einmal in den anderen Arm angeschlossen werden konnte; er trank jetzt so wenig, dass die Medikamente anders nicht mehr zuzuführen waren. Auch sonst war nichts wie zuvor. Er weigerte sich, ohne Licht einzuschlafen. Und ich las ihm jetzt vor, am Tage aus den Zeitungen, abends aus den Dichtern. Seine Versuche, den Text für das Grußwort zustande zu bringen, brachen mir fast das Herz. Die Ausrichtung auf den Nächsten, der stirbt, ist extrem. Ich rief ihm zu: Ach, weißt Du, wir können es doch einfach mal wieder umgekehrt machen, ich schreibe einen Text, und Du machst ihn dann zurecht. Er hätte gestrahlt, wenn er noch hätte strahlen können. Ich kauerte in dem Sesselchen, das in unserem Schlafzimmer stand, und dichtete zwei Seiten. Die Kritzelei übertrug ich rasch in den PC, und W. war nun plötzlich angeregt, kleine Verbesserungen anzubringen.[31] Hans-Jochen Vogel, der deutsche Vizepräsident der Internationale, verlas das Grußwort am 15. September.

Auf dem Rückweg von Berlin kommt Felipe González nach Unkel. W. spannt so viele Kräfte an, dass er hinuntergehen und den Gast, den er herbeigewünscht hat, wenigstens vom Sofa aus begrüßen kann. Adios, Amigo.

Den Arzt rufe ich jetzt oft. Auch am Sonntagabend, 20. September, ist er da, sein Auto steht sichtbar vor der Tür. Ich stehe mit ihm, wie immer, am Bett, als es klingelt. In dieser Zeit wird oft geklingelt. Manchmal von Leuten, die einen Blumengruß hinters Tor gelegt haben, manchmal einfach so. Ich springe hinunter und frage durch die Sprechanlage, wer dort sei. Eine Stimme sagt Gorbatschow, ich denke, welch übler Scherz, und springe wieder nach oben. Das Spiel wiederholt sich noch einmal, dann ist Ruhe. Am anderen Tag höre und lese ich, er sei es tatsächlich gewesen, mit Begleitern. Hätte man ihn nicht anmelden können?

Ninja ruft an: Wir wollen noch einmal kommen. Ich frage W. Er sagt klar und bestimmt: Sag' ihr, bitte, ich kann nicht mehr. Was die Übermittlung auslösen wird, ist mir klar. Aber es zählt nur, was der sterbende Nächste wünscht. Ihm gegenüber macht man alles richtig. Der Außenwelt gegenüber alles falsch.

Liebe Freunde,

Muß ich sagen, wie gern ich gerade dieser Tage unter Euch
gewesen wäre?
Es sollte nicht sein. Und so grüße ich Euch auf diesem Wege.

Muß ich sagen, mit wieviel Freude und Stolz es mich erfüllt,
Euch in Berlin zu wissen? Zahlreiche Stätten der neuen Demokratien wären würdige Tagungsorte gewesen.

Doch warum nicht einräumen: Es hat mir viel bedeutet, als
Felipe Gonzales Berlin vorschlug.

Und warum nicht hinzufügen: Ich fand, daß - wenn schon Berlin - wir im Reichstag zusammenkommen sollten. Jenem Ort in
Deutschland, an dem es so oft um Krieg und Frieden in Europa
ging. Jenem Ort auch, an dem so viel von Freiheit und Knechtschaft die Rede war.

Ich habe vor geraumer Zeit gebeten, die Führung unserer Internationale in jüngere Hände zu legen. Denn sechzehn Jahre
an ihrer Spitze zu stehen, hielt ich für eine lange Zeit.
doch was sind in der Jahrhunderttradition, in der wir
stehen, sechzehn Jahre?

Immerhin, in dieser kurzen Spanne haben sich diese Stadt,
dieses Land, dieser Kontinent verändert. Mehr noch - die
Welt ist nicht mehr die, die sie 1976 war, als ich in Genf
dieses Amt übernahm.

- 2 -

Der letzte Text
(September 1992)

Unvollendet. Vollendet

- 2 -

[damit auch vielfältige]

Den Frieden sichern, das war nicht unser einziges, aber doch unser erstes Anliegen. Jenen Frieden zwischen zwei Blöcken, die atomar gerüstet waren und die wir für festgefügt hielten. Jenen Frieden, der unverzichtbar war, um ~~der~~ Freiheit ~~den Weg~~ zu ~~bahnen~~.

Heute, nur anderthalb Jahrzehnte später, sorgen wir uns nicht mehr, den einen Frieden zu bewahren. Wir sorgen uns, an vielen Orten dieser befreiten und so unruhigen Welt Frieden überhaupt erst wiederherzustellen.

Auch nach der Epochenwende 1989 und 1990 konnte die Welt nicht nur „gut" werden. Unsere Zeit allerdings steckt, wie kaum eine andere zuvor, voller Möglichkeiten - zum Guten und zum Bösen. Nichts kommt von selbst. Und nur wenig ist von Dauer. Darum - besinnt Euch auf Eure Kraft und darauf, daß jede Zeit eigene Antworten will und man auf ihrer Höhe zu sein hat, wenn Gutes bewirkt werden soll.

Ich danke allen, die geholfen haben.

Mögen Eure Beratungen fruchtbar werden. Meinem Nachfolger wünsche ich eine ~~bisweilen~~ starke, ~~immer aber~~ glückliche Hand.

Es geht nun schnell. Zwei Katheter werden gelegt. W. hängt, fest angebunden, an einem Tropf, der ihn mit Flüssigkeit und Medikamenten versorgt. Meine innere Uhr ist auf den vierstündlichen Austausch geeicht, ich brauche nicht einmal einen Wecker. Der Arzt zeigt Waltraud und mir, wie man ein Bettuch wechselt, ohne dass der Patient verlegt wird. Und Arthur ist erstaunt, worüber ich weniger erstaunt bin. W. lässt keinen Kampf aus, der jetzt noch gekämpft werden kann.

Am Sonntag, dem 4. Oktober, ruft nachmittags Hans-Jochen Vogel an und spricht noch strenger als gewöhnlich: Ich wollte Dir nur sagen, ich stehe bereit. Ich habe bei Wehner alles gemacht, und auch für Greta habe ich alles geregelt. Meine Antwort ist kühl: Ich bin die Frau von Willy Brandt und weiß selbst, was zu tun ist.

Dienstag früh schlägt er um sich und will aufstehen. Er zieht den Arm aus der kleinen Maschinerie. Das Blut fließt. Arthur ist im Nu da. Die Spritze. Die Geräusche steigern sich. Der Arzt sagt: Sie können hier nicht mehr schlafen. Ich antworte: Warten wir noch. Nachmittags wird W. wach, und ich lese ihm ein wenig vor. Ich wasche ihn nur noch notdürftig. Am 7. kommen nacheinander Lars und Matthias. Matthias nimmt mich, als er geht, in den Arm und sagt: Ich werde es Dir nie vergessen.

Am Nachmittag die Frage: Soll ich Dich rasieren oder Hermann? Wie hätte er sich je von einer Frau rasieren lassen sollen? Er sagt: Hermann. Am Morgen des 8. schlägt er wieder um sich. Wild. Mit dem rechten Arm versuche ich, ihn festzuhalten. Mit der anderen Hand wähle ich Arthur an. Ich streichle ihn und rede leise auf ihn ein. Als der Arzt kommt, ist er fast ruhig. Die Spritze. Um 11 sitzt Peter an seinem Bett. Nach einer Stunde kommt er herunter. Er bleibt noch ein wenig und geht dann schweigend. Ich setze mich in das Sesselchen vor W.s Bett. Er ringt nach Luft. Laut und schwer. Um halb fünf gehe ich in mein Zimmer hinüber. Plötzlich ist es still.

(1989)

Ich rufe den Arzt an. Er sagt: Ich muss erst noch die Praxis fertigmachen. Er kommt gegen sechs und stellt den Totenschein aus. Hermann kommt. Weil das Haus dunkel ist, weiß er, dass es zu Ende ist. Er nimmt mich in die Arme. Und benachrichtigt den Bestatter.

Als der Sarg am Abend des 8. Oktober hinausgetragen wird, leuchten vom Balkon des Gegenüber die Blitzlichter auf. Ich bleibe ungefähr eine Stunde allein. Das Telefon. Ich erreiche Lars und Knud, Ninjas Mann. Dann meinen Bruder in Bremen. Wendelin verspricht, am anderen Morgen da zu sein. Dann den Bundeskanzler. Eduard Ackermann meldet sich. Zwei Minuten später ruft Helmut Kohl zurück. Geistesgegenwärtig sage ich: Herr Bundeskanzler, was zu regeln ist, regle ich. – Liebe Frau Brandt, es ist sehr gut, dass Sie mir das sagen.

Mitten in der Nacht kommt Hermann: Der Bestatter fühlt sich der Lage nicht mehr gewachsen. Alle wollen etwas wissen. Der Sarg wird nach Bonn überführt.

Am nächsten Morgen kommt früh Werner Zimmermann, Bürgermeister von Unkel. Bald danach ist Wendelin da und dirigiert Kommende und Gehende. Um zehn ruft der Bundeskanzler an: Ich schicke Ihnen jetzt Herrn Speck, Innenministerium. Mit ihm können Sie reden wie mit mir. Manfred Speck kommt und freundet sich mit Wendelin an. Der Staatsakt wirft viele Fragen auf. Aber nur eine Frage: Wer soll spielen? Ich erinnere mich an die Geschichte, die W. so oft erzählt hat. Wie 1955 Herbert von Karajan zu ihm gekommen ist und eine Philharmonie verlangt hat. Ich sage, schüchtern: Wenn ich einen Wunsch äußern darf, die Philharmoniker. Am anderen Tag wird nachgefragt: Was soll gespielt werden? Ich weigere mich und begnüge mich mit dem Hinweis, der Dirigent werde es selbst wissen.

Claudio Abbado spielt Schubert. H-moll. Die Unvollendete. Vollendet.

Anmerkungen

1. Kapitel
Frankreich. Un amour

1 Vermerk über die vorber. Schlussbesprechung für die deutsch-französischen Konsultationen, Bonn 2. 7. 1972. WBA, A 9, 31.
2 Gesprächsaufzeichnung, Paris 23. 1. 1973. Ebda.
3 Gesprächsaufzeichnung, Bonn 4. 3. 1973. Ebda., 26.
4 Gesprächsaufzeichnung, Paris 22. 1. 1973. Ebda., 31.
5 Gesprächsaufzeichnung, Bonn 10. 11. 1969. Ebda., 28.
6 Gesprächsaufzeichnung, 30. 1. 1970. Ebda., 30.
7 Ebda.
8 Brief an Richard Nixon vom 7. 7. 1972. Ebda., 20.
9 Ansprache François Mitterrands anlässlich Willy Brandts 75. Geburtstag. Gross, S. 20.
10 Aufzeichnungen vom 10. 11. 1969. WBA, A 8, 91.
11 Gesprächsaufzeichnungen, Paris 22. 1. 1973. WBA, A 9, 31.
12 Gesprächsaufzeichnungen, Schloss Gymnich 21. 6. 1973. Ebda., 32. Der französische Historiker Georges-Henri Soutou, der im Nachlass Pompidous dessen Aufzeichnungen eingesehen hat, schreibt sogar, der Bundeskanzler habe diese Fragen »schneidend scharf« gestellt und für sein Gegenüber »peinlich«. Eine solche Charakteristik geben die deutschen Aufzeichnungen nicht her, sie würden auch nicht zu der Art Willy Brandts passen. Vgl. Soutou/Ms. Ähnlich das Kapitel »Georges Pompidou et l' Allemagne: L'impasse stratégique«. Vgl. Soutou, S. 311–349.
13 Brief von Jacques Chirac (Le Maire de Paris) an »Madame Willy Brandt« vom 9. 10. 1992. WBA, B 25, 58.
14 Brandt/Diskussion. Auszug in: BA, Bd. 2, S. 115–153. S. 122.

15 Zit. nach: Lacouture, S. 498.
16 Daniel, S. 45.
17 Gesprächsaufzeichnung, Paris 23. 1. 1973. WBA, A 9, 29.
18 Vgl. WBA, A 11.15, 7.
19 Gesprächsaufzeichnung, Paris 28. 9. 1981. WBA, A 9, 15.
20 Mitterrand, François: Ansprache, S. 8987.
21 Vgl. WBA, A 11.15, 7.
22 Vgl. WBA, C 29, 67.

2. Kapitel
Verlorene Jahre. Geschenkte Zeit

1 Zit. nach: Gallwitz, S. 174.
2 Brief von Helmut Schmidt vom 21. 08. 1981. WBA, A 9, 15.
3 Willy Brandt: »Die FDP hat unsere Nerven strapaziert« (Der SPIEGEL, 14/1982, 5. 4. 1982). In: Brandt/SPIEGEL-Gespräche, S. 381–397.
4 Brief von Willy Brandt an Helmut Schmidt vom 20. 12. 1974. WBA, A 9, 12.
5 Brief von Helmut Schmidt vom 12. 12. 1979. Ebda., 14.
6 Brief von Helmut Schmidt vom 5. 1. 1977 (ebda., 13), im Tenor ähnlich die Briefe Schmidts vom 23. 6. 1976 (ebda., 12) und vom 18. 12. 1980 (ebda., 14). Zur Rede Willy Brandts vor der SPD-Bundestagsfraktion und der Reaktion Helmut Schmidts vgl. den diesbezüglichen Brief Helmut Schmidts an Willy Brandt vom 15. 6. 1977 (ebda., 13) sowie den gesamten Vorgang mit der Nachschrift der Fraktionssitzung vom 14. 6. 1977 (ebda., 34), in der sich Willy Brandt leidenschaftlich, auch unter Hinweis auf den Sturz von Reichskanzler Müller 1930, für die Regierungsverantwortung der SPD eingesetzt hat.
7 Brief von Helmut Schmidt vom 21. 10. 1977. Ebda., 13.
8 Briefe Willy Brandts an Helmut Schmidt vom 22. 3. 1976 (ebda., 12), den er gar nicht erst abschickte, und an den damaligen Bundesgeschäftsführer Egon Bahr vom 22. 9. 1980 (ebda., 35).
9 Das Wort hatte W. B. in einer Rede vor der Fraktion gebraucht. Brief von Helmut Schmidt vom 2. 7. 1982. Ebda., 15.

Anmerkungen

10 Vgl. Brief Helmut Schmidts vom 11.11.1982. Ebda., 15.
11 Ebda.
12 Willy Brandt: Voraussetzungen des Ringens um die deutsche Einheit [Manuskript], Frühjahr 1957. WBA, A 3, 81.
13 SPD-Parteitag/Köln 1983, S. 165.
14 Willy Brandt: »Breschnew zittert um den Frieden«. (Der SPIEGEL, 28/1981, 6.7.1981. In: Brandt/SPIEGEL-Gespräche, S. 365–379. Vgl. auch den Brief von Helmut Schmidt vom 11.11.1982. WBA, A 9, 15.
15 Vgl. Aufzeichnung der Gespräche von Helmut Schmidt mit François Mitterrand in Latche/Les Landes am 2./3.6.1983 (am 8.6. an Willy Brandt übersandt). Ebda., 16. Vgl. auch Brief von Helmut Schmidt vom 3.2.1986 sowie Antwortbrief von Willy Brandt vom 17.2.1986. Ebda.
16 Vgl. Briefe von Helmut Schmidt vom 30.1.1984 und 3.2.1986 (ebda.) sowie Antwortbriefe Willy Brandts vom 7.2.1984 und 17.2.1986 (ebda.).
17 SPD-Parteitag/Köln 1983, S. 164.
18 Brief von Willy Brandt an Helmut Schmidt vom 3.12.1982. WBA, A 9, 15.
19 Brief von Helmut Schmidt vom 5.1.1976. Ebda., 12.
20 Briefwechsel von Wolfgang Clement (16.11.1986) mit Willy Brandt (21.11.1986). Ebda., 37.
21 Vgl. Briefe von Oskar Lafontaine an Helmut Schmidt vom 3.8.1982 und an Willy Brandt vom 1.9.1982. Ebda., 36.
22 Rede Willy Brandts auf dem außerordentlichen Parteitag der SPD in Bonn am 14.6.1987. In: Politik. Informationsdienst der SPD, Nr. 2 (Juni 1987), S. 19–32. S. 22. WBA, A 3, 1028.
23 Vgl. Rede Willy Brandts auf dem Forum »Erben deutscher Geschichte – Bundesrepublik und DDR«, Bonn 12.3.1987. BA, Bd. 5. Dokument Nr. 100. S. 435–445.
24 Vgl. Rede Willy Brandts zum 75. Geburtstag von August Bebel, Berlin 28.1.1988. In: Die Neue Gesellschaft/Frankfurter Hefte, 3/1988, S. 233–241 und den Rundfunkessay über Rosa Luxemburg vom 8.3.1988. WBA, A 3, 1039.
25 Vgl. Rede Willy Brandts zum 100-jährigen Bestehen der Sozialdemokratischen Partei Österreichs (SPÖ) in Wien am 11.11.1988. WBA, A 3, 1053.
26 Brandt/Menschenrechte, S. 56.

27 Ebda., S. 72.
28 Rede McNamaras vor dem World Affairs Council, Boston 14. 1. 1977. Nord-Süd-Kommission, 89.
29 Brandt/Überleben, S. 27.
30 Rede auf dem Friedenskongress Naturwissenschaftliche Initiative e.V. am 2.12.1988 in Tübingen unter dem Motto »Neue Chancen für Frieden und Entwicklung«. WBA, A 3, 1048.
31 Brandt/Gegensatz, S. 250.
32 Brandt/Wahnsinn, S. 113.
33 SPD-Parteitag/Münster 1988, S. 322.
34 Vgl. Anmerkung 30.
35 Brandt/Überleben, S. 30.
36 Rede auf der Wiener Entwicklungskonferenz »The World, Ten Years After the Brandt Commission« am 29. 9. 1988. WBA, A 3, 1040.
37 Brief Willy Brandts an Michail Gorbatschow vom 10.11.1986. WBA, A 9, 10.
38 SI-Meeting in Madrid 9. 5.–13. 5. 1988, Rede Willy Brandts vom 11. 5. 1988. WBA, A 3, 1040.
39 Ms. Manuskript einer Rede Willy Brandts vom Mai 1988 [ohne Titel]. Ebda., 1051.
40 Ebda.
41 Hs. Redenotizen Willy Brandts anlässlich der Rede auf der Konferenz der Nobelpreisträger 18. 1.–20. 1. 1988 in Paris. Ebda., 1050.
42 Brandt/Erinnerungen, S. 435.
43 Ebda.
44 Handschriftliche Aufzeichnungen Willy Brandts. WBA, A 9, 11.
45 Unmittelbar vor dem Besuch verarbeitete (genaues Datum unleserlich) das MfS Erkenntnisse (»streng geheim«) über »die Haltung des SPD-Vorsitzenden Willy Brandt im Zusammenhang mit seinem geplanten Aufenthalt in der DDR« (18.–20. 9. 1985). Auf fünf Seiten wird detailliert über Willy Brandts Absichten und Erwartungen berichtet. Er gedenke auch, »zur Frage der ›Spaltung Deutschlands‹ Stellung zu nehmen«, und wolle »zum Ausdruck bringen, dass es keine ewige Pflicht zur Akzeptierung der ›Spaltung‹ gebe«.

Hervorgehoben wird, dass nur wenige Mitglieder der SPD-Führung über die Details der Reise informiert seien. Die Information, die Honecker durch Mielke übergeben wurde, ist lediglich vierfach ausgefertigt worden und »wegen akuter Quellengefährdung nur zur persönlichen Kenntnisnahme bestimmt«. – In einer von Mielke unterzeichneten zweiseitigen Anweisung an die Leiter der Diensteinheiten des MfS wird unter dem Datum des 11. 9. 1985 vor »unerwünschten Sympathiekundgebungen« und »anderen provokatorischen bzw. feindlich-negativen Handlungen« gewarnt. Alle erforderlichen Maßnahmen müssten eingeleitet werden »unter Nutzung aller politisch-operativen Möglichkeiten, insbesondere durch den zielgerichteten Einsatz der IM und GMS«. Vgl. BStU, Z 3482 und weiterführend zum gesamten Vorgang WBA, B 25, 23.
46 SPD-Parteitag/Münster 1988, S. 314.
47 Ebda., S. 314.
48 Ebda., S. 320.
49 Vgl. Brandt/Wegmarken sowie Rede Willy Brandts »40 Jahre Grundgesetz – Hoffnung und Verpflichtung« anlässlich einer Vortragsreihe der Friedrich-Ebert-Stiftung am 14. 9. 1988. In: Frankfurter Rundschau vom 15. 9. 1988. Vgl. auch WBA, A 3, 1044.
50 Interview Willy Brandts mit der Bild-Zeitung vom 5. 3. 1990.

3. Kapitel
»... ein Fremdling überall«

1 Brief von Martha Kuhlmann (Frahm) an Willy Brandt vom 7. 2. 1947. WBA, B 25, 213.
2 Handschriftliche Aufzeichnungen Willy Brandts [o. D.]. Ebda., 163.
3 Vgl. Artikel: »Väter und Sohn«. In: Der SPIEGEL 52/1986, 22. 12. 1986. Ebda., 161.
4 Mayer/Erinnerungen, S. 26. Vgl. außerdem Brief von Siegfried Unseld an die Verf. vom 13. 6. 2001. WBA, C 29, 83.
5 Vgl. Briefe von Dietrich Spethmann an die Verf. vom 2. 8. 2001 und an Helmut Schmidt vom 4. 7. 2002. Ebda.

Anmerkungen

6 Brief von Gerd-André Rank an Willy Brandt vom 7. 6. 1961. WBA, B 25, 30.
7 Brief von Helga Király (geschiedene Rank) an Willy Brandt vom 31. 5. 1990. Ebda.
8 Brief von Willy Brandt an Helga Rank (Király) am 3. 7. 1990. Ebda.
9 Artikel von Claus Peter Bruns: »Willy Brandts Vater«. Bunte 38/1989, 14. 9. 1989.
10 Vgl. Artikel in der Lübecker Freien Presse vom 16. 3. 1958.
11 Brandt/Helden, S. 94.
12 Brief von Walter Moritz an Willy Brandt vom 7. 3. 1979. WBA, B 25, 214.
13 Brandt/Links und frei, S. 18.
14 Vgl. insgesamt: Ingold/Bruch.
15 Wittgenstein/Denkbewegungen, S. 25.
16 Pach/For and against, Year 1913.
17 Fernsehgespräch zwischen Willy Brandt und Ernst Elitz (»Wortwechsel«). Zit. nach: Johanneum/Festschrift, S. 288.
18 Lübecker Volksbote vom 17. 9. 1931.
19 Brandts Abituraufsatz. Winter 1931/32. BA, Bd. 1. Dokument Nr. 9. S. 102–109. S. 107.
20 Ansprache anlässlich der Verleihung der Ehrenbürgerschaft der Stadt Lübeck am 29. 2. 1972. Brandt/Reden und Interviews (II), S. 153–156. S. 154.
21 Briefe von Willy Brandt an Katharina Christiansen vom 22. 2. und von Katharina Christiansen an Willy Brandt vom 24. und 28. 2. 1989. WBA, B 25, 162.
22 SPD-Parteitag/Leipzig 1931, S. 204.
23 Mierendorff, S. 328.
24 Leber, Julius: »Die Todesursachen der deutschen Sozialdemokratie«. In: Leber, S. 179–246. S. 239.
25 Brandt/Wegmarken, S. 73.
26 Vgl. insgesamt: Frahm/Verbreiterung. Vgl. auch: WBA, B 25, 164.
27 Verschiedene Zeitungsartikel Herbert Frahms/Willy Brandts: »Sie schänden den Namen des Proletariats! Betrachtungen zum 1. Mai«. Lübecker Volksbote. Ausg. v. 28. 4. 1931. BA, Bd. 1. Dokument Nr. 6. S. 92–94; »Nach diesem 1. Mai«. Sozialistische Arbeiter-Zeitung. Ausg. v. 3. 5. 1932. BA, Bd. 1.

Dokument Nr. 11. S. 112–114; »Der deutsche Faschismus – eine Jugendbewegung«. Arbeider-Ungdommen. Ausg. v. 1. 5. 1933. BA, Bd. 1. Dokument Nr. 15. S. 124–128; »Warum versagte die kommunistische Partei in Deutschland? Der Zusammenbruch der ultralinken Taktik«. Arbeider-Ungdommen. Ausg. v. Mitte Mai 1933. BA, Bd. 1. Dokument Nr. 16. S. 128–132.

28 Fallaci, S. 233.
29 Rede Willy Brandts in Berlin anlässlich Julius Lebers 65. Geburtstag am 16. 11. 1956. WBA, A 3, 79.
30 Zeitungsartikel Willy Brandts: »Wie sieht es in Hitlerdeutschland aus?« Arbeiderbladet. Ausg. v. 11. 4. 1933. BA, Bd. 1. Dokument Nr. 13. S. 115–120.
31 Vgl. Brief von Gertrud Danielsen (ehemals Meyer) an die Verf. vom 12. 10. 1992. WBA, B 25, 52.
32 Brandt/Links und frei, S. 100.
33 Aus dem Schreiben Brandts an den Leiter der Auslandszentrale der SAP, Walcher. 31. 8. 1933. BA, Bd. 1. Dokument Nr. 21. S. 192 f. S. 193.
34 Referat Brandts auf der Sitzung der Erweiterten Auslandszentrale der SAP in Paris: »Unsere Arbeit in Skandinavien«. 26. 2. 1935. BA, Bd. 1. Dokument Nr. 26. S. 212 f. S. 212. Vgl. auch Zeitungsartikel Brandts: »Regierung der Arbeiterpartei«. Neue Front. Ausg. v. Mitte April 1935. BA, Bd. 1. Dokument Nr. 28. S. 216–221.
35 Brief von Hilde Walter an Mimi Sverdrup Lunden vom 14. 10. 1936, zit. nach Lorenz, Einhart: Einleitung. In: BA, Bd. 1, S. 39.
36 Brief von Willy Brandt an Hilde Walter. 1. 11. 1935. BA, Bd. 1. Dokument Nr. 29. S. 222 f. S. 222.
37 Vortrag in der Universität Oslo am 11. 12. 1971 zum Thema »Friedenspolitik in unserer Zeit«. In: Brandt/Reden und Interviews (II), S. 89–100. S. 95.
38 Vgl. Rede Willy Brandts: »Fünfzig Jahre danach: Die Nobelpreiskampagne für Carl von Ossietzky«. Oldenburg 7. 5. 1988. WBA, A 3, 1042.
39 Zeitungsartikel Willy Brandts: »Bemerkungen zum Einheitsproblem«. Marxistische Tribüne. Ausg. v. Oktober 1936. BA, Bd. 1. Dokument Nr. 36. S. 233–242; Brief von Willy Brandt

Anmerkungen

an die Auslandszentrale der SAP. 29. 11. 1936. Ebda., Dokument Nr. 37. S. 242–252.

40 Brief von Willy Brandt an die Auslandszentrale der SAP. 29. 11. 1936. Ebda., Dokument Nr. 37. S. 242–252. S. 251; Aus dem Diskussionsbeitrag Brandts über Perspektiven aus dem Reich auf der »Kattowitzer Konferenz« der SAP Anfang Januar 1937. Ebda., Dokument Nr. 38. S. 252–264. S. 262; Zeitungsartikel Willy Brandts: »Zu unserer Losung: Sozialistische Front der jungen Generation«. Kampfbereit. Ausg. v. Februar 1937. Ebda., Dokument Nr. 40. S. 266–287. S. 273.

41 Ebda., S. 267f. u. S. 275.

42 Zeitungsartikel Willy Brandts: »Von der illegalen Kampffront«. Marxistische Tribüne. Ausg. v. März 1937. Ebda., Dokument Nr. 41. S. 288–294. S. 290.

43 Aus dem Schreiben Brandts an den Leiter der Parteileitung der SAP, Walcher. 21. 1. 1937. Ebda., Dokument Nr. 39. S. 265f. S. 265; Handschriftliche Redenotizen Willy Brandts zu seinem Redebeitrag »Erinnerungen an Rosi Frölich« (Rose Frölich Wolfstein) in Frankfurt a. M. 12. 1. 1988. WBA, A 3, 1039.

44 Vgl. Brief von Max Diamant an Willy Brandt vom 14. 6. 1981. WBA, B 25, 161.

45 Aus dem Schreiben Brandts an die Zentralleitung des SJV. 31. 3. 1937. BA, Bd. 1. Dokument Nr. 43. S. 297f.; Aus dem Schreiben Brandts an den Leiter der Parteileitung der SAP, Walcher. 10. 4. 1937. Ebda., Dokument Nr. 44. S. 298f.

46 Aus dem Schreiben Brandts an die Parteileitung der SAP und die Zentralleitung des SJV. 31. 3. 1937. Ebda., Dokument Nr. 42. S. 294–297. S. 294f.

47 Abschrift eines zweiseitigen Vermerks. Berlin 3. 1. 1948. BSTU, Z, MfS HA XX/AKG Nr. 2410. WBA, C 29, 83.

48 Trauerrede Willy Brandts anlässlich des Todes von Richard Löwenthal am 23. 8. 1991. WBA, B 25, 96.

49 Referat Brandts auf der Sitzung der erweiterten Parteileitung der SAP: »Ein Jahr Krieg und Revolution in Spanien. 5. 7. 1937«. Hrsg. von der Sozialistischen Arbeiter-Partei Deutschlands. BA, Bd. 1. Dokument Nr. 46. S. 306–342. S. 332.

50 Ebda., S. 338.

51 Auf den undat. vierseitigen Brief des amerik. Außenministers Kissinger, der dem Vorsitzenden der SPD am 14.1.1976 übergeben worden war, antwortete Willy Brandt am 22.1.1976. WBA, A 9, 34.
52 Rede Willy Brandts am 5.12.1976 auf dem Parteitag der PSOE in Madrid. WBA, A 3, 674. Vgl. auch Brandt/Barcelona, S. 58.
53 Aus dem Schreiben Brandts an die Gruppe Oslo der SAP und zugleich an die Parteileitung der SAP in Paris. 4.11.1937. BA, Bd. 1. Dokument Nr. 48. S. 345–350. S. 347.
54 Norsk Kommuneforbunds Fagblad. Ausg. v. Juli 1938, zit. nach Lorenz, Einhart: Einleitung. In: Ebda., S. 52.
55 Brandt/Einheit der Jugend, S. 38. Auch in: WBA, A 3, 5.
56 Zeitungsartikel Willy Brandts: »Unmögliche Methoden«. Arbeiderbladet. Ausg. v. 17.12.1937. BA, Bd. 1. Dokument Nr. 49. S. 350–352. S. 352 u. Wehner, Herbert: »Ein Mai der Mobilisierung für den Weltfrieden, gegen die faschistischen Kriegstreiber!« Zit. nach: Müller/Wehner, S. 158.
57 Aus der Broschüre Brandts »Spaltung oder Sammlung. Die Komintern und die kommunistischen Parteien«. Mitte Juni 1939. BA, Bd. 1. Dokument Nr. 58. S. 400–422. S. 417.
58 Zeitungsartikel Brandts: »Sind alle Deutschen Nazisten?« Arbeider-Ungdommen. Ausg. v. Weihnachten 1937. Ebda., Dokument Nr. 50. S. 352–355.
59 Zeitungsartikel Brandts: »Hitler ist nicht Deutschland«. Telemark Arbeiderblad. Ausg. v. 28.9.1938. Ebda., Dokument Nr. 54. S. 383–386.
60 Zeitungsartikel Brandts: »Der Traum von Europas Vereinigten Staaten«. Bergens Arbeiderblad. Ausg. v. 28.12.1938. Ebda., Dokument Nr. 63. S. 452–458. S. 458.
61 Ebda.
62 Aus dem Buch Brandts: »Die Kriegsziele der Großmächte und das neue Europa«. April 1940. Ebda., Dokument Nr. 65. S. 468–495.
63 Georg Angerer, der aus der Leipziger SAP stammte, war nach Oslo emigriert. Dort engagierte er sich in der Gruppe Willy Brandts. 1937 zog er sich von der politischen Arbeit zurück und tauchte 1940 als Dolmetscher beim »Befehlshaber der Sicherheitspolizei« wieder auf. Nach dem Krieg wurde er in

der DDR verhaftet und erpresst, gegen Willy Brandt auszusagen. Der sollte hauptsächlich der Zusammenarbeit mit der Gestapo oder auch der englischen Agententätigkeit bezichtigt werden. Am 1. 9. 1959 schlug Markus Wolf seinem Vorgesetzten Erich Mielke vor, »nach Bestätigung durch das ZK« Ende Okt./Anfang Nov. 1959 »eine Aktion zur Entlarvung des B(randt)« einzuleiten. Brief und Materialien in: BStU, Z MfS 4000/65, Vorgang Georg Angerer 1958/1959. Am 25. 7. 1960, als klar war, dass Brandt Kanzlerkandidat der SPD werden würde, schrieb Angerer an den Parteivorstand. Auf diesen Brief bezog sich W. B. in einem dreiseitigen Vermerk vom 5. 9. 1960. Darin schildert er den Weg Angerers (»Typ eines Schnorrers« und »labile Erscheinung«), benennt Zeugen und nimmt die Verleumdungen (»Produkt seiner Phantasie«) auseinander. Er vermutet, »dass es sich hierbei um einen Teil des gegen mich gerichteten Vorstoßes der SED handelt«. Vermerk in: WBA, B 25, 23. Die Verleumdungen fanden immer wieder einen Niederschlag in der Presse. Dass er richtig vermutet hatte, erfuhr W. B. 1991, als ihm der damalige Sonderbeauftragte der Bundesregierung für die personenbezogenen Unterlagen des ehem. Staatssicherheitsdienstes, Geiger, den Fall darstellte. Brief vom 1. 11. 1991. Ebda.
64 Andrew/Mitrokhin, S. 576.
65 Aus den Schreiben Willy Brandts an den außenpolitischen Berater des norwegischen Außenministers, Arne Ording, vom 27. 12. 1941. BA, Bd. 2. Dokument Nr. 2. S. 64–72. S. 68 sowie vom 11. 3. 1942. Ebda., Dokument Nr. 3. S. 72–82. S. 75.
66 Kreisky, S. 351 f.
67 Vgl. Rede Willy Brandts anlässlich des Begräbnisses von Bruno Kreisky am 7. 8. 1990 auf dem Zentralfriedhof in Wien. WBA, A 3, 1086.
68 »Die Friedensziele der demokratischen Sozialisten«. März 1943. BA, Bd. 2. Dokument Nr. 5. S. 88–104. S. 90 f.
69 Aus dem Buch Brandts »Nach dem Sieg. Die Diskussion über die Kriegs- und Friedensziele«. Mai 1944. Ebda., Dokument Nr. 7. S. 115–153. S. 116 u.118; vgl. insgesamt: Aus der Broschüre »Zur Nachkriegspolitik der demokratischen Sozialisten«. Juli 1944. Ebda., Dokument Nr. 8. S. 154–205.

70 Vgl. Brandt/Links und frei, S. 351.
71 Aus der Broschüre »Zur Nachkriegspolitik der demokratischen Sozialisten«. Juli 1944. BA, Bd. 2. Dokument Nr. 8. S. 154–205. S. 171.
72 Aus dem Buch Brandts »Nach dem Sieg. Die Diskussion über die Kriegs- und Friedensziele«. Mai 1944. Ebda., Dokument Nr. 7. S. 115–153. S. 151.
73 Solidaritätsschreiben Willy Brandts im Namen der Internationalen Gruppe Demokratischer Sozialisten an die polnischen Widerstandskämpfer in Warschau mit handschriftlichen Korrekturen [o. D.]. WBA, A 5, 12.
74 Aus der Broschüre »Zur Nachkriegspolitik der demokratischen Sozialisten«. Juli 1944. BA, Bd. 2. Dokument Nr. 8. S. 154–205. S. 201.
75 Erklärung ehemaliger SAP-Mitglieder in Stockholm zum Eintritt in die Stockholmer SPD-Ortsgruppe. 9. 10. 1944. Ebda., Dokument Nr. 10. S. 213–215; hektographierte Erklärung Brandts, Szendes und Behms: »Warum Eintritt in die Sozialdemokratie?« 25. 9. 1945. Ebda., Dokument Nr. 14, S. 242–252. S. 248.
76 Aus dem Vortrag Brandts »Deutschlands außenpolitische Stellung nach dem Kriege« auf der Mitgliederversammlung der SPD-Ortsgruppe Stockholm. 9. 2. 1945. Ebda., Dokument Nr. 12, 231–239. S. 238.

4. Kapitel
Die Vermessung des Himmels

1 Schreiben Brandts an Walcher. 30. 4. 1946. BA, Bd. 2. Dokument Nr. 20. S. 300–304. S. 301 u. 302.
2 »Die Lehre von Prag«. Referat auf der Kreisvorständekonferenz der Berliner Sozialdemokratie. 12. 3. 1948. WBA, A 3, 41.
3 Zit. nach: Brandt/Löwenthal, S. 396.
4 Vgl. ebda., S. 418–420.
5 Zit. nach: Brandt/Erinnerungen, S. 22.
6 Ms. Manuskript einer Rede Willy Brandts (»Zu Julius Lebers 65. Geburtstag«). Berlin 16. 11. 1956. WBA, A 3, 79.
7 Vgl. Brandt/Löwenthal, S. 276.

Anmerkungen

8 Aus dem Schreiben Brandts an Szende. 25. 5. 1946. BA, Bd. 2. Dokument Nr. 21. S. 305 f.
9 Brandt/Forbrytere. Ins Deutsche übertragen von Dietrich Lutze, Berlin 1966/1972. Manuskript. WBA, B 25, 79, 80, 206.
10 Vgl. Zeitungsartikel Willy Brandts: »Nürnberger Verbrecher-Revue«. In: Arbeiderbladet vom 5. 12. 1945. Vgl. auch Radlmaier, S. 129–133.
11 Brandt/Teufel, S. 12.
12 Vgl. Anmerkung 2.
13 Fernsehansprache aus Warschau am 7. 12. 1970. In: Brandt/ Reden und Interviews, S. 379–381. S. 380.
14 Zeugen des Jahrhunderts: Willy Brandt. Gespräch mit Horst Schättle. TV-Erstausstrahlung: 15. 12. 1988 (ZDF). Sendemitschrift. WBA, A 3, 1052.
15 Zeitungsartikel Willy Brandts: »Aufforderung zu ehrlichem Gespräch«. In: Telegraf vom 21. 5. 1948.
16 Briefe von Erich Ollenhauer an Erich Lindstaedt vom 25. 10. 1945 und an Marie Juchacz vom 23. 11. 1945. Sopade, 85.
17 Aus dem Schreiben Brandts an Szende. 8. 10. 1946. BA, Bd. 2. Dokument Nr. 24. S. 316–318. S. 316; Rundschreiben Brandts an Liebe Freunde. 1. 11. 1946. Ebda., Dokument Nr. 26. S. 320–323. S. 321.
18 Vertraulicher Bericht des Presseattachés an der Norwegischen Militärmission in Berlin, Brandt, für den Pressedienst des Norwegischen Außenministeriums. 25. 7. 1947. Ebda., Dokument Nr. 28. S. 326–331. S. 328.
19 Schreiben des Presseattachés an der Norwegischen Militärmission in Berlin, Brandt, an den Vorsitzenden der SPD, Schumacher. 23. 12. 1947. BA, Bd. 4. Dokument Nr. 2. S. 82–90. S. 86 u. 88.
20 Brandt/Freundesland, S. 66.
21 Rede des Vertreters des SPD-Parteivorstands in Berlin, Brandt, auf dem VI. Landesparteitag der Berliner SPD. 8. 5. 1949. BA, Bd. 4. Dokument Nr. 5. S. 99–130. S. 114; Ashkenasi, S. 70.
22 Rede des Vertreters des SPD-Parteivorstands in Berlin, Brandt, auf dem VI. Landesparteitag der Berliner SPD. 8. 5. 1949. BA, Bd. 4. Dokument Nr. 5. S. 99–130. S. 114.

23 Redebeitrag des Berliner Delegierten Brandt auf dem Parteitag der SPD in Hamburg. 22. 5. 1950. BA, Bd. 4. Dokument Nr. 8. S. 134–138.
24 Abschließende Beratung des Deutschland- und EVG-Vertrages. 3. 12. 1952. Brandt/Bundestagsreden, S. 5–27; Zweite Lesung der Pariser Verträge. 24. 2. 1955. Brandt/Bundestagsreden, S. 37–48.
25 Vgl. hs./ms. Manuskript einer Rede Willy Brandts. Bonn 13. 12. 1956. WBA, A 3, 79 sowie ms. Manuskript einer Rede Willy Brandts. 11. 2. 1957. WBA, A 3, 80.
26 Brandt/Weg nach Berlin, S. 298.
27 Brandt/Arbeiter. S. 7, 26, 36, 39.
28 Brandt/Bundestag 1. 7. 1953, S. 13883.
29 Vgl. Brandt/Löwenthal, S. 700–702.
30 Ms. Manuskript der Rede Willy Brandts anlässlich des Todes von Ernst Reuter. Berlin 1. 10. 1953. WBA, A 3, 70.
31 Brandt/Arbeiter, S. 63.
32 Vgl. insgesamt: Ashkenasi.
33 Vgl. hs. Notiz Willy Brandts. WBA, B 25, 174.
34 Referat des stellv. Vors. des Landesverbandes der SPD Berlin, Brandt, auf dem XI. Landesparteitag der SPD in Berlin. 12. 6. 1954. BA, Bd. 4 Dokument Nr. 14. S. 150–176; Artikel Willy Brandts für die Neue Gesellschaft, Mai–Juni 1956. Ebda. Dokument Nr. 17. S. 179–189; Redebeitrag des Berliner Delegierten Brandt auf dem Parteitag der SPD in München. 11. 7. 1956. Ebda., Dokument Nr. 18. S. 190–193.
35 Zit. nach: Ashkenasi, S. 148.
36 Zeitungsartikel Walter Henkels: »Willy Brandt«. In: Frankfurter Allgemeine Zeitung vom 28. 5. 1955.
37 Brief von Theodor Heuss an Willy Brandt vom 9. 10. 1957. WBA, A 6, 121.
38 Vgl. Ashkenasi, S. 149.
39 Wehner/Bundestag 15. 12. 1954, S. 3115.
40 Brief Fritz Heine an die Verfass. v. 7. 3. 1992. WBA, C 29, 83. »Mich hat Wehner«, fährt Heine fort, »vom ersten Augenblick unserer ersten Begegnung gehasst. Er musste bei mir im Zimmer lange auf seine erste Begegnung mit Schumacher warten.« Ebda.
41 Fritz Heine stellt weiterhin fest: »Eine der bezeichnenden

Taten Wehners war ja, bald nach seinem ›Amtsantritt‹ einen unbedarften PV-Mitarbeiter zu beauftragen, die archivalisch gesammelte PV-Korrespondenz zu dezimieren und alle ›unwichtigen‹ Schriftstücke zu vernichten. Was dann auch in monatelanger Arbeit geschah...« Brief von Fritz Heine an die Verfasserin vom 2. 12. 1991. Ebda.

42 Ms. Manuskript einer Rede Willy Brandts zum 1. Mai (»Einige Wahrheiten zur sogenannten Berliner Krise«). Berlin 1. 5. 1959. WBA, A 3, 93.
43 Brandt/Erinnerungen, S. 36.
44 Aus dem Protokoll der Sitzung des Parteivorstands der SPD. 24. 4. 1959. BA, Bd. 4. Dokument Nr. 22. S. 199f. S. 200.
45 Ashkenasi, S. 168.
46 Vgl. ebda., S. 176f.
47 SPD-Parteitag/Bad Godesberg 1959, S. 53 und vgl. S. 75.
48 Vgl. Wehner/Bundestag 30. 6. 1960.
49 Willy Brandt: »Politik für Deutschland«. Rede vom 25. 11. 1960. In: Brandt/Zinne, S. 23–40. S. 23.
50 SPD-Parteitag/Bad Godesberg 1959, S. 75f.
51 Willy Brandt: »Politik für Deutschland«. Rede vom 25. 11. 1960. In: Brandt/Zinne, S. 23–40. S. 31f.
52 Vgl. Langhans, S. 55–61.
53 Vgl. ms. Manuskript einer Rede Willy Brandts (»Marktplatzrede«). Nürnberg 12. 8. 1961. WBA, A 3, 122.
54 Brandt/Begegnungen, S. 67.
55 Rede Willy Brandts vor dem Schöneberger Rathaus in Berlin am 16. 8. 1961. WBA, A 3, 123.
56 Brief an John F. Kennedy vom 15. 8. 1961 [telegrafisch übermittelt am 16. 8. 1961]. WBA, A 6, 126.
57 Vgl. Antwortbrief von John F. Kennedy an Willy Brandt vom 18. 8. 1961. Ebda.
58 Antwort auf die Regierungserklärung. 6. 12. 1961. Brandt/Bundestagsreden, S. 62–86. S. 64.
59 Ebda., S. 66.
60 Vgl. Brandt/Koexistenz.
61 Ebda., S. 38, 91, 110 u. 115.
62 Brief John F. Kennedys an Willy Brandt vom 24. 10. 1962. WBA, A 6, 126. Vgl. auch Brandt/Begegnungen, S. 169–175.

Anmerkungen

63 Ms. Manuskript einer Rede Willy Brandts (»Denk ich an Deutschland...«). Tutzing 15. 7. 1963. WBA, A 3, 159.
64 Brief John F. Kennedys an Willy Brandt vom 23. 7. 1963. WBA, A 6, 121.
65 Vgl. Vermerk betr. »Beteiligung des Regierenden Bürgermeisters an der Delegation der Bundesrepublik Deutschland zu den Trauerfeierlichkeiten in Washington« vom 30. 11. 1963. Ebda., 126.
66 Brief von Jacqueline Kennedy an Willy Brandt vom 4. 1. 1964. Ebda.
67 Rede des Vorsitzenden der SPD, Brandt, auf dem Wahlkongress beim Deutschlandtreffen der SPD in Dortmund. 14. 8. 1965. BA, Bd. 4. Dokument Nr. 57. S. 336–343. S. 336.
68 Vgl. ebda., S. 339; vgl. ms. Manuskript einer Rede Willy Brandts zum 1. Mai (»Einige Wahrheiten zur sogenannten Berliner Krise«). Berlin 1. 5. 1959. WBA, A 3, 93.
69 Ms. Manuskript der Ansprache Willy Brandts anlässlich des Volkstrauertages. Berlin 15. 11. 1964. WBA, A 3, 192. Vgl. Ansprache Willy Brandts zur Feierstunde des Volksbundes Deutsche Kriegsgräberfürsorge anlässlich des Volkstrauertages. Bonn 16. 11. 1969. Bulletin des Presse- und Informationsamtes der Bundesregierung. Nr. 140/1969. S. 1193. WBA, A 3, 328 sowie Ansprache Willy Brandts zur Feierstunde des Volksbundes Deutsche Kriegsgräberfürsorge anlässlich des Volkstrauertages. Bonn 18. 11. 1973. Bulletin des Presse- und Informationsamtes der Bundesregierung, Nr. 149/1973. S. 1483. WBA, A 3, 538.
70 Vgl. Münkel, S. 23 ff. sowie Zeitungsartikel Egon Bahrs: »Emigration – ein Makel?« In: Die Zeit vom 28. 10. 1965.
71 Pressekonferenz des Vorsitzenden der SPD, Brandt. 22. 9. 1965. BA, Bd. 4. Dokument Nr. 59. S. 354–359. S. 357.
72 Rede des Vorsitzenden der SPD, Brandt, vor Funktionären der Berliner SPD. 15. 10. 1965. Ebda., Dokument Nr. 60. S. 362–372. S. 371. Vgl. auch Manuskript »Wiedervereinigung« vom Juli 1956. WBA, A 3, 78.
73 Schreiben des Vorsitzenden der SPD, Brandt, an den Vorsitzenden der IG Metall, Brenner. 25. 3. 1966. BA, Bd. 4. Dokument Nr. 64. S. 375–380. S. 378.

74 Schreiben des Vorsitzenden der SPD, Brandt, an den Regierenden Bürgermeister von Berlin, Schütz. 16. 4. 1968. Ebda., Dokument Nr. 76. S. 408; Anlage: Pressemitteilung des Präsidiums der SPD. 16. 4. 1968. Ebda., Dokument Nr. 76 A. S. 409 f.
75 Pressemitteilung Willy Brandts vom 9. 3. 1988. WBA, A 3, 1049.
76 Aus der Rede des Vorsitzenden der SPD, Brandt, auf der Bundesfrauenkonferenz der SPD in Saarbrücken. 9. 6. 1968. BA, Bd. 4. Dokument Nr. 77. S. 411–419. S. 413.
77 Willy Brandt: »SPD – die vorwärtsstrebende politische Kraft«. Rede vom 18. 3. 1968. In: Brandt/Zinne, S. 141–167. S. 141.
78 Ebda., S. 153 u. 157.
79 Verabschiedung der Notstandsgesetze. 30. 5. 1968. Brandt/Bundestagsreden, S. 87–100. S. 100.
80 Ebda., S. 99
81 Vgl. Brandt/Erinnerungen, S. 171.
82 Vgl. ebda., S. 168.
83 Schreiben des stellvertretenden Vorsitzenden der SPD, Wehner, an den Vorsitzenden der SPD, Brandt. 24. 9. 1969. BA, Bd. 4. Dokument Nr. 84. S. 441–443. S. 443; Anlage: Ausarbeitung des stellvertretenden Vorsitzenden der SPD, Wehner, über mögliche Regierungskombinationen. Ebda., Dokument Nr. 84 A, S. 444 f. S. 445.
84 Artikel: »Wer scheidet schon in Gloria aus?« In: Der SPIEGEL 22/1998, 25. 5. 1998.
85 Regierungserklärung vor dem Bundestag am 28. 10. 1969. In: Brandt/Reden und Interviews, S. 13–30. S. 14.
86 Gesprächsaufzeichnungen, Washington 10. und 11. 4. 1970. WBA, A 9, 23.
87 Brandt/Erinnerungen, S. 189.
88 Rede Willy Brandts (»Deutsche Außenpolitik nach zwei Weltkriegen«) zum 100. Geburtstag von Walther Rathenau. Berlin 6. 10. 1967. Sonderdruck aus dem Bulletin des Presse- und Informationsamtes der Bundesregierung. Nr. 109/1967. S. 8. WBA, A 3, 260.
89 Vgl. Brief Willy Brandts an Alexej N. Kossygin vom 19. 11. 1969. WBA, C 29, 87.
90 Erklärung beim Treffen mit dem Vorsitzenden des Minister-

rats der DDR, Willi Stoph, am 19. 03. 1970 in Erfurt. In: Brandt/Reden und Interviews, S. 157–165. S. 158.
91 Vgl. BSTU, Z 1832 (MfS – Sekr. d. Min.).
92 Vermerk vom 24. 3. 1970. WBA, C 29, 87 sowie BStU, Z 1830 (MfS – Sekr. d. Min.).
93 Vgl. BStU, Z 232 (MfS HA XX/4).
94 Verträge, S. 9–12. S. 12.
95 Willy Brandt: »Voraussetzungen des Ringens um die deutsche Einheit« [Manuskript], Frühjahr 1957. WBA, A 3, 81.
96 Fernsehansprache aus Warschau am 7. 12. 1970. In: Brandt/Reden und Interviews, S. 379–381. S. 380; Brief von Willy Brandt an Marion Gräfin Dönhoff vom 13. 12. 1970. WBA, A 8, 4.
97 Vgl. Reich-Ranicki, S. 550 f.
98 Vgl. Gesprächsaufzeichnungen, Warschau 7. 12. 1970. WBA, A 9, 30 sowie Brandt/Erinnerungen, S. 218.
99 Vgl. SPD-Pressemitteilungen vom 16. 11. 1970.
100 Vgl. Aus der Rede des Vorsitzenden der SPD, Brandt, auf dem Bundeskongress der Jungsozialisten in Bremen. 11. 12. 1970. BA, Bd. 4. Dokument Nr. 86. S. 448–461.
101 Vgl. Artikel: »Ganz munter«. In: Der SPIEGEL 51/1970, 14. 12. 1970. Die Rede Wehners ist nicht in schriftlicher Form überliefert. Vgl. auch Weser Kurier und Neue Zürcher Zeitung vom 14. 12. 1970.
102 Hs. Schreiben des stellvertretenden Vorsitzenden der SPD, Schmidt, an den Vorsitzenden der SPD, Brandt. 30. 12. 1970/ 4. 1. 1971. BA, Bd. 4. Dokument Nr. 88. S. 463–466. S. 464 u. 466.
103 Bayernkurier vom 1. 11. 1969.
104 Vgl. Gesprächsaufzeichnungen, Washington 10. und 11. 4. 1970. WBA, A 9, 23.
105 Vortrag in der Universität Oslo am 11. 12. 1971 zum Thema »Friedenspolitik in unserer Zeit«. In: Brandt/Reden und Interviews (II), S. 89–100. S. 91.
106 Gesprächsaufzeichnung, Israel. 8. 6. 1973. WBA, A 9, 29.
107 Rede des Vorsitzenden der SPD, Brandt, anlässlich des 20. Todestages des ersten Nachkriegsvorsitzenden der SPD, Schumacher. 20. 8. 1972. BA, Bd. 4. Dokument Nr. 95. S. 480–515.

108 Tagebuchaufzeichnungen Willy Brandts. 17. 11. 1972. WBA, A 1, 22. Vgl. auch Artikel von Carl Schmöller: »Strauß malt Schreckensbilder an die bayerische Wand«. Stuttgarter Zeitung vom 2. 11. 1972 und Artikel von Michael Stiller: »Augsburger Bischof distanziert sich von Kirchenzeitung«. Süddeutsche Zeitung vom 14. 11. 1972. Ebda., 23.

109 Brief Willy Brandts an Karl Schiller vom 6. 7. 1972. WBA, A 9, 32.

110 Brief Willy Brandts an Leonid Breschnew vom 6. 10. 1972. WBA, A 8, 74.

111 Erklärung zum Abschluß der Verhandlungen über einen Vertrag über die Grundlagen der Beziehungen zwischen den beiden deutschen Staaten am 7. 11. 1972. In: Brandt/Reden und Interviews (II), S. 497.

112 Aus den Tagebuchaufzeichnungen des Bundeskanzlers und Vorsitzenden der SPD, Brandt. 19. 11. 1972. BA, Bd. 4. Dokument Nr. 102, S. 524 f.

113 Aus den hs. Tagebuchaufzeichnungen des Bundeskanzlers und Vorsitzenden der SPD, Brandt. 18./19. 08. 1972. BA, Bd. 4. Dokument Nr. 94, S. 476–479. S. 476.

114 Vgl. Artikel von Erich Kieckhöfel: »Einsamer Mensch auf der SPD-Bühne in Dortmund«. Rhein-Zeitung vom 14. 10. 1972.

115 Vortrag in der Universität Oslo am 11. 12. 1971 zum Thema »Friedenspolitik in unserer Zeit«. In: Brandt/Reden und Interviews (II), S. 89–100. S. 95.

116 Ansprache anlässlich der Verleihung der Ehrenbürgerschaft der Stadt Lübeck am 29. 2. 1972. In: Brandt/Reden und Interviews (II), S. 153–156. S. 155 sowie Erklärung vor der Bundeskonferenz am 9. November 1972 zum Grundvertrag. In: Brandt/Reden und Interviews (II), S. 503.

117 Vgl. insgesamt: Riedel.

118 Rede Willy Brandts (»Deutsche Außenpolitik nach zwei Weltkriegen«) zum 100. Geburtstag von Walther Rathenau. Berlin 6. 10. 1967. Sonderdruck aus dem Bulletin des Presse- und Informationsamtes der Bundesregierung. Nr. 109/ 1967. S. 13. WBA, A 3, 260.

5. Kapitel
Nach Moskau. Exkurs

1 Hs. Aufzeichnungen des Vorsitzenden der SPD, Brandt, über den »Fall Guillaume«. 24. 4.–6. 5. 1974. BA, Bd. 7. Dokument Nr. 104. S. 508–537.

2 Ein größerer Teil des Nachlasses liegt im Archiv der sozialen Demokratie in der Friedrich-Ebert-Stiftung in Bonn, ein kleinerer Teil befindet sich in der Obhut von Greta Wehner in Dresden. Über den Zugang verfügt Greta Wehner in beiden Fällen allein. Was früher vernichtet oder an einen unbekannten Ort gebracht worden ist, weiß man nicht. Am 7. 12. 1984 hat Herbert Häber, Mitglied des Politbüros, »Generalsekretär Genossen Erich Honecker« brieflich auf das mögliche Schicksal des Privatarchivs von Herbert Wehner aufmerksam gemacht. Man solle überlegen, »ob es eine Möglichkeit gibt, diese Unterlagen in geeigneter Weise sicherzustellen und eine missbräuchliche Benutzung auszuschließen.« Honecker hat von Hand am 9. 12. 1984 an den Rand geschrieben: »erl.« Das Dokument liegt in der Stiftung Archiv der Parteien und Massenorganisationen der DDR im Bundesarchiv. Eine Kopie ist seit vielen Jahren bekannt. Zu den Wehner-Dossiers in den Panzerschränken von Honecker und Mielke, die 1989/90 in den Westen gelangt sind, vgl. Wolf, S. 195.

3 Unter dem Datum des 13. 9. 2003 habe ich den Präsidenten des Bundesarchivs, Herrn Prof. Weber, brieflich um Einsichtnahme in den Vermerk, der W. B. am 1. 5. 1974 überbracht wurde, in die Vernehmungsprotokolle der Sicherheitsbeamten, in den zusammenfassenden Vermerk darüber sowie die dazugehörigen Schriftwechsel gebeten. Am 14. 10. 2003 hat mir Prof. Weber sehr freundlich geantwortet. Er vermute, dass die Unterlagen als VS (Verschlusssache) eingestuft sind und im Bundeskriminalamt liegen. Er werde sich mit dem Amt in Verbindung setzen und mich informieren, sobald er Antwort habe. Seither herrscht, trotz zweimaliger Nachfragen am 16. 12. 2003 und 15. 2. 2004, Stillschweigen. WBA, C 29, 85.

4 Regierungserklärung Willy Brandts vor dem Deutschen Bundestag. Bonn 18. 1. 1973. In: Brandt/Reden und Interviews (II), S. 519–537. S. 519, 525 u. 527.

Anmerkungen

5 SPD-Parteitag/ Hannover 1973, S. 89 u. 90.
6 Tagebuchaufzeichnungen Willy Brandts. 4. 12. 1972. WBA, A 1, 24.
7 a. a. O. 5. 12. 1972. Ebda. Vgl. auch: Brandt/Erinnerungen, S. 305.
8 Artikel: »Der Sieg wird schal«. In: Der SPIEGEL 52/1972, 18. 12. 1972.
9 Jens/Mann, S. 274.
10 Brief von Golo Mann an Willy Brandt vom 8. 12. 1972. WBA, C 29, 84.
11 Brandt/Erinnerungen, S. 304.
12 Artikel: »Dritter Weg«. In: Der SPIEGEL 10/1973, 5. 3. 1973.
13 Artikel: »Die Marx-Töter«. In: Der SPIEGEL 48/1972, 21. 11. 1972.
14 BStU ZAIG 4739. Bericht vom 29. 5. 1970 und HVA X 19 890. Bericht vom 7. 11. 1970.
15 Vgl. Artikel: »Die Marx-Töter«. In: Der SPIEGEL 48/1972, 21. 11. 1972 sowie Artikel: »Berge von Mißtrauen« und die Titelgeschichte: »Nation ist, wenn man sich wiedersieht«. In: Der SPIEGEL 52/1972, 18. 12. 1972.
16 Vermerk von Egon Bahr vom 8. 3. 1973 zu seinem Gespräch mit Valentin Falin. WBA, C 29, 87.
17 Erklärung vor der Bundespressekonferenz am 9. 11. 1972 zum Grundlagenvertrag. In: Brandt/Reden und Interviews (II), S. 503–504. S. 503. In gleichem Sinn, fast wörtlich, äußerte sich W. B. in der Ratifizierungsdebatte des Bundestages am 11. 5. 1973, vgl. Brandt/Bundestag 11. 5. 1973.
18 BStU MfS GH 25/87. In den Akten des MfS sind, unter den verschiedensten Signaturen, viele Äußerungen Wehners gegen W. B. beifällig festgehalten. Vgl. auch die Mitteilung des KGB über Herbert Wehner und das Verhältnis zu Brandt, 23. 9. 1963. In: Müller/Akte Wehner, S. 407–413.
19 BStU MfS GH 65/ 88. Band-Nr. 11. Vgl. den Treffbericht mit IM Talar vom 17. 1. 1976, BStU MfS 7444/ 68. Band-Nr. 15. IM Talar ist später als Armin Hindrichs enttarnt worden. Er arbeitete im Gesamtdeutschen Institut. 1972 trat er in die Dienste der SPD-Fraktion.
20 Brief von Herbert Wehner an Willy Brandt vom 26. 12. 1960. WBA, A 6, 166.

Anmerkungen

21 BStU AIM 7444/68. Band-Nr. 12. Bericht IM Talar 16. 5. 1972.
22 BStU MfS 7444/68. Band-Nr. 12. Bericht IM Talar vom 28. 10. 1972.
23 Vgl. Artikel von Klaus Harpprecht: »Herbert Wehner – es muss geschieden werden«. In: Die Zeit vom 27. 2. 1981. Über diesen Artikel, den er nicht kannte und von dem er nicht einmal etwas gewusst hatte, war Willy Brandt wegen der politischen Wirkung erbost. Der Autor bekam seinen Zorn zu spüren, vgl. Brief von Willy Brandt an Klaus Harpprecht vom 22. 3. 1981. WBA, C 29, 85. Vgl. auch Artikel von Klaus Harpprecht: »Wehner, ein deutscher Dichter«. In: Frankfurter Allgemeine Zeitung vom 24. 5. 1997.
24 Angaben Wehners über seine Ehefrau lt. Moskauer Fragebogen von 1937. BStU MfS HA IX/11 AS 95/65. Band-Nr. 2.
25 Müller/Akte Wehner, S. 55. Vgl. auch ebda., S. 16 u. 19.
26 Ebda., S. 76. Vgl. auch Wehner, Herbert: Notizen. In: Wehner/Zeugnis, S. 27–273. S. 157.
27 Kurt Funk (Herbert Wehner) masch., rechts oben handschr. »für Gen. Pieck« 2. 2. 1937 und Text »Information« mit Namen 25. 5. 1937. BStU MfS HA IX/11 AS 95/65. Band-Nr. 3. Vgl. Müller/Akte Wehner, S. 135. In dem Film »Tödliche Falle – Herbert Wehner in Moskau 1937« (ARD, 2. 10. 2002) hat Reinhard Müller darauf hingewiesen, dass Wehners diverse Angaben verblüffend gut zum Befehl des NKWD-Chefs Jeschow vom 14. 2. 1937 passen. Vgl. Artikel: Mehr Täter als Opfer? In: Der SPIEGEL 40/2002, 30. 9. 2002.
28 Vgl. Müller/Akte Wehner, S. 156 f.
29 Brief von Kurt Funk (Herbert Wehner) an Wilhelm Pieck vom 2. 10. 1939. BStU MfS HA IX/11 AS 95/65. Wieder in: Müller/Akte Wehner, S. 376–381.
30 Bescheinigung vom 3. 2. 1941. Übersetzung aus dem Russischen vom 11. 3. 1968. BStU MfS SdM 1856.
31 Vgl. Scholz, S. 36.
32 Meier, S. 147.
33 Mewis, S. 64.
34 Scholz, S. 38.
35 Smersch – Smart Shpionam – heißt in der englischen Übersetzung »Death to Spies«. Es handelt sich um die extrem

geheime Organisation für militärische Gegenspionage. Sie wurde 1943 aus dem NKWD herausgelöst und Stalin direkt unterstellt.
36 Beschluss des ZK der KPD über den Ausschluss Herbert Wehners aus der KPD vom 6. 6. 1942. Übersetzung aus dem Russischen vom 11. 3. 1968. BStU MfS SdM 1856. Wieder in: Müller/Akte Wehner, S. 401 f.
37 Wehner/Selbstbesinnung, S. 31–220. S. 43 u. 60.
38 Brief von Herbert Wehner an Kurt Mineur vom 7. 11. 1943, zit. nach Scholz, S. 84.
39 Scholz, S. 103.
40 Ebda, S. 99 f.
41 Ebda, S. 103 u. 106.
42 Andert/Herzberg, S. 220 f.
43 Scholz, S. 122.
44 Die spärlichen Auskünfte zu Josef Wagner (1898–1967), der es noch zum SPD-Kreisvorsitzenden von Altona bringen sollte, stammen von der Gedenkstätte Ernst Thälmann, Hamburg, dem Arbeitskreis Geschichte der Hamburger SPD und der Forschungsstelle für Zeitgeschichte in Hamburg. Auch bei Walter Tormin wird in der Biographie über Wagner der Bruch mit dem Kommunismus ausdrücklich vermerkt. Wehner sei durch Vermittlung von Wagner nach Hamburg gekommen. In Schweden hätten beide mit dem Kommunismus gebrochen. Vgl. Tormin, S. 34 u. 135. Als Josef Wagner 1954 Delegierter zum Bundesparteitag der SPD in Berlin wurde und einen Fragebogen ausfüllen musste, trug er in die Rubrik »Frühere politische Mitgliedschaften« den »Schulfortschritt« ein und in die Rubrik »Verfolgungen« schrieb er »Emigration 1934/45«. WBA, C 29, 85.
45 Deckname Stabil, S. 56 f. und Guillaume, S. 54 f.
46 Reimann/Wehner, S. 60, 97, 95, 97, 68 u. vgl. 116 f.
47 Rede Herbert Wehners (»Probleme der Einheit der sozialistischen Bewegung«) und Schlußwort Wehners in Hamburg am 25. 10. 1946. In: Wehner/Selbstbesinnung, S. 221–240 u. S. 251–258. S. 239.
48 Der rheinland-pfälzische SPD-Landesvorsitzende Hugo Brandt, zit. nach Artikel: »Würde des Lebens«. In: Der SPIEGEL 10/1981, 2. 3. 1981.

49 Schlußwort Wehners in Hamburg am 25. 10. 1946. In: Wehner/Selbstbesinnung, S. 251–263. S. 252.
50 Bernhard Wördehoff und Karl Donat: Herbert Wehner – 70 Jahre alt. Gespräch im Deutschlandfunk am 9. 7. 1976. In: Wehner/Zeugnis, S. 351–367. S. 363.
51 Der Ausdruck stammt vom 13. 5. 1975 und ist in einer ZDF-Sendung von Dirk Sager anlässlich einer Wehner-Reise nach Dresden am 17. 12. 1986 wieder ausgestrahlt worden.
52 Wolf, S. 196 f.
53 Vgl. die Dokumenten-Konvolute zu Wehner in BStU ZA, SdM 1856, 1857, 1858, 1866, 1869, 1870. Vgl. auch Staadt.
54 Wolf, S. 210.
55 Manfred Uschner in einem Interview am 10. 3. 1993. GDR Oral History Project, Hoover Institution, Stanford University. WBA, C 29, 85.
56 Wiegrefe/Tessmer, S. 624.
57 Wortlaut der Aktennotiz in Artikel: »Nollau wollte zunächst nicht einmal Brandt informieren«. In: Frankfurter Allgemeine Zeitung vom 20. 9. 1974. Der Vorsitzende des Guillaume-Untersuchungsausschusses, Walter Wallmann, hat die Stenographischen Protokolle der Sitzungen des Untersuchungsausschusses in das Archiv für Christlich-Demokratische Politik (ACDP) in der Konrad-Adenauer-Stiftung, St. Augustin, gegeben. Depositum Walter Wallmann (ACDP 01–742).
58 Wallmann/Bundestag 27. 2. 1975. S. 10547.
59 Vernehmung des Zeugen Willy Brandt am 20. 9. 1974. Stenographisches Protokoll der 16. Sitzung des Guillaume-Untersuchungsausschusses. ACDP 01–742/023/1. 16. Sitzung. Persönliches Gespräch der Autorin mit Walter Wallmann am 26. 11. 2001.
60 Vgl. Fallaci, S. 219 f. und Artikel: »Die Hölle auf Erden ist möglich«. In: Der SPIEGEL 24/1973, 11. 6. 1973.
61 Anmerkung 59.
62 Rede Willy Brandts vor der Vollversammlung der Vereinten Nationen. New York 26. 9. 1973. In: Brandt/Scheel, S. 7–23. S. 7 f.
63 Ebda, S. 9. Zu den Äußerungen Wehners während seiner Reise in die Sowjetunion 24. 9.–2. 10. 1973 vgl. Artikel: »Ostpolitik: ›Knüppel aus der Hand‹«. In: Der SPIEGEL 40/1973,

Anmerkungen

1. 10. 1973 und Artikel: »Was der Regierung fehlt, ist ein Kopf«. In: Der SPIEGEL 41/1973, 8. 10. 1973.
64 Herbert Wehner zu Wolfgang Mischnik (der SPIEGEL-Titelgeschichte vorangestellter Ausspruch). Ebda.
65 Im Titel des Dokuments vom 29. 9. 1973 »Über den Empfang H. Wehners« wird auf beigelegte Materialien verwiesen: Auszug aus dem Protokoll Nr. 99 vom 29. 9. 1973, Entwurf der Pressemitteilung, Notiz der Internationalen Abteilung des ZK der KPdSU vom 28. 9. 1973, Anmerkung von deren stellvertretendem Leiter, Kuskow. Im Titel des Dokuments vom 5. 10. 1973 »Über die Information an E. Honecker« – es gehört zu den nicht freizugebenden Stücken – wird ebenfalls auf den Anhang verwiesen: Auszug aus dem Protokoll Nr. 100 vom 5. 10. 1973, Weisungen an den sowjetischen Botschafter in Berlin, Notiz der Internationalen Abteilung vom 3. 10. 1973. Diese Angaben sind der Liste der Dokumente entnommen, die der Autorin auf Anfrage vom Föderalen Sicherheitsdienst, ehemals KGB, zur Verfügung gestellt wurde. WBA, C 29, 87.
66 Keworkow, S. 163.
67 Ebda, S. 162.
68 Zur Fraktionssitzung und Abstimmung im Parteivorstand am 5. 10. 1973 vgl. Rudolph Karsten: Einleitung. In: BA, Bd. 5, S. 39–41. In einem Informantenbericht für die Staatssicherheit, in dem auch vermerkt wird, dass Wehner vor der Reise kein Gespräch mit Brandt geführt habe, heißt es über die Verhältnisse in der Fraktion: »80 : 20« für Wehner. Bericht vom 14. 10. 1973 über ein Treffen mit »Armin« am 13. 10. 1973 in Köln. BStU MfS 7444/68. Band-Nr. 14. Auch in der linksliberalen Presse wurde Wehner viel Verständnis entgegengebracht. Vgl. Artikel von Hermann Schreiber: »Manchmal bin ich verzweifelt...« In: Der SPIEGEL 40/1973, 1. 10. 1973, und Artikel von Wibke Bruhns: »Sie schlagen und ... sie brauchen sich«. In: Stern 44/1973, 25. 10. 1973.
69 Vermerk von Egon Bahr vom 27. 11. 1973 über das Gespräch Willy Brandts mit dem sowjetischen Botschafter Valentin Falin in Bonn am 22. 11. 1973. WBA, C 29, 87. Entwurf eines Briefes Willy Brandts an Leonid Breschnew vom Dezember 1973. Ebda. Zur Wirkung des UN-Beitritts vgl. den Vermerk von Egon Bahr vom 17. 5. 1973, unmittelbar vor dem

Anmerkungen

Breschnew-Besuch in Bonn: »Tiefes Misstrauen gegenüber der DDR, harte Informationen, dass sie nur noch in die UN wollen und dann jede Vereinbarung blockieren wollen.« Ebda.
70 Telegramm von Willy Brandt an Richard Nixon vom 28. 10. 1973. WBA, A 9, 20.
71 Vgl. Artikel: »Willy Brandt 60: Das Monument bröckelt«. In: Der SPIEGEL 50/1973, 10. 12. 1973.
72 Brief von Helmut Schmidt an Willy Brandt vom 5. 2. 1974, im Anhang der vierseitige Bericht über den Juso-Kongress 25.– 27. 1. 1974 in München. WBA, A 9, 12.
73 Die Nachschrift seiner Ausführungen vor dem Parteivorstand vom 8. 3. 1974 verschickte Helmut Schmidt mit einem hs. Anschreiben (»Liebe Freunde«) am 25. 3. 1974. Ebda.
74 Aussage Willy Brandts vor dem Guillaume-Untersuchungsausschuss am 20. 9. 1974. ACDP 01 – 742/023/1. 16. Sitzung.
75 Vermerk von Egon Bahr vom 1. 3. 1974 über sein Gespräch mit Leonid Breschnew in Moskau am 27. 2. 1974. WBA, C 29, 87.
76 Aussagen Günther Nollaus vor dem Guillaume-Untersuchungsausschuss am 29. 8. und 13. 9. 1974. ACDP 01 – 742/022/1. 14. u. 15. Sitzung. Vgl. Artikel von Eduard Neumaier: »Die Widersprüche des Herrn Nollau«. In: Die Zeit vom 27. 9. 1974.
77 Prokop, S. 241 – 244.
78 »Die humanitären Fragen waren Grundlagen meiner Gespräche«. Brief von Herbert Wehner an Bundeskanzler Helmut Schmidt 15. 6. 1974. In: Frankfurter Allgemeine Zeitung vom 22. 1. 1994.
79 Vier-Augen-Gespräche mit Sadat, Kairo 20. und 22. 4. 1974. WBA, A 9, 26.
80 Vgl. Wolf, S. 281 und Guillaume, S. 384.
81 Rede Willy Brandts anlässlich der Eröffnung der Hannover-Messe. Hannover 25. 4. 1974. Bulletin des Presse- und Informationsamtes der Bundesregierung. Nr. 51/1974. S. 497 – 499. S. 498. WBA, A 3, 561.
82 Erklärung des Bundeskanzlers, Brandt, vor dem Deutschen Bundestag. 26. 4. 1974. BA, Bd. 7. Dokument Nr. 103. S. 505 – 507. S. 505 u. 507; Hs. Aufzeichnungen des Vorsitzenden der SPD, Brandt, über den »Fall Guillaume«. 24. 04. –

6. 5. 1974. BA, Bd. 7. Dokument Nr. 104. S. 508–537. S. 509.
83 Ebda, S. 520.
84 Ebda, S. 521.
85 Ebda.
86 Der Brief von Herold an Genscher, den Herold einen »Bericht« nennt und als »streng geheim« bezeichnet, ist in größeren Auszügen abgedruckt in: Focus 7/1994 vom 14. 2. 1994. Vgl. Anm. 88.
87 Erinnerungen, S. 325.
88 Brief von Horst Herold an Willy Brandt vom 21. 2. 1990 und Unterlagen mit Begleitbrief vom 18. 5. 1990. In diesen Unterlagen, von Herold »Aufzeichnungen« genannt, finden sich Formulierungen aus dem Schriftstück vom 30. 4. 1974, die im Focus nicht enthalten sind, und weite Teile des Vermerks vom 2. 5. 1974. Brandt schickte am 3. 7. 1990 eine längere Übersicht, aus der hervorgeht, dass die Formulierungen in seinen »Erinnerungen« richtig und rechtens seien und er sie nicht ändern werde. Er legte einen kühlen, nicht unfreundlichen Brief bei, in dem er Herold versicherte, dass dem Text keine gegen ihn persönlich gerichtete Tendenz entnommen werden könne. Als Herold mit Anrede und Schlusssätzen nicht einverstanden war, schickte Brandt am 25. 10. 1990 eine freundlichere Variante hinterher. WBA, C 29, 87.
89 Brief von Ulrich Bauhaus an Willy Brandt vom 10. 5. 1974. WBA, B 25, 172.
90 »Aufzeichnungen« von Horst Herold. Vgl. Anmerkung 88.
91 Nollau, Günther: »Das Tagebuch des Geheimdienstchefs«. In: Quick 12/1987, 11. 3. 1987; vgl. auch Nollau, S. 254–271.
92 Wallmann/Bundestag 27. 2. 1975, S. 10547; Wehner/Bundestag 27. 2. 1975, S. 10591.
93 Artikel: »Der erste Hinweis auf Brandts Privatleben stand im SPIEGEL«. In: Die Welt vom 20. 5. 1974.
94 Fallaci, S. 212.
95 Kondolenzbrief zum Tode Willy Brandts am 8. 10. 1992 von Manfred Riedel. WBA, B 25, 54.

6. Kapitel
Deutschland. Eine Leidenschaft

1 Vgl. Schreiben des Vorsitzenden der SPD, Brandt, an die Mitglieder der SPD. 15. 7. 1966. BA, Bd. 4. Dokument Nr. 66. S. 382–385.
2 Vgl. Eröffnungsansprache Willy Brandts anlässlich der Konferenz der Parteiführer der Sozialistischen Internationale (SI) in Wien am 9./10. 3. 1989. WBA, A 3, 1056.
3 Gesprächsaufzeichnung über das Treffen von Hans-Jochen Vogel und Erich Honecker am 25. 5. 1989 auf dem Jagdschloss Hubertusstock vom 26. 5. 1989. WBA, A 13, 82. Vgl. auch WBA, C 29, 84.
4 Willy Brandt: »Die richtige Perspektive heißt 2000« (Der SPIEGEL, 23/1989, 5. 6. 1989). In: Brandt/SPIEGEL-Gespräche, S. 475–485. S. 481.
5 Brandt/Bundestag 16. 6. 1989, S. 1190 f. sowie, für letzteres, Redeentwürfe zur Bundestagsrede Willy Brandts vom 16. 6. 1989. WBA, A 3, 1057.
6 Brandt/Bundestag 16. 6. 1989, S. 11190 ff.
7 Rede Willy Brandts anlässlich des SI-Kongresses in Stockholm 20.–22. 6. 1989. WBA, A 3, 1056.
8 Brandt/Bundestag 16. 6. 1989, S. 11191.
9 Willy Brandt: »Die richtige Perspektive heißt 2000« (Der SPIEGEL, 23/1989, 5. 6. 1989). In: Brandt/SPIEGEL-Gespräche, S. 475–485. S. 484.
10 Brandt/Erinnerungen, S. 487.
11 Willy Brandt: »Eine Zeit geht zu Ende«. Rede vor dem Deutschen Bundestag vom 1. 9. 1989. In: Brandt/was zusammengehört, S. 13–21. S. 20.
12 Brief von Günter Grass an Willy Brandt (an Büroleiter Klaus-Henning Rosen) vom 25. 4. 1989. WBA, A 3, 1057.
13 Ms. Manuskript der Rede Willy Brandts auf dem Landesparteitag in Niedersachsen am 16. 9. 1989. WBA, A 3, 1057. Die Sätze über die deutsche Zukunft, mit denen er die Rede begann, hatte er sich erst kurz vorher von Hand notiert.
14 Willy Brandt: »Eine Zeit geht zu Ende«. Rede vor dem Deutschen Bundestag vom 1. 9. 1989. In: Brandt/was zusammengehört, S. 13–21. S. 21.

15 Willy Brandt: »Wenn Europa wieder zusammenwächst«. In: Die Zeit vom 17. 11. 1989. WBA, A 3, 1063.
16 Vgl. Rundbrief Erich Ollenhauers an den Landesvorstand der Berliner SPD vom 22. 8. 1961 sowie Beschluss des Berliner SPD-Landesvorstands vom 23. 8. 1961. Vgl. außerdem die Rede Willy Brandts auf dem Landesparteitag des SPD-Landesverbandes Berlin vom 2. 12. 1961. Sämtliche Dokumente in: WBA, C 29, 84.
17 Vgl. Willy Brandt: »Ein neues Gewicht für Europa«. Rede im Rahmen des Programm-Parteitages der SPD am 18. 12. 1989 in Berlin. In: Brandt/was zusammengehört, S. 57–73. S. 64.
18 Rede Hans-Jochen Vogels anlässlich des Sonderparteitages der SPD der DDR in Halle/Saale am 9. 6. 1990. WBA, A 3, 1080.
19 Vgl. Interviews Willy Brandts mit der Süddeutschen Zeitung, Le Monde und der Financial Times, die in den jeweiligen Ausgaben am 14. 12. 1989 erschienen sind. WBA, A 3, 1066.
20 Vgl. Willy Brandt: »Neues Denken – Chancen für Europa und die Welt«. Rede an der Lomonossow-Universität in Moskau vom 16. 10. 1989. In: Brandt/was zusammengehört, S. 22–32.
21 Rede Willy Brandts auf dem UNFPA (United Nations Population Fund) – »Forum on Population in the 21st Century« am 7./8. 11. 1989 in Amsterdam. WBA, A 3, 1065.
22 Rede Willy Brandts als Regierender Bürgermeister von Berlin vor dem Deutschen Bundestag am 18. 8. 1961. WBA, A 3, 123.
23 Fernsehansprache Willy Brandts anlässlich des dritten Jahrestags des Mauerbaus vom 13. 8. 1961. WBA, A 3, 186.
24 Brandt, Willy: »Die Wiedervereinigung Deutschlands bleibt auf der Tagesordnung«. Ms. Manuskript April/Mai 1956. WBA, A 3, 76. Ähnlich vor dem Kuratorium Unteilbares Deutschland vom 22. 11. 1956. WBA, A 3, 79. In seinen »Erinnerungen« schrieb Willy Brandt 1988: »Erfüllte Träume, die von Vergangenheit handeln? Nein. Doch kann auf diese Weise zusammengefügt werden, was nun einmal zusammengehört.« Brandt/Erinnerungen, S. 435.
25 Dem SFB und der Berliner Morgenpost hat W. B. mittags gesagt, man befinde sich in einer Situation, »in der wieder zusammenwächst, was zusammengehört«. Das Hörfunk-Inter-

view ist über viele Sender ausgestrahlt worden. Dem WDR sagte er abends: »Dies ist eine schöne Bestätigung bisherigen Bemühens, aber auch eine Aufforderung an uns alle, nun noch 'ne Menge zusätzlich zu tun, damit das wieder zusammengefügt wird, was zusammengehört.« Auf dem Weg über Aushänge der SPD ist der Satz »Jetzt wächst zusammen, was zusammengehört« Ende November 1989 polarisiert worden. In der Rede vor dem Schöneberger Rathaus hat W. B. den Satz nicht gesagt. Als er diese Rede für die Sammlung seiner Reden ». . . was zusammengehört« bearbeitete, hat er den Satz selbst eingefügt. Die Erstauflage erschien noch zu W. B.s Lebzeiten.

26 Willy Brandt: ». . . und Berlin wird leben«. Rede am John-F.-Kennedy-Platz in Berlin vom 10. 11. 1989. In: Brandt/was zusammengehört, S. 33–38. S. 38.
27 Vgl. Anmerkung 15.
28 Brief von Willy Brandt an Michail Gorbatschow vom 11. 11. 1989. WBA, A 10.1, 13.
29 Mündlich übermittelte Botschaft von Michail Gorbatschow an Willy Brandt vom 10. 11. 1989. Ebda.
30 Eröffnungsrede Willy Brandts anlässlich des Council Meeting of the Socialist International in Genf am 23./24. 11. 1989. WBA, A 3, 1065.
31 Willy Brandt: »Die Einheit wächst von den Menschen her«. Rede vor dem Deutschen Bundestag vom 16. 11. 1989. In: Brandt/was zusammengehört, S. 39–48. S. 42.
32 Ebda., S. 45.
33 Vgl. Anmerkung 19.
34 Ebda.
35 Hs. Aufzeichnungen Willy Brandts anlässlich des Besuchs von Senator Edward M. Kennedy vom 28. 11. 1989. WBA, A 3, 1059.
36 Telegramm von Edward M. Kennedy an Willy Brandt vom 2. 12. 1989. Ebda.
37 Vgl. Interview Willy Brandts mit dem Stern (50/1989) vom 7. 12. 1989. WBA, A 3, 1064.
38 Ebda. Vgl. insgesamt Kohl/Einheit.
39 Vgl. Anmerkung 19.
40 Ebda.

Anmerkungen

41 Fallaci, S. 218.
42 Rede Willy Brandts in Rostock vom 6. 12. 1989. WBA, A 3, 1064.
43 Vgl. SPD-Parteitag/Berlin 1989, S. 139 sowie Willy Brandt: »Ein neues Gewicht für Europa«. Rede im Rahmen des Programm-Parteitages der SPD am 18. 12. 1989 in Berlin. In: Brandt/was zusammengehört, S. 57–73. S. 65 und 71. Vgl. außerdem Anmerkung 19.
44 Rede Willy Brandts in Rostock vom 6. 12. 1989. WBA, A 3, 1064.
45 Ebda.
46 Vgl. Anmerkung 37.
47 Ms. Manuskript der Rede Willy Brandts (»Reaktionen auf globale Herausforderungen«) zum 100. Geburtstag von Ernst Reuter, Berlin 11. 12. 1989. WBA, A 3, 1059.
48 Vgl. hs. Aufzeichnungen Willy Brandts vom 11. 11. 1989. WBA, A 3, 1058.
49 SPD-Parteitag/Berlin 1989, S. 130 sowie Willy Brandt: »Ein neues Gewicht für Europa«. Rede im Rahmen des Programm-Parteitages der SPD am 18. 12. 1989 in Berlin. In: Brandt/was zusammengehört, S. 57–73. S. 62.
50 Brigitte Seebacher-Brandt: »Die Linke und die Einheit«. In: Frankfurter Allgemeine Zeitung vom 16. 11. 1989. Auch in: Seebacher-Brandt/Politik, S. 33 ff. Manuskript mit hs. Korrekturen in: WBA, C 29, 84.
51 SPD-Parteitag/Berlin 1989, S. 127 u. 130 sowie Willy Brandt: »Ein neues Gewicht für Europa«. Rede im Rahmen des Programm-Parteitages der SPD am 18. 12. 1989 in Berlin. In: Brandt/was zusammengehört, S. 57–73. S. 62.
52 SPD-Parteitag/Berlin 1989, S. 142 sowie Willy Brandt: »Eine Zeit geht zu Ende«. Rede vor dem Deutschen Bundestag vom 1. 9. 1989. In: Brandt/was zusammengehört, S. 13–21. S. 19.
53 Willy Brandt: »Ein neues Gewicht für Europa«. Rede im Rahmen des Programm-Parteitages der SPD am 18. 12. 1989 in Berlin. In: Brandt/was zusammengehört, S. 57–73. S. 73.
54 Egon Bahr im Anschluss an die Rede Willy Brandts (Aussprache). SPD-Parteitag/Berlin 1989, S. 143 u. 145. Willy Brandt ging ein Offener Brief nahe, den ein Rostocker Ehepaar an Egon Bahr gerichtet, aber ihm zugestellt hatte. Darin fragten

sie, unter Bezug auf mehrere Äußerungen Bahrs, auch auf dem Parteitag, ob dieser das große politische Werk Willy Brandts zunichte machen wolle. WBA, A 3, 1064.
55 SPD-Parteitag/Berlin 1989, S. 254.
56 Vgl. Anmerkung 19.
57 Interview mit Willy Brandt in: Junge Welt vom 2. 2. 1990. WBA, A 3, 1069.
58 Willy Brandt: »Die Einheit ist gelaufen« (Der SPIEGEL, 6/1990, 5. 2. 1990). In: Brandt/SPIEGEL-Gespräche, S. 497–503. S. 503.
59 Seebacher-Brandt/Bebel, S. 145.
60 Westdeutsche Allgemeine Zeitung vom 27. 1. 1990 und Kölner Stadtanzeiger vom 29. 1. 1990. WBA, A 3, 1076.
61 Neue Ruhr Zeitung vom 29. 1. 1990. Ebda.
62 Willy Brandt: »Die Sache ist gelaufen«. Rede vor der Evangelischen Akademie in Tutzing vom 30. 1. 1990. In: Brandt/was zusammengehört, S. 74–83. S. 80.
63 Gorbatschow, S. 230. Willy Brandt hatte das Buch bei Erscheinen gründlich gelesen, mit vielen Anstreichungen versehen und kleinere Exzerpte angefertigt; er erinnerte sich jetzt daran.
64 Willy Brandt: »Die Sache ist gelaufen«. Rede vor der Evangelischen Akademie in Tutzing vom 31. 1. 1990. In: Brandt/was zusammengehört, S. 74–83. S. 76; vgl. auch Willy Brandt: »Die Einheit ist gelaufen«. (Der SPIEGEL, 6/1990, 5. 2. 1990). In: Brandt/SPIEGEL-Gespräche, S. 497–503. S. 497f.
65 Briefwechsel Michail Gorbatschows mit Willy Brandt vom 7. 2. 1990 und 13. 2. 1990. WBA, A 10.1, 19. Vgl. Ausführungen Willy Brandts vor der SPD-Bundestagsfraktion am 13. 2. 1990. In: Pressemitteilung vom 14. 2. 1990. WBA, A 3, 1077.
66 Willy Brandt: »Die Sache ist gelaufen«. Rede vor der Evangelischen Akademie in Tutzing vom 31. 1. 1990. In: Brandt/was zusammengehört, S. 74–83. S. 74.
67 Günter Grass: »Kurze Rede eines vaterlandslosen Gesellen«. In: Tutzinger Blätter (2/1990). S. 37–39. S. 38. WBA, A 3, 1076. Ähnlich äußerte sich Grass in verschiedenen Presseorganen, z. B. in: Die Zeit vom 9. 2. 1990: »Das unter dem Begriff Auschwitz summierte und durch nichts zu relativierende Verbrechen Völkermord lastet auf diesem Einheitsstaat.«

68 Rede Willy Brandts anlässlich der Gedenkveranstaltung zum 50. Jahrestag des 9. November 1938 vor der Jüdischen Gemeinde. Berlin. 8. 11. 1988. WBA, A 3, 1048.
69 Ebda. Vgl. z. B. auch die Rede Willy Brandts (»Demokratische Sozialisten gegen Hitler«) in der Friedrich-Ebert-Stiftung am 9. 2. 1982 in Bonn. Abgedruckt in: Brandt/Sozialisten, S. 32–42.
70 Willy Brandt: »Die Sache ist gelaufen«. Rede vor der Evangelischen Akademie in Tutzing vom 30. 1. 1990. In: Brandt/was zusammengehört, S. 74–83. S. 79. Ähnlich im SPIEGEL-Gespräch, das er unmittelbar nach seiner Rückkehr am 1. 2. 1990 führte: »Na und! Willst du denen das übelnehmen?« In: Willy Brandt: »Die Einheit ist gelaufen« (Der SPIEGEL, 6/1990, 5. 2. 1990). In: Brandt/SPIEGEL-Gespräche, S. 497–503. S. 500.
71 Richard von Weizsäcker: »Maastricht als historische Chance begreifen«. In: Frankfurter Allgemeine Zeitung vom 13. 4. 1992.
72 Weizsäcker, S. 2 f.
73 Vgl. Gross, S. 14.
74 Vgl. Bonner Rundschau vom 8. 2. 1990. WBA, A 3, 1077.
75 Brief Klaus Pipers an Willy Brandt vom 26. 2. 1990. WBA, A 3, 1072.
76 Jaspers, S. III.
77 Rede Willy Brandts (»Wie geht es weiter mit den Deutschen in Europa?«) vor dem Bergedorfer Gesprächskreis. Dresden, 29. 4. 1990. WBA, A 3, 1079.
78 Brandt/Arbeiter, S. 41 f.
79 Willy Brandt: »Das gemeinsame deutsche Haus gestalten«. Rede auf dem Gründungs-Parteitag der SPD in der DDR in Leipzig vom 24. 2. 1990. In: Brandt/was zusammengehört, S. 84–93. S. 93; vgl. auch Willy Brandt: »Nach zwanzig Jahren«. Rede auf dem Domplatz zu Erfurt vom 3. 3. 1990. In: Brandt/was zusammengehört, S. 95–103; zur Finanzierung der Deutschen Einheit vgl. außerdem Sprechzettel Willy Brandts für Wahlkampfauftritte in Niedersachsen und Nordrhein-Westfalen, April/Mai 1990. WBA, A 3, 1079.
80 Interview mit Willy Brandt in der Bild-Zeitung vom 13. 2. 1990. WBA, A 3, 1070.

81 Willy Brandt: »Freude, Nachdenklichkeit und neue Verantwortung«. Erklärung in Berlin vom 18.3.1990. In: Brandt/ was zusammengehört, S. 109–113. S. 109 u. 111.
82 Hs. Aufzeichnungen Willy Brandts für die Sitzung des SPD-Parteivorstands am 19.3.1990. WBA, A 3, 1078. Vgl. Erklärung Oskar Lafontaines zur Übernahme der Kanzlerkandidatur am 19.3.1990. Ebda.
83 Ash, S. 416f. Dem Buch lagen die Berichte in der New York Review of Books zugrunde, die Willy Brandt las. Vgl. auch Seebacher-Brandt/Laterna, S. 41ff.
84 Sendemanuskript: »Willy Brandt – Ein deutsches Leben«. Eine Sendung zum 75. Geburtstag von Hansjürgen Rosenbauer (ARD, 18.12.1988). WBA, A 1, 149.
85 Rede Willy Brandts (»Europäische Perspektiven«). Prag, 15.5.1990. WBA, A 3, 1079.
86 Rede Willy Brandts auf dem Südafrika-Hearing vor dem Deutschen Bundestag am 13.6.1988. WBA, A 3, 1044 A.
87 Rede Willy Brandts anlässlich des Empfangs für Nelson Mandela. Bonn 11.6.1990. WBA, A 3, 1080.
88 Rede Willy Brandts auf dem 14. Ordentlichen Bundeskongress des DGB. Hamburg 20.5.1990. WBA, A 3, 1079.
89 Rede Willy Brandts auf dem Bertelsmann Colloquium »Kulturnation Deutschland: Getrennte Vergangenheit, gemeinsame Zukunft«. Potsdam 11.6.1990. WBA, A 3, 1080.
90 Rede Willy Brandts (»Deutsche Einheit und Europa«) im Rahmen der 17. Römerberg-Gespräche »Der Umbau Europas«. Frankfurt a. M. 8.6.1990. WBA, A 3, 1080.
91 Willy Brandt: »Einstieg in die staatliche Einheit«. Rede vor dem Deutschen Bundestag vom 21.6.1990. In: Brandt/was zusammengehört, S. 114–124. S. 116.
92 Ms. Manuskript einer Rede Willy Brandts zum 1. Mai (»Einige Wahrheiten zur sogenannten Berliner Krise«). Berlin 1.5.1959. WBA, A 3, 93.
93 Willy Brandt: »Einstieg in die staatliche Einheit«. Rede vor dem Deutschen Bundestag vom 21.6.1990. In: Brandt/was zusammengehört, S. 114–124. S. 123.
94 Vgl. Anmerkung 90.
95 Interview mit Willy Brandt in der Süddeutschen Zeitung vom 2.10.1990. WBA, A 3, 1073.

Anmerkungen

96 Rede Willy Brandts auf der Landesdelegiertenkonferenz der SPD, Landesverband Nordrhein-Westfalen. Bielefeld 8. 9. 1990. WBA, A 3, 1081.
97 Willy Brandt: »Appell für Berlin«. In: Frankfurter Allgemeine Zeitung vom 8. 5. 1991. WBA, B 25, 207.
98 Vgl. Brandt/Bundestag 20. 6. 1991, S. 2750. Vgl. auch ms. Manuskript einer Rede Willy Brandts, 11. 2. 1957. WBA, A 3, 80.
99 Interview mit Willy Brandt in der Frankfurter Rundschau vom 2. 7. 1990. WBA, A 3, 1072.
100 SPD-Parteitag/Berlin 1990, S. 16.
101 Willy Brandt: »Das Ende der Teilung«. Rede vor dem Deutschen Bundestag vom 4. 10. 1990. In: Brandt/was zusammengehört, S. 125–132. S. 126 u. 131.
102 Interview mit Willy Brandt in: Bunte vom 13. 2. 1991. WBA, A 3, 1095. Vgl. auch Willy Brandt: »Warum sollen wir nicht dabeisein?« (Der SPIEGEL, 7/1991, 11. 2. 1991). In: Brandt/SPIEGEL-Gespräche, S. 505–513. S. 511.
103 Presseerklärung Willy Brandts vom 12. 11. 1990. WBA, A 3, 1075.
104 Brandt/Bundestag 15. 11. 1990, S. 18843 u. 18842. Seine Vorstellungen von einer Friedensordnung legte er in der Rede zum 40-jährigen Bestehen des Gustav-Stresemann-Instituts dar. Bonn 15. 2. 1991. WBA, A 3, 1090. Auszüge der Rede finden sich auch in der Frankfurter Rundschau vom 16. 2. 1991.
105 SPD-Parteitag/Bremen 1991, S. 200. Vgl. auch Willy Brandt: »Ja zum europäischen Deutschland«. Rede auf dem Parteitag der SPD in Bremen vom 20. 5. 1991. In: Brandt/was zusammengehört, S. 133–144. S. 140.
106 Brandt/Bundestag 15. 11. 1990, S. 18845.
107 Willy Brandt: »Warum sollen wir nicht dabeisein?« (Der SPIEGEL, 7/1991, 11. 2. 1991). In: Brandt/SPIEGEL-Gespräche, S. 505–513. S. 512.
108 Vgl. Willy Brandt: »Ja zum europäischen Deutschland«. Rede auf dem Parteitag der SPD in Bremen vom 20. 5. 1991. In: Brandt/was zusammengehört, S. 133–144.
109 Hs. und ms. Aufzeichnungen Willy Brandts vom 3. 12. 1990. WBA, B 25, 230. Vgl. weiterführend Anmerkung 116.

110 Brandt/Zukunft, S. 17.
111 Rede Willy Brandts anlässlich der Feierstunde zum 40. Jahrestag der Wiederbegründung der Sozialistischen Internationale. Frankfurt a. M. 25. 6. 1991. WBA, A 3, 1089. Vgl. außerdem die Rede Willy Brandts (»Die Veränderungen in Mittel- und Osteuropa: Neue Herausforderungen für die Sozialdemokratie«) auf der Konferenz der Vorsitzenden sozialdemokratischer Parteien aus Mittel- und Osteuropa. Wien 3. 9. 1990. WBA, A 3, 1081.
112 Vgl. Rede Willy Brandts (»Die Zukunft der Sozialdemokratie und des freiheitlichen Sozialismus«) anlässlich »125 Jahre Sozialdemokratie in Nürnberg«. Nürnberg 13. 9. 1991. WBA, A 3, 1093. Vgl. außerdem: Frankfurter Rundschau vom 17. 9. 1991.
113 Vgl. Anmerkung 95.
114 SPD-Parteitag/Berlin 1990, S. 5.
115 Vgl. Interview Willy Brandts mit dem Stern (51/1990) vom 13. 12. 1990. WBA, A3, 1075. Vgl. außerdem Interview Willy Brandts mit dem Stern (1/1992) vom 23. 12. 1991. WBA, A 3, 1098.
116 Ms. Gesprächsnotizen Klaus Lindenbergs vom 16. 12. 1990 über das Gespräch von Willy Brandt mit Oskar Lafontaine am 3. 12. 1990. WBA, B 25, 230.
117 Ms. Manuskript der Rede Willy Brandts anlässlich der Trauerfeier für Richard Löwenthal in Berlin am 23. August 1991. WBA, A 3, 1121 A. Vgl. auch: Frankfurter Rundschau vom 24. 8. 1991.
118 Willy Brandt: »Warum sollen wir nicht dabeisein?« (Der SPIEGEL, 7/1991, 11. 2. 1991). In: Brandt/SPIEGEL-Gespräche, S. 505–513. S. 513.
119 Gedenkveranstaltung für Georg August Zinn (40. Jahrestag der Wahl Zinns zum hessischen Ministerpräsidenten) in Wiesbaden am 14. 12. 1990. Vgl. WBA, A 3, 1084.
120 Brandt/Bundestag 20. 12. 1990, S. 1–5.
121 Vgl. Anmerkung 97.
122 Ebda.
123 Vgl. Langhans, S. 13 ff. sowie Baal-Teshuva, S. 30–38.

7. Kapitel
Unvollendet. Vollendet

1 Vgl. Rede Willy Brandts (»European Challenges in German Perspective«). Reykjavik 28. 6. 1991. WBA, A 3, 1121 A.
2 Interviews Willy Brandts mit den Nürnberger Nachrichten vom 17. 9. 1991 (WBA, A 3, 1121 A) und dem Kölner Stadt-Anzeiger vom 2. 10. 1991 (WBA, A 3, 1098).
3 Vgl. Interview Willy Brandts mit der Berliner Zeitung vom 13. 8. 1991. WBA, A 3, 1097.
4 Rede Willy Brandts (»Vom Erbe des deutschen Widerstands«) anlässlich der Gedenkveranstaltung zum 100. Geburtstag von Julius Leber in der Gethsemanekirche. Berlin 15. 11. 1991. WBA, A 3, 1094. Auch in: Brandt/Leber, S. 38. Vgl. insgesamt: Bullock.
5 Sendemanuskript: »Willy Brandt – Ein deutsches Leben«. Eine Sendung zum 75. Geburtstag von Hansjürgen Rosenbauer (ARD, 18. 12. 1988). WBA, A 1, 149.
6 Rede Willy Brandts (»Friedenspolitik in unserer Zeit«) an der Universität Oslo. Oslo 11. 12. 1971. In: Brandt/Reden und Interviews (II), S. 89–100. S. 93.
7 Rede Willy Brandts (»Was heißt Sicherheit heute?«) vor dem Kongress der Deutschen Sektion der Internationalen Ärzte für die Verhütung des Atomkrieges (IPPNW, International Physicians for the Prevention of Nuclear War). Berlin 28. 2. 1992. WBA, A 3, 1101.
8 Rede Willy Brandts auf dem außerordentlichen Parteitag der SPD in Bonn am 14. 6. 1987. In: Politik. Informationsdienst der SPD, Nr. 2 (Juni 1987), S. 19–32, S. 30. WBA, A 3, 1028.
9 Brandt/Leber, S. 37. Vgl. insgesamt: Seebacher-Brandt/Volkstribun und Seebacher-Brandt/Politik, S. 141–155.
10 Brief von Ernst Reuter an Carl Goerdeler vom 8. 6. 1942. WBA, C 29, 84. Der Brief wurde von der Tochter Goerdelers, Marianne Meyer-Krahmer, in Kopie der Autorin am 15. 12. 1991 übersandt.
11 Willy Brandt: »Appell an das geistige Deutschland«. Rede an der Ruprecht-Karls-Universität in Heidelberg am 1. 2. 1992. In: Brandt/was zusammengehört, S. 145–154. S. 153.

Anmerkungen

12 Interview Willy Brandts mit dem Stern (1/1992) vom 23. 12. 1991. WBA, A 3, 1098.
13 Fernsehgespräch Willy Brandts mit Ernst Elitz für den Süddeutschen Rundfunk, welches unter dem Titel »Wortwechsel« am 12. 2. 1992 aufgezeichnet wurde (TV-Erstausstrahlung in Südwest 3 am 16. 2. 1992; Wiederholung u. a. am 9. 10. 1992).
14 Fragebogen für das Magazin »buch aktuell« vom 7. 9. 1989 [»erl.«]. WBA, A 3, 1063.
15 Vgl. Laudatio auf Willy Brandt von Joachim C. Fest anlässlich der Verleihung des Dolf-Sternberger-Preises. Heidelberg 1. 2. 1992. WBA, C 29, 84.
16 Vgl. insgesamt: Brandt/Lachen.
17 Unveröffentlichtes Publikationsvorhaben Willy Brandts: »Europa« (Arbeitstitel). WBA, B 25, 97–107.
18 Willy Brandt: »Zur Sache: Deutschland«. Rede in Dresden am 23. 2. 1992. In: Brandt/was zusammengehört, S. 155–169. S. 169.
19 Rede Willy Brandts vor dem Bergedorfer Gesprächskreis (»Welche Antworten gibt Europa auf die neuen Einwanderungswellen? Politische Voraussetzungen, gesellschaftliche Folgen.«). Paris 25. 1. 1992 WBA, A 3, 1101 A sowie Rede Willy Brandts (»Zur Problematik von Flucht und Massenwanderung«) auf dem Diskussionsforum »Fluchtburg oder Festung Europa?« Duisburg 6. 5. 1991. WBA, A 3, 1121.
20 Willy Brandt: »Zur Sache: Deutschland«. Rede in Dresden am 23. 2. 1992. In: Brandt/was zusammengehört, S. 155–169, S. 169 und 163.
21 Ebd., S. 163; Brandt/Bundestag 20. 12. 1990, S. 3.
22 Brandt/Bundestag 12. 3. 1992, S. 6714 im Rahmen der Debatte zur Einsetzung einer Enquete-Kommission mit dem Titel: »Aufarbeitung der Geschichte und Folgen der SED-Diktatur«.
23 Willy Brandt: »Erst das Land, dann die Partei« (Der SPIEGEL, 9/1992, 24. 2. 1992). In: Brandt/SPIEGEL-Gespräche, S. 515–523. S. 523.
24 Erklärung Willy Brandts gegenüber der Bild-Zeitung, 30. 1. 1990. WBA, A 3, 1069.
25 Willy Brandt: »Erst das Land, dann die Partei« (Der SPIEGEL, 9/1992, 24. 2. 1992). In: Brandt/SPIEGEL-Gespräche, S. 515–523. S. 522f.

Anmerkungen

26 Brief von Markus Wolf an Willy Brandt vom 21. 9. 1990 und Antwortbrief von Klaus Lindenberg an Markus Wolf vom 10. 12. 1990. WBA, C 29, 87. Den Entwurf Lindenbergs hat Willy Brandt von Hand gekürzt und versachlicht. Die Formulierung, dass man über die Vorgänge von 1974 vielleicht ein Wort werde reden können, hat er ersatzlos gestrichen.

27 Hs. Aufzeichnungen Willy Brandts (»Perspektiven SPD bis '94«) vom 11. 3. 1992. WBA, B 25, 230.

28 Redenotizen Willy Brandts für die Rede anlässlich des 60. Geburtstages des Geschäftsführers der Bonner SPD, Georg Kirchner, in Bad Godesberg am 30. 4. 1992. WBA, A 3, 1102.

29 Rede Willy Brandts (»Zur Architektur Europas?«) auf der Konferenz »Auf dem Weg zu einer neuen Architektur Europas«. Luxemburg 4. 5. 1992. WBA, A 3, 1105. Vgl. auch Willy Brandt: »Eine EG von Paris bis Wladiwostock?« In: Frankfurter Rundschau vom 13. 5. 1992. WBA, C 29, 84.

30 Vgl. hs. Vermerk Willy Brandts vom 18. 6. 1992. WBA, C 29, 87. Willy Brandt hat den Vermerk an Klaus Lindenberg, laut dessen eigener Notiz vom 4. 7. 1993, am 19. 6. 1992 übergeben. Auftragsgemäß hat Lindenberg das Original in den Tresor von Willy Brandt im Bundeshausbüro abgelegt; über den Schlüssel verfügte die Sekretärin. Lindenberg schreibt in seiner Notiz, er habe den Vermerk nach dem Tod Willy Brandts dem Tresor entnommen und Egon Bahr eine Kopie überlassen. Als ich bald nach dem 8. 10. 1992 den Tresor leerte, war der Vermerk nicht mehr vorhanden. Später hat Lindenberg den Vermerk zusammen mit anderen Papieren der Friedrich-Ebert-Stiftung übergeben.

31 Vgl. Grußwort Willy Brandts an den Kongress der Sozialistischen Internationale in Berlin 14.–18. 9. 1992. Manuskript mit hs. Korrekturen sowie ms. Entwürfe mit hs. Korrekturen in: WBA, B 25, 96 sowie WBA, A 3, 1104.

Archivalische Quellen

Willy-Brandt-Archiv (WBA) im Archiv der sozialen Demokratie (AdsD) der Friedrich-Ebert-Stiftung, Bonn

Aktengruppen:

A 1	Persönliche Unterlagen/Biographische Materialien 1913–1992	[WBA, A 1]
A 3	Publizistische Äußerungen Willy Brandts 1933–1992	[WBA, A 3]
A 5	Politisches Exil und Nachkriegszeit 1933–1946	[WBA, A 5]
A 6	Berlin 1947–1966	[WBA, A 6]
A 8	Bundeskanzler und Bundesregierung 1969–1974	[WBA, A 8]
A 9	Schriftwechsel/Aufzeichnungen Geheim/vertraulich	[WBA, A 9]
A 10.1	Deutscher Bundestag – Büroleiter Klaus Lindenberg	[WBA, A 10.1]
A 11.15	Ausländische Regierungen, Parteien, Bewegungen A–Z 1976–1987	[WBA, A 11.15]
A 13	Sozialistische Internationale 1976–1992 (SI)	[WBA, A 13]
B 25	Schriftgut Unkel (Akten)	[WBA, B 25]
C 29	WB post mortem – Zugang BSB (Schriftgut)	[WBA, C 29]

Archivalische Quellen

Archiv der sozialen Demokratie (AdsD) der Friedrich-Ebert-Stiftung, Bonn

Bestände:
– Nord-Süd-Kommission [Nord-Süd-Kommission]
– Sopade/Emigration [Sopade]

Archiv für Christlich-Demokratische Politik (ACDP) in der Konrad-Adenauer-Stiftung, St. Augustin

Bestand:
– Depositum Walter Wallmann [ACDP 01–742]

Bundesbeauftragter für die Unterlagen des Staatssicherheitsdienstes der ehemaligen Deutschen Demokratischen Republik, Zentralarchiv, Berlin [BStU]

Bibliographie

1.) Quelleneditionen und Protokolle

Bundeskanzler-Willy-Brandt-Stiftung:
Helga Grebing, Gregor Schöllgen, Heinrich August Winkler [Hrsg.]: Berliner Ausgabe [BA].

Bd. 1: Lorenz, Einhart: Hitler ist nicht Deutschland. Jugend in Lübeck – Exil in Norwegen. 1928–1940. Bonn 2002.
[BA, Bd. 1]

Bd. 2: Ders.: Zwei Vaterländer. Deutsch-Norweger im schwedischen Exil – Rückkehr nach Deutschland. 1940–1947. Bonn 2000. [BA, Bd. 2]

Bd. 4: Münkel, Daniela: Auf dem Weg nach vorn. Willy Brandt und die SPD. 1947–1972. [BA, Bd. 4]

Bd. 5: Rudolph, Karsten: Die Partei der Freiheit. Willy Brandt und die SPD. 1972–1992. Bonn 2002. [BA, Bd. 5]

Bd. 7: Kieseritzky, Wolther von: Mehr Demokratie wagen. Innen- und Gesellschaftspolitik 1966–1974. Bonn 2001.
[BA, Bd. 7]

Deutscher Bundestag: Stenographischer Bericht, 278. Sitzung, Bonn 1. 7. 1953. In: Plenarprotokoll 1/278. Hier: Brandt, Willy: Rede. S. 13883–13890. [Brandt/Bundestag 1. 7. 1953]

Deutscher Bundestag: Stenographischer Bericht, 61. Sitzung, Bonn 15. 12. 1954. In: Plenarprotokoll 2/61. Hier: Wehner, Herbert: Rede. S. 3114–3120. [Wehner/Bundestag 15. 12. 1954]

Deutscher Bundestag: Stenographischer Bericht, 122. Sitzung, Bonn 30. 6. 1960. In: Plenarprotokoll 3/122. Hier: Wehner, Herbert: Rede. S. 7052–7061. [Wehner/Bundestag 30. 6. 1960]

Deutscher Bundestag: Stenographischer Bericht, 31. Sitzung, Bonn 11. 5. 1973. In: Plenarprotokoll 7/31. Hier: Brandt, Willy: Rede. S. 1633–1637. [Brandt/Bundestag 11. 5. 1973]

Deutscher Bundestag: Stenographischer Bericht, 152. Sitzung, Bonn 27. 2. 1975. In: Plenarprotokoll 7/152. Hier: Wallmann, Walter: Rede. S. 10539–10548. [Wallmann/Bundestag 27. 2. 1975]

Deutscher Bundestag: Stenographischer Bericht, 152. Sitzung, Bonn 27. 2. 1975. In: Plenarprotokoll 7/152. Hier: Wehner, Herbert: Rede. S. 10591–10592. [Wehner/Bundestag 27. 2. 1975]

Deutscher Bundestag: Stenographischer Bericht, 142. Sitzung, Bonn 20. 1. 1983. In: Plenarprotokoll 9/142. Hier: Mitterrand, François: Ansprache des Präsidenten der Französischen Republik aus Anlass des 20. Jahrestages der Unterzeichnung des Vertrages über die deutsch-französische Zusammenarbeit. S. 8978–8992. [Ansprache]

Deutscher Bundestag: Stenographischer Bericht, 150. Sitzung, Bonn 16. 6. 1989. In: Plenarprotokoll 11/150. Hier: Brandt, Willy: Rede. S. 11190–11193. [Brandt/Bundestag 16. 6. 1989]

Deutscher Bundestag: Stenographischer Bericht, 235. Sitzung, Bonn 15. 11. 1990. In: Plenarprotokoll 11/235. Hier: Brandt, Willy: Rede. S. 18842–18846. [Brandt/Bundestag 15. 11. 1990]

Deutscher Bundestag: Stenographischer Bericht, 1. Sitzung, Berlin 20. 12. 1990. In: Plenarprotokoll 12/1. Hier: Brandt, Willy: Rede. S. 1–5. [Brandt/Bundestag 20. 12. 1990]

Deutscher Bundestag: Stenographischer Bericht, 34. Sitzung, Bonn 20. 6. 1991. In: Plenarprotokoll 12/34. Hier: Brandt, Willy: Rede. S. 2749–2751. [Brandt/Bundestag 20. 6. 1991]

Deutscher Bundestag: Stenographischer Bericht, 82. Sitzung, Bonn 12. 3. 1992. In: Plenarprotokoll 12/82. Hier: Brandt, Willy: Rede. S. 6714–6717. [Brandt/Bundestag 12. 3. 1992]

Protokoll des SPD-Parteitages in Leipzig, 31. 5. – 5. 6. 1931. Protokoll der Verhandlungen. Hier: Ollenhauer, Erich: Partei und Jugend. Rede am 4. 6. 1931, S. 190–206. [SPD-Parteitag/Leipzig 1931]

Protokoll des Außerordentlichen SPD-Parteitages in Bad Godesberg, 13.–15. 11. 1959. Protokoll der Verhandlungen. Hier: Ollenhauer, Erich: Das Grundsatzprogramm der SPD. Referat am

13.11.1959, S. 48–68. Brandt, Willy: Rede am 13.11.1959, S. 74–77. [SPD-Parteitag/Bad Godesberg 1959]

Protokoll des SPD-Parteitages in Hannover, 10.–14.4.1973. Protokoll der Verhandlungen. Hier: Brandt, Willy: Das Grundgesetz verwirklichen – Deutsche Politik und sozialdemokratische Grundsätze. Rede am 11.4.1973, S. 69–112. [SPD-Parteitag/Hannover 1973]

Protokoll der SPD-Bundesdelegierten-Konferenz und des Außerordentlichen Parteitages der SPD in Köln, 18./19.11.1983. Protokoll der Verhandlungen. Hier: Brandt, Willy: Rede am 19.11.1983, S. 163–166. [SPD-Parteitag/Köln 1983]

Protokoll des SPD-Parteitages in Münster, 30.8.–2.9.1988. Protokoll der Verhandlungen. Hier: Brandt, Willy: Friedenspolitik für die neunziger Jahre. Rede am 1.9.1988, S. 308–325. [SPD-Parteitag/Münster 1988]

Protokoll des SPD-Programm-Parteitages in Berlin, 18.–20.12.1989. Protokoll der Verhandlungen. Hier: Brandt, Willy: Rede am 18.12.1989, S. 124–142. Lafontaine, Oskar: Rede am 19.12.1989. S. 241–265. [SPD-Parteitag/Berlin 1989]

Protokoll des SPD-Parteitages in Berlin, 27.–28.9.1990. Protokoll der Verhandlungen. Hier: Brandt, Willy: Rede am 27.9.1990, S. 5–16. [SPD-Parteitag/Berlin 1990]

Protokoll des SPD-Parteitages in Bremen, 28.–31.5.1991. Protokoll der Verhandlungen. Hier: Brandt, Willy: Rede am 29.5.1991, S. 191–204. [SPD-Parteitag/Bremen 1991]

2.) Literatur

Andert, Reinhold u. Herzberg, Wolfgang: Der Sturz. Erich Honecker im Kreuzverhör. 4. Auflage. Berlin/Weimar. 1991. [Andert/Herzberg]

Andrew, Christopher and Mitrokhin, Vasili: The Mitrokhin Archive. The KGB in Europe and the West. London 1999. With a new Introduction 2000. [Andrew/Mitrokhin]

Ash, Timothy Garton: Ein Jahrhundert wird abgewählt. Aus den Zentren Mitteleuropas 1980–1990. München [u. a.] 1990. [Ash]

Ashkenasi, Abraham: Reformpartei und Außenpolitik. Die

Außenpolitik der SPD Berlin-Bonn. Köln u. Opladen 1968. [Ashkenasi]

Baal-Teshuva, Jacob [Hrsg.]: Christo und Jeanne-Claude. Der Reichstag und urbane Projekte. München 1995. [Baal-Teshuva]

Bullock, Alan: Hitler und Stalin. Parallele Leben. Berlin 1991. [Bullock]

Brandt, Rut: Freundesland. Hamburg 1992. [Brandt/Freundesland]

Brandt, Willy: Arbeiter und Nation. Bonn 1954. [Brandt/Arbeiter]

Ders.: ... auf der Zinne der Partei ... Parteitagsreden 1960 bis 1983. Hrsg. und erläutert von Werner Krause und Wolfgang Gröf. Bonn 1984. [Brandt/Zinne]

Ders.: Barcelona 1937, Madrid 1977. Vom kleinen Schritt zur Diktatur zum langen Marsch zur Demokratie. In: Tintenfass 1/1980. S. 57–60. [Brandt/Barcelona]

Ders.: Begegnungen mit Kennedy. München 1964. [Brandt/Begegnungen]

Ders.: Bundeskanzler Brandt. Reden und Interviews. Hrsg. vom Presse- und Informationsamt der Bundesregierung. Bonn 1971. [Brandt/Reden und Interviews]

Ders.: Bundeskanzler Brandt. Reden und Interviews (II). Hrsg. vom Presse- und Informationsamt der Bundesregierung. Bonn 1973. [Brandt/Reden und Interviews (II)]

Ders.: Demokratische Sozialisten gegen Hitler. In: Frankfurter Hefte 4/1983, S. 32–42. [Brandt/Sozialisten]

Ders.: Der Nord-Süd-Gegensatz als globale Herausforderung. In: Grebing, Helga/Brandt, Peter/Schulze-Marmeling, Ulrich [Hrsg.]: Sozialismus in Europa – Bilanz und Perspektiven. Festschrift für Willy Brandt. Essen 1989. S. 250–254. [Brandt/Gegensatz]

Ders.: Der organisierte Wahnsinn. Wettrüsten und Welthunger. Köln 1985. [Brandt/Wahnsinn]

Ders.: Deutsche Wegmarken. Berliner Lektion am 11. September 1988. In: Bertelsmann AG in Zusammenarbeit mit der Berliner Festspiele GmbH: Berliner Lektionen. Berlin 1989. S. 71–88. [Brandt/Wegmarken]

Ders.: Die Diskussion über die Kriegs- und Friedensziele. Mai 1944. [Brandt/Diskussion]

Ders.: Die Zukunft des demokratischen Sozialismus. In: Die Neue Gesellschaft/Frankfurter Hefte. Sonderheft 1/1990. S. 17–24. [Brandt/Zukunft]

Ders.: Ein maßlos unterschätzter Teufel. In: Augstein, Rudolf [Hrsg.]: 100 Jahre Hitler. Spiegel-Spezial. Hamburg 1989. S. 12–13. [Brandt/Teufel]

Ders.: Einheit der Jugend für Freiheit und Sozialismus! In: Freie Deutsche Jugend. Nr. 3/Nov./Dez. 1937. S. 36–39. [Brandt/Einheit der Jugend]

Ders.: Erinnerungen. Berlin 1989. [Brandt/Erinnerungen]

Ders.: Forbrytere og andre tyskere. Oslo 1946. [Brandt/Forbrytere]

Ders.: Koexistenz. Zwang zum Wagnis. Stuttgart 1963. [Brandt/Koexistenz]

Ders.: Lachen hilft. Politische Witze. Hrsg. von Brigitte Seebacher-Brandt. München 2001. [Brandt/Lachen]

Ders.: Links und frei. Mein Weg 1913–1950. Hamburg 1982. [Brandt/Links und frei]

Ders.: Mein Weg nach Berlin. Aufgezeichnet von Leo Lania. München 1960. [Brandt/Lania]

Ders.: Menschenrechte misshandelt und missbraucht. Reinbek bei Hamburg 1987. [Brandt/Menschenrechte]

Ders.: Vom Erbe des deutschen Widerstands. In: Friedrich-Ebert-Stiftung [Hrsg.]: Gedenkveranstaltung Julius Leber. Bonn 1992. S. 29–39. [Brandt/Leber]

Ders.: Wandel tut not. Frieden, Ausgleich, Arbeitsplätze (Einleitung). In: Unabhängige Kommission für Internationale Entwicklungsfragen [Hrsg.]: Das Überleben sichern. Gemeinsame Interessen der Industrie- und Entwicklungsländer. Bericht der Nord-Süd-Kommission. Köln 1980. S. 11–40. [Brandt/Überleben]

Ders.: »... was zusammengehört.« Über Deutschland. 2., völlig überarb. und erw. Aufl. Bonn 1993. [Brandt/was zusammengehört]

Ders.: Willy Brandt. Bundestagsreden. Hrsg. von Helmut Schmidt. Bonn 1972. [Brandt/Bundestagsreden]

Ders.: Willy Brandt. Die SPIEGEL-Gespräche 1959–1992. Hrsg. v. Erich Böhme und Klaus Wirtgen. Stuttgart 1992. [Brandt/SPIEGEL-Gespräche]

Bibliographie

Ders.: »... wir sind nicht zu Helden geboren.« Ein Gespräch über Deutschland mit Birgit Kraatz. Zürich 1986. [Brandt/Helden]

Ders. u. Löwenthal, Richard: Ernst Reuter. Ein Leben für die Freiheit. Eine politische Biographie. München 1957. [Brandt/Löwenthal]

Ders. u. Scheel, Walter: Zur Aufnahme in die Vereinten Nationen. Hrsg. vom Presse- und Informationsamt der Bundesregierung. Bonn [o. J.] [Brandt/Scheel]

Daniel, Jean: Sans vous, rien n'aurait été possible. In: Mendès-France. La morale en politique. Le nouvel Observateur. Collection Portrait 12. Oktober 1992. [Daniel]

Deckname Stabil: Stationen aus dem Leben und Wirken des Kommunisten und Tschekisten Paul Laufer. Leipzig 1988. (Das Buch ist nur zum MfS-internen Gebrauch erschienen.) [Deckname Stabil]

Fallaci, Oriana: Interview with History. New York 1976. [Fallaci]

Frahm, Herbert: Verbreiterung und Vertiefung. Gedanken zur Winterarbeit. In: Die Stimme der Jugend. Beilage zum Lübecker Volksboten. Ausg. vom 20. 11. 1930. [Frahm/Verbreiterung]

Gallwitz, Klaus: Nachwort. In: Kiefer, Anselm: Über Räume und Völker. Frankfurt 1990. [Gallwitz]

Gorbatschow, Michail [eigentl.: Gorbacev, Michail Sergeevic]: Perestroika. Die zweite russische Revolution. Eine neue Politik für Europa und die Welt. München 1987. [Gorbatschow]

Gross, Johannes [Hrsg.]: Macht und Moral. Willy Brandt zum 75. Geburtstag. Frankfurt a. M./Berlin 1989. [Gross]

Guillaume, Günter: Die Aussage. Wie es wirklich war. München 1990. [Guillaume]

Ingold, Felix Philipp: Der große Bruch. Russland im Epochenjahr 1913. Kultur, Gesellschaft, Politik. München 2000. [Ingold/Bruch]

Jaspers, Karl: Freiheit und Wiedervereinigung. Über Aufgaben deutscher Politik. Vorwort von Willy Brandt. Mit einer Nachbemerkung zur Neuausgabe von Hans Saner. 2. Aufl. München 1990. [Jaspers]

Jens, Inge u. Walter: Frau Thomas Mann. Reinbek bei Hamburg 2003. [Jens/Mann]

Johanneum zu Lübeck: Festschrift zur 125-Jahr-Feier. Lübeck 1997. [Johanneum/Festschrift]

Keworkow, Wjatscheslaw: Der geheime Kanal. Moskau, der KGB und die Bonner Ostpolitik. Mit einem Nachwort von Egon Bahr. Berlin 1995. [Keworkow]

Kohl, Helmut: Ich wollte Deutschlands Einheit. Dargestellt von Kai Diekmann und Ralf Georg Reuth. Berlin 1996. [Kohl/Einheit]

Kreisky, Bruno: Zwischen den Zeiten. Erinnerungen aus fünf Jahrzehnten. Berlin 1986. [Kreisky]

Lacouture, Jean: Léon Blum. Paris 1977. [Lacouture]

Langhans, Kai : Willy Brandt und die bildende Kunst. Bonn 2002. [Langhans]

Leber, Julius: Schriften, Reden, Briefe. Hrsg. von Dorothea Beck u. Wilfried F. Schoeller. Mit einem Vorwort von Willy Brandt und einer Gedenkrede von Golo Mann. München 1976. [Leber]

Mayer, Hans: Erinnerungen an Willy Brandt. Frankfurt a. M. 2001. [Mayer/Erinnerungen]

Meier, Richard: Geheimdienst ohne Maske. Der ehemalige Präsident des Bundesverfassungsschutzes über Agenten, Spione und einen gewissen Herrn Wolf. Bergisch Gladbach 1992. [Meier]

Mewis, Karl: Im Auftrag der Partei. Erlebnisse im Kampf gegen die faschistische Diktatur. Berlin 1971. [Mewis]

Mierendorff, Carl: Das Fazit von Leipzig. In: Neue Blätter für den Sozialismus 7/1931. S. 324–329. [Mierendorff]

Müller, Reinhard: Die Akte Wehner. Moskau 1937 bis 1941. Berlin 1993. [Müller/Akte Wehner]

Münkel, Daniela: Zwischen Diffamierung und Verehrung. Das Bild Willy Brandts in der bundesdeutschen Öffentlichkeit (bis 1974). In: Tessmer, Carsten [Hrsg.]: Das Willy-Brandt-Bild in Deutschland und Polen. Berlin 2000. S. 23–40.

Nollau, Günther: Das Amt. 50 Jahre Zeuge der Geschichte. München 1978. [Nollau]

Pach, Walter: For and against. 1913. In: Das XX. Jahrhundert. Kunst, Kultur, Politik und Gesellschaft in Deutschland. Hrsg. von Andrea Bärnreuther und Peter-Klaus Schuster. Berlin 1999. [Pach/For and against]

Presse- und Informationsamt der Bundesregierung [Hrsg.]: Die

Verträge der Bundesrepublik Deutschland mit der Union der Sozialistischen Sowjetrepubliken und mit der Volksrepublik Polen. Bonn [o. J.] [Verträge]

Prokop, Siegfried: Poltergeist im Politbüro. Siegfried Prokop im Gespräch mit Alfred Neumann. Frankfurt/Oder 1996. [Prokop]

Radlmaier, Steffen [Hrsg.]: Der Nürnberger Lernprozess. Von Kriegsverbrechern und Starreportern. Zusammengestellt und eingeleitet von Steffen Radlmaier. Frankfurt a. M. 2001. [Radlmaier]

Reich-Ranicki, Marcel: Mein Leben. Stuttgart 1999. [Reich-Ranicki]

Reimann, Günter u. Wehner, Herbert: Zwischen zwei Epochen. Briefe 1946. Hrsg. von Claus Baumgart und Manfred Neuhaus. Mit einem Vorwort von Hermann Weber. Leipzig u. Dresden 1998. [Reimann/Wehner]

Riedel, Manfred: Die Idee vom anderen Deutschland. Legende und Wirklichkeit. Kassel 1994. [Riedel]

Scholz, Michael F.: Herbert Wehner in Schweden 1941–1946. Schriftenreihe der Vierteljahrshefte für Zeitgeschichte. Band 70. München 1995. [Scholz]

Seebacher-Brandt, Brigitte: Bebel. Künder und Kärrner im Kaiserreich. Berlin [u. a.] 1988. [Seebacher-Brandt/Bebel]

Dies.: Der Volkstribun als Verschwörer, der Tatmensch als Opfer. In: Frankfurter Allgemeine Zeitung, Magazin, 15. 11. 1991. [Seebacher-Brandt/Volkstribun]

Dies.: Laterna Magica: 68 und 89. In: Conze, Eckart/Schlie, Ulrich/Seubert, Harald [Hrsg.]: Geschichte zwischen Wissenschaft und Politik. Festschrift für Michael Stürmer zum 65. Geburtstag. Baden-Baden 2003. S. 41–51. [Seebacher-Brandt/Laterna]

Dies.: Politik im Rücken. Zeitgeist im Sinn. Berlin 1995. [Seebacher-Brandt/Politik]

Soutou, Georges-Henri: Georges Pompidou et l'Allemagne [Manuskript]. Kolloquium Georges Pompidou et l'Allemagne (Paris 1993). Unveröffentlichtes Vortragsmanuskript. [Soutou/Ms.]

Ders.: Georges Pompidou et l'Allemagne. L'impasse stratégique. In: L'Alliance incertaine. Les rapports politico-stratétique franco-allemands, 1954–1996. Paris 1996. S. 311–349. [Soutou]

Staadt, Jochen: Die SED-Kampagne gegen Herbert Wehner. Neue historische Quellen und der Umgang mit ihnen. In: Deutschland-Archiv 27/1994. Bd. 4. S. 345–354. [Staadt]

Tormin, Walter: Die Geschichte der SPD in Hamburg 1945 bis 1950. Hamburg 1994. [Tormin]

Wehner, Herbert: Selbstbesinnung und Selbstkritik. Gedanken und Erfahrungen eines Deutschen. Hrsg. von August Hermann Leugers-Scherzberg. Mit einem Geleitwort von Greta Wehner. Köln 1994. [Wehner/Selbstbesinnung]

Ders.: Zeugnis. Hrsg. von Gerhard Jahn. Köln 1982. [Wehner/Zeugnis]

Weizsäcker, Richard von: Zum 40. Jahrestag der Beendigung des Krieges in Europa und der nationalsozialistischen Gewaltherrschaft. Ansprache am 8. Mai in der Gedenkstunde im Plenarsaal des Deutschen Bundestages. Hrsg. von der Bundeszentrale für politische Bildung. Bonn [u. a.] 1985. [Weizsäcker]

Wiegrefe, Klaus u. Tessmer, Carsten: Deutschlandpolitik in der Krise. Herbert Wehners Besuch in der DDR 1973. In: Deutschland-Archiv 27/1994. Bd. 6. S. 600–627. [Wiegrefe/Tessmer]

Wittgenstein, Ludwig: Denkbewegungen. Innsbruck 1997. [Wittgenstein/Denkbewegungen]

Wolf, Markus: Spionagechef im geheimen Krieg. München 1998. [Wolf]

Personenverzeichnis

A

Abbado, Claudio (geb. 1933), Italiener, einer der großen Dirigenten der Gegenwart, 1989–2002 Künstlerischer Leiter der Berliner Philharmoniker   [375]
Abendroth, Hermann (1883–1956), Dirigent, als Vater von Willy Brandt im Gespräch   [92]
Abramowitsch, Rafael Rein (1880–1963), russischer Sozialdemokrat, Gegner Lenins, Emigration nach Berlin, Vater von *Mark Rein*   [129f.]
Ackermann, Eduard (geb. 1928), Journalist und CDU-Politiker, 1983–91 enger Mitarbeiter von Bundeskanzler *Kohl*   [375]
Adenauer, Konrad (1876–1967), Oberbürgermeister von Köln 1917–33 und 1945, CDU-Vorsitzender, Bundeskanzler 1949–63   [17, 79, 93, 95, 171f., 184, 193f., 361, 363]
Ahlers, Conrad (1922–1980), Journalist und SPD-Politiker, Regierungssprecher 1969–72   [246]
Amrehn, Franz (1912–1981), CDU-Politiker in Berlin, 1955–63 Stellvertreter des Regierenden Bürgermeisters   [192]
Andropow, Jurij (1914–1984), KGB-Chef 1967–83, Generalsekretär der KPdSU   [73, 244, 265]
Angerer, Georg (1903–1987), SAP-Mitglied, Emigration nach Oslo, 1940 in Diensten der deutschen Besatzer, Rückkehr in die DDR, verhaftet und zu Aussagen gegen Willy Brandt gezwungen   [139]
Appel, Reinhard (geb. 1927), Journalist, ZDF-Chefredakteur 1975–88   [363]
Armbrust, Elisabeth, Nichte von *Helene Möller*   [96]

B

Bahr, Egon (geb. 1922), Journalist und SPD-Politiker, enger Mitarbeiter Willy Brandts, 1950–60 Redakteur bei Rias Berlin, 1960–66 Pressesprecher des Berliner Senats, 1966–69 Planungschef im Auswärtigen Amt, 1969–72 Staatssekretär im Bundeskanzleramt, 1972–74 Bundesminister für besondere Aufgaben und Bundesbevollmächtigter für Berlin, 1974–76 Bundesminister für wirtschaftliche Zusammenarbeit, 1976–81 SPD-Bundesgeschäftsführer [18f., 79, 187, 217f., 220f., 244, 265f., 270f., 283f., 288, 294, 309, 312f., 362f., 368, 370]

Baker, James A. (geb. 1930), Republikaner, 1989–92 Außenminister unter Präsident *Bush* [303, 317]

Barbie, Klaus (1913–1991), Gestapochef in Lyon (»Der Schlächter von Lyon«) 1942–44, Flucht nach Südamerika, 1987 Verurteilung zu lebenslanger Haft [16]

Barzel, Rainer (geb. 1924), CDU-Politiker, 1962–63 Minister für Gesamtdeutsche Fragen, 1964–73 Vorsitzender der CDU/CSU-Bundestagsfraktion, 1972 Kanzlerkandidat [228, 230, 234]

Bauer, Manfred, Persönlicher Referent Willy Brandts [368]

Bauer, Otto (1882–1938), Führer der österreichischen Sozialdemokratie, bedeutender Theoretiker, 1920–34 Abgeordneter im Nationalrat, 1934 Flucht in die Tschechoslowakei [127]

Bauhaus, Ulrich, Leiter des Begleitkommandos von Bundeskanzler Willy Brandt [278f.]

Bebel, August (1840–1913), Stammvater der Sozialdemokratie, Organisator und Visionär (»Die Frau und der Sozialismus«), 1867–71 Mitglied im Norddeutschen Reichstag, anschließend Reichstagsabgeordneter, langjährige Haftstrafen, seit 1869 Parteiführer, 1892–1913 Vorsitzender der SPD [26, 57f., 87, 100–102, 105, 285, 315]

Benjamin, Walter (1892–1940), Schriftsteller und Philosoph, Selbstmord während der Flucht über die Pyrenäen [11]

Bernstein, Leonard (1918–1990), Komponist (»West Side Story«) und Dirigent [314]

Biolek, Alfred (geb. 1934), Talkmaster (»Boulevard Bio«) [349]

Blum, Léon (1872–1950), französischer Sozialist, 1936–38 und 1946–47 Ministerpräsident [25–27, 128]

Böhme, Erich (geb. 1930), Journalist, 1973–89 Chefredakteur des »Spiegel« [348]

Böhmert, Franz (geb. 1934), Arzt, 1970–99 Präsident von Werder Bremen [83]

Böll, Heinrich (1917–1985), Schriftsteller (»Ansichten eines Clowns«), 1972 Literaturnobelpreis [80]

Börner, Holger (geb. 1931), SPD-Politiker, 1972–76 Bundesgeschäftsführer, 1976–87 Ministerpräsident von Hessen, 1987–2002 Vorsitzender der Friedrich-Ebert-Stiftung [281, 352, 368]

Bohley, Bärbel (geb. 1945), Malerin, Dissidentin in der DDR, 1989 Mitbegründerin der Bürgerbewegung Neues Forum [291]

Bonhoeffer, Dietrich (1906–1945), evangelischer Theologe und Widerstandskämpfer, 1945 hingerichtet [308f.]

Boom, Erna, Schwiegermutter von *Günter Guillaume* [255]

Boutros-Ghali, Boutros (geb. 1922), ägyptischer Politiker, 1977–91 Außenminister, 1992–96 Generalsekretär der Vereinten Nationen [75]

Brandt, Lars (geb. 1951), bildender Künstler, Sohn von Rut und Willy Brandt [369, 374f.]

Brandt, Matthias (geb. 1961), Schauspieler, Sohn von Rut und Willy Brandt [369, 374]

Brandt, Peter (geb. 1948), seit 1990 Professor für Neuere Geschichte an der Fernuniversität Hagen, Sohn von Rut und Willy Brandt [350, 369]

Brandt, Rut, verw. Bergaust (geb. Hansen, 1920), 1948–80 mit Willy Brandt verheiratet [165f.]

Bratseth, Rune (geb. 1961), 1986–95 norwegischer Abwehrspieler bei Werder Bremen [83]

Brattelli, Trygve (1910–1984), norwegischer Sozialdemokrat, KZ-Haft in Deutschland, 1971–72 und 1973–76 Ministerpräsident [149]

Breit, Ernst (geb. 1924), Gewerkschafter, 1982–90 Vorsitzender des DGB [62]

Breitscheid, Rudolf (1874–1944) Sozialdemokrat, Vorsitzender der Reichstagsfraktion, 1933 Flucht nach Frankreich, 1941 ausgeliefert, in Buchenwald umgekommen [31]

Brenner, Otto (1907–1972), Gewerkschafter, 1952–72 Vorsitzender der IG Metall [207]

Brentano, Heinrich von (1904–1964), CDU-Politiker, 1955–61 Außenminister [192]
Breschnew, Leonid (1906–1982), sowjetischer Kommunist, 1964–82 Generalsekretär der KPdSU, 1977–82 Vorsitzender des Präsidiums des Obersten Sowjet (Staatsoberhaupt) [36, 66, 71f., 77, 220, 232, 244, 265–267, 270f., 273, 358]
Bullock, Alan (1914–2004), britischer Historiker [352]
Bundy, McGeorge (1919–1996), Sicherheitsberater von Präsident *Kennedy* 1961–63 [191]
Bush, George (geb. 1924), 1976–77 Direktor der CIA, 1981–89 Vizepräsident, 1989–93 Präsident der Vereinigten Staaten [238, 285f., 303]

C

Camus, Albert (1913–1960), französischer Schriftsteller aus Algerien (»Der Fremde«), 1957 Literaturnobelpreis [353]
Carstens, Karl (1914–1992), CDU-Politiker, Vorsitzender der CDU/CSU-Bundestagsfraktion 1973–76, Bundestagspräsident 1976–79, Bundespräsident 1979–84 [213]
Casals, Pablo (1876–1973), einer der größten Cellisten [312]
Castro, Fidel (geb. 1927), kubanischer Diktator und Staatschef seit 1959 [367]
Chaban-Delmas, Jacques (1915–2000), Gaullist, Bürgermeister von Bordeaux, 1969–72 Ministerpräsident [22]
Chirac, Jacques (geb. 1932), Gaullist, 1974–76 und 1986–88 Premierminister, Bürgermeister von Paris, seit 1995 Staatspräsident [24]
Christiansen, Katharina, Tochter von *Julius Leber* [108]
Christo (eigentl. Christo Jawatschew; geb. 1935), bulgarisch-amerikanischer Verhüllungskünstler [358]
Chruschtschow, Nikita (1894–1971), sowjetischer Kommunist, 1953–64 Erster Sekretär der KPdSU, 1958–64 Vorsitzender des Ministerrats [180f., 184, 191, 197, 203]
Clay, Lucius D. (1897–1978), General, 1947–49 Militärgouverneur der amerikanischen Zone, 1961–62 Persönlicher Beauftragter Präsident *Kennedys* in Berlin [154, 193]
Clement, Wolfgang (geb. 1940), Journalist und Sozialdemokrat,

1981–86 Pressesprecher der SPD, 1998–2002 nordrhein-westfälischer Ministerpräsident, seit 2002 Bundeswirtschaftsminister [53]
Couve de Murville, Maurice (1907–1999), Gaullist, Außenminister 1958–68, Ministerpräsident 1968–69 [22]
Cyrankiewicz, Josef (1911–1989), Sozialdemokrat vor Gründung der Polnischen Vereinigten Arbeiterpartei, 1947–52 und 1954–70 Ministerpräsident [224]

D

Däubler-Gmelin, Hertha (geb. 1923), Sozialdemokratin, 1998–2002 Justizministerin [295]
Debré, Michel (1912–1996), Gaullist, 1959–62 Ministerpräsident, 1968–73 Außen- und Verteidigungsminister [22]
Delors, Jacques, (geb. 1925), französischer Sozialist, 1981–84 Wirtschafts- und Finanzminister, 1985–94 Präsident der EG- bzw. EU-Kommission [302]
Diamant, Max (1908–1992), SAP-Mitglied, 1933 Emigration nach Paris, 1936–37 Verbindungsmann in Spanien, 1942–61 Mexiko, 1961 Rückkehr nach Deutschland [123, 127, 248f.]
Diehl, Volker (geb. 1938), Professor für Onkologie an der Universitätsklinik Köln [366]
Dimitroff, Georgi (1882–1949), bulgarischer Kommunist, 1935–41 Generalsekretär der Komintern [249]
Dönhoff, Marion Gräfin (1909–2002), Publizistin, Mitherausgeberin der »Zeit« [222]
Dohnanyi, Christoph von (geb. 1929), Dirigent, Bruder von *Klaus von Dohnanyi* [309]
Dohnanyi, Hans von (1902–1945), Widerstandskämpfer, 1943 KZ Sachsenhausen, 1945 ermordet [308]
Dohnanyi, Klaus von (geb. 1928), SPD-Politiker, Sohn von *Hans von Dohnanyi,* 1972–74 Minister für Bildung und Wissenschaft, 1981–88 Erster Bürgermeister in Hamburg [308f.]
Dreyer, Frieda, geb. Möller, Tante von *Gerd-André Rank* und Schwester von *John-Heinrich Möller,* dem Vater Willy Brandts [93]
Dubček, Alexander (1921–1992), 1968–69 Erster Sekretär der

KP (»Prager Frühling«), nach dem Einmarsch der Warschauer-Pakt-Truppen entmachtet, 1989 Rückkehr in die Politik [327f.]
Duchamp, Marcel (1887–1968), französischer Maler und Objektkünstler [103]
Dutschke, Rudi (1940–1979), Studentenführer, Kopf des antiautoritären Flügels des SDS, Sprecher der APO, 1968 Opfer eines Attentats [208]

E

Ebert, Friedrich (1871–1925), Sozialdemokrat, 1913–19 Parteivorsitzender, 1918 Vorsitzender des Rats der Volksbeauftragten und Reichskanzler, 1919–25 Reichspräsident [38, 57, 105]
Ehmke, Horst (geb. 1927), Professor für öffentliches Recht, Sozialdemokrat, 1969–72 Minister für besondere Aufgaben und Kanzleramtschef, 1972–74 Forschungsminister [246, 262, 274]
Eichel, Hans (geb. 1941), Sozialdemokrat, 1969–72 stellv. Juso-Vorsitzender, 1990–99 Ministerpräsident von Hessen, seit 1999 Finanzminister [225]
Eichler, Willi (1896–1971), Sozialdemokrat, intellektueller Schöpfer des Godesberger Programms [186]
Eichmann, Adolf (1906–1962), Leiter des Referats »Auswanderung und Räumung« des Reichssicherheitshauptamts, 1960 Festnahme in Argentinien, 1962 in Israel verurteilt und hingerichtet [205]
Elitz, Ernst (geb. 1941), Journalist [355]
Engholm, Björn (geb. 1939), Sozialdemokrat, 1988–93 Ministerpräsident von Schleswig-Holstein, Parteivorsitzender 1991–93 [351, 363, 368]
Enzensberger, Hans Magnus (geb. 1929), Lyriker und Schriftsteller, 1965–75 Herausgeber des »Kursbuch« [336]
Eppler, Erhard (geb. 1926), Sozialdemokrat, 1968–74 Bundesminister für wirtschaftliche Zusammenarbeit, 1981–83 und 1989–91 Präsident des Evangelischen Kirchentages [60]
Erhard, Ludwig (1897–1977), Vater des Wirtschaftswunders, 1949–63 Wirtschaftsminister, 1963–66 Bundeskanzler [206]

Erlander, Tage (1901–1985), schwedischer Sozialdemokrat, 1946–69 Ministerpräsident   [145]
Erler, Fritz (1913–1967), Sozialdemokrat, 1964–67 Stellv. Parteivorsitzender und Vorsitzender der Bundestagsfraktion   [178, 187]

F

Fabian, Walter (1902–1992), Sozialdemokrat, 1931 SAP, Emigration, 1957–70 Chefredakteur der Gewerkschaftlichen Monatshefte   [248]
Falin, Valentin (geb. 1926), Kommunist und Diplomat, 1971–78 Botschafter der Sowjetunion in Bonn   [244, 363f., 368]
Falk, Erling (1887–1940), norwegischer Sozialist, Vorsitzender der Intellektuellenorganisation »Mot Dag«   [119]
Fallaci, Oriana (geb. 1930), italienische Schriftstellerin (»Ein Mann«) und Journalistin   [114 281, 306]
Fechter, Peter (1944–1962), auf der Flucht von Ost- nach West-Berlin an der Berliner Mauer erschossen und verblutet   [192]
Fest, Joachim (geb. 1926), Historiker (»Hitler«) und Publizist, 1973–93 Mitherausgeber der FAZ   [355–357]
Ford, Henry (1863–1947), Mitbegründer und Hauptaktionär der Ford Motor Company   [104]
Frahm, Carlota, geb. Thorkildsen (1904–1980), norwegische Literaturagentin, 1941–48 mit Willy Brandt verheiratet   [140, 165]
Frahm, Ernst, Onkel von Willy Brandt mütterlicherseits   [98f.]
Frahm, Ludwig (1875–1934), (Stief-)Vater von Willy Brandts Mutter *Martha Frahm* und Ziehvater von Willy Brandt   [97, 100f., 107, 113f., 116]
Frahm, Martha, Mutter von Willy Brandt, sie heiratete später *Emil Kuhlmann*   [89f., 94f., 97–100, 105f., 113, 150]
Frahm, Ninja (geb. 1940), Tochter von Willy Brandt (Herbert Frahm) und Carlota Frahm geb. Thorkildsen, verheiratet mit **Knud Kringstad,** Mutter von **Janina**   [41, 140, 348, 371, 375]
Frahm, Wilhelm, Bruder von *Ludwig Frahm*   [100]

Franco, Francisco (1892–1975), spanischer General und Diktator [127f., 132f.]

Frank, Ludwig (1874–1914), Sozialdemokrat, Führer des rechten Flügels, Kriegsfreiwilliger [173]

Frei, Eduardo (geb. 1942), chilenischer Christdemokrat, Staatspräsident 1994–2000, Mitglied der Nord-Süd-Kommission [65]

Friedrich, Götz (1930–2000), Opernregisseur, 1981–2000 Generalintendant der Deutschen Oper Berlin [348]

Frölich, Paul (1884–1953), Kommunist, führendes Mitglied der SAP, Emigration, 1950 Rückkehr nach Deutschland und Anschluss an die SPD [115, 123, 248]

Fuchs, Jockel (geb. 1919), Sozialdemokrat, 1965–87 Oberbürgermeister von Mainz [344, 363]

Furtwängler, Wilhelm (1886–1954), einer der herausragenden Dirigenten des 20. Jahrhunderts, Chefdirigent der Berliner Philharmoniker [124f.]

G

Gaasland, Gunnar (geb. 1914), Mot-Dag-Mitglied, 1936 Scheinehe mit *Gertrud Meyer* in Oslo, für die Zeit in Berlin 1936 lieh er Willy Brandt seine Identität [124, 126]

García Márquez, Gabriel (geb. 1928), kolumbianischer Schriftsteller (»Hundert Jahre Einsamkeit«), 1982 Literaturnobelpreis [348]

Garrec, Jean-Luc, französischer Kardiologe [13f.]

Garton Ash, Timothy (geb. 1955), britischer Historiker und Publizist [349]

Gauck, Joachim (geb. 1940), Pfarrer in der DDR, 1989 Mitbegründer der Bürgerbewegung Neues Forum, 1991–2000 Bundesbeauftragter für die Unterlagen des Staatssicherheitsdienstes der ehemaligen DDR [306]

Gauguin, Paul René (1911–1976), norwegisch-dänischer Maler und Graphiker, Sozialist, Enkel des Malers Paul Gauguin [139]

Gaulle, Charles de (1890–1970), General, Begründer des Freien Frankreich und der Résistance, 1944–45 Chef der provisorischen Regierung, 1945–46 Ministerpräsident, Schöpfer der V. Republik, 1958–69 Staatspräsident   [13, 15, 17–19, 22, 24, 27, 33f., 39, 139, 210]

Genscher, Hans-Dietrich (geb. 1927), FDP-Politiker, 1969–74 Innenminister, 1974–92 Außenminister   [46, 51, 237f., 260f., 270, 273f., 276, 278, 332]

Giscard d'Estaing, Valéry (geb. 1926), französischer Liberaler, 1969–74 Wirtschafts- und Finanzminister, 1974–81 Staatspräsident   [30, 36]

Goerdeler, Carl (1884–1945), nationalkonservativer Widerstandskämpfer, 1930–37 Oberbürgermeister von Leipzig, für das Amt des Reichskanzlers vorgesehen, nach dem 20. Juli verhaftet und hingerichtet   [147, 353f.]

Gomulka, Wladislaw (1905–1982), polnischer Kommunist, 1956–70 Erster Sekretär der Vereinigten Arbeiterpartei   [224]

González Márquez, Felipe (geb. 1942), spanischer Sozialist, Wiederbegründer der Partei (PSOE) noch unter *Franco*, 1974–97 Generalsekretär, 1982–96 Ministerpräsident   [56, 133f., 363, 371]

Gorbatschow, Michail (geb. 1931), sowjetischer Reformkommunist, Generalsekretär der KPdSU 1985–91, Wegbereiter von Perestrojka und Glasnost, 1990–91 Staatspräsident, 1990 Friedensnobelpreis   [39, 51, 57, 71f., 74, 77, 81, 85, 285–287, 290, 293, 295, 297, 299, 305, 316f., 319, 358, 361, 363, 371]

Grabert, Horst (geb. 1927), Sozialdemokrat, 1972–74 Kanzleramtschef, 1974–87 deutscher Botschafter in Österreich, Jugoslawien und Irland   [261–263, 273]

Graham, Katherine (1917–2001), amerikanische Verlegerin (»Washington Post«), Mitglied der Nord-Süd-Kommission   [65]

Grass, Günter (geb. 1927), Schriftsteller (»Die Blechtrommel«), in den Wahlkämpfen 1965, 69 und 72 für die SPD und Willy Brandt engagiert (»Aus dem Tagebuch einer Schnecke«), 1999 Literaturnobelpreis   [288, 312f., 319, 322]

Grootaert, Carlos und Marleen, Hoteliers in der Auvergne   [11]

Grotewohl, Otto (1894–1964), Sozialdemokrat und SED-Politiker, 1945 Vorsitzender des Zentralausschusses der SPD in der Ostzone, 1949–60 Ministerpräsident der DDR   [293]

Guillaume, Günter (1927–1995), Spion, 1956 im Auftrag des Staatssicherheitsdienstes der DDR zusammen mit seiner Frau

Christel in die Bundesrepublik eingereist, SPD-Mitglied und Karriere in Frankfurt/M., 1969 Wechsel ins Bundeskanzleramt, 1972–74 Referent im Büro des Bundeskanzlers, 1975 verurteilt [237, 255, 260–262, 266, 270f., 273–277, 279, 281, 362]

H

Haakon VII. (1872–1957), 1905–57 König von Norwegen [138]

Hafener, Hans (geb. 1921), 1974–95 Bürgermeister der Verbandsgemeinde Unkel [43]

Hamel, Frau, Zimmerwirtin Willy Brandts, getarnt als *Gunnar Gaasland,* während des Aufenthalts in Berlin 1936 [124f.]

Hamsun, Knut (1859–1952), bedeutender norwegischer Schriftsteller (»Hunger«) mit nazifreundlicher Gesinnung, 1920 Literaturnobelpreis [122]

Harpprecht, Klaus (geb. 1927), Journalist und Schriftsteller, 1972–74 Redenschreiber Willy Brandts im Kanzleramt, verheiratet mit **Renate Harpprecht** [14, 246, 274, 367f.]

Havel, Václav (geb. 1936), tschechischer Dramatiker und Dissident, 1977 Sprecher der Charta 77, 1989–92 Staatspräsident der Tschechoslowakei, 1993–2003 Präsident der Tschechischen Republik [327–329]

Heath, Edward (geb. 1916), britischer Konservativer, 1970–74 Premierminister, Mitglied der Nord-Süd-Kommission [65]

Heine, Fritz (1904–2002), Sozialdemokrat, Angestellter der Partei schon in Weimar, im Exil half er 1940–41 deutschen Flüchtlingen, aus Frankreich herauszukommen, 1946–58 Pressechef der SPD [179]

Heinemann, Gustav (1899–1976), Christ- und Sozialdemokrat, 1949–50 Innenminister, 1952 Gründung der Gesamtdeutschen Volkspartei (GVP), 1957 Wechsel zur SPD, in der Großen Koalition Justizminister, 1969–74 erster sozialdemokratischer Bundespräsident [214]

Henkels, Walter (1906–1987), Journalist, 1949 Bonner Korrespondent der FAZ [175f.]

Hernu, Charles (1923–1990) französischer Sozialist, 1981–85 Verteidigungsminister [38]

Personenverzeichnis

Herold, Horst (geb. 1923), 1971–81 Präsident des Bundeskriminalamts [276–280]

Hesselbach, Walter (1915–1993), Gewerkschaftsmanager, 1961–77 Vorstandsvorsitzender der gewerkschaftseigenen Bank für Gemeinwirtschaft AG [62]

Heuss, Theodor (1884–1963), liberaler Reichstagsabgeordneter, erster Vorsitzender der FDP, 1949–59 erster Bundespräsident [177]

Hilferding, Rudolf (1877–1941), Sozialdemokrat, bedeutender Theoretiker, 1923 und 1928–29 Reichsfinanzminister, 1933 Emigration nach Frankreich, 1941 zusammen mit Rudolf Breitscheid an Deutschland ausgeliefert, Selbstmord im Pariser Gefängnis Santé [31]

Hitler, Adolf (1889–1945), NSDAP ab 1921, 1933–45 »Führer und Reichskanzler« [113–115, 122, 125, 128, 136f., 139–145, 149, 158–163, 188, 206, 212, 216, 235, 251, 319, 336, 344, 361]

Hoffmann, Hans »Juan« (1916–1998), deutscher Generalkonsul in Málaga [132f.]

Honecker, Erich (1912–1994), Kommunist, 1946–55 FDJ-Vorsitzender, 1971–89 Erster bzw. Generalsekretär der SED, 1976–89 Staatsratsvorsitzender der DDR [76–78, 221, 226, 237, 239, 247, 254, 259–261, 265f., 271, 279, 284, 295, 358, 361]

Horn, Gyula (geb. 1932), ungarischer Reformkommunist, 1989–94 Außenminister [361]

Hurd, Douglas (geb. 1930), britischer Konservativer, 1989–95 Außenminister [325]

Hussein II. (1935–1999), 1952–99 König von Jordanien [363]

Hussein, Saddam (geb. 1937), 1979–2003 irakischer Diktator und Staatspräsident [335f., 353]

I

Ihlefeld, Heli (geb. 1935), Journalistin und Autorin [276, 279]

Illner, Arthur (1891–1974), Kommunist, Deckname Richard Stahlmann, 1953–56 Leiter der Auslandsspionage der Staatssicherheit der DDR [250f.]

Personenverzeichnis

J

Jackson, Robert H. (1892–1954), 1941–54 Richter am Obersten Gerichtshof, amerikanischer Chefankläger bei den Nürnberger Prozessen [157]

Jacob, Berthold (1898–1944), Schriftsteller und Journalist, Mitherausgeber der »Weltbühne«, 1932 Emigration, Herausgabe eines Pressedienstes mit vermeintlichen Geheimdienstinformationen, 1941 von Gestapoagenten entführt, 1944 ermordet [121, 141]

Jahn, Gerhard (1927–1998), Sozialdemokrat, langjähriger Parlamentarischer Geschäftsführer der Bundestagsfraktion, 1969–74 Justizminister [275f.]

Jaruzelski, Wojciech (geb. 1923), polnischer General, der 1981 das Kriegsrecht verhängte, 1981–85 Ministerpräsident, 1985–89 Vorsitzender des Staatsrates, 1989–90 Staatspräsident, verheiratet mit Barbara Jaruzelska [79f.]

Jaspers, Karl (1883–1969), Philosoph, 1921–37 und 1945–48 Professor in Heidelberg, 1948–64 in Basel [322]

Jaurès, Jean (1859–1914), Gründervater des französischen Sozialismus, 1914 ermordet [26–28]

Jefremow, Michail (geb. 1911), 1971–75 sowjetischer Botschafter in der DDR [271]

Jelzin, Boris (geb. 1931), Herausforderer *Gorbatschows*, Wahl zum Parlamentspräsidenten 1990, Austritt aus der KPdSU, 1991–99 Präsident der Russischen Föderation [348]

Jesse, Willi (1897–1971), Sozialdemokrat, Widerstandskämpfer, nach dem 20. Juli 1944 Flucht nach Schweden, 1946 Gegner der Zwangsvereinigung zur SED, Haft in der DDR und Verbannung nach Sibirien, 1954 in die Bundesrepublik entlassen [306]

Johnson, Lyndon B. (1908–1973), 1961–63 Vizepräsident, 1963–69 Präsident der Vereinigten Staaten von Amerika [104, 173]

Juan Carlos I. (geb. 1938), seit 1975 König von Spanien [133, 138, 363]

K

Kaisen, Wilhelm (1887–1979), Sozialdemokrat, 1928–33 Wohlfahrtssenator in Bremen, von der US-Verwaltung 1945 als Bürgermeister eingesetzt; blieb es zwanzig Jahre [150, 169]

Kandinsky, Wassily (1866–1944), einer der großen Maler der Moderne [103]

Karajan, Herbert von (1908–1989), einer der großen Dirigenten des 20. Jahrhunderts, 1954–89 Künstlerischer Leiter der Berliner Philharmoniker [375]

Karniol, Maurycy (1899–1958), polnischer Sozialist, Mitglied der Internationalen Gruppe demokratischer Sozialisten in Stockholm [145]

Kennan, George F. (geb. 1904), amerikanischer Diplomat und Historiker, Kenner der Sowjetunion [67]

Kennedy, Edward (geb. 1932), Bruder von *John F. Kennedy*, seit 1962 Senator von Massachusetts [304]

Kennedy, Jackie, verw. Onassis (1929–1994), Ehefrau von *John F. Kennedy* [198]

Kennedy, John Fitzgerald (1917–1963), Demokrat, 1953–61 Senator von Massachusetts, 1961–63 (ermordet) Präsident der Vereinigten Staaten [63, 188f., 193, 195, 197f., 218, 304]

Kesten, Hermann (1900–1996), Schriftsteller [223]

Keworkow, Wjatscheslaw, Generalmajor des KGB, Back-Channel-Partner von Egon Bahr, Buchautor [265f.]

Kiefer, Anselm (geb. 1945), einer der herausragenden bildenden Künstler der Gegenwart [45]

Kiesinger, Kurt Georg (1904–1988), CDU-Politiker, 1958–66 Ministerpräsident von Baden-Württemberg, 1966–69 Bundeskanzler, 1967–71 Vorsitzender der CDU [208f., 213f., 245]

Kim Dae Jung (geb. 1925), südkoreanischer Oppositionspolitiker, lange Jahre in Haft, 1997–2003 Präsident [348]

Kinkel, Klaus (geb. 1936), Beamter und FDP-Politiker, 1970–74 Büroleiter von Innenminister *Genscher,* 1974–77 Leitungsstab im Auswärtigen Amt, 1979–82 Präsident des Bundesnachrichtendienstes, 1991–92 Justizminister, 1992–98 Außenminister [78, 260, 277]

Kissinger, Henry A. (geb. 1923), amerikanischer Diplomat und Historiker, 1969–73 Sicherheitsberater von Präsident *Nixon,* 1973–77 Außenminister [18, 133, 218, 285]

Klingelhöfer, Gustav (1888–1961), Sozialdemokrat, 1945 Mitarbeiter von *Otto Grotewohl,* 1946–48 Stadtrat für Wirtschaft in Berlin   [293]

Klose, Hans-Ulrich (geb. 1937), Sozialdemokrat, 1974–81 Erster Bürgermeister in Hamburg, 1991–94 Vorsitzender der Bundestagsfraktion   [87]

Kluncker, Heinz (geb. 1925), Gewerkschafter, 1964–82 Vorsitzender der ÖTV   [61 f.]

Knoeringen, Waldemar Freiherr von (1906–1971), Sozialdemokrat, 1947–63 bayerischer Landesvorsitzender, 1958–62 stellv. Parteivorsitzender   [178, 203]

Kohl, Helmut (geb. 1930), CDU-Politiker, 1969–76 Ministerpräsident von Rheinland-Pfalz, 1973–98 Parteivorsitzender, 1976–82 Vorsitzender der CDU/CSU-Bundestagsfraktion, 1982–98 Bundeskanzler   [19, 35, 37–39, 46, 51, 59, 74, 79, 81, 86, 215, 290, 299, 303–305, 313, 317f., 322f., 325, 334f., 347, 361, 363, 369f., 375]

Kollontai, Alexandra (1872–1952), sowjetische Diplomatin, 1923–30 Gesandte in Oslo, 1930–45 in Stockholm   [141 f., 147]

Konopatzky, Arthur, Hausarzt von Willy Brandt   [349]

Koschnick, Hans (geb. 1929), Sozialdemokrat, 1967–85 Bürgermeister der Freien Hansestadt Bremen, 1975–79 stellv. Vorsitzender der SPD   [52–54, 365, 368]

Kossygin, Alexej (1904–1980), 1964–80 sowjetischer Ministerpräsident   [222]

Kreisky, Bruno (1911–1990), österreichischer Sozialdemokrat, 1938–45 Exil in Schweden, 1959–66 Außenminister, 1967–83 Vorsitzender der SPÖ, 1970–83 Bundeskanzler   [143 f.]

Krenz, Egon (geb. 1937), SED-Politiker, 1967–83 Sekretär und Erster Sekretär des Zentralrats der FDJ, 1983–89 Mitglied des Politbüros der SED, 1989 Nachfolger *Honeckers* als Generalsekretär   [295, 361]

Kuhlmann, Emil, Ehemann von *Martha Kuhlmann geb. Frahm,* Willy Brandts Mutter   [89, 95, 99]

Kuhlmann, Günter, Halbbruder Willy Brandts aus der Ehe der gemeinsamen Mutter *Martha Frahm* mit *Emil Kuhlmann*   [89, 99]

Kuppe, Günter (geb. 1939), Organisator und Betreuer in Willy Brandts Wahlkämpfen   [41]

L

Lacouture, Jean (geb. 1921), französischer Schriftsteller, Biograph großer Sozialisten [26]

Lafontaine, Oskar (geb. 1943), Sozialdemokrat, 1985–98 Ministerpräsident des Saarlandes, 1990 Kanzlerkandidat, 1995–99 Parteivorsitzender, 1998–99 Finanzminister [33, 54f., 304, 313f., 324, 327, 331f., 334, 337f., 341f.]

Lambsdorff, Otto Graf (geb. 1926), FDP-Politiker, 1977–84 Wirtschaftsminister, 1988–93 Parteivorsitzender [215]

Lange, Halvard (1902–1970), norwegischer Sozialdemokrat, 1942–45 KZ-Haft Sachsenhausen, 1946–65 Außenminister [149, 181]

Laufer, Paul (1904–1969), Kommunist und Tschekist, in der Staatssicherheit der DDR verantwortlich für die Zersetzung von SPD und DGB [255]

Leber, Annedore (1904–1968), Frau von *Julius Leber* [147, 154]

Leber, Georg (geb. 1920), Sozialdemokrat und Gewerkschafter, 1957–66 Vorsitzender der IG Bau-Steine-Erden, 1966–72 Verkehrsminister, 1972–78 Verteidigungsminister [214, 231]

Leber, Julius (1891–1945), Sozialdemokrat, 1921–33 Chefredakteur des »Lübecker Volksboten«, 1924–33 Reichstagsabgeordneter, Zuchthaus- und KZ-Haft, 1937–44 Widerstand, noch vor dem 20. Juli 1944 verhaftet, 1945 hingerichtet [107–109, 111, 114,f., 119, 146f., 154f., 173, 344, 351, 353]

Leclerc, Abbé Xavier, Lagergefährte *Mitterrands,* 1941 gemeinsamer Fluchtversuch [33]

Lemke, Willy (geb. 1946), Sozialdemokrat, 1974–81 Landesgeschäftsführer der Bremer SPD, 1981–99 Manager von Werder Bremen, seit 1999 Senator für Bildung und Wissenschaft [83f., 351]

Lenin, Wladimir Iljitsch (1870–1924), russischer Revolutionär, Gründer der Bolschewiki und der KPdSU [72, 129, 142, 155, 358]

Lepenies, Wolf (geb. 1941), Soziologe, 1986–2001 Rektor des Wissenschaftskollegs Berlin [308]

Liebknecht, Wilhelm (1826–1900), Sozialdemokrat, Kampfgefährte *Bebels* [315]

Lincoln, Abraham (1809–1865), Kämpfer gegen die Sklaverei, 1861–65 Präsident der Vereinigten Staaten [191, 361]

Lindenberg, Klaus, Mitarbeiter Willy Brandts in der Sozialistischen Internationale, 1990–92 Büroleiter [368]

Littbarski, Pierre (geb. 1960), Fußballer beim 1. FC Köln 1978–93 [84]

Löbinger, Lotte (1905–1999), erste Ehefrau von *Herbert Wehner* [247]

Löwenthal, Richard (1908–1991), Kommunist und Sozialdemokrat, Journalist, 1961–75 Professor für Politische Wissenschaft an der Freien Universität Berlin [130, 172, 342]

Luxemburg, Rosa (1871–1919), revolutionär gesinntes Mitglied der SPD, 1918–19 Mitbegründerin des Spartakusbundes und der KPD, im Januar 1919 von Freikorps-Soldaten ermordet [58, 72, 126]

M

Machiavelli, Niccolò (1469–1527), italienischer Schriftsteller und Theoretiker (»Der Fürst«) [35]

Malewitsch, Kasimir (1878–1935), russischer Maler, radikaler Wegbereiter der Moderne [103]

Malraux, André (1901–1976), französischer Schriftsteller und Politiker, Anhänger *de Gaulles,* 1959–69 Kulturminister [16]

Mandela, Nelson (geb. 1918), südafrikanischer Kämpfer für die Rassengleichheit, nach dem Verbot des African National Congress 1961 Untergrundarbeit, 1964 lebenslängliche Verurteilung, 1990 Amnestie und Legalisierung des ANC, 1993 Friedensnobelpreis, 1994–99 Staatspräsident [329]

Mann, Golo (1909–1994), Historiker, Sohn von *Thomas Mann* [242]

Mann, Heinrich (1871–1950), Schriftsteller (»Der Untertan«), Exil in Frankreich und in den Vereinigten Staaten [11, 134, 150]

Mann, Katia (1883–1980), Frau von *Thomas Mann* [242]

Mann, Thomas (1875–1955), Schriftsteller (»Buddenbrooks«), 1933 Emigration in die Schweiz, 1938 in die USA, Rückkehr in die Schweiz, 1929 Literaturnobelpreis [29, 122, 150, 223, 367]

Marx, Karl (1818–1883), sozialistischer Theoretiker (»Das Kapital«) [111, 125, 315]
Masaryk, Thomas Garrigue (1850–1937), Humanist, 1918–35 Staatspräsident der Tschechoslowakei [122]
Massu, Jacques (1908–2002), französischer General, 1966–69 Oberbefehlshaber der französischen Truppen in der Bundesrepublik [211]
Masur, Kurt (geb. 1927), Dirigent, 1970–96 Gewandhauskapellmeister, 1989 in der Leipziger Bürgerbewegung engagiert [320]
Mayer, Hans (1907–2001), Literatur- und Musikhistoriker [92]
Mazowiecki, Tadeusz (geb. 1927), polnischer Dissident, 1989–90 Ministerpräsident [78]
McNamara, Robert (geb. 1916), amerikanischer Verteidigungsminister 1961–68, Präsident der Weltbank 1968–81 [63–65, 69]
Meir, Golda (1898–1978), israelische Sozialdemokratin, 1969–74 Ministerpräsidentin [230]
Meisenbach, Waltraud, Hilfe im Hause Brandt [366, 374]
Mendès-France, Pierre (1907–1982), französischer Liberaler, 1954–55 Ministerpräsident [27f.]
Messmer, Pierre (geb. 1916), Gaullist, 1960–69 Verteidigungsminister, 1972–74 Ministerpräsident [22]
Mewis, Karl (1907–1987), Kommunist, Emigration in Schweden, 1952 Mitglied des ZK der SED, 1963–68 Botschafter der DDR in Polen [129f., 250–254, 259]
Meyer, Gertrud (1914–2002), Lübecker Freundin Willy Brandts, die ihm ins Exil nach Oslo folgte, Lebensgemeinschaft bis 1938, Mitarbeiterin des Psychologen *Wilhelm Reich* auch in den USA, 1946 Rückkehr nach Norwegen [99, 117, 124, 126f., 165]
Meyer-Krahmer, Marianne (geb. 1919), Tochter von *Carl Goerdeler* [353f.]
Mielke, Erich (1907–2000), Kommunist, Berufsrevolutionär, 1931 an der Ermordung zweier Polizisten beteiligt, Flucht in die Sowjetunion, im Spanischen Bürgerkrieg Leiter einer Offiziersschule, Minister für Staatssicherheit der DDR [84]
Mierendorff, Carlo (1897–1943), Sozialdemokrat, Journalist, Widerstandskämpfer [110, 173]

Miert, Karel van (geb. 1942), belgischer Sozialdemokrat, 1989–99 EU-Kommissar [302]
Milošević, Slobodan (geb. 1941), serbischer Kommunist, 1989–2000 Präsident, 2001 Anklage vor dem UN-Kriegsverbrecher-Tribunal [370]
Mineur, Kurt, schwedischer Seemann und Kommunist, Quartiergeber von *Herbert Wehner* [252]
Mischnick, Wolfgang (1921–2002), FDP-Politiker, 1968–90 Vorsitzender der Bundestagsfraktion [260, 263]
Mitrokhin, Vasilij (1922–2004), KGB-Offizier, 1992 nach Großbritannien geflüchtet, Autor eines Buches über den KGB [142]
Mitterrand, Danielle (geb. 1924), Ehefrau von *François Mitterrand* [40]
Mitterrand, François (1916–1996), französischer Sozialist mit bewegter Vergangenheit, in der Vierten Republik Innen- und Justizminister, Gegner *de Gaulles*, Neuschöpfer des französischen Sozialismus, 1971–81 Erster Sekretär der Sozialistischen Partei, 1981–95 Staatspräsident [11 f., 19–21, 24 f., 27–40, 75, 303, 325, 347]
Modrow, Hans (geb. 1928), SED-Politiker, 1967–89 Mitglied des ZK, 1989–90 Vorsitzender des Ministerrats der DDR [317, 322, 361]
Moe, Finn (1902–1971), norwegischer Sozialdemokrat, 1940–43 Presseattaché an der Legation in Washington [116, 119 f.]
Möller, John-Heinrich, leiblicher Vater von Willy Brandt, verheiratet mit Helene Möller, ihr gemeinsamer Sohne Heinz fiel im Zweiten Weltkrieg [89 f., 92–97]
Möller, Maria, Großmutter väterlicherseits von Willy Brandt und *Gerd-André Rank* [93]
Moltke, Helmuth James Graf von (1907–1945), Widerstandskämpfer, 1939 Mitbegründer des Kreisauer Kreises, 1944 verhaftet, 1945 hingerichtet [108, 147]
Momper, Walter (geb. 1945), Sozialdemokrat, 1986–92 Berliner Landesvorsitzender, 1989–90 Regierender Bürgermeister [296]
Monnet, Jean (1888–1979), französischer Vordenker der europäischen Einigung, 1952–55 Präsident der Hohen Behörde der Montanunion, 1955 Gründer des Aktionskomitees für die Vereinigten Staaten von Europa [19, 22, 358]

Monroe, Marilyn (1926–1962), amerikanische Filmschauspielerin   [190]
Moritz, Erika, Kusine von Willy Brandt   [99]
Moulin, Jean (1899–1943), französischer Widerstandskämpfer, *de Gaulles* Inlandschef, 1943 von den deutschen Besatzern verhaftet und zu Tode gefoltert   [16, 28]
Mühsam, Erich (1878–1934), Schriftsteller, Anarchist   [247]
Müller, Hermann, Facharbeiter und guter Geist im Hause Brandt   [366, 369, 374f.]
Munch, Edvard (1863–1944), norwegischer Maler mit Weltruhm   [103, 132]
Muñoz Grandes, Agustín (1896–1970), spanischer General unter *Franco*   [132]

N

Nagy, Imre (1903–1958), ungarischer Reformkommunist, 1956 Ministerpräsident, nach dem sowjetischen Einmarsch verschleppt, 1958 hingerichtet, 1989 rehabilitiert   [286]
Nau, Alfred (1906–1983), Sozialdemokrat, 1933 Retter der Parteikasse, 1946–75 Schatzmeister und Mitglied des Vorstands bzw. Präsidiums, 1970–83 Vorsitzender der Friedrich-Ebert-Stiftung   [228f.]
Neumann, Alfred (1909–2001), Kommunist, 1958–89 Mitglied des Politbüros der SED   [271]
Neumann, Franz (1904–1974), Sozialdemokrat, 1946–58 Berliner Landesvorsitzender, 1951–58 Fraktionsvorsitzender im Abgeordnetenhaus, 1947–58 Mitglied des Parteivorstands   [156, 164f., 167, 175–177]
Nixon, Richard (1913–1994), Republikaner, 1953–60 Vizepräsident, 1969–74 Präsident der Vereinigten Staaten   [218, 227]
Nollau, Günther (1911–1991), DDR-Flüchtling, Sozialdemokrat, 1967–70 Vizepräsident des Bundesamtes für Verfassungsschutz, 1970–72 Leiter der Abteilung »Öffentliche Sicherheit« im Innenministerium, 1972–75 Präsident des BfV   [260f., 270f., 273, 279, 281]
Noth, Ernst Erich (1909–1983, vormals Paul Krantz), Schriftsteller   [90]

O

Ollenhauer, Erich (1901–1963), Sozialdemokrat, Vorsitzender der Arbeiterjugend in der Weimarer Republik, 1933–46 Mitglied des Exilvorstandes, 1946–52 stellvertretender, 1952–63 Vorsitzender von Partei und Bundestagsfraktion, verheiratet mit **Martha Ollenhauer** [110, 162f., 172, 174, 177–179, 185f., 203f., 225, 292]

Ording, Arne (1898–1967), norwegischer Historiker, Berater der Außenminister Trygve Lie und *Halvard Lange* in der Londoner Exilregierung [120]

Orwell, George (1903–1950), englischer Schriftsteller (»1984«), 1936–37 Teilnahme am spanischen Bürgerkrieg [128]

Ossietzky, Carl von (1889–1938), Publizist, 1926–33 Chefredakteur der »Weltbühne«, 1931 verurteilt wegen Landesverrats und Aufdeckung militärischer Geheimnisse (Weltbühnenprozess), seit 1933 in KZ-Haft, 1935 Friedensnobelpreis [121f.]

P

Palme, Olof (1927–1986), schwedischer Sozialdemokrat, 1969–86 Parteivorsitzender, 1969–76 und 1982–86 (ermordet), Ministerpräsident [65]

Paul VI. (1897–1978), 1963–78 Papst [222]

Pauls, Eilhard Erich, Deutsch- und Geschichtslehrer Willy Brandts am Lübecker Johanneum [107]

Pelat, Roger-Patrice (1918–1989), Freund und Weggefährte *François Mitterrands* seit der gemeinsamen Kriegsgefangenschaft in Deutschland [433]

Perls, Hugo und Käthe, Kunstsammler [103]

Pichlmaier, Heinz, Professor für Chirurgie an der Universitätsklinik Köln, behandelnder Arzt Willy Brandts [349f., 365f.]

Pieck, Wilhelm (1876–1960), Kommunist, Gründungsmitglied der KPD, Emigration über Paris nach Moskau, Vorsitzender der KPD, 1936–43 Mitarbeiter der Komintern, 1946 zusammen mit dem Sozialdemokraten *Otto Grotewohl* SED-Vorsitzender, 1949–60 Präsident der DDR [248–250, 254]

Piper, Klaus (1911–2000), Verleger [322]

Pöhl, Karl Otto (geb. 1929), Sozialdemokrat, 1971–72 Wirtschaftspol. Berater des Bundeskanzlers, 1980–91 Präsident der Deutschen Bundesbank [331]

Ponomarjow, Boris (1905–1995), sowjetischer Kommunist, Mitarbeiter der Komintern bis zu deren Auflösung 1943, 1955–86 Leiter der Internationalen Abteilung des ZK der KPdSU [265]

Pompidou, Georges (1911–1974), Gaullist, Bankier bei Rothschild, 1962–69 Ministerpräsident, 1969–74 Staatspräsident [17–24]

Porzner, Konrad (geb. 1935), Sozialdemokrat, zwischen 1967 und 1987 stellv. Vorsitzender und Parlamentarischer Geschäftsführer der Bundestagsfraktion, 1990–96 Präsident des Bundesnachrichtendienstes [364, 368]

R

Rabin, Yitzhak (1922–1995), israelischer Sozialdemokrat, 1984–90 Verteidigungsminister, 1992–95 (ermordet) Ministerpräsident, 1994 Friedensnobelpreis [370]

Radek, Karl (1885–ca. 1938), polnischer Journalist mit deutschem Pass und russisch-revolutionärer Gesinnung, 1937 in der Sowjetunion verhaftet und umgekommen [72]

Ramphal, Sir Shridath Surendranath (geb. 1928), aus Britisch-Guayana stammend, 1975–90 Generalsekretär des Commonwealth, Mitglied der Nord-Süd-Kommission [65]

Rank, Gerd-André, Vetter väterlicherseits von Willy Brandt, verheiratet mit **Helga Rank** [93–95]

Rank, Martha geb. Möller, Mutter von *Gerd-André Rank* und Schwester von *John-Heinrich Möller,* dem Vater Willy Brandts [93]

Rathenau, Walther (1867–1922), Unternehmer, liberaler Politiker, 1922 Reichsaußenminister, von Rechtsextremisten ermordet [219]

Rau, Johannes (geb. 1931), Sozialdemokrat, 1968–99 Mitglied des Parteivorstands, 1982–99 stellv. Vorsitzender, 1978–98 Ministerpräsident von Nordrhein-Westfalen, 1987 Kanzlerkandidat, 1999–2004 Bundespräsident [52–54, 334, 365, 368]

Reagan, Ronald W. (geb. 1911), Schauspieler, Republikaner, 1967–75 Gouverneur von Kalifornien, 1981–89 Präsident der Vereinigten Staaten [50, 68, 74, 285]

Rehhagel, Otto (geb. 1938), Fußballer, 1981–95 Trainer von Werder Bremen [84, 351]

Reich, Wilhelm (1897–1957), österreichischer Psychoanalytiker (»Massenpsychologie des Faschismus«), 1934 Emigration nach Oslo, 1939 Übersiedlung in die USA [117]

Reich-Ranicki, Marcel (geb. 1920), Literaturkritiker [223]

Reimann, Günter (geb. 1904), Wirtschaftsredakteur der KP-Zeitung »Rote Fahne«, Emigration nach Frankreich und in die USA, Briefpartner von *Herbert Wehner* [255 f.]

Rein, Mark, Sohn von *Rafael Abramowitsch,* Ingenieur, SAP-Mitglied, Freund von Willy Brandt während dessen Zeit in Spanien, 1937 in Barcelona von den Kommunisten verschleppt und ermordet [129 f.]

Renger, Annemarie (geb. 1919), Sozialdemokratin, 1945–52 Mitarbeiterin Kurt Schumachers, 1972–76 Bundestagspräsidentin [54]

Reuter, Ernst (1889–1953), Sozialdemokrat, 1931–33 Oberbürgermeister von Magdeburg, 1935–45 Exil in der Türkei, 1947–53 Regierender Bürgermeister von Berlin [84, 154 f., 164, 166 f., 169, 171 f., 176, 293, 308, 333, 341, 353]

Richard, Lucien, französischer Nachbar Willy Brandts in Gagnières [9]

Richter, Ingo (geb. 1936), Kinderarzt, 1989–90 Wiederbegründer der SPD in Rostock [307]

Riedel, Manfred (geb. 1936), Professor für Philosophie an der Martin-Luther-Universität Halle-Wittenberg (»Zeitkehre in Deutschland«) [282]

Roosevelt, Franklin D. (1882–1945), Demokrat, 1933–45 Präsident der Vereinigten Staaten [144]

Rosenfeld, Kurt (1877–1943), Kommunist mit zeitweiligem Parteibuch der SPD, 1931 Mitbegründer der SAP, 1933 KPD [109, 115]

Roux, Maurice, Kardiologe, behandelnder Arzt Willy Brandts in Frankreich [13]

S

Sacharow, Andrej (1921–1989), sowjetischer Atomphysiker und Bürgerrechtler, 1975 Friedensnobelpreis [72]

Sadat, Mohammed Anwar as- (1918–1981), Staatspräsident Ägyptens 1970–81 (ermordet), 1978 Friedensnobelpreis [273]

Salinger, Pierre (geb. 1925), amerikanischer Journalist, 1960–63 Berater von Präsident *Kennedy* [191]

Schabowski, Günter (geb. 1929), SED-Politiker, 1978–85 Chefredakteur von »Neues Deutschland«, 1984–89 Mitglied des Politbüros [84, 295]

Scharping, Rudolf (geb. 1947), Sozialdemokrat, 1991–94 Ministerpräsident von Rheinland-Pfalz, 1993–95 Vorsitzender der SPD, 1994 Kanzlerkandidat, 1994–98 Vorsitzender der Bundestagsfraktion, 1998–2002 Verteidigungsminister [368]

Scheel, Walter (geb. 1919), FDP-Politiker, 1961–66 Bundesminister für wirtschaftliche Zusammenarbeit, 1968–74 Parteivorsitzender, 1969–74 Außenminister, 1974–79 Bundespräsident [214f., 217, 222]

Schiller, Karl (1911–1994), Professor, Sozialdemokrat, 1961–65 Wirtschaftssenator in Berlin, 1966–72 Wirtschaftsminister, 1972 Rücktritt von allen Ämtern [231]

Schily, Otto (geb. 1932), Anwalt, 1980–89 Mitglied der Grünen, Wechsel zur SPD, seit 1998 Innenminister [327]

Schlesinger, Arthur M. (geb. 1917), Historiker, 1961–63 Berater von Präsident *Kennedy* [191]

Schleyer, Hanns-Martin (1915–1977), 1973 Präsident der Bundesvereinigung der deutschen Arbeitgeberverbände, 1977 von RAF-Terroristen entführt und ermordet [47]

Schmid, Carlo (1896–1979), Professor, Sozialdemokrat, 1947–73 Mitglied des Parteivorstands, 1966–69 Bundesratsminister [178, 187]

Schmidt, Helmut (geb. 1918), Sozialdemokrat, 1961–65 Innensenator in Hamburg, 1966–69 Vorsitzender der Bundestagsfraktion, 1969–72 Verteidigungsminister, 1972–74 Finanzminister, 1974–82 Bundeskanzler, seit 1983 Mitherausgeber der »Zeit« [15, 46, 48–52, 55, 187, 215, 226, 231, 243, 259, 268–271, 280, 295, 334, 368]

Schmidt von Lübeck, Georg Philipp (1766–1849), Lyriker [151]

Schönberg, Arnold (1874–1951), österreichischer Komponist, Schöpfer der Zwölftonmusik [103]

Schoettle, Erwin (1899–1976), Sozialdemokrat, 1948–68 Mitglied des Parteivorstands, 1961–69 Vizepräsident des Bundestages [178]

Scholl-Latour, Peter (geb. 1924), Journalist und Publizist [33]

Schröder, Gerhard (geb. 1944), Sozialdemokrat, 1978–80 Juso-Vorsitzender, 1990–98 Ministerpräsident von Niedersachsen, 1999–2004 SPD-Vorsitzender, seit 1998 Bundeskanzler [294, 312f., 332, 362]

Schütz, Klaus (geb. 1926), Sozialdemokrat, 1961–66 Berliner Bundessenator, 1966–67 Staatssekretär im Auswärtigen Amt, 1967–77 Regierender Bürgermeister von Berlin, 1977–81 Botschafter in Israel [177, 185, 187, 208, 260f.]

Schumacher, Kurt (1895–1952), Sozialdemokrat, 1930–33 Reichstagsabgeordneter, 1933–43 KZ-Haft, 1945 Wiederbegründer der SPD in den Westzonen, 1946–52 Parteivorsitzender, 1949–52 Fraktionsvorsitzender im Bundestag [18, 156, 162–164, 168f., 172, 174, 179, 230f., 258]

Seebacher, Wendelin, Bruder von Brigitte Seebacher, verheiratet mit Doris Seebacher [43, 375]

Selbmann, Eugen (1920–1993), 1956–69 Assistent des Arbeitskreises Außenpolitik, 1969–87 außenpolitischer Berater der SPD-Bundestagsfraktion [244, 246]

Semjonow, Wladimir (1911–1992), sowjetischer Diplomat, 1953–54 Hochkommissar und Botschafter in Ost-Berlin, 1978–86 Botschafter in Bonn [251]

Senghor, Léopold (1906–2001), senegalesischer Politiker und Schriftsteller, 1946–58 Abgeordneter des Senegal in der französischen Nationalversammlung, 1960–80 Staatspräsident [211]

Seydewitz, Max (1892–1987), Mitbegründer der SAP 1931, 1933 als verkappter Kommunist Wiedereintritt in die SPD, 1933–45 Emigration nach Prag und Schweden, 1946 SED-Mitglied [109, 115]

Simon, Hans, 1966–92 Fahrer Willy Brandts [349, 366]

Soares, Mário (geb. 1924), portugiesischer Sozialist, 1973–85

Generalsekretär der Sozialistischen Partei, 1976–78 und 1983–1985 Premierminister, 1986–96 Staatspräsident [280]

Sorensen, Ted (geb. 1928), Publizist, 1953–60 Referent des Senators, 1960–63 Berater und Ghostwriter des Präsidenten *Kennedy* [191]

Speck, Manfred (geb. 1946), 1991–98 Leiter der Abteilung Innenpolitische Grundsatzfragen im Innenministerium [375]

Spethmann, Dietrich (geb. 1926), Industriemanager, 1973–91 Mitglied des Vorstands der Thyssen AG und dessen Vorsitzender [92]

Stalin, Josef Wissarionowitsch (1879–1953), Bolschewik, 1922–53 Generalsekretär der KPdSU, 1941–53 Vorsitzender des Rates der Volkskommissare bzw. des Ministerrates [136f., 159, 170]

Stauffenberg, Claus Graf Schenk von (1907–1944), Offizier und Widerstandskämpfer, Bombenleger am 20. Juli 1944, hingerichtet [147, 344, 353]

Steiner, Julius (geb. 1924), CDU-Politiker, hat nach eigenen Angaben beim Misstrauensvotum für Brandt gestimmt und dafür Geld erhalten [228f.]

Steltzer, Theodor (1885–1967), während des Krieges Chef des Transportwesens der Wehrmacht mit Verbindung zum Widerstand, 1945 Mitbegründer der CDU, 1945–46 Ministerpräsident von Schleswig-Holstein [146]

Sternberger, Dolf (1907–1987), Professor, Schriftsteller (»Aus dem Wörterbuch des Unmenschen«) [354]

Stevenson, Robert Louis (1850–1894), schottischer Schriftsteller (»Die Schatzinsel«) [10]

Stolpe, Manfred (geb. 1936), Kirchenmann in der DDR, 1990 Sozialdemokrat, 1990–2002 Ministerpräsident von Brandenburg, seit 2002 Verkehrsminister [334]

Stoph, Willi (1914–1999), Kommunist, 1950–89 Mitglied des ZK der SED, 1964–73 und 1976–89 Vorsitzender des DDR-Ministerrates [219, 221]

Strauß, Franz Josef (1915–1988), CSU-Politiker, 1956–62 Verteidigungsminister, 1978–88 bayerischer Ministerpräsident, 1980 Kanzlerkandidat der CDU/CSU [46, 133, 184, 205, 213, 231]

Strawinsky, Igor (1882–1971), russischer Komponist an der Schwelle zur Moderne [103]

Stücklen, Richard (1916–2002), CSU-Politiker, 1967–76 stellv. Vorsitzender der CDU/CSU-Bundestagsfraktion [263]

Suhr, Otto (1894–1957), Sozialdemokrat, 1949–55 Präsident des Berliner Abgeordnetenhauses, 1955–57 Regierender Bürgermeister [176]

Sverdrup-Lunden, Mimi (1894–1955), norwegische Aktivistin der Nobelpreiskampagne für *Carl von Ossietzky* [121]

Szende, Stefan (1901–1985), ungarisch-deutscher Sozialist, SAP-Mitglied, 1937 Flucht nach Schweden, Mitglied der Internationalen Gruppe demokratischer Sozialisten [145, 148, 163]

T

Tarnow, Fritz (1880–1951), Sozialdemokrat und Gewerkschafter, Wirtschaftstheoretiker, Emigration nach Schweden, Mitglied der Internationalen Gruppe demokratischer Sozialisten [145]

Thälmann, Ernst (1866–1944), Kommunist, 1925–33 KPD-Vorsitzender, 1933 verhaftet, 1944 im KZ Buchenwald ermordet [247]

Thatcher, Margaret (geb. 1925), britische Konservative, 1979–90 Premierministerin [68, 302]

Torp, Oscar (1893–1958), norwegischer Sozialdemokrat, 1951–55 Ministerpräsident [119]

Träger, Ernst (geb. 1926), Bundesanwalt 1972–76, Richter am Bundesverfassungsgericht 1977–89 [278]

Tranmael, Martin (1876–1967), norwegischer Sozialdemokrat, 1921–50 Redakteur des »Arbeiterbladet« [141, 147]

Treuber, Charlotte, Lebensgefährtin *Herbert Wehners* 1930–40 [247f., 250]

Trott zu Solz, Hans Adam von (1909–1944), Diplomat, Legationsrat im Auswärtigen Amt, Widerstandskämpfer, 1944 hingerichtet [146f., 352]

U

Ulbricht, Walter (1893–1973), Kommunist, Emigration nach Paris und Moskau, Rückkehr der Gruppe Ulbricht 1945 in die Sowjetzone, 1950–71 Generalsekretär bzw. Erster Sekretär der SED, 1960–73 Staatsratsvorsitzender der DDR   [193, 196, 203, 226, 245, 248–250, 254, 258f., 344]

Urschlechter, Andreas (geb. 1919), Sozialdemokrat, 1957–87 Oberbürgermeister von Nürnberg   [33]

V

Vansittart, Lord Robert Gilbert (1881–1957), britischer Diplomat und Deutschenhasser   [144]

Vauzelle, Michel (geb. 1944), französischer Sozialist, 1981–86 Pressesprecher des Elysée, 1992–93 Justizminister   [31]

Veil, Simone, geb. Jacob (geb. 1927), französische Liberale, 1974–78 Gesundheitsministerin, 1979–82 Präsidentin des Europäischen Parlaments   [13]

Vogel, Hans-Jochen (geb. 1926), Sozialdemokrat, 1972–74 Städtebauminister, 1974–81 Justizminister, 1981 Regierender Bürgermeister von Berlin, 1983 Kanzlerkandidat, 1983–91 Vorsitzender der Bundestagsfraktion, 1987–91 Parteivorsitzender   [52, 54, 59, 284, 292f., 295, 314, 332, 351, 364, 368, 371, 374]

Vogel, Wolfgang (geb. 1925), DDR-Anwalt, *Honeckers* persönlicher Beauftragter in humanitären Angelegenheiten und dessen Vertrauter   [259, 279]

Vollmar, Georg von (1850–1922), reformorientierter Sozialdemokrat, 1892–1918 bayerischer Landesvorsitzender   [173]

W

Wagner, Josef (1898–1967), Hamburger Kommunist, Gefährte von *Herbert Wehner* in der schwedischen Emigration, 1945 Eintritt in die SPD, verheiratet mit Frieda Wagner   [250f., 253–255, 257]

Waigel, Theodor (geb. 1939), CSU-Politiker, 1989–98 Finanzminister   [368]

Walcher, Jakob (1887–1970), Kommunist, 1932 Eintritt in die SAP, 1933 Vorsitzender, Emigration nach Paris und New York, 1946 SED-Mitglied [115, 117–119, 123, 126f., 135, 148, 153, 164]

Walesa, Lech (geb. 1943), polnischer Gewerkschafter, Gründer und Chef von Solidarnosc 1980–90, 1983 Friedensnobelpreis, 1990–96 Staatspräsident [78f., 363]

Wallmann, Walter (geb. 1932), CDU-Politiker, 1974–75 Vorsitzender des *Guillaume*-Untersuchungsausschusses, 1986–87 Umweltminister, 1987–91 Ministerpräsident von Hessen [261, 279]

Walter, Hilde (1895–1976), Journalistin, Mitarbeiterin von *Carl von Ossietzky* bei der »Weltbühne«, 1933 Emigration nach Paris, Aktivistin der Nobelpreiskampagne [121]

Walters, Vernon (1917–2002), amerikanischer Diplomat, 1972–76 stellv. Direktor des CIA, 1989–91 Botschafter in Bonn [336]

Warhol, Andy (1928–1987), Popkünstler [189f.]

Weber, Juliane, Büroleiterin von *Helmut Kohl* [370]

Wehner, Charlotte, verw. Burmester (1903–1979), Ehefrau von *Herbert Wehner*, 1937 Emigration nach Schweden, 1946 Rückkehr mit Wehner nach Hamburg [253–256]

Wehner, Greta, geb. Burmester (geb. 1924), Stieftochter, Mitarbeiterin und Ehefrau von *Herbert Wehner* [256, 258, 260, 374]

Wehner, Herbert (1906–1990), Kommunist und Sozialdemokrat, 1927–42 Mitglied der KPD, 1935 Emigration in die Sowjetunion, 1941 im Auftrag der Komintern nach Schweden, seit 1946 Mitglied der SPD in Hamburg, 1949–83 Bundestagsabgeordneter, 1958–73 stellv. Parteivorsitzender, 1966–69 Minister für gesamtdeutsche Fragen, 1969–83 Vorsitzender der Bundestagsfraktion [15, 136, 178f., 184f., 187, 203f., 214f., 225f., 228, 237–239, 241f., 244–261, 263, 265–268, 271, 275, 279–281, 315, 351, 363, 374]

Weizsäcker, Richard Freiherr von (geb. 1920), CDU-Politiker, 1972–79 stellv. Vorsitzender der CDU/CSU-Bundestagsfraktion, 1981–84 Regierender Bürgermeister von Berlin, 1984–94 Bundespräsident [86, 263, 320–322, 368]

Wienand, Karl (geb. 1926), Sozialdemokrat, 1960–70 Mitglied des Parteivorstands, 1967–74 Parlamentarischer Geschäftsführer der Bundestagsfraktion, 1996 wegen Spionage verurteilt, 1999 begnadigt [228, 244, 363]

Wiesel, Elie (geb. 1928), Überlebender des Holocaust, Schriftsteller [75]

Wilke, Reinhard (geb. 1929), 1970–74 Leiter des Kanzlerbüros, bis 1976 persönlicher Referent Willy Brandts [261 f.]

Wischnewski, Hans-Jürgen (geb. 1922), Sozialdemokrat, 1966–68 Bundesminister für wirtschaftliche Zusammenarbeit, 1968–72 Bundesgeschäftsführer, 1976–79 und 1982 Staatsminister im Kanzleramt [367]

Wittgenstein, Ludwig (1889–1951), österreichischer Philosoph [102]

Wolf, Markus (geb. 1923), Kommunist, Emigration nach Moskau, 1952 Eintritt in die Staatssicherheit der DDR, 1956–87 Leiter der Hauptverwaltung »Aufklärung« (HVA) [258 f., 361 f.]

Wolfstein, Rose (1888–1987), Sozialistin, Gehilfin von *Rosa Luxemburg*, 1932 SAP, nach Rückkehr aus der Emigration Anschluss an die SPD, verheiratet mit *Paul Frölich* [126, 248]

Wolters, Hans Georg (geb. 1934), Arzt, Sozialdemokrat, Gesundheitspolitiker [13]

Z

Zimmermann, Werner (geb. 1944), Stadtbürgermeister von Unkel (CDU) 1984–2004 [375]

Zinn, Georg August (1901–1976), Sozialdemokrat, 1951–69 hessischer Ministerpräsident, 1952–70 Mitglied des Parteivorstands [343 f.]

Bildnachweis

Seite 10   Willy-Brandt-Archiv (WBA), C 31, 40. Copyright: Privat
Seite 12   Willy-Brandt-Archiv (WBA), C 31, 40. Copyright: Privat
Seite 42   Willy-Brandt-Archiv (WBA), C 31, 40. Copyright: Privat
Seite 47   Digitale Fotosammlung AdsD, Signatur: 6/FOTA005885.
           Copyright: Sven Simon (Fotograf)
Seite 56   Willy-Brandt-Archiv (WBA), C 31, 42.
           Copyright (M. Povedang), Foto-Video Industrial Reportajes,
           Orense, 28, 4 F – 28020 Madrid
Seite 66   Digitale Fotosammlung im AdsD, Signatur: 6/FOTA049235.
           Copyright: Bundesbildstelle Berlin
Seite 96   Willy-Brandt-Archiv (WBA), C 31, 1. Copyright: nicht ermittelbar
Seite 97   Willy-Brandt-Archiv (WBA), C 31, 1. Copyright: nicht ermittelbar
Seite 118 Digitale Fotosammlung im AdsD, Signatur: 6/FOTA035709.
           Copyright: Fred Stein, New York
Seite 157 Digitale Fotosammlung im AdsD, Signatur: 6/FOTA025784.
           Copyright: nicht ermittelbar
Seite 190 Willy-Brandt-Archiv (WBA), A 23, 37.
           Copyright: Rauchwetter, dpa
Seite 220 ullstein bild – Sven Simon
Seite 264 Willy-Brandt-Archiv (WBA), A 23, Fotoalbum Nr. 16.
           Copyright: Marianne von der Lancken (Fotografin)
Seite 298 Dr. Brigitte Seebacher – privat.
           Copyright: Barbara Klemm, Frankfurt/Main (Fotografin)
Seite 325 Digitale Fotosammlung im AdsD, Signatur: 6//FOTA021413.
           Rechteinhaber nicht ermittelbar
Seite 345 AdsD, Willy-Brandt-Archiv (WBA), A 23, 128.
           Copyright: Wolfgang Volz, Düsseldorf
Seite 376 AdsD, Willy-Brandt-Archiv (WBA), A 23, 140
           Copyright: Photo-Report, Fritz Reiss, Königswinter
Foto auf dem Schutzumschlag:
           Willy-Brandt-Archiv (WBA), C 31, 25.
           Copyright: J. H. Darchinger

Die abgebildeten Dokumente stammen sämtlich aus dem Willy-Brandt-Archiv.

PIPER

Wolfgang Koydl
Gebrauchsanweisung für Deutschland

176 Seiten. Gebunden

Seit Jahren blickt Wolfgang Koydl aus der Ferne auf Deutschland. Mit feiner Ironie lotet er die Untiefen der deutschen Seele aus; er bietet unentbehrliche Tipps für den richtigen Umgang mit dieser eigentümlichen Nation von Bausparern, ADAC-Mitgliedern und Schnäppchenjägern. Ob als Heimat oder Reiseziel, für Einheimische oder Fremde – dieser Band enträtselt urdeutsche Geheimnisse: die Ordnungsliebe und den typisch deutschen Humor, die Dialekte, den Lokalpatriotismus und das scharfe »ß«, Karnevals-Prunksitzungen, Verkehrsregeln und Paragrafenreiterei, die Fußgängerzonen mit ihrem nicht tot zu kriegenden Sommerschlussverkauf und die deutsche Küche zwischen Döner Kebab und Sushi, Toast Hawaii und handgekneteter sardischer Fischpaste.

01/1290/03/R

PIPER

Sandra Konrad
Das bleibt in der Familie

Von Liebe, Loyalität und uralten Lasten.
304 Seiten. Gebunden

Es gibt vieles, worin Menschen sich unterscheiden, aber eines haben wir alle gemeinsam: Wir haben eine Familie, und mit der müssen wir irgendwie leben. Ein Umtausch ist unmöglich und selbst, wenn wir ans andere Ende der Welt ziehen – die Familie kann man nicht hinter sich lassen. Wir tragen sie in unseren Genen und Erinnerungen, in unseren verinnerlichten Werten und unseren Abneigungen. Wir sind durch sie geprägt und an sie gebunden. Über Jahrzehnte, Kontinente, Generationen, sogar über Kontaktabbrüche und den Tod hinweg. Sandra Konrad zeigt, wie lohnenswert eine Auseinandersetzung mit der Familie ist. Denn je mehr wir die Vergangenheit unserer Familie verstehen, desto leichter gelingt es uns, den eigenen Lebensweg frei und glücklich zu gestalten, mit eigenen Regeln – ohne belastendes Gepäck, aber mit dem Wissen um die geheime Macht der Familie.

Mark Twain
Bummel durch Deutschland

Aus dem Amerikanischen von Gustav Adolf Himmel. 272 Seiten mit 20 farbigen Bildern von Hans Traxler. Piper Taschenbuch

In seinem überaus vergnüglichen Reisebericht erzählt Mark Twain von Hamburg und Frankfurt, von Heidelberg und dem Schwarzwald und eröffnet dem Leser ungeahnte Einsichten über das Land der Dichter und Denker: Wagners »Lohengrin« empfindet er als »Katzenmusik« und die »schreckliche deutsche Sprache« als unlogisch: Warum hat ein Fräulein kein Geschlecht, ein Kürbis aber sehr wohl? Die allerschönsten Szenen hat Hans Traxler in seinem kongenialen Stil illustriert.

»Twain erweist sich einmal mehr als ein brillanter Satiriker, der in den Deutschen einen dankbaren Gegenstand für seine spitzigen und ungemein komischen Auslassungen gefunden hat.«
Neue Zürcher Zeitung

Sabine Bode
Die deutsche Krankheit – German Angst

Mit einem Vorwort zur Taschenbuchausgabe. 288 Seiten. Piper Taschenbuch

Mutlosigkeit ist ein in Deutschland allgemein verbreitetes Phänomen, und zwar schon lange bevor es Hartz IV gab und die Folgen der Globalisierung deutlich wurden. Amerikanische Publizisten haben in den achtziger Jahren eine merkwürdige Zukunftsangst bei den Deutschen diagnostiziert: die »German Angst«. Die Existenzängste der Deutschen in Ost und West wurden lange durch eine kostspielige Staatsfürsorge in Schach gehalten. Wie stark das politische Handeln der Eliten, aber auch ihr Unterlassen, ihre Furcht vor einschneidenden Reformen auf die Verluste als Kriegskinder zurückzuführen sind, ist uns nicht bewußt. Die kollektiven Ängste aus der Vergangenheit sind eine Last für unsere Zukunft, meint Sabine Bode und sprach mit Politikern, Managern, Journalisten, Schriftstellern und Wissenschaftlern über ihre Thesen.